이념의 속살

동시대인 총서 9
이념의 속살

2001년 6월 23일 초판 1쇄 발행
2007년 10월 12일 초판 2쇄 발행

펴낸곳 (주)도서출판 삼인

지은이 임지현
펴낸이 신길순
부사장 홍승권
편집장 최인수
편집 강주한 김종진 양경화
마케팅 이춘호
관리 심석택
총무 서장현

등록 1996.9.16 제 10-1338호
주소 121-837 서울시 마포구 서교동 339-4 가나빌딩 4층
전화 (02) 322-1845
팩스 (02) 322-1846
E-MAIL saminbooks@naver.com

표지디자인 (주)끄레어소시에이츠
제판 문형사
인쇄 대정인쇄
제본 성문제책

© 임지현, 2001

ISBN 89-87519-53-8 04800
ISBN 89-87519-23-6 04800(세트)

값 15,000원

동시대인 총서 9
이념의 속살

임지현 지음

삼인

머리글
Human/Ism—전복을 위하여

  다시 글들을 묶는다. 두 번째 천년의 마지막 2년여 동안 쓴 글들이다. 묶고 보니 제 살아온 꼴을 들키는 것 같아 부끄럽고 불안하다. 애초 일관된 계획이 없었으니 체계가 잡힐 리 없다. 억지로 꾸려서 모양새를 잡아 놓고, 그 위에 잠시 걸터앉는다. 항상 발빠르게 도망가는 세상을 올려다본다. 세상을 굽어본다고 생각한 건 아무래도 착각이었다. 착시를 깨닫고 허둥대며 쫓아가는 자의 조급함이 글 곳곳에 묻어 있다.

  민주와 독재, 자본과 노동, 제국과 민족 등의 선명한 이분법이 밤하늘의 선명한 별빛으로 길을 비추며 우리를 인도하던 시대는 행복했다. 세상의 이치는 분명했고, 그것을 재는 잣대에 대한 확신도 있었다. 그러나 내가 확신한 그 이성의 잣대는 실상 프로크루스테스의 침대였다. 세상에 잣대를 맞춘 것이 아니라, 내 작은 잣대에 억지로 세상을 맞추었다. 굽어본 것은 그림자의 한 자락일 뿐, 현실은 항상 생각을 앞질러 갔다. 모든 깨달음은 뒤늦다는 작은 깨달음이 위안으로 남아 있을 뿐이다.

  현실과 내 생각 사이에 가로놓인 간격을 깨닫기 시작한 것은 1990년대 초·중반이었다. 이때부터 현실 사회주의의 이념적 포장 밑에 웅크린 음험한 정치 권력의 실체를 느끼지 않았나 싶다. 당시의 무거운 마음을 실은 글 묶음이 『바르샤바에서 보낸 편지』였다. 그 책의 서문에서 나는 이렇게 썼다. "권력의 음산한 힘 앞에 선 이념의 찬연한 빛은 불 앞의 얼음이다. 죽도록 부정하고 싶은 이 사실 앞에서 나는 끝없이 절망했다."

세월이 그 절망의 무게를 덜어 준 것 같지는 않다. 이상주의가 없는 리얼리즘은 황량할 것이라는 자기 암시적 희망조차 일단은 접어 두었다. 더 이상 이념적 당위에 대한 추상적 사유에 안주하고 싶지 않았다. 역사학도로서 부끄러웠다. 먼저 체제로서의 사회주의를 고착시킨 역사적 현실과 처절하게 부딪치고 싶었다. 그것은 곧 뿌리칠 수 없는 추상의 마력과 이성의 빛으로 뜨겁게 나를 사로잡았던, 그 위대한 이념의 내밀한 역사를 들여다보는 작업으로 이어졌다.

『바르샤바에서 보낸 편지』가 현실 사회주의의 속살을 드러내는 작업이었다면, 『민족주의는 반역이다』에서는 민족주의를 겨냥했다. 불변의 '이념형'으로 간주하는 규범적 인식의 틀에서 벗어나 민족주의를 역사적 '운동'으로 파악하고자 했다. 식민주의에 저항하는 반테제로 출발한 저항 민족주의가 왜 그렇게 쉽게 체제 유지의 정치 공학으로 발전했는가 하는 의문이 그 밑에는 깔려 있었다. 그것은 국가 권력을 날줄로 하고 민족주의를 씨줄로 하는 텍스트를 해체하여, 민족주의의 속살을 드러내는 작업이었다.

고백건대 그것은 고통스러운 자기 응시의 과정이었다. 사회주의와 민족주의의 건강한 접합을 모색했던 내 자신의 박사 학위 논문에 대한 스스로의 모반이었다. 기억의 빗장을 풀고 뜨거웠던 삶의 한 뭉치를 끄집어내야만 했다. 감추고 싶은 내면의 상처가 드러나는 것은 어찌해도 막을 수 없었다. 같이 고민했던 벗들의 상처마저 드러내는 결과를 빚었다면 미안할 뿐이다. 그러나 그 밑에서 작동하는 억압의 기제들에 눈을 감고 이념이 표방하는 해방의 당위에 안주한다고 해서 상처가 치유되는 것은 아니다. 그저 가려질 뿐이다. 우선은 자신의 상처에 대한 말 걸기 작업이 필요하다는 생각이었다.

그리고 상처들이 말을 하기 시작했다. 세상은 어떻게 변화하는가, 세상이 변한다는 것은 도대체 무엇인가 하는 소박한 질문들이 내게 던져졌다. 해방의 이념을 굳게 견지하고 정치 권력을 장악하여, 정해진 프로그램에 따라 법과 제도, 경제 체제를 바꾸면 세상이 바뀔 것이라는 생각은 너무도 순진한 것이었다. 끝난 줄 알았던 구체제는 시민 사회의 영역에 굳게 뿌리박은 채 밑바닥에서 '혁명 후 사회'를 움직이는 결이었다. 혁명이 가져다 준 극적인 변화에도 불구하고, 사람들이 삶의 의미를 생산하고 교환하고 실천하는 방식은 여전히 구체제의 틀에 갇혀 있었던 것이다.

현실 사회주의의 내면을 찬찬히 들여다보면, 부르주아 권력 혹은 구체제의 재생산 방식이 '혁명 후 사회'의 심층에서 작동하고 있었다는 의심을 떨구기 어렵다. 물밑에 숨어 있던 그것은 '몰락 후 사회'에서 일제히 수면 위로 비상하면서 어디론가 현실 사회주의를 떠메고 갔다. 혁명의 승리는 잠시뿐이었다. 결국 사회주의 혁명은 정치 권력을 장악하는 '기동전'에서 승리했지만 시민 사회의 헤게모니를 확보하는 '진지전'에서는 패배했던 것이다. 그것이야말로 현실 사회주의의 실패를 가늠하는 열쇠가 아닌가 한다. 해방을 지향하는 이념이 위계적 사회 질서와 억압 구조를 정당화하는 내밀한 기제로 작동하는 역설이 성립되는 것도 이 지점에서이다.

　이 책에 실린 글들은 기본적으로 이상과 같은 역사적 반성에서 출발한다. 인식론적으로 그것은 '계몽의 프로젝트'로서의 근대에 대한 회의와 맞물린다. 근대의 패러다임에 갇혀 있는 한, 거대 담론 혹은 거시 체계의 강박 관념에서 벗어나기는 힘들다. 종합화 혹은 체계화의 욕구는 다시 다중적 해방과 저항의 지점들을 일관된 체계 속에 서열화함으로써 또 다른 억압과 강제를 낳는다. 페미니즘, 포스트콜로니얼리즘, 섭얼턴 연구 등 20세기 해방 이념에 대한 비판적 문제 의식이 와 닿는 것도 이러한 맥락에서이다.

　물론 그렇다고 해서 '미완의 근대'라는 한반도의 역사적 과제를 부정하거나 근대의 해방 이념들이 가지는 역사적 의미를 폄하하겠다는 뜻은 아니다. 근대의 담 밖에서 근대를 성찰하는 계기를 가질 때, 근대가 제기한 역사적 과제를 수행해 나아가는 방식이 달라질 수 있다는 것이다. 그것은 탈근대의 문제 의식을 급진적으로 전유함으로써, 근대의 해방 이념을 '부정'하는 것이 아니라 '지양'하자는 것이다. '이념의 속살'을 드러내려는 의도도 여기에 있다.

　아직도 움켜 쥔 꿈은 있다. Human과 Ism으로 이분되고 Ism에 Human이 종속된 상태를 전복시켜 다시 온전한 Humanism을 복원하고 싶다는…… 휴머니즘이 자연에 대한 인간 종의 생태 제국주의로 전락하는 것은 물론 경계하겠지만.

　더 구체적인 문제들에 대해서는 글들 스스로가 답할 것이다. 판단은 물론 독자들의 몫이다. 글의 형식에 대해 한 마디만 덧붙인다면, 학술 논문보다는 에세이와 작은 칼럼들이 더 많다. 일차적으로는 글이 실린 매체가 형식을 규정한 측면도 있지만, 의도적으로 에세이를 고집한 면도 있다. 근대적 방법주의의 과학성과 정확성이 논리의 엄격성을 볼모로 자유로운 사유의 전개를 가로막고 있다는 판단 때문이다. 에세이적 사유의 유연성을 즐겨 보고 싶다는 작은 욕망도 한몫을 했다. 글의 어줍잖음에 대한 변명으로 떨어지지 않도록, 독자들의 신랄한 비판을 기대한다.

책머리에 도움을 준 벗들의 이름을 일일이 거론하는 것은 항상 쑥스럽다. 거론하는 측이나 거론되는 측 모두에게. 거론되는 측을 대표해서 『당대비평』의 문부식 주간에게 십자가를 지운다. 친구로서, 독자로서, 비판자로서, 편집자로서 그리고 무엇보다 뜨거운 시대를 같이 살아온 동시대인으로서 그가 곁에 있다는 사실만으로도 늘 든든하다. 내 글의 가장 철저하고 날카로운 독자였던 박환무 형에게도 한 짐을 슬며시 떠넘긴다. 삼인의 식구들에게 또 빚을 졌다.

2001년 4월 18일
임지현

차례

머리글: Human/Ism—전복을 위하여   5
일러두기   12

제1부 일상적 파시즘과 합의 독재

일상적 파시즘의 코드 읽기   17
파시즘의 '진지전'과 합의 독재   40
일상적 파시즘 다시 읽기   67
참을 수 없는 이념의 진보성과 생활의 보수성   90
나도 사소한 일에만 분노한다   101
독재는 살아 있다   105

제2부 민족 해방과 민중 동원

한반도 민족주의와 권력 담론   111
'전지구적 근대성'과 민족주의   141
한 국민 작가의 문학적 자살   177
민족주의의 두 얼굴   185
탈민족 민족주의   190
파농에게   193
인권과 주권   197
서커스와 남북 문화 교류   200
땅과 평화   203

제3부 인간의 이념, 이념의 인간

20세기와 잃어버린 마르크스주의	209
해방에서 동원으로	234
이념의 환상, 유머의 현실	266
가상 대담: 로자 룩셈부르크	279
인간으로 남아 있기	285
체 게바라에게	288
인간 속의 혁명, 혁명 속의 인간	291

제4부 해방의 역사학과 역사학의 해방

역사의 대중화, 대중의 역사화	299
마르크스주의 역사학의 중심 이동	320
근대의 담 밖에서 역사 읽기	345
남성, 그 발명의 역사	386
국가, 민족, 여성	399
기억과 망각	402
사이드의 오리엔탈리즘: 서양이라는 우상의 파괴	405
문화의 날에 느끼는 비애	408
예술의 고정 관념	411

찾아보기	415

일러두기

이 책에 실린 글들의 원 출처를 밝힙니다.

제1부 일상적 파시즘과 합의 독재
일상적 파시즘의 코드 읽기/『당대비평』 8호, 1999년 가을호
파시즘의 '진지전'과 합의 독재/『당대비평』 12호, 2000년 가을호
일상적 파시즘 다시 읽기/『당대비평』 14호, 2001년 봄호
참을 수 없는 이념의 진보성과 생활의 보수성/『말』 1999년 1월호
나도 사소한 일에만 분노한다/『동서문학』 30권 4호, 2000년 겨울호
독재는 살아 있다/ 인터넷한겨레 2000년 4월 14일, http://hani.co.kr

제2부 민족 해방과 민중 동원
한반도 민족주의와 권력 담론―비교사적 문제 제기/『당대비평』 10호, 2000년 봄호. 단, '후기'는 일본의 『現代思想』(東京: 青土社) 2000년 6월호에 번역되면서, 일본의 독자들을 위해 덧붙인 것임.
'전지구적 근대성'과 민족주의/『역사문제연구』 4호 (2000)
한 국민 작가의 문학적 자살―헨리크 시엔키에비치에 부쳐/『문예중앙』 2000년 여름호
민족주의의 두 얼굴/『뉴스플러스』 185호, 1997년 5월 27일자
탈민족 민족주의/『조선일보』 1999년 5월 11일자 「시론」
파농에게/『동아일보』 2000년 1월 31일자
인권과 주권/『부산일보』 2000년 2월 19일자
서커스와 남북 문화 교류/『대한매일』 2000년 6월 22일자
땅과 평화/『부산일보』 2000년 1월 25일자

제3부 인간의 이념, 이념의 인간
20세기와 잃어버린 마르크스주의―프로메테우스적 진보에서 디오니소스적 해방으로/『문학과 사회』 46호, 1999년 여름호

해방에서 동원으로—제3세계와 반서구적 근대화론으로서의 사회주의 (원제 "From the Labor Emancipation to the Labor Mobilization: Socialism as a Way of Anti-Western Modernization in the Underdeveloped Countries")/ 1999년 9월 오스트리아 린츠에서 열린 '국제노동사학회'(ITH)의 학술 대회에서 발표된 것을 한국어로 개작한 것으로, 이 학술 대회에서 발표된 글들을 묶어 편집한 『노동의 세기: 실패한 프로젝트?』(삼인, 2000)에 실렸다.
이념의 환상, 유머의 현실/『아웃사이더 01』 2000년 4월
가상 대담: 로자 룩셈부르크/『출판저널』 240호, 1998년 7월 20일자
인간으로 남아 있기—로자 룩셈부르크, 『자유로운 영혼, 로자 룩셈부르크』 오영희 옮김 (예담, 2001)/『조선일보』 2001년 4월 14일자
체 게바라에게/『조선일보』 1999년 12월 8일자
인간 속의 혁명, 혁명 속의 인간/『씨네21』 246호, 2000년 4월 11일자

제4부 해방의 역사학과 역사학의 해방
역사의 대중화, 대중의 역사화—시민 사회의 역사학을 향하여/『중앙사론』 10/11호 합집, 1998년 12월
마르크스주의 역사학의 중심 이동—단단한 역사에서 부드러운 역사로 (원제 "The Shifting Marxist Historiography: From Hard History to Soft History")/ 2000년 1월 7일 시카고에서 열린 미국 역사학대회 "마르크스주의 역사학의 미래" 패널에서 발표된 글로, 『역사와 문화』 창간호 (2000년 3월)에 실렸다.
근대의 담 밖에서 역사 읽기—20세기 한국 역사학과 '근대'의 신화/『한국사론』 30호 (2000)
남성, 그 발명의 역사/『남성의 역사』(솔, 2001)
국가, 민족, 여성/『대한매일』 2000년 4월 19일자
기억과 망각/『대한매일』 2000년 1월 27일자
사이드의 오리엔탈리즘: 서양이라는 우상의 파괴/『중앙일보』 2001년 1월 18일자
문화의 날에 느끼는 비애/『교수신문』 144호, 1998년 10월 26일자
예술의 고정 관념—소정에게 드리는 고해서/『교수신문』 153호, 1999년 3월 29일자

제1부
일상적 파시즘과 합의 독재

신체에 직접적인 권력을 행사하는 저개발된 권력으로서의 군부 파시즘의 시대는 끝났는가? 감히, 그렇다. 제도나 체제로서의 파시즘은 정치 무대에서 종말을 고했다.

1990년대의 민주화와 군부 파시즘의 역사적 종말은, 파시즘의 역사적 청산을 의미하는가? 그렇지 않다. 은폐된 억압 구조로서의 파시즘은 일상 속에 살아 있다.

우리네 삶의 전면적 해방이라는 관점에서 본다면, 정치적 민주화는 부족할 뿐 아니라 위험하기도 하다. '민주화=정치적 해방'이라는 단순화된 등식의 이면에는 권력의 합리화라는 날카로운 발톱이 숨겨져 있다. 이 점에서 민주화는 권력의 작동 방식이 변화했음을 의미한다. 강제와 억압에서, 즉 국민적 합의의 명분 밑에 은폐된 내면화된 규율이 자율적 복종으로 옮아 가고 있는 것이다. 민주화가 가져온 이 새로운 국면이 '일상적 파시즘'의 입지점이다.

일상적 삶에 깊이 뿌리 박은 채 사회적 스펙트럼 전반에 걸쳐 펼쳐져 있는 파시즘적 억압 기제를 청산하는 싸움은 끝난 것이 아니라 이제부터 시작인 것이다. 우리 안에 침투한 파시스트적 기제와 싸우겠다는 자기 준거적 문제 제기는 일상적 파시즘과 펼치는 게릴라적 '진지전'의 첫걸음이다.

일상적 파시즘의 코드 읽기

"혁명은 전제정과 민주주의간의 싸움이 아니라 '지배'와 '우애' 사이의 싸움이다."

―윌리엄 모리스(William Morris)

1. 1999년 자화상

1-1 코스타 가브라스의 영화 「Z」. 군사 쿠데타를 전후한 시기의 그리스를 배경으로 한 이 영화는 파시즘의 가공할 폭력과 집단적 가학 심리를 생생하게 드러내 준다. 내 기억에 가장 오래 남는 것은, 급박한 카메라 움직임으로 잡은 극적인 장면들이 아니라 검찰총장이 대변한 권력의 지혜이다. '국민들을 좀먹는 이념의 병'을 근절하기 위한 예방 조치를 그는 세 단계로 나누어 설명한다. 1단계: 초·중등학생 → 2단계: 대학생과 청년 노동자 → 3단계: 군 복무 시기. 가장 확실한 처방은 물론 힘과 폭력이 뒷받침되는 3단계이지만, 1~2단계의 예방은 국민의 자율적인 청결을 유도한다는 점에서 장기 지속의 효과를 갖는다. 세 단계의 처방은 단기 처방일 뿐이다. 민주 국가이므로 집회를 금지하지

도 않겠으며 또 집회 반대자도 막지는 않겠다는 검찰총장의 공언은 자신들의 공권력을 신뢰한다는 표현이다. 그가 믿는 것은 또 있다. 초등학교부터 성인이 될 때까지 오랜 기간에 걸쳐 구조화된 예방 조치의 힘이다. 영화 속에서 집회를 방해하기 위해 동원된 왕당파 시위 군중의 집단적 가학 심리는 지속적인 예방 조치를 통해 이미 '구조화된 구조'이다.

Z의 암살 이후 쿠데타로 집권한 군부는 이념적 전염병을 막기 위해 강력한 도덕적 방역 조치를 취한다. 장발, 미니 스커트, 록 음악, 톨스토이, 도스토예프스키, 사르트르, 파업, 출판의 자유 등이 '퇴폐'의 이름으로 금지된다. 군대에서 실시되는 세 단계의 강력한 예방 조치를 사회의 전 부문에 강제하려는 시도이다. 그러나 장발 단속 등에서 보듯이 군부 독재는 권력의 행사 대상을 정신이 아니라 신체에 두고 있다는 점에서 저개발된 권력이다. 그것은 지배의 기반을 규율의 세련됨이 아니라 신체에 대한 가시적 폭력에 두고 있기 때문에 폭발적인 저항을 야기하고 결국에는 실패할 수밖에 없다. 원초적 폭력에 의존하는 군부 파시즘은 가시적 권력이기에 상대적으로 덜 위험하다. 그것은 신체를 괴롭히는 고통스러운 처벌을 정신에 대한 조작적 징벌로 대체한 근대 권력의 음험한 메커니즘을 이해하지 못한 원시 권력일 뿐이다. 영화 「Z」에서 가장 위험한 것은, 그러므로 그리스의 군부 정권이 아니라 관객들에게 파시즘에 대한 비판적 정보를 파시즘적으로 강요하는 코스타 가브라스 감독의 은밀한 영화 전략이다. 너무 지나친 억측일까?

1-2 1999년 2월. 한 초등학교의 졸업식. 졸업식 풍경은 예나 지금이나 큰 차이가 없다. 아이들은 살을 에는 듯한 추위 속에 군대식 대열을

이루어 한 시간 이상 운동장에 방치되어 있고, 국기에 대한 맹세와 애국가 제창 등의 국민 의례와 교장 선생님 훈시, 내빈 축사, 송사와 답사 등으로 이어지는 식순은 30년 전 내가 졸업할 때와 똑같다. 한 달에 한 번 전교생이 운동장에 모여서 하는 조회에서도 국민 의례는 빠질 수 없다. 거듭되는 국민 의례를 통해 아이들의 자아는 '조국'과 '민족'의 추상화된 집단적 자아 속에 함몰된다. 온통 추상인 이 집단적 자아 속에서 유일하게 구체적인 것은 그 중심에 있는 국가 권력이다. 각종 행사 의식뿐 아니라 매일매일의 일상에서 학생들의 신체에 강요되는 규율 또한 만만치 않다. 아침마다 교문 앞에 두 줄로 도열해 학생들의 복장과 용모, 좌측 통행 등을 규제하는 주번 제도는 자율을 가장한 규율이다. 일본 식민지 시기의 '황국신민의 의식(儀式)'은 사라졌지만, 획일성과 통일성을 강요하는 규율은 여전히 식민지 잔재로서 남아 있다. 흥미로운 것은 어린 학생들에게 애국심을 고양하는 해방 후의 민족 교육이 일본 제국주의의 방법론을 적지 않게 물려받았다는 점이다. 유신 때 도입된 교련 수업에서 그것은 절정에 달했다.

　1997년 일본 사이타마 현의 공립 고등학교. 졸업식 행사에서 일장기를 게양하고 기미가요를 제창할 것을 지시한 교장의 조치에 반발한 학생들은 학생회 권리장전을 선포하고 일제히 식장에서 퇴장했다. 이 일본 학생들은 국가 권력에 의해 추상화된 민족의 권리를 거부하고 구체적인 개인의 권리를 택했다. 자율이 규율을 구축한 것이다. '자유주의사관연구회'를 비롯한 일본의 신보수 세력은 학생들의 애국심이 땅에 떨어졌고, 그 책임은 자유주의적 학교 교육에 있다며 분노를 금치 못했다. 만약 한국의 고등학교에서 이러한 일이 벌어진다면, 언론을 비롯한 한국 사회의 반응은 '자유주의사관연구회'의 그것과 크게 다르지 않으리라는 것이 내 판단이다. 종군 위안부의 존재 자체를 부정하는 '자유주의사관연구회'는 한국 사회의 일반 여론과 대척점에 서 있는 것처럼 보이지만, 사실상 양자는 동일한 담론 구조를 갖고 있다. 과거에 대한 집단적 기억을 코드화하는 데 똑같은 소프트웨어를 사용하는 것이다.

1-3 1999년 6월. 고려대학교 노천 극장. 「99 콘서트 자유」의 열기가 뜨겁다. 학생들이 대부분인 청중들은 더 이상 '노래를 찾는 사람들'이나 정태춘, 박은옥이 아니라 록 그룹에게 더 뜨거운 반응을 보낸다. 거대 담론을 해체하고 미시적 삶의 세계로 관심을 옮겨가는 포스트모던적 경향은 록 밴드의 몸짓과 노래에서, 그리고 그에 대한 청중들의 열렬한 반응에서 쉽게 확인된다. 가볍지만 흥겹고 또 끝내 가볍지만도 않다. 적절한 유머와 제스처로 관중들의 참여를 유도해 가는 윤도현 밴드나 김광석을 추모하기 위해 즉석에서 음을 맞춘 프로젝트 밴드인 김광석 밴드도 재미있다. 박노해의 시 「이 땅에 살기 위하여」에 곡을 붙였다는 윤도현의 노래는 유럽의 프로그레시브 송(Progressive Song)을 연상케 한다. 몇 년 전 영국에서 열린 좌파들의 학술 대회에 참가했을 때, 특별히 초청된 아일랜드 록 그룹의 프로그레시브 송을 즐긴 기억이 났다. 그때 그 그룹은 연주보다는 술을 마시는 데 더 정신이 팔려서 깊은 인상을 주지는 않았다. 솔직히 윤도현 밴드가 훨씬 낫다는 느낌이다.

윤도현 밴드에 이어 김진표라는 랩 가수 등장. 청중들의 폭발적인 반응에서 그의 인기를 직감한다. 같이 간 딸아이의 설명에 의하면, 정통 록을 구사하던 시나위 밴드의 멤버들과 최근에 팀을 만들었단다. 그 래퍼는 자기는 어른들이 싫다며, 기성 세대를 향해 직격탄을 날린다. 김진표가 "외쳐 봐" 하고 절규하면, 청중들은 일제히 "닥쳐 봐"라고 응답한다. 그가 "아저씨" 하고 외치면 청중들은 다시 "닥쳐 봐" 하고 소리 지른다. 자신이 싫어하는 어른들에게 입 닥치라는 메시지를 전하고 싶었다는 것이다. 김진표가 "아저씨"라고 할 때마다 중학교 1학년인 딸은 손가락으로 나를 가리키며 "닥쳐 봐"라고 악을 쓴다. 충분히 반항적이고 전복적이다. 어느 새 반항의 주체가 아니라 그 대상이 된 어설픈 나이가 씁쓸하다. 그러나 정작 씁쓸한 것은 자신의 밴드 멤버들을 소개하는 그 가수의 태도이다. 어른들에게 "닥쳐 봐" 하던 기세는 온데간데없고, '형님들'을 소개하고 대하는 태도가 조직의 쓴맛을 본 사람처럼 정중하기 짝이 없다. 어느 쪽이 진짜 모습인지 판단할 길이 없다. '닥쳐 봐'는 상업적 전략이고 '형님들'이 그의 진짜 모습이라는 혐의를 쉽게 지울 수 없다. 이 래퍼의 몸에 밴 규율 권력은 어디서부터 유래하는 것인가 하는 생각 때문에, 그때까지도 '닥쳐 봐'를 되뇌는 딸애의 손을 잡고 내려오는 밤길 내내 마음이 무거웠다.

1-4 「'머슴들' 제 목소리 낸다」. 구한말의 이야기가 아니다. 21세기를 목전에 둔 1999년 6월 한국, 한 진보적 신문의 기사 제목이다. 기사의 내용인즉, 그 동안 항공사 안에서 '머슴살이'를 해 온 조종사들이 제 목소리를 내기 위해 조종사 노조 설립을 추진한다는 것이다. 이 기사 옆에는 최근 잇단 사고로 만신창이가 된 한 항공사가 '조종실 문화 혁명'을 시도한다는 내용의 기사가 자리 잡고 있다. '조종실 문화 혁명'은 먼저 미국식 조종 습관을 도입하는 데서 시작한다는 내용이다. 기장의 판단이 뻔히 잘못된 것을 알면서도 부기장이 아무런 이의를 제기하지 못하는 권위주의적 조종실 풍토가 교정 대상 1호라는 것이다.

기장과 부기장의 상명하복 관계를 수평적 관계로 바꾸겠다는 것인데, 이는 문제의 근원이 조종사들의 기술이 아니라 권위주의적 문화에 있다는 것을 잘 드러내 준다. 그러나 조종사들 대부분이 직업 군인 출신임을 감안할 때, 초등학교부터 성년에 이르기까지 규율 권력에 젖어 온 이들의 문화가 얼마나 바뀔지는 의문이다. 아예 군 출신 조종사들을 채용하지 않는 독일 루프트한자 항공사의 원칙은 이 점에서 매우 시사적이다.

이 항공사는 미국식 조종 습관의 도입과 더불어 교관들을 모두 보잉사의 교관으로 대체했다. 연고주의의 뿌리를 잘라 내기 위한 조치라고 기사는 전한다. 한 조종사의 말을 빌면, "그 동안 교관들끼리 육·해·공군 등 출신 문제나 학연, 지연 등을 따지며 조종사들의 운명을 바꿔 놓는 일이 적지 않았다"는 것이다. 요컨대 막강한 권력을 지닌 교관들의 권한 행사가 상당히 자의적이었다는 것이다. 회사는 또 회사대로 조종사들을 '머슴 기술자'로 취급함으로써 이 회사 고유의 독특한 조직 문화를 만들었다. 족벌 경영의 최고 경영진으로부터 비행기의 말단 승무원에 이르기까지, 이들은 같은 문화를 공유했던 것이다. 600억 원의 돈을 쏟아부어 회사와 조종실에서 문화 혁명을 일으키려는 이 회사의 시도가 성공적인 결과를 낳을지 여부는 각별한 관심거리가 아닐 수 없다. '한국'호라는 큰 비행기에 탄 승객들의 운명을 지배하는 것도 실은 이 항공사의 권위주의적 조종실 문화인 것이다. '한국'호 기장에 대해 "말하는 건 상당히 민주적인데 태도는 그렇게 권위적일 수 없었다"는 한 프랑스 기자의 인상기를 덧붙인다. 단지 그 문화에 길들여진 우리만이 그것의 위험성을 인식하지 못하고 있을 뿐이다.

2. 일상 생활, 규율 권력, 교실 이데아

1942년 당시 10살의 소년이었던 움베르토 에코는 파시스트들이 주관한 청소년 글짓기 대회에서 최우수상을 받았다. 글짓기 주제는 "무솔리니의 영광과 이탈리아의 불멸적 운명을 위해서라면 목숨을 바쳐야만 하는가?"였다. 에코 자신의 표현을 빌면, 그는 이 질문에 "거만한 수사"로 그렇다고 답해서 최우수상을 받았다는 것이다. 에코처럼 거만한 수사는 못 되지만, "민족 중흥의 역사적 사명을 띠고 이 땅에 태어나 조국과 민족의 무궁한 영광을 위하여 몸과 마음을 다 바쳐 충성을 다할 것을 굳게 다짐"하던 우리의 정답 또한 어린 에코의 대답과 일치한다. 학교 규율을 동원하여 어린 학생들에게 이 초라한 수사를 외우도록 강제했던 인격화된 정치 권력은 가고 없지만, 그의 의도는 우리의 일상 생활과 의식 속에 깊이 뿌리박고 있다.

일상 생활은 혁명, 민족, 민주 등의 추상적 신화에 가려 주목받지 못하고 소외된 삶의 영역이다. 그것은 하찮지만 견고하다. 규칙적으로 반복되고 이어지면서 일상을 구성하는 그것은 어느 누구도 의심하지 않는 당연하고 무기한적인 삶이다. 현실을 직시한다는 것은, 우리의 머리를 지배하는 추상적 신화의 틈을 헤집고 들어가 일상을 지배하는 그 견고한 생활 양식을 읽어 내는 작업이기도 하다. "모든 죽은 세대들의 전통이 악몽과도 같이 살아 있는 사람들의 머리를 짓누른다"는 마르크스의 통찰이나 "삶을 통째로 바꾸자"는 랭보의 절규, 범죄와 마약 심지어 자살이라는 극단적인 방법을 동원해서까지 현실 순응주의를 깨부수고자 했던 앙드레 브르통, 주어진 생활 양식에 자발적으로 복종하도록 만드는 "보이지 않는 테러"를 경고한 앙리 르페브르 등의 문제

의식은 그 집요한 일상 생활에 대한 도전이다.

이제 문제는 신체에 직접적인 권력을 행사하는 저개발된 권력으로서의 군부 파시즘이 아니다. 한국 사회에서 그것은 더 이상 재발할 가능성이 높지 않다. 또 재발한다 해도 새삼 그 폐해를 지적할 필요는 없다. 그것은 투명할 정도로 가시적이며, 따라서 타격 지점도 명백하다. 문제는 사람들을 자발적으로 굴종하게 만들어 일상 생활의 미세한 국면에까지 지배권을 행사하는 보이지 않는 규율, 교묘하게 정신과 일상을 조직하는, 고도화되고 숨겨진 권력 장치로서의 파시즘이다. 나는 그것을 '일상적 파시즘'이라 부르겠다. 일상적 파시즘은 형식 사회학에서 말하는 제도나 체제로서의 파시즘과는 존재 양식을 달리한다. 그것은 사람들이 체제의 배후에서 생각하고 느끼는 방식, 전통이라는 이름의 문화적 타성들, 설명하기 힘든 본능과 충동들 속에 천연덕스럽게 자리 잡고 있다. 말 그대로 '보이지 않는 테러'인 것이다. 일상적 파시즘은 그러므로 잡식성이다. 자본주의든 사회주의든, 민주정이든 전제정이든 무엇하고도 손쉽게 짝을 이룬다. 그것은 남과 북의 동질성을 확보해 주는 연결 고리이다. 일상적 파시즘은 한반도의 속살이다.

일상적 파시즘은 보통 사람들의 일상 생활 속에 깊이 뿌리박고 있는 전사회적 현상이지만, 그것의 재생산 구조는 기본적으로 학교 교육에 있다. 근대 국가에서 의무 교육이 도입된 이래, 학교 교육은 사회 구성원을 권력의 요구에 따라 재생산하는 기제였다. 학교에서 가르치는 지식과 상징의 구조는 권력의 사회 문화적 통제 원리를 담고 있다. 학생들은 수업 시간에 배우는 선택된 지식뿐만 아니라, 교실 내의 일상적 생활 속에서 알게 모르게 특정한 사회적 규범을 배우게 된다. 그 규범을 거부하는 학생들은 문제아, 학습 지진아라는 이름으로 타자화되어 배제된다. 그것은 반드시 명령적 복종의 형식을 취하지는 않는다. 각급 학교에서 시행되는 체벌 금지 조치는 명령적 복종에서 자발적 복종으로 작동 방식을 바꾸려는 규율 권력의 의도를 보여 준다. 유럽 최초로 체벌을 금지한 폴란드보다 무려 200여 년 이상 뒤떨어진 때늦은 체벌 금지 조치는 권력 근대화가 그만큼 늦었다는 것을 의미하는 것이다.

체벌 금지를 전후해 나타난 '왕따' 현상은 이 점에서 주목된다. 그것은 명령적 복종 단계를 벗어나 근대화된 규율 권력이 학생들에게 강제하는 자발적 복종의 극단적 결과이다. '왕따'는 명령적 복종 단계에서 선생님의 문제아였던 아이가 자발적 복종 단계에서 동료 급우들 사이의 문제아로 자태 전환한 것일 뿐이다. 그러므로 "급우를 사랑하자"는 식의 추상적 구호가 학생들이 자발적으로 설정한(사실은 위로부터 교묘하게 부과된) 규범에서 벗어난 '왕따'를 구할 수는 없다. 근본적인 해결책은 왕따를 만들어 낸 규율 자체를 파괴하는 것이다. '공부'라는 이름으로 학생들을 옭아매고 길들이는 학교 생활을 그린 「여고괴담」에 구름같이 몰린 여고생 관객이나 거대한 포장 센터에 불과한 학교를 뛰쳐나오라고 노래한 서태지의 「교실 이데아」에 보낸 청소년들의 열광적인 반응을 보라. 그것은 규율에 복종하면서 또 동시에 거부하고자 하는 청소년들의 이중 의식을 드러내는 것이어서 흥미롭다. 그러나 학교의 현실은 규율을 거부하고자 하는 의식을 제거하고 자발적 복종의 길로 학생들을 몰고 간다.

해방 후 교육의 역사는 곧 학생 키우기가 아니라 길들이기의 역사였다. 미 군정기의 '새교육 운동'은 학생 개개인의 개성과 자율성을 강조했지만, 초등학교부터 학생들의 일상을 관리하고 통제하는 규율의 메커니즘은 여전히 존속했다. 조회, 각종 검사, 학급 운영 구조, 주훈 등의 운영 메커니즘은 기본적으로 일본 제국주의 시대의 타성에서 벗어나지 못하였다. 독립된 나라의 초등학교에서 강조된 덕목들은 자율, 자치, 준법 정신, 복종심, 책임감 등이었는데, 이것들은 일제 말기에도 학교의 규율로서 강조되었던 것들이다. 집단의 규칙에 순응하고 상급자에게 복종할 것을 강조하는 학생 관리, 한 학급의 학생들을 묶어 주는 반장, 부반장, 분단장 등의 수직적 위계 질서, 수평적 토론이 아니라 상명하복의 권위를 상징하는 높은 교단과 낮은 책상들, 교훈과 급훈 등의 이름으로 규율을 부과하는 학교 문화는 사실상 독립국 대한민국에서도 변하지 않았던 것이다. 유일한 변화는 천황에 대한 충성을 조국에 대한 충성으로 대체하였다는 점이다. 새로운 교육 지표인 '애국적 민주 시민'은 국가와 사회에 복종하는 인간형을 양성한다는 점에서 '황국신민화 교육'과 목표가 같았다. 변한 것은 권력의 주체뿐이었다.

5·16 이후에는 국가의 자주성, 민족 주체성, 국민의 사명감 및 반공 교육을 강조하는 교육 이념이 개성과 자율성의 교육 이념을 대체하였다. 물론 그 이전에도 개성은 개인차로, 그리고 개인차는 다시 성적 차이로 해석되어 개성 중심적 교육은 성적의 우열에 따른 차등 교육으로 곧잘 둔갑하는 형편이었다. 그러나 5·16은 학교 교육에서 그나마 싹을 틔우려던 개성을 죽이고 집단 규율을 강조하는 전환점이었다. 국민교육헌장과 국기에 대한 맹세 등의 보조 장치를 통해 고양된 국가주의적 경향은 민족 주체 의식의 고양, 전통에 기초한 민족 문화의 창조, 개인과 국가의 조화로운 발전을 표방한 유신 체제의 교육 지표로 명시화되기에 이르렀다. 교육 지표가 민족적 정체성을 강조하는 한, 이 교육에는 미래 지향적 발전의 의미가 이미 제거된 것이다. 다른 한편으로는 교과서의 국정 제도와 검인정 제도를 통해 교과서의 구체적인 내

용들을 사실상 검열함으로써, 학교의 일상 문화부터 교과서와 수업 내용에 이르기까지 권력의 지배가 공고해졌다.

초등학교에서부터 규율 권력의 세례를 받고 규율이 요구하는 모범생으로 자라 대학에 들어온 학생들에게 일상 생활의 미세한 국면에까지 촉수를 뻗치고 있는 규율 권력으로부터 해방된 감수성을 기대한다는 것은 사실상 불가능하다. 대학에도 교실 이데아가 없기는 마찬가지이다. 대학에서도 교단은 여전히 30센티미터의 높이로 권위를 유지하고, 학생들의 좌석은 열병식에 나선 대오처럼 절도 있게 배치되어 있다. 대학 강의실의 이 공간 구조에서 수평적 토론은 애초부터 배제되어 있다. 강의실의 공간 구조는 그러므로 교수와 학생을 묶어 주는 것이 권력 관계라는 점을 상징적으로 드러낸다. 교수들 사이에서도 동료 개념은 찾아보기 힘들다. 그들을 지배하는 것은 수평적 동료 관계가 아니라 선후배 또는 사제 관계이다. 교수 사회를 관통하는 것은 학문 권력도 아닌 전근대적 권력일 뿐이다. 대학의 조직 또한 철저하게 중앙 집중적이고 위계적이다. 대학의 계서제(繼序制)에서 말단에 있는 학과장의 업무는 동사무소 말단 직원의 업무와 다를 바 없다. 총장의 비서라고 해서 청와대 비서실장의 역할을 하지 말란 법도 없다.

교수들 사이의 전근대적 권력 관계와 대학의 위계 질서는 학생들에게 그대로 대물림된다. 유신 잔재의 교육 세례를 받고 자라 윗사람에게 깍듯하고 조국과 민족에 대한 사랑이 각별한 학생 조직은 군대식의 일사불란한 '강철 대오'를 자랑한다. 조직의 다양한 층위에서 크고 작은 권력을 휘두르는 새끼 수령들의 이 집합에서 권력으로부터 해방된 상상력을 기대한다는 것은 죽기보다 어려운 일이다. 위계 질서와 권력을 존중한다는 점에서 이들이 살아가고 생각하는 방식은 철저하게 체제 논리에 묶여 있다. 규율 권력의 입장에서는 이들의 정치 노선이 남한의 정치 권력을 전면적으로 부정하는 급진적인 것이라고 해서 두려울 것은 없다. 이들의 삶과 사고 그리고 행동 양식은 규율 권력이 쳐 놓은 촘촘한 그물에서 한 치도 벗어나지 못한다. 어느 면에서는 북한식 사고 방식과 태도야말로 권력이 가장 선호하는 양식이다. 생활로부터 자유로운 대학에서 벗어나 사회인이 되었을 때, 상명하복 문화에 길들여진 이들은 체제의 충실한 파수꾼이 된다. 1980년대 학생 운동 출신들이 기성 정치권에 대거 편입되어 발빠르게 적응하는 것도 부분적으로는 같은 맥락이다.

서태지의 「교실 이데아」에 대해 발매 즉시 방송을 금지시킨 권력의 신속한 조치는 권력의 근원이 어디에 있는가를 상징적으로 드러낸다. 그 배후에 본능적으로 위기를 잘 감지하는 발달된 후각이 있는지 혹은 치밀한 계산에서 나온 것인지 나로서는 알 길이 없지만, 적어도 문제의 핵심이 무엇인지는 분명하다. 전교조에 대해 역대 정권이 취한 과잉 반응도 같은 맥락에서 이해된다. 권력의 가장 든든한 기반인 시민들의 자율적 복종을 보장해 주는 학교 교육에 대한 독점적 후견권은, 권력으로서는 결코 놓칠 수 없는 근원적 지배 장치이다. 권력의 입장에서 볼 때, "매일 아침 7시 30분까지 우리를 조그만 교실에 몰아 놓고 전국 900만 아이들 머리 속에 똑같은 것만 집어넣고 있어"라며 규율 권력을 거부하는 「교실 이데아」의 절규만큼 무서운 것은 없다. 폭력과 군대에만 의존하는 권력은 취약할 수밖에 없다는 점을 절실하게 깨닫고 있기 때문이다. 교실 이데아를 교실 레알리아에 묶어 둘 것, 그것이야말로 한국의 어린 에코들이 조국과 민족을 위해, 그리고 끝내는 권력을 위해 죽음을 각오하고 헌신할 수 있는 사회 구조를 구축하는 지름길이다.

3. 파시즘의 아비투스—가족, 시민 사회, 국가

1997년 서울. 서울대학교가 타교생이나 졸업생의 도서관 출입을 막기 위해 학생증 바코드를 만들었다는 1단 기사. 고시와 취업 때문에 느닷없이 대학가를 강타한 면학 열풍이 도서관을 늘 만원으로 만들었고, 자리가 부족한 도서관에 대한 학생들의 불만이 누적되어 학생회와 협의 끝에 취한 조처라는 설명이다. 서울대학교만큼 언론의 조명은 못 받았지만, 다른 대학들도 사정은 마찬가지이다. 그런데 나는 어느 대학의 학생회도 외부인의 도서관 이용 금지 조치에 대해 진지하게 토론하고 그것의 사회적 의미를 물었다는 소리를 들은 적이 없다. 정치적 지향이나 운동의 논리에서 볼 때, 1968년의 파리와 1997년 한국의 학생 운동 사이에 이념적 차이는 찾기 어려울지도 모르겠다. 그들은 적어도 노동자-학생 연대라는 구호를 공유했다. 그럼에도 나는 양자 사이의 메울 수 없는 문화적 거리를 직감한다. 각 행위 주체의 의식 심층에 깊게 뿌리박고 있는 이 문화적 차이는 정치적 구호를 공유한다고 해서 지워지는 것이 아니다. 그 차이는 궁극적으로 대학과 사회의 관계를 설정하는 방식의 차이로 드러난다. 1968년의 파리가 대학의 공공성을 쟁취했다면, 1997년 이후의 한국은 대학의 생산성 논리에 패배했다.

1968년 파리의 대학생들은 24시간 내내 소르본느를 노동자들에게 개방한다고 선언했다. 투쟁은 엘리트 양성과 권위주의 구조, 학생들에 대한 가부장주의와 학교-학부-학과 사이에 존재하는 철통 같은 위계 질서, 학생들의 특권적 지위, 전문 지식의 신비화 등에 대한 비판에서 촉발되었다. 그것은 대학을 기술 관료의 요구에 따라 산업 생산의 기지로 바꾸려는 정치 권력과 자본의 기도에 대한 학생들의 투쟁이었다.

노동자-학생 연대라는 구호는 이제 대학을 모든 사람들에게 개방한다는 '장벽 없는 대학'이라는 목표로 이어졌다. '1968년'의 밑에 깔려 있는 문제 의식은 정치 권력의 문제가 아니라 그것을 넘어서 일상을 지배하는 규율 권력에 대한 문제 제기이기도 했다. 여성에 대한 남성 지배, 소수 민족에 대한 지배 민족의 억압, 소비주의에 대한 문화적 순응, 정치 권력을 강화해 주는 맹목적 애국심, 가부장주의의 온상인 가족 제도 등 그야말로 일상 생활을 지배해 온 자연스러운 전제들이 의문시되고 부정되었다. 대학은 이로써 '반문화'(counterculture)의 핵심 거점이 되었고, 사회에 대한 비판적 기능이라는 고유의 공공성을 지킬 수 있었다.

1997년 서울대학교 및 기타 대학들에서 노동자-학생 연대라는 전통적 구호와 함께 진행된 재학생 도서관 독점 운동(?)은 대학과 사회의 관계에 대한 한국 대학생들의 이중적인 잣대를 드러내 주고 있어 매우 시사적이다. 기본적으로 이 이중성은 발전된 정치 의식과 일상을 지배하는 보수적 문화간의 괴리라는 학생 운동의 현실에서 찾아야 하지 않을까 한다. 대학 도서관에 대한 독점은 대학생들의 의식이 여전히 특권 의식, 혹은 잘 보아야 집단 이기주의의 틀에서 벗어나지 못했음을 보여 주는 상징적 사건이다. 그것은 자본주의에 대한 비판적 담론에도 불구하고, 의식의 심층에서는 대학에 대한 이들의 주인 의식이 자본주의적 소유 관념에서 크게 벗어나지 못했음을 보여 준다. 한국의 대학이 '반문화'의 거점이 되지 못하고, '신지식인'의 구호 아래 대학을 자본주의의 생산 기지로 탈바꿈하려는 권력의 구조 조정 시도에 무력할 수밖에 없는 것도 기본적으로는 이러한 이유에서이다. 대학 도서관에 대한 독점 의식은 결국 한국의 학생 운동이 국민 교육과 언론 등을 통해 기성 체제가 부과했던 규율 권력의 틀을 부수지 못하고, 체제의 틀 속에 포섭되고 만 것이 아닌가 하는 의구심을 불러일으킨다. 그것은 운동의 신체적 격렬성이나 구호의 급진성과 대조되어 흥미롭다.

도서관 독점 의식에서 드러나듯이, 대학인들의 의식 심층에 자리 잡고 있는 특권 의식 혹은 소유 의식 앞에서 급진적 구호는 불 앞의 얼음이다. 적지 않은 운동 인자들이 대학을 졸업하자마자 손쉽게 기성 체제에 포섭되는 것도 같은 이유에서이다. 한국의 대학 문화는 어찌 보면 처음부터 체제에 포섭된 '하위 문화'(subculture)였을 뿐이다. 반문화가 아닌 하위 문화는 대학의 생산성에 대한 권력과 자본의 공세적 요구에 손쉽게 굴복한다. 한국의 대학에는 유감스럽지만 기성 체제의 공세에 맞서 대학의 공공성을 지켜 낼 수 있는 '반문화'가 애초부터 존재하지 않았던 것이다. 학벌=출세라는 등식이 성립되는 사회에서 명문 학교 대학생은 자녀의 대학 입학을 통해 가족의 번영을 도모하려는 원자화된 가족 전쟁의 승자이다. 가정에서는 부모를 공경해야 한다는 '효'의 가정 교육을 받고, 학교에서는 '효'와 더불어 '충'의 덕목을 착실하게 배워 익힌 이들이 성인으로서 정치 의식을 갖게 되었을 때, 1968년의 정신을 기대한다는 것은 처음부터 무리한 것이었다.

가족은 사회를 구성하는 가장 기본적인 공동체 단위지만, 한국 사회의 경우에 그것은 실재하는 거의 유일한 공동체가 아닌가 한다. 특히 식민지 시절과 전쟁, 정통성을 결여한 군부 독재 등을 거치면서 한국인의 삶은 광장으로 나오기보다 안으로 움츠러드는 경향이 강하였다. 존경받는 진보적 지식인들이 생을 정리할 나이에 족보에 집착하는 것 등의 현상은 흔히 목격되는 바이다. 이것은 단순한 뿌리 찾기의 문제가 아니다. 가족주의가 우리 의식의 심층에 얼마나 깊이 뿌리박고 있는가를 보여 주는 것이다. '효'의 정신은 가족을 객관화시키기보다 어른으로 공경할 것을 가르치고, 완강한 가족주의는 가족 내적으로 신분제 사회의 유산인 가문의 정통에 집착하면서 가부장제적 경향을 강화시킨다. 가문의 계통에 대한 추구는 필연적으로 부계 혈통주의를 강조하게 마련이고, 그것은 곧 전통의 이름으로 남성 국수주의를 변호한다. 진보적 남성 국수주의자라는 형용 모순의 존립 근거는 바로 여기에 있다. 남녀간의 내외법은 그러므로 진영을 막론하고 사회와 가정을 각각 남성과 여성의 영역으로 구별하는 방식으로 온존한다. 대학생의 성비는 비슷하지만 취업에서는 성별 불균형이 극심한 데서도 그것은 잘 드러난다. 남아 선호 사상이 첨단 의료 장비와 결합되어 자연적 성비를 파괴한다든지 하는 등의 부작용도 사실은 가문의 정통에 집착하는 가부장적 가족주의의 결과이다. 이것은 한국 사회에서 여성 해방의 과제가 완고한 가족주의의 해체와 밀접한 관련이 있음을 시사해 준다.

한편 대(對)사회적으로 그것은 가족의 안녕을 모든 가치의 우위에 두는 가족 이기주의를 낳았다. 가족의 울타리를 넘어서는 공공적 삶은 설 땅을 잃어버렸다. 공동체적 전통에 대한 끊임없는 강조가 있었지만, 가족을 제외한 여타 공동체는 한국인들의 삶에서 사실상 관념 속에서만 존재했던 것이다. 전근대적 공동체를 기반으로 곧장 사회주의로 이행하고자 했던 탄자니아 사회주의의 실패는 이 점에서 시사적이다. 이들의 공동체 의식은 대가족 내부의 구성원들 사이에서만 존재하는 것이었으며, 울타리 밖의 다른 사람들에게는 연장되지 않는 것이었다. 한국의 경우에도 공동체적 전통에 대한 강조는 사실상 가족 이기주의를 강조하는 결과만을 낳은 것이 아닌가 한다. 그 결과 혈연에 기초한 가족 이기주의와 배타성이 사회의 지배적 기풍으로 자리 잡았으며, 사회의 구성 원리 또한 가족주의적 배타성의 연장에 불과했다. 혈연은 물론이고 학연과 지연 등의 연고주의가 사회의 합리적 구성 원리를 대체한 것이다. 학연의 중요성은 다시 특정 집단의 테두리 안으로 들어가야 한다는 절박한 욕구를 불러일으켰다. 명문 대학을 두고 벌어지는 입시 전쟁은 그 결과이지만, 동시에 초·중등학교에서 규율 권력이 아무런 제한 없이 작동할 수 있는 비옥한 토양을 제공하기도 했다. 이 악순환의 고리가 깨지지 않는 한, 한국의 학생 운동은 특권적 성역이라는 이름으로 규율 권력이 쳐 놓은 체제의 그물망에서 벗어나기 어려울 것이다.

후쿠야마의 비유에 의하면, 한국 사회는 말 안장형의 사회이다. 무소불위의 권력을 휘두르는 비대한 국가 기구와 혈연적 배타성으로 사람들의 의식을 묶어 두는 가족이 각각 큰 비중으로 사회의 위아래를 장악하고 있는, 그렇기 때문에 중간 허리에 해당하는 시민 사회가 발전하지 못한 사회라는 것이다. 그러나 엄밀히 말하면, 국가 기구와 가족은 각각 위와 아래로 분절되어 사회를 구성하는 것이 아니라 서로 맞닿아 있다. 연고주의가 최소한의 관료적 합리성마저 밀어내고 국가 기구를 움직이는 보이지 않는 원칙이기 때문이다. 군부 독재가 무너지고 민간 정부가 들어서면서 소통령이라는 독특한 용어가 나왔다는 사실에 주목할 필요가 있다. 수년 전에 폴란드의 한 외교관이 내게 이렇게 물은 적이 있다. "왜 한국의 신문들은 선거 관련 보도를 하면서 각 당의 정강 정책에 대해서는 입을 다물고, 허구한 날 몇몇 보스들의 이름만 거론하고 계보만 그리냐"고. 중앙의 정치가 그러하다면, 지방 정치에서는 종친회, 동문회, 향우회의 동향이 가장 중요한 예측 지표가 된다. 전통의 위력 앞에서 이러한 현상에 대한 비판은 곧 힘을 잃는다.

이 독특한 현상은 기본적으로 사상 운동이나 시민 사회 운동을 억압해 왔던 한반도의 20세기 역사가 낳은 기형아이다. 이념적 지향이나 공적 이해를 중심으로 모이는 것이 기본적으로 불가능했기 때문에, 모든 집단 행위는 가문이나 동창회 또는 향우회의 형식을 빌릴 수밖에 없었던 것이다. 과도하게 성장한 국가의 권력 기구가 위로부터 파시즘을 강제하는 정치적 기제라면, 확대된 가족주의 혹은 연고주의는 밑으로부터 파시즘을 담보하는 견고한 문화적 기제이다. 가족이나 지역의 특수 이해를 넘어서 공적 이해를 추구하는 시민 운동의 부재는 결국 국가 권력에게 공공적 이해에 대한 해석의 독점권을 부여했다. '충'의 덕목을 강조하는 국가 권력은 조국과 민족의 이름으로 자신의 특수한 이해를 보편적 이해라고 강변했다. 국가 권력을 비판하고 반대하는 세력 또한 조국과 민족이라는 코드를 공유함으로써 국가 권력의 정통성을 문제 삼았을 뿐 국가 권력이라는 존재 자체가 정당한가 하는 물음은 제기하지 못했다. 조국과 민족이라는 추상의 헤게모니를 둘러싼 국가 권력과 저항 운동의 투쟁이 벌어지는 동안, 구체적인 인간들의 삶은 뒷전으로 물러났고 규율 권력은 조용히 일상 생활 속에 침투했다. 그리고 끝내는 저항 운동 자체가 권력의 코드에서 벗어나지 못했다.

지성사의 관점에서 볼 때, 한국 사회의 이런 특징은 '근대'를 보는 독특한 시각과 밀접하게 연관되어 있다. 다양한 입장이 있지만, 결국 그것은 '동도서기론'으로 압축될 수 있지 않을까 한다. 박정희의 '한국적 민주주의'가 자본주의 동도서기론이라면, 김일성의 주체사상은 사회주의 동도서기론이다. 양자의 공통점은, 기술로서의 근대는 수용하더라도 해방으로서의 근대는 부정한다는 것이다. 한국적 민주주의가 프랑스 대혁명의 성과들을 서구적인 것이라고 건너뛰었다면, 주체사상은 노동 해방의 의미를 민족 해방의 이름으로 거부했다. 한국적 민주주의와 주체사상은 결국 조국과 민족의 이름으로 민중을 억압하고 동원하는 동원 이데올로기라는 특징을 공유했다. 동원 체제가 원활하게 작동하려면 민중의 자발적인 호응이 필요했는데, 해방의 논리보다는 전통의 논리가 그러한 필요를 만족시켰다. 남과 북이 공히 학교 교육에서 '충'과 '효'를 가장 중요한 덕목으로 강조한 것 등이 그러한 예이다. 그것은 일상 생활의 영역에 깊이 뿌리박고 있는 가부장주의 또는 부계 혈통주의와 결합함으로써 파시즘의 아비투스(habitus)를 강화시킨다. 위로부터의 파시즘과 밑으로부터의 파시즘이 변증법적 자기 발전을 시작하는 것이다.

가부장주의나 부계 혈통주의는 자연스럽게 혈통적 민족관으로 이어진다. 사회 전체가 가족주의적 연계에 의지하는 한, 그것은 당연한 결과이기도 하다. 혈통적 민족관은 인간의 정체성이 자율적 의지가 아니라 출생에 의해 결정된다는 의미를 함축한다. 출생에 의한 선험적 정체성은 사유하는 자아를 부정한다. "나는 생각한다. 그러므로 나는 민족에 속해 있다." 식민지와 분단이라는 역사적 경험은 이 명제를 정당화하기에 충분하다. '우리'라는 단일한 정체성을 요구하는 반제국주의 투쟁에서 파생된 이 명제는 이제 획일을 강요하는 강압적 동질성을 의미한다. 그 결과 개인의 권리는 민족의 이름으로 무시되고, 민족은 같은 혈통이라는 보호막 아래 추상적인 일반 의지를 표명하는 획일적 실재로 파악된다. 국가와 개인의 관계는 혼연 일체의 민족이라는 신비적 모델로 대변되며, 그것은 독재 권력을 정당화한다. 문제는 그것이 권력의 의지에 국한되지 않고, 한국 사회가 일반적으로 공유하는 집단 정서라는 점에 있다. 남과 북의 권력이 사용하는 담론 구조가 같은 것은 물론, 남한 운동의 담론도 같은 구조 속에 있다. 그 결과 남한의 운동은 남과 북의 정치 권력 앞에서 이론적으로 무장 해제당했다.

이른바 진보적 인사들이 중앙아시아와 몽골 등 아시아의 변방에 대한 제국주의적 욕망을 부추기고 있다는 것은 이 점에서 매우 시사적이다. 텔레비전 방송국의 잇단 다큐멘터리 프로그램이 증폭시킨 과잉된 중앙아시아 열기에는 한민족의 기원을 빌미로 현대 세계의 미개한 지역으로 진출하려는 식민주의적 의도가 담겨 있다. 그것은 서구의 선진 자본주의 국가들이 이룩한 제국주의적 풍요에 대한 식민지적 모방에 불과하다. 인식론적 관점에서 볼 때, 기원에 대한 집착은 민족을 역사 속에서 형성되는 것으로 보지 않고 고착된 자연적 실재로 간주한다는 것을 반영한다. 그것은 한국인들의 의식 속에 깊이 뿌리박은 가부장적 부계 혈통주의가 민족으로 외연을 넓혔을 때 나타나는 필연적인 결과이기도 하다. 조상 숭배의 한 형태인 단군 숭배가 그 대표적인 예이다. 지식인들에 의해 그것은 다시 '동도동기'라는 이름 아래 근대화 이전의 목가적 사회와 문화적 고유성에 대한 향수를 불러일으킨다. 근대 이후를 지향한다고 하지만, 그것은 사실상 근대 이전으로 돌아가자는 것이다. 이들의 근대관에는 기술로서의 근대만 있을 뿐이지 해방으로서의 근대는 없다. 해방으로서의 근대를 포섭하지 못한 '근대 이후'는 전근대일 수밖에 없다.

한국판 '자유주의사관연구회'라고 할 수 있는 극우적인 '국사 찾기 운동', 운동권의 명망가들이 주축이 되어 최근 결성된 '민족정신회복시민운동연합', 북한의 주체사상. 이념상 도저히 융합될 것 같지 않은 이 삼자가 동일한 역사관을 공유한다는 사실은 20세기 한반도 지성사의 이정표이다. 그것이 자기 충족적인 지식인 담론에 그친다면 문제는 간단하다. 무시하면 그만이다. 그러나 역사적 기억과 망각의 정치라는 관점에서 보면 문제는 그리 간단치 않다. 권력은 억압을 통해서만 작동하지 않는다. 그것은 사람들의 집단적 기억을 적절히 조작하여 현재를 이해하는 틀을 은연중에 강요한다. 즉 특정한 인식에 진실성을 부여함으로써 권력은 진정한 효력을 발휘하는 것이다. 이 점에서 위의 역사 해석은 조국과 민족의 무궁한 영광을 위하여 민중들에게 희생과 헌신을 강요하는 권력의 논리를 교묘하게 대변한다. 이 은폐된 파시즘은 학교와 가정에서 국가 민족주의와 가부장주의의 규율 세례를 받은 대중들의 정서와 결합되어 다시 큰 파장으로 증폭된다. 파시즘적 아비투스의 이 도도한 문화적 힘 앞에서 이념의 이성적 항변은 무력하다. 이들의 신비주의적 역사관과 역사 해석이 사회적 호소력을 갖는 문화적 바탕은 우리의 일상 생활에 깊이 뿌리박고 있는 일상적 파시즘이다.

4. '지배'에서 '우애'로

"잔디를 밟지 마시오"라는 팻말을 본 독일의 혁명가들은 돌아간다는 우스개가 있다. 프로이센적 규율이 몸에 밴 탓이다. 제1차 세계대전 당시 유럽 최대의 좌파 정당인 독일 사회민주당이 관료적이라는 비판에서 벗어나지 못한 원인이기도 하다. 프랑스의 생디칼리스트들에게 그것은 생리적으로 도저히 참을 수 없는 구조였다. 로자 룩셈부르크는 독일 사회민주당 지도부의 여성관이 전근대 독일의 가부장적 전통인 이른바 3K(Kuchen: 부엌, Kinder: 아이들, Kirche: 교회) 의식에서 한 치도 벗어나지 못했다고 비판했다. 그래서 절친한 친구인 루이제 카우츠키에게 보내는 편지에서는 끊임없이 남편 카우츠키에 대한 반란을 선동하곤 했다. 그러나 정작 그녀 자신도 첫사랑이었던 요기헤스와는 이상할 정도로 지배-종속 관계에 놓이곤 했다. 이 헌신적 혁명가들의 삶에서도 드러나는 이율 배반은 일상 생활의 관성과 전통의 끈에 묶여 있는 문화적 타성의 힘이 얼마나 무서운 것인가를 잘 드러낸다.

일반 대중들의 경우에는 더 말할 나위가 없다. 국민전선이야말로 프랑스에서 가장 노동자적인 정당이라는 르펜의 호언장담은 결코 허풍이 아니다. 인종주의적이고 국수주의적 선전에 프랑스의 노동자들이 그만큼 호응하고 있다는 이야기이다. 1960년대 영국에서 가장 전투적인 부두 노동자들이 북아일랜드의 극우파 목사 에녹 포웰을 지지하는 시위를 벌인 것, 미국 백인 노동자들의 완강한 인종 차별주의, 큰 죄의식 없이 홀로코스트에 가담한 평범한 독일 노동자들, 로마 제국의 영광스러운 부활을 외친 무솔리니의 손을 들어 준 이탈리아 노동자들, 의식의 심층에 숨어 있다가 권력의 선동에 따라 일제히 일어서곤 했던 소련과 동유럽 민중들의 반유대주의, 외국인 노동자들과의 연대를 위한 위원회의 활동은 아직까지 시기상조일 수밖에 없는 민주노총의 분위기…… 이 모든 것들은 일상적 파시즘의 토대가 얼마나 단단한가를 보여 준다.

기존의 정치 경제 구조는 결코 힘에 의해서만 유지되지는 않는다. 그것은 사람들이 이미 결정된 생활 방식을 일상적으로 받아들임으로써 안정된 재생산 구조를 유지한다. 정치의 영역을 국가에서 일상 생활로 확장하고자 했던 1968년의 시도가 소중한 것은 바로 이러한 이유에서이다. 변혁 운동이 지배적인 담론 구조와 코드를 공유하는 한 변혁은 없다. 권력을 향유하는 집단의 변화만이 있을 뿐이다. 그것은 현실 사회주의의 몰락이 우리에게 주는 교훈이기도 하다. 전통의 이름으로 혹은 민족의 이름으로, 아니면 민중의 이름으로 우리의 일상 생활 속에 깊이 뿌리 내린 일상적 파시즘을 고사시키지 않는다면 진정한 변혁은 불가능하다. 독재 권력을 타도하는 싸움에 그친다면 그것은 혁명이 아니다. 수직적인 '지배'의 아비투스를 수평적인 '우애'의 아비투스로 대체하는 것, 그것이 혁명이다. 말년의 엥겔스가 혁명은 기독교가 로마 제국을 점령했던 방식대로 일어나야 한다고 했을 때, 그의 흉중에는 바로 이런 문제 의식이 있었던 것이 아닐까?

파시즘의 '진지전'과 합의 독재

"우리 반에서 『나의 투쟁』을 읽은 사람은 아무도 없다. 보통 우리는 나치의 이데올로기를 잘 모른다. 그렇지만 우리는 정치적으로 프로그램되어 있다. 명령에 복종하고 차려 자세로 경례하는 군인의 덕을 찬양하며 '조국'이라는 마술적 단어를 듣거나 독일의 영광과 위대함에 대해 언급할 때면 모든 생각을 멈추도록 프로그램되어 있다."

―나치 독일의 한 청소년

1. '진지전'으로서의 파시즘

정치 체제로서의 독재(Dictatorship)가 전제정(Despotism)과 뚜렷이 구별되는 역사적 특징은 그것이 갖는 현저한 근대성이다. 잘 짜여진 관료적 행정 기구, 강제와 동의를 적절히 배합한 동원과 통제의 메커니즘, 지배의 대중적 기반을 제도적으로 정당화하는 대중 정당, 피지배자의 의식 깊숙이 침투하여 일상적 사고와 생활을 지배하는 이데올로기 등은 독재의 근대성을 단적으로 드러내 준다. 태양왕 루이 14세의 위엄이나 러시아 차르의 무자비하고 잔인한 지배, 역대 중국 황제들이 휘

두른 무소불위의 권력은 근대성으로 무장한 나치즘이나 스탈린주의의 독재에 비하면 한낱 에피소드적 권력에 불과하다. 전제 권력이 끔찍하고 잔인한 신체적 형벌을 통해 자신을 과시한다면, 근대적 독재는 문명화된 팬옵티콘(panopticon)의 전방위적 감시 체제 뒤에 자신의 권력을 숨긴다. 20세기의 역사적 경험이 우리에게 보여 주는 바는, 숨어 있는 근대 권력이 과시적인 전근대 권력을 효율성의 측면에서 압도한다는 점이다.

파시스트 독재의 근대성은 이처럼 고도화된 지배 기술에서 일차적으로 드러난다. 그러나 인민의 지배라는 형식을 취한다는 점에서 그것의 근대성은 더 돋보인다. 역사의 역설이지만, 파시스트 독재는 인민이 정치 무대의 전면으로 나선 근대의 역사적 성과를 전유할 때 비로소 가능한 것이었다. 대다수의 국민이 지지하고 옹호한다는 이유로 파시즘을 여타의 반동적 운동과 구분한 라이히(Wilhelm Reich)의 지적은 이 점에서 타당하다.1) 파시즘이 18세기의 인민 주권설에 기초한 "새로운 정치"의 정점이었다는 모스(George L. Mosse)의 대담한 주장도 같은 맥락에서 이해된다. 그것은 부르주아적 의회 정치와 대의제 정치에 대한 인민의 실망과 불만을 담보로 한 대중 운동이자 대중 민주주의였다는 것이다.2) 한 걸음 더 나아가 이탈리아의 파시즘 연구자인 데 펠리체(Renzo De Felice)는 무솔리니에 대한 7권의 전기 중 넷째 권에 「합의의 세월들, 1929~1936」이라는 제목을 붙임으로써 파시즘에 대한 중간 계급의 적극적 지지가 국민적 합의의 수준에까지 이르렀다고 주장하였다.3)

---

1) 빌헬름 라이히, 『파시즘의 대중심리』, 오세철·문형구 옮김 (현상과 인식, 1987), 18쪽.
2) G.L. Mosse, *The Nationalization of the Masses* (New York, 1977), pp. 1~4.
3) C.F. Delzell, "Introduction," R. De Felice, *Interpretations of Fascism* (London, 1977), p. vii.

인민에 대한 테러를 통해 야만적 소수가 권력을 장악한 역사의 왜곡이라고 파시즘을 정의한 좌파 주류나 자유주의자들의 전통적 해석에 비추어 볼 때, 파시즘의 근대성과 대중성, 나아가 국민적 합의를 강조하는 논의들은 확실히 파격적이다. 그래서 라이히는 그 자신 파시즘의 희생자이자 마르크스주의자였음에도 독일어 초판이 출간된 1933년 당시 덴마크와 노르웨이의 공산당 지도부로부터 거센 비판에 시달려야 했다. 심지어 독일의 일부 사회주의자들로부터는 그들이 집권할 경우 숙청하겠다는 경고를 받기도 했다. 나치의 억압을 피해 망명한 유대계 학자라는 개인사적 배경에도 불구하고, 모스의 논지 또한 적지 않은 논란을 불러일으켰다. 공산당원에서 공산주의 비판자로 변신한 데 펠리체의 국민적 합의에 대한 주장은 파시즘에 면죄부를 부여한다는 등의 격렬한 비난에 부딪치면서 '데 펠리체 사건'으로 비화되기도 했다.

이들의 주장이 어느 정도의 현실 정합성을 갖는지 판단할 만큼 나는 이 문제에 대한 전문가적 식견이 없다. 또 이들의 정치적 입지나 이론적 지향점이 서로 다를 뿐만 아니라, 개인적으로는 동의할 수 없는 부분도 적지 않다. 더욱이 유럽 사회의 생경한 무대 장치들을 한반도의 역사극에 그대로 옮겨 놓을 수도 없다. 그럼에도 불구하고 파시즘의 민중적 기반에 대한 이들의 문제 제기는 박정희 시대의 기억을 둘러싼 역사의 내전을 어떻게 치러야 할 것인가에 대해 귀중한 시사점을 던져 준다. 박정희와 유신 잔당에게 일방적으로 책임을 전가하거나 그들을 도덕적으로 성토하는 것은 감정적 카타르시스를 줄지 모르겠으나 미래 지향적 성찰은 아니다. '국민의 정부'가 주도하는 박정희 기념관은 박정희에 대한 한국 사회의 집단적 기억을 권력의 의도에 맞게 만들어 내려는 상징 조작의 한 단면이다. 그것은 김대중이라는 한 자연인이 박정희라는 다른 자연인을 용서하고 화해를 도모한다는 차원을 넘어선다. 박정희 시대의 '조국 근대화' 담론을 신자유주의와 애국주의의 모순된 조합인 새로운 지배와 동원의 담론으로 연결시키려는 권력의 의도를 읽어 낸다면 너무 지나친 독해일까?

박정희가 제시한 '조국 근대화'의 담론적 틀을 공유하는 바탕 위에서 도덕적 비난으로 일관한다면, 그것은 결국 지배 담론에 포섭된 체제 내적 저항에 불과할 것이다. 박정희의 집단적 기억을 둘러싼 역사의 내전이 한반도의 미래를 담보하는 싸움으로 발전하기 위해서는 그 집단적 기억에 각인된 지배 담론과 그것이 행사하는 헤게모니의 메커니즘을 정확히 이해하는 것이 우선적으로 요구된다. 그것은 다시 저항하고 투쟁하는 민중의 신화에서 벗어나, 지배 헤게모니에 포섭되어 권력에 갈채를 보내는 민중의 또다른 존재 방식에 대한 이해를 요구한다. 현실 사회주의에 대한 폴란드 역사학계의 과거 청산 논쟁에서도 드러났듯이, 모든 죄와 책임은 '그들'에게 있고 '우리'는 순결한 희생자일 뿐이라는 단순 논리는 반성적 성찰보다는 심정적 위안의 논리일 뿐이다.[4] 그것은 물론 반민중적 우파나 기계적 좌파가 오해하듯이, 전체주의 국가 권력에 갈채를 보낸 민중의 역사적 책임을 묻는다거나 그들을 역사의 법정에 고발하겠다는 식의 엘리트주의적 발상과는 거리가 멀다. 전체주의적 억압의 이면에 숨어 있는 지배 헤게모니와 자발적 동원 체제의 메커니즘을 밝히자는 것이 이 글의 의도이다.

이 글에서 나는 "야누스의 얼굴을 가진 근대화", "상대적 근대화", "동원과 적극적 참여의 양면성", "사회 혁명" 등의 나치즘에 대한 규정

---

4) K. Wóycicki ed., *Ofiary czy Współwinni* (희생자인가 공범자인가?) (Warszawa, 1997), pp. 11, 83, 85.

에서 보듯이, 전체주의적 억압과 국가 주도의 근대화에 대한 민중의 지지가 공존하는 파시즘의 양면성에 주목하고 싶다. 스탈린 체제도 이 점에서 별반 예외는 아니다. 그것이 상징하는 바는 전체주의적 지배조차도 흔히 생각하는 것처럼 신체에 대한 폭력과 정치적 억압을 일방적으로 행사한 것은 아니라는 점이다. 지배 블록의 헤게모니에 기초한 자발적 동원 체제는 동독의 예에서 보듯이 기본적으로 '합의 독재'(consensus dictatorship)의 외양을 띤다.5) 그것은 물론 권력의 억압과 지배 헤게모니에 의한 일상 생활의 식민지화, 그리고 민중의 자기 기만 등이 중첩되어 나타난 결과이다. 파시즘을 비롯한 근대적 독재의 메커니즘은 권력의 억압과 민중의 희생이라는 단순한 이분법으로는 결코 포착할 수 없는 복합적인 것이다. '그들'의 억압에 분노하는 차원을 넘어서 '우리'의 공범자적 측면을 밝히고, 어떻게 그러한 일이 가능했는가에 대한 반성적 성찰이 요구되는 것도 그 때문이다.

미래를 지향하는 과거의 기억이라는 실천적 관점에서 보면, 이 글을 포함한 『당대비평』 특집의 의도는 국가 권력의 획득이라는 차원을 넘어서 시민 사회의 다차원적 변혁이라는 전망을 짚어 보는 데 있다. 민중이 자발적으로 동원 체제에 참여하는 근대적 독재 체제의 사회·문화적 기반과 민중의 이중적 존재 양식을 두텁게 읽어 내는 작업은 그러한 전망을 향한 첫걸음이다. 민중의 의식과 일상 생활 속에 내면화된 전체주의의 지배 담론이 청산되지 않는 한, 모든 변혁은 물거품인 것이다. 파시즘이야말로 진지전을 대표한다는 그람시의 주장은 이러한 관점에서 다시 곱씹어 볼 필요가 있다.6) 국가 권력의 전복은 밑으

---

5) M. Sabrow, "Dictatorship as Discourse: Cultural Perspective on SED Legitimacy," Konrad H. Jarausch ed., *Dictatorship as Experience: Towards a Socio-Cultural History of the GDR* (New York, 1999), p. 208.

로부터의 권력 기반인 시민 사회의 재조직과 병행되어야 한다는 '진지전'의 문제 의식은 곧 시민 사회에 뿌리박고 있는 파시즘의 권력 기반이 결코 만만치 않다는 그람시의 예리한 통찰을 보여 주는 것이다. 파시즘은 시민 사회 위에 군림하는 권력이 아니라 시민 사회를 조율하는 권력인 것이다. 이 통찰이 당대의 이탈리아 파시즘에만 해당되는 일회적인 것은 결코 아니다. 그것은 오늘날의 한국 사회에서도 극히 소중한 통찰이라는 것이 내 판단이다.

그람시가 우리에게 주는 메시지는 분명하다. 파시즘의 진정한 청산은 진지전의 승리를 전제할 때 비로소 가능하다는 것이다. 기층에 존재하는 박정희에 대한 끈질긴 향수와 역사적 복권의 움직임을 단순히 정략의 차원이나 보수 언론의 여론 조작의 결과로 치부해 버리는 심정적 편의주의가 지배적인 한, 파시즘의 청산은 요원하다는 것이 바로 그 메시지이다. 다양한 여론 조사에서 나타나는 박정희에 대한 한국 사회의 집단적 기억은 시민 사회에 구축된 한국 파시즘의 진지가 생각보다 강고함을 의미한다. 박정희 시대의 기억을 둘러싼 역사의 내전은 이 점에서 진지전의 승패를 결정하는 중요한 전투 중의 하나이다. 이 전투를 잃는다면 우리 안의 파시즘은 더 강화될 것이며 진지전의 승리는 그만큼 더 멀어질 수밖에 없다. 승리를 향한 첫걸음은 우선 진지전에 대한 세밀한 지형도를 그리는 데서 시작한다. 한국의 시민 사회에 은밀하게 구축된 파시즘의 다양하고 섬세하기까지 한, 그러면서도 단단한 진지들을 파악하고 그 약한 고리들을 찾아내는 것, 저 멀리 있는 '그들'의 파시즘이 아니라 '우리' 안에 깊이 침투한 파시즘의 근거지를 봉쇄하는 것, 기동전에 대한 레닌주의적 신화와 우리 자신에 대한 허

---

6) 그람시, 『옥중수고 II』, 이상훈 옮김 (거름, 1993), 156쪽.

위 의식과 자기 기만에서 벗어나 현실을 직시하는 것 — 이 작업들을 같이 해 나아가자는 것이 바로 이 특집의 기획 의도이다.

2. 근대 권력의 헤게모니와 자발적 동원 체제

영국의 BBC가 제작한 20세기사 다큐멘터리인 「인민의 세기」의 나치편. 필름의 한 장면에서 내 시선은 얼어붙는다. 얼굴에 홍조를 띤 루이제 에시그가 나치 시대의 추수 감사 축제를 회상하며 증언한다. "주변의 수천 명이 다 농민들이었습니다. 독일 전역에서 온 젊은이들이었지요…… 우린 모두 하나같이 행복과 기쁨을 느꼈습니다. 우리 농민들은 다시 미래에 희망을 갖게 된 데 대해 감사했습니다…… 당시 어떤 정치가도 아돌프 히틀러만큼 사랑받지는 못했을 겁니다. 홍수처럼 밀려든 행복한 나날들이었지요." 희망에 부풀었던 나치 시대를 회상하면서 우러나오는 기쁨을 감추지 못하는 루이제 에시그는 정상적 독일인의 심성을 반영한다. 나치가 펼친 대표적인 공공 사업인 '아우토반' 건설에 참가한 노동자들의 자부심이나 전국적으로 보급되기 시작한 라디오에서 흘러나오는 나치의 선전에 진지하게 귀를 기울이는 시민들의 모습은 루이제 에시그의 증언이 당대 독일인들의 집단 심성에서 그리 멀지 않다는 사실을 입증해 준다.

나치가 집권한 1933년에서 제2차 세계대전이 발발하기 직전인 1938년까지는 사실상 대부분의 평범한 독일인들에게는 급속한 경제 회복의 시기로 기억된다. 그들이 볼 때 독일은 나치 덕분에 바이마르 말기의 혼란과 무질서를 극복하고 정상으로 돌아올 수 있었던 것이다. 또 국가 권력과 행정 기구가 급팽창하고 군사 기구가 비대해짐으로써, 고등 교육을 받은 야심만만한 젊은이들에게는 경력을 쌓을 수 있는 기회가 증대되었다. 뿐만 아니라 나치는 인적 자원의 효율적인 총동원을 위해 사회적 차별과 갈등을 제거하고 '관리된 동질성'(Gleichschaltung)을 이식하는, 위로부터의 사회 혁명을 시도했다. 그 결과 제도적 틀을 넘어 완강하게 존재하던 융커 등의 신분적 특권이 형식과 내용에서 사실상 사라지게 되었다. 하사관 출신의 히틀러가 융커 출신의 장군들을 지휘한다는 사실 자체가 이미 상징적인 것이었다. 옛 지배 계급의 전통적 특권 때문에 성공의 길이 막혀 있다고 생각한 새로운 중간 계급에게 나치의 사회 혁명은 실로 매력적인 것이었다. 민족주의 선전에 가장 민감한 소시민 계급은 이처럼 나치즘의 비옥한 토양이었다. 파시즘을 "소시민 대중의 사회주의"라고 규정한 라데크(Karl Radek)의 지적이 특별한 울림으로 다가오는 것도 이러한 맥락에서이다.

  나치는 비단 소시민 계급뿐 아니라 공장에서도 많은 지지를 얻었다. 그 직접적인 이유는 공황 당시 30퍼센트에 달하던 실업률을 한 자리 숫자로 떨어뜨리고 공공 사업과 군수 산업을 진작시킴으로써 경기를 회복시킨 데 있었다. 1930년 당시 나치 당원 중 노동자 비율이 이미 21퍼센트에 달하고 있었다는 통계는 노동자 계급에 대해 나치가 행사한 헤게모니가 결코 만만치 않았음을 입증한다. 그러나 그 원인을 단순히 나치의 경제 정책에서 구한다면 그것은 일면적인 이해에 불과할 것이다. 무엇보다도 그것은 공장 노동자들에게 자신들의 존재 이유와 그에 대한 기만적 자부심을 가져다 준 나치의 사회 혁명적 포즈였다. 공동 운명체라는 슬로건 아래 사회적 신분제의 철저한 폐지, 사무직 노동자와 육체 노동자간 임금 격차의 감소, 전통적 경영진의 가부장적 전통을 파괴하고 경영에 대한 노동자들의 목소리를 높이는 것과 같은 실질적 정책뿐만 아니라, 생산 현장에 오케스트라를 보내 공연하는 등의 상징적 조치들은 나치에 대한 노동자 계급의 지지를 확보하는 또다른 동력이었다.[7] 1920년 토리노의 사회주의 봉기에 참가했던 이탈리아의 노동자들이 파시스트 당에 대거 표를 몰아 준 수수께끼를 해명하는 열쇠도 여기에 있다. 나치의 사회 혁명 못지않게 이탈리아 파시즘의 혁명적 생디칼리즘이 노동자 계급에게 지녔던 호소력의 크기는 만만치 않았던 것이다.

노동자 계급에 대한 전체주의 국가의 통합 능력은 일본의 전시 동원 체제에서도 잘 드러난다. 전시 동원 체제가 효율적으로 작동하기 위해서는 '자본과 노동의 완전한 융합'이 요구되었다. 그것은 노동자들의 자발적인 협력 없이 국가의 강제력만으로는 불가능한 목표였다. 대대, 중대, 소대 등의 군대식 조직 체계로 편성된 '산업보국회'는 노동자들의 자발적 협력을 이끌어 내는 기제였다. 전시 동원 체제는 노동자들의 인격을 존중한다는 슬로건 아래 노사 관계를 인간 관계로 환원시키고, 생계를 보장하는 '생활급 체계'를 정착시켰다. 그것은 노동자들의 생활을 안정시킴으로써 국가에 대한 자발적인 봉사를 유도하기 위한 것이었다. 나아가 사무직 노동자와 육체 노동자 사이의 차별을 해소함으로써, 사회적 지위나 경제적 지위의 차이에 상관없이 이들 모두를 하나의 '일본 국민'으로 묶는 통합력을 발휘했던 것이다.[8] 19세기 말 제국주의의 영광을 노동자들의 위신과 결부시킴으로써 노동자 계급을 지배 질서 속에 포섭할 수 있었던 서유럽의 사회 제국주의, 산업 노동

---

[7] M. Prizn, "National Socialism and Modernization," Y. Yamanouchi et. al., eds., *Total War and Modernization* (Ithaca, 1998), pp. 46~53.

[8] S. Kazuro, "The Historical Significance of the Industrial Patriotic Association," *ibid.*, pp. 261~284 참조.

자들을 정치적으로 온건하면서 일에 대한 높은 수준의 헌신과 열의를 지닌 '산업 전사'로 만들어 조국 근대화의 프로젝트에 끌어들인 박정희 체제의 흡인력도 같은 맥락에서 이해된다.

나치가 보여 준 강력한 민족 국가의 파괴력은 이처럼 노동자를 비롯한 아래로부터의 자발적인 정치적 통합이 없이는 사실상 불가능한 것이었다. 순수 아리아인과 유대인을 일류 시민과 삼류 시민으로 구분하는 식의 반유대주의는 평범한 독일인들에게 아래로부터의 정치적 통합을 유도하는 또다른 이념적 기제였다. 유대인의 체포와 수송, 박해와 학살에 동원된 101경찰예비연대의 인적 구성은 반유대주의가 평범한 독일인들에게 지녔던 호소력을 잘 드러낸다. 1939년에서 1941년 사이에 동원된 550명의 대원들 중 나치 당원이 179명에 불과했다는 사실은 유대인 학살의 집행자가 소수의 광신적 나치 지지자가 아니라 평범한 독일인이었다는 점을 압축적으로 보여 준다.[9] 타자화된 유대인에 대한 학살이 문제가 되지 않는다면, 역시 삼류 시민으로 타자화된 정신병자나 불구자, 동성애자에 대한 강제적 불임 시술이나 안락사 그리고 학살 역시 평범한 독일인들에게 문제될 것은 없었다. 우생학은 민족의 무궁한 영광을 위하여 아리아인의 혈통을 개량하는 과학으로 자리 잡았고, 국민의 암묵적 동의 아래 나치는 사이비 과학을 앞세워 반인간적 행위들을 정당화했다.

오늘날 정상인의 눈에 비친 나치의 이 비정상적 행위들은 결코 소수의 미치광이들이 저지른 비정상적 범죄가 아니었다. 그것은 사회적 문제들이 발생하는 즉시 해결하고 보상한다는 사후적 차원을 넘어서, 문

---

[9] 이진모, 「나치의 유대인 학살과 평범한 독일인들의 역할」, 『역사비평』 42호, 1998년 봄호, 256~257쪽.

제와 무질서가 생기는 것을 미리 예방하기 위해 사회와 그 구성원들 그리고 그들의 행동 양식을 합리적으로 재구축한다는 새로운 발상에서 비롯된 것이었다. 합리적 사회를 향한 완벽한 통제에 대한 욕구는 개인적이고 집단적인 '생활 세계'를 장악함으로써 전체주의 체제의 무한한 확장을 시도하였다. 이로써 공권력이 사생활의 영역에까지 깊숙이 침투하게 되었다.[10] 그러므로 그것은 광기의 산물이라기보다는 기술적 근대화 과정의 절정을 의미하는 것이었다. 근대와 파시즘의 이념적 친화성은 근대 문명의 물적 진보와 합리주의적 질서를 찬양한 이탈리아의 미래파 운동이 손쉽게 파시즘의 예술적 전위대로 변신한 데서도 잘 드러난다. 파시스트 이탈리아를 방문한 서유럽의 자유주의자들이나 일부 좌파들이 혼란에서 벗어난 이탈리아의 새로운 질서에 경탄했듯이, 사생활의 영역에까지 깊숙이 침투한 전체주의의 합리주의적 지배는 근대의 표상으로 받아들여지게 되었다. 근대가 제공하는 안락함에 예속된 집단 심성은 파시즘의 또다른 부산물이었다.

전체주의 권력이 요구하는 질서를 자연스럽게 받아들여 자발적으로 동원 체제에 편입되는 훈련은 물론 청소년 시기부터 시작되었다. "네 자식은 이미 우리 편에 와 있다"며 자신의 정적을 비웃은 히틀러의 자신감은 나치의 치밀한 청소년 조직 및 선전 사업에서 비롯된 것이었다. 나치의 적극적인 노력으로 1933년 10만 명에 불과했던 히틀러 유겐트의 단원이 1939년에는 무려 172만 명으로 급증했다. 분대, 소대, 중대, 대대 등 군대식으로 편제된 이 조직에 가입한 독일 청소년들은 계획된 프로그램에 따라 여가와 스포츠 활동을 즐기고 군사 훈련을 받았으며, 이 과정에서 자연스럽게 나치즘이 수용되었다. 그러나 이조차 강압에

---

10) Prizn, *op. cit.*, pp. 46~47.

의한 것만은 아니었다. 많은 청소년들에게 그것은 학교 교육이 제공하지 못하는 새로운 교육의 기회를 의미하는 것이기도 했다. 특히 마을 밖으로 거의 나가 본 적이 없는 농촌의 청소년들에게 히틀러 유겐트가 제공하는 캠핑 여행은 바깥 세상을 맛보게 하는 큰 즐거움이기도 했다. 독일 소녀단에 가입한 소녀들은 나치가 마련한 다양한 프로그램을 통해 집안의 가부장적 전통에서 일시적으로 해방되는 즐거움을 느끼기도 했다. 파시즘을 체계적인 정치 이념이 아니라 하나의 태도라고 규정한다면, 그것은 나치 이데올로기의 수용 여부를 떠나서 청소년들에게 파시즘의 태도가 자연스럽게 몸에 밸 수 있는 기회를 제공했다. 조국의 영광이라는 단어 앞에서 이들은 모든 사고를 멈추도록 프로그램 되었던 것이다.

스탈린 체제 또한 강제와 억압에 기초한 것만은 아니었다. 전기 기술자로 1차 5개년 경제 개발 계획 당시 발전소 건설에 참여했던 엘라 쉬스티에는 이렇게 증언한다. "혁명의 결과 나는 남성과 동등하다고 느낄 수 있었습니다. 일하고 배울 수 있고 또 그러한 권리를 얻을 수 있었기 때문이지요." 스탈린을 비판하는 남편에게 화를 내고, 그 때문에 전 남편과 헤어졌다는 대목이 특히 인상적이다. 그녀에게 내면화된 권력 이데올로기는 이미 사생활을 압도하였던 것이다. 용광로 건설에 참여했던 발렌티나 미코바는 그때가 인생에서 가장 보람찬 시기라고 회상하면서, 전체 경제가 다 우리 것이기 때문에 우리 스스로를 위해 열심히 일했다고 말한다. 이들의 회고는 스탈린이 제시한 유토피아적 기획에 대해 인민들의 자발적 호응이 적지 않았다는 것을 의미한다. 스탈린의 장례식에 자발적으로 몰린 애도 인파와 그 인파에 깔려 죽은 109명의 시민들, 옛 소련의 양심을 대변했던 사하로프(Andrei Sakharov)가 스탈린의 죽음을 애도하며 흘린 눈물이 그것을 잘 입증한다. 훗날 시인이 된 트바르도프스키(Alexander Tvardovsky)가 소년 시절 자신의 아버지를 인민의 적이라고 고발한 데서도 알 수 있듯이, 사생활에 대한 스탈린주의 공권력의 침투 정도는 사실상 나치를 능가하는 수준이었다.

사생활의 가장 내밀한 영역인 성 담론에 투영된 소비에트 권력의 이념적·정치적 의지에서 그것은 특히 잘 드러난다. 사회주의적 근대화가 진전되어 생산이 표준화될수록 섹스 등의 내밀한 영역에서도 프롤레타리아트의 생활이 표준화된다는 가스체프(Aleksei Gastev)의 논의나 개인적 신체에 대한 집단적 소유권을 강조하는 1920년대의 지배 담론은 사생활의 가장 내밀한 영역인 성생활에도 깊숙이 침투하려는 권력의 의도를 단적으로 보여 준다. 그것은 사적 영역에 대한 사람들의 침묵을 공개적 담론의 장으로 끌어냄으로써 일상 생활을 통제하는 근대의 권력 장치였다. 소련의 국가 권력은 자위 행위를 부르주아적 소외의 결과이자 반집단주의적인 개인주의 정신의 발로라고 규정하였다. 소련의 청소년은 부르주아 국가의 청소년들보다 자위하는 횟수가 월등히 적다는 과학적 통계로 위장한 이 주장은 곧 공산주의 청년 운동에 에너지를 쏟으면 무질서한 성적 충동을 극복할 수 있다는 논리로 비약한다. 결국 이러한 성 담론은 성적 충동을 사회주의 건설을 위한 에너지로 승화시키려는 권력의 의지를 충실히 반영하고 있는 것이다.[11] 가족을 포기하거나 거부하면서까지 혁명과 사회주의 건설을 위해 헌신하는 혁명가들을 본보기로 삼고, 당이 대리 가족이 되는 은유는 자발적 동원 체제를 뒷받침하는 또다른 권력 담론이었다. 권력이

---

11) E. Naiman, *Sex in Public: The Incarnation of Early Soviet Ideology* (Princeton, 1999), pp. 73~74, 108~109, 120, 144.

만들어 낸 이 담론 세계에서 가정과 같은 사생활은 프롤레타리아트의 대의를 위해 언제든지 희생할 수 있는 것이었다.

또 평범한 시민들이 당과 국가에 어떤 것을 빚지고 있다는 관념은 그들이 누리는 생활이 프롤레타리아트의 대의에 헌신적인 당과 스탈린에 의해 주어진 것이라는 '선물'의 수사학으로 발전하기도 했다.[12] 나치 독일에서 그런 것처럼 명령 경제와 동원 체제를 뒷받침하는 국가 권력과 행정 기구의 급팽창은 육체 노동자에서 당과 콤소몰 조직, 노동조합 등의 사무직으로 상향 이동한 수백만의 인민들에게 당과 스탈린의 '선물'을 실제로 맛보게 하는 기회를 제공했다. 집단 농장은 1930년대 중반 200만 개의 행정직뿐 아니라 수비대와 소방관, 말단 행정직에 이르기까지 1천만 개 이상의 비농업직 일자리를 창출하였다. 국가주의와 국가의 확장은 대부분의 평범한 민중들에게는 상향 이동과 공적 영역에서의 사무직 일자리를 의미하는 것이었다. 그것은 '공산주의의 천재', '인민의 행복의 창조자' 등 스탈린에 대한 개인 숭배의 수식이 거부감 없이 받아들여지는 계기가 되었다.[13] 스탈린 체제에서 '풍요의 뿔'을 획득한 소련 민중들의 지지는 강제 수용소와 더불어 스탈린주의를 움직이는 주요한 축이었다. 스탈린 체제에 대한 소련 민중의 동의는 "우리 군인들은 스탈린에 대해 신성한 믿음을 갖고 있었다"는 에렌부르크(Ilya Ehrenburg)의 회고에서 다시 한 번 확인된다. 국가의 주인인 인민들을, 국가라는 거대한 기계를 움직이는 톱니바퀴의 '톱니들'(vitniki)이라 감히 부를 수 있었던 스탈린의 자신감도 바로 여기에서 비롯된 것이었다.[14]

---

12) J. Brooks, *Thank You, Comrade Stalin!* (Princeton, 1999), pp. 21~27.
13) *Ibid.*, pp. 55, 66.
14) *Ibid.*, p. 192.

소련을 비롯한 동유럽의 현실 사회주의 체제는 사실상 국가가 경제적 안정과 사회적·평등을 제공하는 대신 시민들에게는 정치적 순응을 요구하는 '국가 주도의 복지 독재'(Fürsorgediktatur)였다.[15] 베를린 장벽의 붕괴 이후 봇물처럼 쏟아져 나온 증언들과는 달리 동독인들의 대다수가 자기 국가의 정통성을 의심하지 않았다는 한 역사가의 냉정한 평가는 동독 시민들이 국가가 제공하는 물적 안정의 논리에 기꺼이 예속되었음을 의미한다. 슈타지가 상징하는 억압의 이면에서는 '지배자와 피지배자간의 강제된 혹은 공유된 동일화에 기초한 인민 독재' 또는 '합의 독재'가 작동한 것이다.[16] 1953년 동베를린의 노동자 봉기 이후 비교적 잠잠했던 동독과 달리 1956년과 1970년, 1976년 그리고 1980년 연속해서 노동자들이 일어난 폴란드의 예는, 경제적 안정을 제공해 주지 못하면서 강압에 의한 지배에만 의존하는 국가 권력이 얼마나 취약한가를 잘 보여 준다. 더욱이 폴란드의 정치 지형에서 결정적인 중요성을 갖는 민족 담론의 주도권을 반체제 진영에 빼앗김으로써, 폴란드의 국가 권력은 대중적 지지 기반을 모두 상실한 채 '헤게모니 없는 독재'로 전락하였다. 그것은 경제적 안정을 제공해 주지 못하면서도 반제 민족주의라는 담론적 헤게모니를 확실하게 장악하고 있는 북한의 국가 권력이 비교적 공고한 지지 기반을 다지고 있는 것과 대조되어 흥미롭다.

결국 국가 권력의 헤게모니가 배후에서 작동하는 민중의 자발적 동원 체제는, 그것이 강압에서 촉발되었든 자기 기만적 확신의 메커니즘을 전제로 하든, 권력과 민중의 타협과 합의를 기반으로 하는 '합의 독

---

15) K. H. Jarausch, "Care and Coercion: The GDR as Welfare Dictatorship," Jarausch ed., *op. cit.*, pp. 60~61.
16) M. Sabrow, *op. cit.*, pp. 197, 208.

재'의 성격을 띠고 있다. 그러나 여기에서 필요한 것은 권력을 도덕적으로 성토한다거나 민중의 자발적 예속을 비판하는 것이 아니라, '합의 독재'와 자발적 동원 체제의 작동 원리를 냉정하게 분석하고, 그것이 기반하고 있는 역사적 토대를 근원적으로 전복시키는 작업이다. 그것은 권력의 헤게모니를 민중적 헤게모니로 대체함으로써, 권력이 장악하고 있는 진지전의 주도권을 민중의 힘으로 되찾는 첫걸음이 될 것이다. 나치 돌격대와 스타하노프 운동, 천리마운동과 새마을운동에 대한 민중들의 자발적 동원이 지속되는 한, 진지전의 주도권은 여전히 권력이 쥐고 있을 것이다. 또 권력이 주도하는 진지전의 구조가 지속되는 한, 민주주의가 확립되었다고 해도 그것이 보장할 수 있는 것은 자발성을 가장한 동원형 시민 사회에 불과할 것이다.

3. 파시즘의 진지전 대 좌파의 기동전

권력을 잡은 지 8년째 되는 어느 날, 무솔리니는 로마의 베네치아 궁전에 있는 자신의 사무실에서 파시스트 혁명의 성격에 대해서 심사숙고하게 되었다. "모든 혁명은 새로운 정치 형태와 신화들, 그리고 대중적 숭배의 새로운 대상들을 만들어 냈다. 낡은 전통들을 끄집어내어 그것들을 새로운 목적에 맞게 조율하는 것이 이제는 필요한 때이다. 민중 축제와 상징들, 형식들을 새로 만들고 그것들이 다시 전통이 되어야 한다."[17] 무솔리니는 대중들의 직접적인 정치 참여가 부르주아적 의회 민주주의보다 더 활력 있고 의미 있는 것이라고 보았다. 그러나

---

17) Mussolinis Gespräche mit Emil Ludwig (Berlin, 1932), p. 72. G.L. Mosse, *op. cit.*, p. 1에서 재인용.

정작 무솔리니의 문제 의식을 정교하게 현실화시킨 것은 나치였다. 조작된 신화와 대중 숭배의 극적 장면들을 정치 행위에 도입함으로써 '새로운 정치'를 실현한 것이다. 나치는 인민 주권론에서 기원하는 민중의 자기 숭배를 재빨리 민족에 대한 숭배로 전환시킴으로써, 민중에 대한 헤게모니와 파시스트 독재의 민중적 기반을 마련할 수 있었다. 그것은 '새로운 정치'의 다양한 장치들, 즉 민족주의적 축제와 의식에 대한 대중의 자발적 참여를 유도함으로써 가능한 것이었다. 민족주의라는 세속 종교가 강화되는 한, 대중 운동으로서의 파시즘은 굳건할 것이었다.[18]

파시즘의 이념적 구성이 체계적이라기보다는 파시스트들 스스로가 토로했듯이 일종의 '태도'에 불과했음에도 불구하고, 그것은 민중의 일상 생활을 지배하는 감정적 정서를 자극하여 내면 깊숙이 파고들 수 있었다. 이에 비하여 체계적 이념인 사회주의는 민중들의 일상적 삶이나 사고에서 결코 내면화되지 못했다. 라이히의 표현을 빈다면, 독일의 사회민주당은 민중의 구체적인 일상 생활을 진지하게 다루지 못하고 추상적인 사회주의 교육이라는 몽롱한 이데올로기를 제공했을 뿐이다. 그들의 치명적 실수는 수천 년 동안 가부장적 권력의 지배에 익숙한 사람들이 새로운 강령을 통해 하루아침에 민주주의를 행할 수 있다고 가정한 데 있었다.[19] 독일 사회민주당의 이상주의에 비하면, 나치의 현실 감각은 월등히 뛰어난 것이었다. 그것은 노동자들을 총파업에 끌어들이는 것조차 고대의 영웅주의 신화에 의존하지 않으면 불가능하다고 예언했던 소렐(George Sorel)의 이념적 상속자다운 태도였다.

---

18) G.L. Mosse, *op. cit.*, pp. 1~6.
19) 라이히, 『파시즘의 대중심리』, 255쪽, 256쪽, 265쪽.

엄밀히 말해서 대중 정서를 파고든 나치의 '새로운 정치'는 무에서 유를 창조하는 식으로 만들어진 것은 아니었다. 나치는 과거로부터 축적된 역사적 유산에 파묻혀 있는 '대중의 보수주의'를 발견했던 것뿐이다. 아름다움의 본질을 질서에서 구한 19세기 독일 고전주의 미학의 정형화된 미는 나치의 '새로운 정치'를 통해 금발과 푸른 눈, 투명한 피부를 지닌 스테레오 타입으로서의 아리아인의 아름다움으로 전화되었다. 나치의 과시적인 기념비 문화는 나치에 의해 재해석된 고전주의 미학과 민족주의가 결합함으로써 나타난 것이었다.[20] 19세기 말 민족정신을 고양하기 위한 쉴러 축제(Schillerfeier)에 독일의 노동자 계급이 혼연일체가 되어 자발적으로 참가했을 때, 이미 독일의 사회민주당은 아직 태어나지도 않은 나치에게 패배한 것이었다. 물론 자발성 그 자체는 결코 사실이 아니다. 모든 축제는 사전에 잘 의도되고 계획되게 마련이다. 그럼에도 권력에 의해 조심스럽게 구축된 자발성의 환상을 민중들이 공유하는 순간, 그것은 이미 내면에서 우러나오는 자발성으로 전화되는 것이다.[21]

남성다움의 미덕과 의무, 절도, 근면 등의 가치를 강조하는 중간 계급의 연극 축제가 하층 대중에게 확산되고, 아리아인의 신체적 아름다움을 내세우며 국제주의를 혐오했던 체조동우회 조직이 거미줄처럼 전국을 뒤덮고, 그래서 히틀러가 이들의 중요성을 심각하게 깨달았을 때, 독일 사회민주당의 관심사는 여전히 마르크스주의 이론 교육과 조직의 보존에 머물러 있었다. 민족적 단결과 독일의 힘을 강조한 '독일합창단협회'에 대응하여 '노동자합창단협회'가 창립되기는 했지만, 사

---

20) G.L. Mosse, *op. cit.*, pp. 27~33.
21) *Ibid.*, pp. 87, 91, 96.

회주의적 지향을 지닌 노래의 레퍼토리가 부족하여 애국적인 노래들을 공유할 수밖에 없었다. 1914년 바바리아에서 열린 노동자 노래 축제의 광경들은 신화와 상징에 대한 사회민주당의 무관심을 단적으로 드러낸다. 바그너의 「탄호이저」에 발맞추어 입장한 노동자 합창단은 모차르트의 「피가로의 결혼」 서곡을 필두로 비제의 「카르멘」, 바바리아 민요 등을 불렀으나, 「인터내셔널의 노래」는 끝내 들려 주지 않았다. 여름 하지 축제의 시가 행진에 참가한 노동자들의 대열에서는 고대 독일인의 의상을 차려입고 '리라'라는 고대 악기를 든 금발의 아리안 청년이 흔히 목도되었다. 더 역설적인 것은 뮌처(Thomas Münzer)와 농민 전쟁의 민중적 전통을 자신들의 축제에 이용한 세력이 좌파가 아닌 나치였다는 점이다.22)

결국 독일의 마르크스주의자들이 기계론적 유물론자로 사고하고 행동하는 동안, 나치는 민중의 의식과 상상 속에 투영된 실재를 포착하고 거기에서 기민하게 자신의 정치적 정통성을 구하였던 것이다. 나치의 헤게모니가 대중들의 일상적 사유와 생활 방식에 깊이 침투한 결과, 사회민주당은 나치가 만들어 놓은 지배 담론의 틀 속에서 나치와 경쟁할 수밖에 없었다. 공산당이나 사회민주당 모두 당시 독일 사회에서 지배적인 민족주의나 심지어는 반유대주의에 일정하게 양보할 수밖에 없는 상황으로 몰렸을 때 이미 승부는 결정된 것이었다. 나치가 정치 권력을 둘러싼 기동전에서 승리할 수 있었던 것은 단순히 괴벨스의 탁월한 선전·선동 덕분은 아니었다. 그것은 이미 진지전의 싸움에서 나치가 선점한 이념적·문화적 헤게모니가 전제되었기에 가능한 것이었다. 정치 권력을 장악하고 진보적 강령을 실현함으로써 민주주의가 성

---

22) *Ibid.*, pp. 165~167.

취될 수 있다고 믿었을 때 사회민주당은 이미 패배한 것이었다. "모든 죽은 세대들의 전통이 악몽과도 같이 살아 있는 사람들의 머리를 짓누른다"는 마르크스의 통찰이나 일상 생활의 낡은 의미와 규범들을 파괴해야 한다는 그람시의 진지전에 대한 문제 의식을 공유한 것은, 유감스럽게도 사회민주당이 아니라 나치였던 것이다.

진지전에서 승리한 지배 계급의 헤게모니 앞에서 좌파의 기동전이 얼마나 무력했는가를 보여 주는 예들은 고전적인 자유 민주주의 국가들의 사회주의 운동에서도 자주 발견된다. 북아일랜드의 극우적 민족주의자 에녹 포웰(Enoch Powell)을 지지하는 구호를 외치며 웨스트민스터로 행진한 1968년의 전투적 런던 부두 노동자들, 또 그들의 정서에 야합하여 에녹 포웰을 연사로 모시고 이스트 엔드의 빈민가 집회를 개최하려고 했던 영국 공산당의 궁색함은 진지전에서 밀린 좌파의 기동전이 갖는 한계를 단적으로 드러내 준다. 드골식 민족주의에 깊이 물들어 있는 일반 노동자들의 반발을 두려워하여 알제리 민족 해방 운동을 비판하고, 1968년에는 급기야 반드골 봉기를 막는 데 진력함으로써 '질서당'의 정체를 드러낸 프랑스 공산당의 경우도 크게 예외는 아니다. 흑인들의 입당을 거부했을 뿐만 아니라 아예 흑백 인종 분리를 강령으로 못박은 미국 사회당의 루이지애나 지부나 흑인이라는 이유로 흑인 당원을 당에서 운영하는 식당에서 쫓아낸 미국 공산당 등의 예는, 기동전의 승리에 대한 좌파의 기대가 얼마나 헛된 것이었는가를 잘 보여 준다.23) 지배 계급의 헤게모니가 시민 사회의 전부문에 관철되는 진지전의 양상이 지속되는 한, 기동전의 승리가 약속해 줄 수 있는 것

---

23) 이에 대해서는 임지현, 「사회주의 거대담론의 틈새 읽기」, 『민족주의는 반역이다』(소나무, 1999), 324~330쪽 참조.

은 지배 엘리트의 교체에 불과한 것이었다.

진지전의 관점에서 볼 때, 프롤레타리아트가 정치 권력을 장악하여 지배 계급의 위치에 오르고, 가능한 한 빨리 생산력을 증대하고 생산 수단을 사회화하여 생산 양식의 변화를 가져온다는 마르크스의 고전적 혁명 전략은 분명한 한계를 갖는 것이었다. 기동전의 승리와 진지전의 승리가 기계적으로 분리될 수 없다는 점에서 고전적 혁명론이 갖는 한계는 더욱 분명해진다. 여러 가지 해석이 가능하겠지만, 현실 사회주의의 실패는 기동전에서는 승리했지만 진지전에서 패배한 볼셰비키 혁명의 근원적인 한계에서 비롯된다는 것이 내 판단이다. 기동전의 승리가 진지전의 승리를 담보하지 못할 뿐 아니라, 진지전의 패배는 기동전의 승리마저 역전시킨다는 것을 현실 사회주의의 역사적 경험은 잘 보여 준다. 이 점에서 국가가 전부이고 시민 사회가 존재하지 않는 러시아에서는 기동전을 강조한 레닌주의가 성공할 수 있었다는 그람시의 주장은 수정되어야만 한다. 그보다는 지배 계급의 헤게모니에 종속된 하위 집단들은 승리한 것처럼 보일 때조차도 스스로를 방어하는 데 골몰할 뿐이라는 그의 원론적인 문제 의식이 더 소중하다.[24] 혁명 러시아의 경험은 그람시의 진지전 개념이 시민 사회가 발전된 서유럽에만 한정되는 특수한 것이 아니라, 보편적 전략으로 확장될 수 있는 가능성을 시사해 준다.

러시아 혁명도 밑바닥에서부터 자신을 규정한 전제주의의 집단 심성으로부터 결코 자유롭지 못했다. 2월 혁명은 차르 체제에 정치적 사형을 선고했지만, 차리즘의 결은 혁명 러시아의 심층에서 살아 있었다. 전선을 방문한 케렌스키(A.F. Kerensky)의 옷자락과 신발, 심지어 그가

---

[24] 그람시, 『옥중수고 II』, 74쪽.

밟았던 땅에 입 맞추고 무릎을 꿇고 울며 기도하는 러시아 병사들에게 2월 혁명의 이 지도자는 새로운 차르일 뿐이었다. 2월 혁명에 환호하며 혁명의 거리로 쏟아져 나온 군중들이 외친 구호는 "훌륭한 차르를 뽑자"는 것이었다. 군주정은 정치적으로는 사망했지만, 더 넓은 맥락에서는 살아 있었던 것이다. 인격화된 차르와 추상적 국가 기관을 구분하지 못했던 러시아 민중의 의식 심층에 자리 잡고 있던 우상 숭배의 심성은 볼셰비즘을 레닌 개인에 대한 충성으로 변질시켰다.25) 뿐만 아니라 반유대주의와 외국인 혐오증도 버젓이 살아 있었다. "사악한 모든 것은 유대인들로부터 온다. 유대 도당은 모두 공산주의자들이다. 그러나 볼셰비키는 모두 우리 자랑스러운 러시아인들이다"26)라고 주장한 적군 병사들의 당당한 반유대주의 앞에서 기동전의 승리는 거품일 수밖에 없었다.

물론 군사적 규율을 거부한다는 의미에서 모자를 거꾸로 쓰거나 외투의 단추를 잠그지 않는 등의 새로운 문화적 기풍이 혁명 직후 나타난 적도 있다. 또 혁명 이후 광범위하게 사용된 '동무'라는 호칭은 공화국과 혁명의 이상을 일상 생활과 문화에 투영시키려는 노력이었다. 심지어는 창녀들까지도 "형제애를 나누자"며 고객을 유혹하는 형편이었다.27) 이것은 차르 러시아의 낡은 규범들과 혁명 러시아의 새로운 규범들이 혁명 직후 진지전의 문화적 전선에서 팽팽하게 대립하고 있었음을 의미한다. 그러나 진지전에서 궁극적인 승리를 거둔 것은 혁명의 수사를 빌린 낡은 규범들이었다. 에이젠슈테인(Sergei Eisenstein)은 혁

---

25) O. Figes and B. Kolonitsky, *Interpreting the Russian Revolution: The Language and Symbols of 1917* (New Haven, 1999), pp. 72, 88, 100, 그리고 여기저기.
26) S.K. Carter, *Russian Nationalism: Yesterday, Today, Tomorrow* (New York, 1990), p. 46.
27) O. Figes and B. Kolonitsky, *op. cit.*, pp. 32, 33, 59.

명 10주년을 기념하여 만든 영화 「10월」에서 여성 대대의 여자 병사들을 도덕적으로 타락한 집단으로 희화화함으로써, 여성을 쾌락과 동일시하는 제정 러시아의 성 담론을 재현했다. 또 혁명 문학에서 자주 등장하는 부르주아 외국 문화의 영향으로 타락한 여성에 대한 묘사에서는 남성 국수주의와 외국인 혐오증이 교묘하게 결합되어 배치되었다.28) 이것은 혁명의 문화적 전위대조차 제정 러시아의 문화적 헤게모니에서 자유롭지 못했다는 것을 의미한다.

혁명 러시아 지식인들의 집단 심성도 전선에 배치된 농민 출신 적군 병사들의 그것과 결을 같이한다. 같은 아파트 동(棟)에 살았던 연극 극장 지배인인 루를라노프(Ruslanov)와 포포프(Popov)의 화분 싸움은 그야말로 한 편의 연극이다. 루슬라노프는 포포프가 자기 집 베란다에 내놓은 화분이 마음에 들지 않았다. 루슬라노프는 친구인 동네 파출소장을 찾아가 화분을 치우라는 명령서를 포포프에게 발부하도록 청탁했다. 화가 난 포포프는 친구인 시 경찰 국장을 찾아가 화분을 치우라는 명령을 취소하도록 압력을 넣었다. 루슬라노프는 다시 친구의 친구인 내무장관을 찾아가 화분을 치우라는 명령서를 받아 냈고, 포포프 역시 친구의 친구인 국방장관을 찾아가 내무장관의 명령을 취소시켰다. 최후의 승자는 소련의 국가 원수인 칼리닌(Mikhail Kalinin)에게서 화분을 치우라는 명령서를 받아 낸 루스라노프였다. 혁명이 꿈꾸었던 합리적 의사 소통은 이렇게 해서 사적인 연줄의 망으로 대체되었다.29) 노멘클라투라의 마피아 정치는 확실하게 자기 기반을 확보하고 있었던 것이다.

볼셰비키 지도부는 시민들의 일상 생활 속에 강고하게 남아 있는 제

---

28) E. Naiman, *op. cit.*, pp. 183, 198~199.
29) J.A. Getty, "Palace on Monday, Everyday Stalinism," *London Review of Books*, vol. 22, no. 5 (2 March, 2000), p. 24.

정 러시아의 유산에 대한 진지전을 별반 고민하지 않았다. 뿐만 아니라 오히려 민중들의 일상을 지배하는 전제주의의 유산을 자신의 권력을 정당화하는 기제로 이용하고 강화하였다. 그러므로 호모 소비에티쿠스가 진보적 수사의 외양에도 불구하고 제정 러시아의 반동적 태도와 이데올로기를 자신의 일상 생활에서 그대로 재생산했다고 해서 새삼 놀라울 것은 없다. 기동전의 승리에 만족하고 진지전의 주도권을 포기한 이상, 혁명의 보수화는 불가피한 현상이었다. 정치적 나치즘을 청산하고 사회주의 국제주의를 표방했던 구동독의 민중들이 나치즘의 정치적 청산에 미온적이었던 서독의 민중들보다 네오 나치의 공세에 더 취약하다는 역설도 같은 맥락에서 이해된다. 그것은 진지전으로서의 나치즘을 떠받쳤던 평범한 독일인들의 집단 심성과 일상적 관행, 의식 등이 동독에서 더 뿌리 깊게 남아 있었다는 데 그 원인이 있다. 나치 독일의 민중들에게 내면화된 국가주의, 민족주의, 군국주의, 획일주의 등의 관성은 결코 기동전의 승리로 일소할 수 있는 것이 아니었다.

러시아 혁명의 역사적 경험은 결국 진지전에 대한 그람시의 문제 제기가 시민 사회가 전무한 러시아의 경우에도 충분히 유효하다는 것을 말해 준다. 변혁의 성공을 보증하는 열쇠는 권력의 헤게모니를 민중의 헤게모니로 전화하는 진지전의 승리에 달려 있다고 해도 과언이 아니다. 진지전의 승리가 담보되지 않은 기동전의 승리는 괄호 속에 묶인 승리일 뿐인 것이다. 진지전의 승리는 곧 포괄적인 의미에서 문화적 전선에서의 승리를 의미한다. 문화는 물질적 실재의 단순한 반영이 아니라 실재를 받아들이는 방식을 규정하는 코드이며, 그것을 통해 다시 물질적 실재 그 자체의 발전에 영향을 미치는 사회적 힘이다. 그러므로 '진지전'이라는 문화적 전선에서의 승리가 담보되지 않는 정치 권력의 장악은 과도적이고 한시적인 것일 수밖에 없다. 그 제한된 승리의 역사적 귀결은 1989년 베를린 장벽이 무너짐으로써 이미 우리가 다 알고 있는 바이다.

4. 권력의 진지전에서 민중의 진지전으로

혁명을 전제정과 민주주의의 투쟁이 아니라 '지배'와 '우애' 사이의 투쟁이라고 규정한 윌리엄 모리스(William Morris)는 표현은 다르지만 '진지전'에 대한 그람시의 문제 의식을 맹아적 형태로 보여 준다. 비록 실패로 귀결되기는 했지만, 일상을 지배하는 문화적 전선에서 그가 펼친 다양한 형태의 고투는 소중한 유산이 아닐 수 없다. 에피소드처럼만 보이는 그의 문화적 투쟁은, 민중이 낡은 이념과 생활 방식을 일상적으로 받아들임으로써 안정된 재생산 구조를 유지하는 권력에 대한 가장 근본적인 도전이었다. 그것은 소박한 것이었으나 시민 사회의 모든 범주를 관통하는 지배 질서와 그것을 정당화하는 가치, 태도, 신념, 도덕 등의 모든 사유 체계에 침투한 지배 계급의 헤게모니를 전복시키려는 시도였다. 군대식으로 편성된 벨라미(Edward Bellamy)의 기계적 사회주의에 대한 모리스의 비판도 궁극적으로는 벨라미의 유토피아가 근대의 지배 질서를 긍정하는 바탕 위에 서 있다는 판단에서 나온 것이 아닌가 한다.

진지전의 차원에서 대항 헤게모니를 구축하지 못하고 기존의 지배 질서와 문화적 코드 및 담론틀을 공유하는 한, 변혁은 사실상 불가능하다. 체제로서의 파시즘이 무너졌다고 해도, 집단적 관성으로서 일상적 파시즘이 완강하게 존속하는 한 파시즘은 살아 있는 것이다. 파시즘에 보낸 민중의 갈채는 지배 계급의 헤게모니가 그들의 일상 생활 속에 깊이 침투했음을 의미한다. 진지전의 헤게모니를 권력에서 민중으로 옮겨가야만 하는 이유도 여기에 있다. 진지전의 헤게모니를 내주는 상태에서 기동전의 승리는 불 앞의 얼음에 불과한 것이다. 바이마르 공화국 당시 집권 세력이나 다름없었던 독일 사회민주당의 패배, 희망을 절망으로 뒤바꾼 스탈린 체제의 수립과 현실 사회주의의 몰락은 진지전의 승리가 뒷받침되지 않은 기동전의 승리가 얼마나 취약한 것인가를 단적으로 드러내 준다.

그러나 지금까지 한국 사회에서 변혁에 대한 진보 진영의 모색과 논의는 거의 기동전의 차원에 머무른 것이 아닌가 한다. 군사 독재의 청산이 우선되어야만 했던 1980년대까지의 시대 상황에서 기동전에 대한 강조는 불가피한 것이기도 했다. 시대가 강요했던 그것의 불가피성을 인정하지 않을 수 없지만, 정치 권력을 장악하여 체제와 제도를 바꾸면 된다는 식의 변혁에 대한 순진한 전망 또한 그런 경향을 강화시킨 면도 있다. 또다른 한편에서는 민중의 일상에 깊이 침투한 지배 블록의 헤게모니와 그에 대한 민중의 동의 메커니즘에 대해서는 눈을 감고, 저항의 주체로서의 민중에 대한 당위적이고 일면적 이해가 지배적이었다. 권력에 대한 민중의 저항적 측면이 당위적으로 부각된다면, 진지전의 문제 제기는 사실상 의미가 없는 것이었다. 지배 계급의 헤게모니는 허위 의식이고 민중은 마땅히, 그리고 당연히 그 허위 의식에 저항할 것이므로……

1990년대에 들어 절차적 민주주의가 상당히 진전되었음에도, 내가 볼 때 지배 블록의 헤게모니가 관철되는 진지전의 양상은 기본적으로 그대로이다. 국가보안법의 존속을 압도적으로 지지하는 사회 여론 앞에서 헌법이 보장하는 사상의 자유를 내세워 그 폐지를 요구하는 주장은 여전히 무력하다. '국민의 정부'라는 수사는 이 정권이 '국민'의 이름으로 민중을 동원하는 박정희 시대의 동원 체제를 계승하고 있음을 시사해 준다. '국민의 정부'라는 자기 규정은 이미 시민적 자율성에 대한 상징적 억압을 담고 있다. 남북 정상 회담으로 고조된 민족주의의 파고 앞에서, 통일 담론에 내재된 권력 헤게모니와 동원 논리에 대한 비판은 손쉽게 반통일 세력으로 매도된다. 시민 운동조차 일부는 절차와 과정보다 목표 달성을 중시하는 동원 체제의 낡은 관습에서 크게 자유롭지 못하다. '조국 근대화'와 '민족적 민주주의'는 권력과 시민 사회는 물론이고 일부 진보 진영까지도 공유하고 있는 지배적인 담론틀이다.

  박정희에 대한 집단적 기억을 둘러싼 역사의 내전에서 한국의 진보 진영이 드러낸 무기력의 비밀도 바로 여기에 있다. 넓은 의미에서의 사회적 권력이 장악하고 있는 진지전의 헤게모니를 분쇄하지 못하는 한, 또 일상을 지배하는 크고 작은 싸움의 주도권을 권력의 진지에서 민중의 진지로 빼앗아 오지 못하는 한, 기억의 내전에서 승리를 기대하기는 어려울 것이다. 기억의 내전에서 패배한다는 것은 곧 현재 '우리'의 정체성을 규정하고 '우리'의 미래에 대한 결정할 권리를 '그들'의 손에 내준다는 것을 의미한다. 그것은 민중적 진지전에 있어 또다른 중요한 패배로 기록될 것이다. 절차적 민주주의의 진전에도 불구하고 파시즘은 여전히 살아 있고 또 살아 있을 것이다. 민중이 진지전에서 승리하는 그날까지……

일상적 파시즘 다시 읽기

"'파시즘은 다시는 없을 것이다' 따위의 구호를 받아들이는 것을 단호히 거부해야 한다. 파시즘은 이미 발생했고, 또 여전히 발생하고 있다. …… 욕망과 마찬가지로 파시즘은 사회적 스펙트럼 전반에 걸쳐 파편적으로 산포되어 있다. 그것이 취하는 형태는 어느 장소에서든 지배적인 권력 관계에 의존할 것이다."[1]

―펠릭스 가타리

1. 시지프스의 노동?

지식의 사회화라는 관점에서 볼 때, 『당대비평』의 '우리 안의 파시즘' 특집이나 '일상적 파시즘'론에 대한 뜨거운 관심과 다양한 비판은 일단 고무적이다.[2] 『당대비평』의 고민과 문제 의식이 사회적으로 소통된다는 점에서 그러하다. 그것은 다시 우리의 고민과 문제 의식이 이 땅의 현실에 단단히 뿌리박고 있다는 증거가 아닌가 한다. 물론 그 문

---

1) 펠릭스 가타리, 「파시즘의 미시 정치」, 서울사회과학연구소 편, 『탈주의 공간을 위하여』 (푸른숲, 1997), 213~214쪽.
2) 임지현 외 지음, 『우리 안의 파시즘』 (삼인, 2000) 참조.

제 제기가 현실 정합적이지 못하고 실천을 왜곡한다는 비판도 엄연히 존재한다. 역설적인 이야기지만, 그러한 비판의 존재 자체는 이미 '일상적 파시즘'의 문제 제기가 이 사회 현실의 그 어떤 부분과 맞닿아 있다는 증거가 아닌가 한다. 비판을 무시하겠다는 이야기가 아니다. 또 『당대비평』이 화두로 던진 '우리 안의 파시즘'이 결점이 없는 이론이라고 강변하겠다는 것도 아니다. 분명 현실의 지형도를 잘못 읽은 부분도 있을 것이다. 훗날 보면, 건강한 실천적 지향을 굴절시켰다는 평가도 있을 수 있다. 그러나 크고 작은 실천의 굽이굽이마다 치열한 고민과 냉정한 분석, 그리고 자기 반성의 자세를 흐트러뜨리지 않는다면, 그것은 교정 가능한 굴절이 아닌가 한다. 우선은 자기 성찰의 계기를 마련해 주었다는 점에서 비판자들에게 감사한다.

나는 내용의 진보성이 곧 비판적 학문이나 연구 활동을 보장하는 것은 아니라고 본다. 더 중요한 것은 그 내용이 사회적으로 소통되고, 그 소통의 관계망을 통해 비판적 대중이 형성되고, 연구 내용의 사회적 확장이 다시 비판적 연구를 견인하는 지식과 사회의 교호 작용이다. '일상적 파시즘'론에 대한 다양한 비판과 문제 제기가 고무적인 것도 이러한 맥락에서이다. 나는 그것을 '일상적 파시즘'의 문제 제기가 사회적으로 소통되기 위한 첫걸음이라고 일단 이해한다. 그러나 지금의 소통 방식이 온전하게 내딛은 첫걸음인지는 자신이 없다. 상식적인 이야기지만, 비판과 그 비판에 대한 비판이 건설적으로 이루어지기 위해서는 텍스트에 대한 성실한 독해가 선행되어야 한다. 서로의 텍스트에 대한 이해를 바탕으로 비판과 반비판의 전선이 형성될 때 그 논쟁은 사회적으로 소통되며, 또 다양한 읽기와 비판을 통해 텍스트 자체를 풍부하게 만든다. 논쟁의 생산성이 높아지는 것은 물론이다.

첫술에 배부르기는 어렵겠지만, 지금까지 제기된 비판들은 아직 생산적 논의 수준에는 다다르지 못했다는 판단이다. 그것은 무엇보다도 이들의 논의가 텍스트에 대한 성실한 읽기보다는 이미지 비판 혹은 인상 비평에 머물기 때문이다. '일상적 파시즘'론이 민중을 파시스트로 간주하고 "민중을 적으로 돌리는 논리"라는 엉뚱한 비약에서부터, 운동의 후퇴 국면에서 나타나는 문화주의와 이광수의 민족 개조론을 연상케 한다는 비판, 심지어는 극우와 '내통'하는 논리이며 진보 허무주의라는 맹랑한 논고에 이르기까지 비판의 스펙트럼은 다양하다. 이 비판들은 선정적 어휘 구사와 자극적 결론만으로도 충분히 도발적이다. 그러나 텍스트에 대한 성실한 독해가 전제되지 않는 한, 그것은 논리적 호소력을 지닌 지적 도발이 아니라 감성에 호소하는 감정적 자극에 그칠 수밖에 없다. 비판의 많은 부분이 부정적 이미지를 연상시키는 효과에 기대고 있다는 느낌이 드는 것도 이 때문이다. 더 중요하게는, 그것이 우리의 절실한 문제 제기를 일정한 이미지로 덮어 버림으로써 현실의 복잡성에 대한 생각들을 저해하는 억압적 권력 담론으로 발전할 소지를 안고 있다는 점이다.

이 글은 '일상적 파시즘'론에 대한 이상과 같은 비판들에 답하기 위해 작성되었다. 그러나 이들 비판에 대한 반비판이 이 글의 의도는 아니다. 생산적인 비판과 반비판의 전선이 형성되기 위해서는, 우선 논점을 명확히 해 두어야 할 필요가 있지 않겠는가 하는 생각이다. 논의의 초점은 그러므로 비판에 대한 반비판이 아니라, '일상적 파시즘'의 논점들을 명확히 하는 데 두어질 것이다. '일상적 파시즘'의 문제 의식이 형성되고 그것이 비판적 실천으로 도출된 과정에서부터 그것이 갖는 현실 비판과 실천적 함의, 제도 혹은 구조로서의 거대 파시즘과 일상의 미시 파시즘과의 관계, 구조와 행위의 문제, 지배 권력과 민중의 상호 관계 등을 '일상적 파시즘'의 입론 위에서 밝힐 것이다. 『당대비평』을 통해 이미 던져진 텍스트들의 부분적 반복이 불가피하겠지만, 논점을 명확히 하기 위해서는 감수해야 할 번거로움이 아닌가 한다. 이런 작업이 또다시 시지프스의 노동처럼 되지 않기를 바랄 뿐이다.

그것이 어떠했는지 정확히 알 길은 없지만, 나는 개인사의 차원에서 일상적 파시즘 비판론자들이 걸어온 실천의 역정이나 고민의 흔적들을 깎아 내리거나 부정할 생각은 추호도 없다. 또 그 논의가 비록 오해에 기초한 것일지라도 생산적인 부분들은 당연히 수용할 것이다. 해석학적 오류의 생산성이라는 것도 있는 법이다. 이들 비판이 갖는 문제는 '일상적 파시즘'론에 대한 오해와 왜곡이 아니다. 오해는 풀면 되고, 왜곡은 바로잡으면 된다. 정작 문제가 되는 것은 '일상적 파시즘'론에 대한 비판이 질풍노도의 1980년대를 거치면서 형성된 이 사회 진보 세력 특유의 고정 관념, 즉 도덕적 잣대로 현실을 양분하고 그 이분법에 복합적인 현실을 뜯어 맞추는 당위론적 이해 방식에서 별로 자유롭지 못하다는 점이다. 복합적 현실을 직시하고 그 현실에 대한 민중의 다양한 대응 방식을 있는 그대로 보자는 제안이 위에서 아래로 민중을 내려다보는 시각, 심지어는 민중을 적으로 돌리는 논리로 읽히는 데서 그것은 잘 나타난다.

발생론의 관점에서 1980년대의 시대적 맥락 속에 위치시키면 이러한 고정 관념이 이해 안 되는 바는 아니다. 그러나 발생론적으로 이해한다는 것과 현실 정합성이 없는 신화적 현실 인식을 정당화하는 것은 전혀 다른 문제이다. 현실을 제대로 읽지 못하는 한, 이 전위적 지식인들의 숭고한 민중주의적 포즈나 실천은 시지프스의 노동일 수밖에 없는 것이다. 결국 문제는 개별 비판들이 갖는 세세한 내용이 아니라 그것을 규정하는 인식의 틀이 아닌가 한다. 이 글에서 불가피하게 어떤 반비판의 부분들이 있다면, 그것은 바로 이 현실 인식의 준거틀을 겨냥한 것이다. 모쪼록 오늘의 이 논의 마당이 또다시 시지프스의 노동으로 무화되지 않고, 생산적 논쟁을 위한 작은 발걸음이 되었으면 하는 바람이다.

2. 정치적 민주화 혹은 권력의 합리화?

1980년대 말까지 한국 사회에서 파시즘에 대한 실천적 논의는 군부 파시즘을 겨냥한 것이었다. 정치한 이론적 분석보다는 수사와 구호의 차원에 머물기는 했지만, 그것이 무력에 의존하여 신체에 직접적인 권력을 행사하는 정치적 억압 체제를 가리킨다는 것은 누구의 눈에도 분명했다. '문민 정부'와 '국민의 정부'를 거치면서, "군사 파쇼 타도"라는 구호가 사라진 데서도 이 점은 잘 드러난다. 적어도 법과 제도의 틀에서는 일정한 정도의 민주화가 진전되었기에 가능한 변화일 것이다. 1990년대 한국 사회의 민주화 과정은 미흡한 대로 법·제도의 민주화 또는 합리화 과정이라고 규정할 수 있지 않을까 한다. 물론 사상의 자유를 가로막는 국가보안법이나 호주제 같은 악법이 엄연히 남아 있기는 하지만, 1980년대 내내 '국민의 여망'이었던 대통령 직선제가 성취되고 정치적 다원주의와 민주화의 틀이 어느 정도 바로잡힌 것도 사실이다. 크고 작은 우여곡절이야 있겠지만, 법과 제도를 기반으로 하는 정치적 민주화는 이제 돌이킬 수 없는 대세가 아닌가 한다.

정치적 민주화는 인간 해방을 향한 일보 전진이라는 점에서 분명 환영할 만한 현상이다. 굳이 로자 룩셈부르크의 '창발성' 이론에 기대지 않더라도, 민중의 정치 참여를 보장하는 민주정이 독재나 과두정보다 발전된 형태라는 것은 분명하다. 그럼에도 피부로 느끼는 해방의 기운은 그다지 절실하지 않은 것도 사실이다. 기본적으로는 정치적 민주화가 가져온 해방이 불충분하고, 사회적 해방이 신자유주의에 발목 잡혀 있기 때문이다. 또 한편에서는 현실이 해방에 대한 기대 욕구를 충족시키지 못했기 때문이기도 하다. 토크빌을 패러디한다면, "억압은 확실히 줄어들었다. 그러나 억압에 대한 감수성은 더 예민해졌다." 1987년의 노동자 대투쟁에서 보듯이, 법과 제도적 측면에서의 정치적 민주화는 군부 파시즘이 무력으로 가두어 두었던 해방의 에너지를 방출하는 계기가 된 것은 분명하다. 정치적 민주화는 역설적으로 정치적 해방과 계급 해방의 영역을 넘어서는 전면적인 해방을 요구하는 계기가 된 것이다. 권력의 지배와 착취가 사소한 것처럼 보이는 일상 생활에까지 관철되는 메커니즘을 고찰하는 작업이 요구되는 것도 이 때문이다.

전면적 해방의 관점에서 보면, 정치적 민주화는 부족할 뿐만 아니라 위험하기도 하다. '국민적 합의'라는 이름으로 법과 제도의 틀 속에 해방의 에너지를 가두어 두는 위험성에 주목하자는 것이다. 당장의 생존과 최소한의 자유가 절박했던 1980년대의 시대적 상황에서 이러한 위험성에 대한 인식은 일종의 사치일 수도 있었겠다. 그렇다고 해서 1980년대의 운동 관성에 변화하고 있는 현실을 붙들어 맬 수는 없는 일이다. 적어도 내가 21세기의 초입에서 얻은 현실에 대한 새로운 깨달음은, 정치적 민주화가 해방과 억압의 이중성을 갖고 있다는 점이다. 즉 그것은 눈에 보이는 정치적 해방에 대한 반대 급부로 일상적 삶에 대한 은폐된 억압 구조를 동반한다는 것이다. 민주화=정치적 해방이라는 단순화된 등식의 이면에는 권력의 합리화 혹은 정당화라는 날카로운 발톱이 숨어 있는 것이다. 그 발톱은 민주주의의 작동 기제인 민중의 정치 참여 그 자체가 권력에 정당성을 부여함으로써 은폐되어 있을 뿐이다. 민주화가 진전되면 될수록 억압이 고도화된다는 역설이 성립하는 것도 이러한 이유에서이다. 독재 대 민주라는 이분법적 구도로는 합리화된 권력이 펼치는 이 게릴라전을 이해할 수도 없고 또 포착할 수도 없다.

'일상적 파시즘'론이 겨냥하는 것은 민주화 과정의 이면에 숨어 있는 권력의 합리화 혹은 정당화라는 이 지점들이다. 그것은 21세기의 해방이 정치 해방과 노동 해방의 영역을 넘어 사회 관계와 일상 생활에서 관철되는 권력의 지배와 억압에 대한 투쟁, 그리고 그것을 통한 전면적인 해방을 지향해야 한다는 문제 의식에서 출발한다. 알다시피 합리화된 권력은 신체에 대해 직접적인 지배력을 행사하는 저개발된 군부 독재와는 양태를 달리한다. 그것은 '사람들을 자발적으로 복종하게 만들어 일상 생활의 미세한 국면까지 지배권을 행사하는 보이지 않는 규율'을 무기로 삼는다. 권력은 이제 교묘하게 정신과 일상을 조작하는 고도화된 장치를 통해 자신의 존재를 은폐한다. 사실상 1990년대 이후 권력의 자태 전환은 단순히 민주화 투쟁의 결과만은 아니었다. 6·29 선언에서 보듯이 밑으로부터의 압력에 직면한 권력 자신의 자태 전환에 대한 의지와 결단에서 비롯된 바도 큰 것이다. 어느 면에서 1970년대의 유신 체제와 1980년대 후반의 5공화국이 겪었던 정치적·사회적 위기는 합리성이 결여된 권력의 위기를 반영하는 것이었다. 다양한 통치 기제들을 국가주의의 목표에 맞추어 경직되게 조직하고 민중을 억압적인 감시 체제로 묶어 두었던 권력의 작동 방식은 1980년대 후반에 이르러 이미 남한 사회의 생산력 발전에 적응하지 못했던 것이다.

1990년대의 민주화는 그러므로 권력의 합리화 과정으로 읽혀진다. 권력의 존재 방식이 노골적인 것에서 은밀한 것으로 변하고 있다면, 그 작동 방식은 강제와 억압에서 내면화된 규율과 가치를 통한 합의와 자발적 복종으로 옮아가고 있는 것이다. 권력의 자태 전환이 아직 완성된 것은 아니지만, 더 이상 단일하고 대규모적이며 직접적인 억압이 일어날 가능성은 희박하다고 하겠다. 이제 한국 사회에서 자본주의 권력의 생존은 대중의 욕망을 어떻게 권력의 요구에 맞추어 내면화시키고 자발적으로 복종하게 만드는가에 달려 있다고 해도 과언은 아닐 것이다. 자본주의 생산 관계가 거대 체제로서의 사회 구성체에만 해당되는 것이 아니라 이미 출생에서부터 각 개인의 삶의 유형을 찍어 낸다는 가타리의 지적이 와 닿는 것도 이 지점에서이다.[3] '일상적 파시즘' 론이 문제 삼고자 하는 것은, 권력의 지배 코드와 그것에 맞추어 만들어진 가치와 태도가 어려서부터 가정과 학교의 사회화 과정을 통해 내면화된다는 점이다. 권력의 이 내밀한 지배 방식은 물론 근대화 과정과 더불어 지속적으로 발전해 온 것이지만, 21세기에 들어서는 더 정교한 방식으로 전개될 것이다.

'일상적 파시즘'을 정치·경제적 파시즘의 대립항에 줄 세우고 정치·경제적 파시즘의 극복이 일상적 파시즘의 극복보다 중요하다는 비판이 와 닿지 않는 것도 이 때문이다. 어느 하나가 다른 것에 우선하며 우월하다는 이원적 대립 관계로 현실을 이해하는 것은 전형적인 형이상학적 사고가 아닌가 한다. 일상적 파시즘이 정치·경제적 파시즘보다 우선하며 더 중요하다는 또다른 형이상학적 이야기가 아니다. 파

---

[3] 가타리, 「파시즘의 미시 정치」, 212쪽.

시즘의 전선이 정치·경제적 구조에서 일상적 삶의 전면으로 확장되고, 사회적 스펙트럼 전반에 걸쳐 전면적으로 펼쳐져 있다는 것이다. 거대 파시즘은 추상적 구조로서 존재하는 것이 아니라, 매일매일의 삶 속에서 구체화되고 재생산되는 것이다. 즉, 이데올로기와 체제의 배후에서 사람들이 느끼고 생각하고 행동하는 방식, 집단적 코드를 공유하는 일련의 문화적 타성들, 권력에 의해 의도된 무의식적 습관과 태도 등에 파시즘이 구석구석 침투해 있다는 것이다.[4]

파시스트들 스스로 자신들의 정치 사상을 체제가 아닌 태도로 규정했다는 사실도 이 점에서 시사적이다.[5] 역사가 보여 주듯이 민주화 운동이나 파시즘에 대항하는 진보 운동, 노동 운동조차도 권력이 만들어 놓은 지배 코드에서 자유롭지 못하다. 우리 안의 파시즘에 대한 진지한 자기 성찰과 그것을 극복하려는 노력이 계속되지 않는 한, 파시즘은 항상 존재 방식을 달리하며 존속될 것이다. '구조화된 구조'로서 일상적 삶의 재생산 과정에서 견고하게 지속되고 있는 파시즘적 문화 및 규범과 단호하게 결별하고, 해방된 삶의 재생산 방식을 새로 만들어 가는 작업이 요구되는 것도 이 때문이다. 그것은 '내 탓이오'라는 회개의 기도가 아니라, 거대 파시즘이 작동하고 관철되는 기반을 공략하는 현실적인 투쟁인 것이다.

문화가 이념형으로서의 사회를 구성하는 한 부문으로서가 아니라 한 집단이 삶의 의미를 생산하고 교환하며 실천하는 장으로서 주목되는 것도 같은 이유에서이다. 이때 사회 경제 구조와 문화는 더 이상 이분법적으로 구분되지 않는다. 사회 경제적 관계들 자체가 이미 문화를

---

[4] 움베르토 에코, 「퍼지 전체주의와 끝없는 파시즘」, 김성도 옮김, 『세계사상』 2호, 1997년 가을, 228쪽.
[5] G.L. Mosse, *The Nationalization of the Masses* (New York, 1977), p. 9.

생산하고 실천하는 장이기 때문이다. 예컨대 아비투스는 현실 세계에 의해서 결정되는 문화적 형성물(구조화된 구조)이자 동시에 사람들이 현실 세계를 받아들이는 지각 방식을 결정하는 현실의 힘(구조화하는 구조)인 것이다. '일상적 파시즘'론이 사회 운동의 퇴조기에 나타나는 문화주의라는 일각의 비판도 기본적으로는 텍스트를 제대로 읽지 않은 데서 비롯된 오해가 아닌가 한다. 그 밑에는 토대와 상부 구조라는 이분법의 관성에 안주하면서 '문화'를 상부 구조에 끼워 맞추는 기계적인 사고 방식이 도사리고 있다. 분명히 말하지만, 일상적 파시즘의 문제 의식은 파시즘에 대항하는 전선을 부문 운동으로서의 문화 운동으로 축소하자는 것이 아니다. 그것은 지배적 코드에 따라 삶의 의미를 재생산하는 일상의 영역으로까지 전선의 외연을 넓히자는 것이다.

정치 권력을 장악하여 법과 제도를 바꾸고 정의로운 사회 경제 체제를 만들면 세상이 변화한다는 순진한 변혁 전략은 현실 사회주의의 실험에서 이미 그 역사적 파산을 보았다. 그럼에도 정치 경제적 파시즘을 작위적으로 일상적 파시즘에 대립시키고 전자의 우선성을 주장하는 단계론적 논의는 사실상 20세기의 변혁 운동에 대한 고민과 성찰이 기계적이거나 피상적인 데서 비롯된 것이다. 현실 사회주의의 실패는 레닌과 볼셰비키들이 남한의 진보적 지식인들보다 해방의 대의에 덜 헌신적이었거나 서구 제국주의 열강의 간섭과 포위 전략이 혁명을 질식시켰다거나, 또는 스탈린 같은 악당이 혁명의 과실을 가로챘다는 식으로 간단히 해석될 수 있는 것은 아니다. 현실 사회주의의 역사적 경험을 거울로 삼아 진지한 자기 성찰을 시도할 때 가장 아프게 와 닿는 것은 마르크스주의라는 근대의 변혁 전략이 토대와 상부 구조의 기계적 이분법 아래 전선을 토대의 문제로 환원시켰다는 점이다. 파시즘에 대한 투쟁을 정치 경제적 파시즘과의 투쟁으로 환원시키거나 일상적 파시즘을 그것에 종속시키려는 시도도 기본적으로는 그러한 한계를 공유하고 있다.

더 중요하게는 그러한 이분법이 마르크스주의에 기초한 운동 자체가 파시즘적인 억압 기제를 내장하고 있다는 사실에 눈을 감는다는 점이다. 그것은 소련과 동유럽의 집권 공산당은 말할 것도 없고, 독일 사회민주당의 관료화된 노조, 1968년의 프랑스 공산당과 노동총연맹, 중앙의 지도를 끊임없이 강조하고 밑으로부터의 욕구를 억압한 한국의 운동 조직 등에서 광범위하게 발견된다.6) 이들 운동이 정치·경제적 파시즘의 타도에 성공했다고 해도, 파시즘의 코드를 내장한 이상 그것은 새로운 파시즘을 생성시킬 뿐이다. 민중들의 일상적 삶에 깊이 침투한 권력의 지배 코드를 분쇄하지 않고 그것을 이용하여 변혁을 시도했으며, 결국 스탈린 체제로 귀결된 소련의 역사적 경험이 그 좋은 예이다. 민중의 일상적 사고와 삶 속에 깊이 침투한 권력의 지배 코드는 결국 사회주의적 제도와 토대를 침식하고 굴절시켰던 것이다.

볼셰비키 혁명은 결코 구조화된 구조로서의 인민의 아비투스를 변화시키지 못했던 것이다. 그 결과 인민들의 수평적 관계는 관료적 위계 질서에 무릎을 꿇었으며, 자매애를 배제한 사회주의적 형제애는 여성과 이방인을 타자화하는 남성 국수주의적 민족주의를 은폐하는 수식어에 불과했다.7) 일상 생활을 지배하는 규범에 문화적으로 도전한 1968년의 시도가 소중한 것은 반면 교사로서 그것이 갖는 그 전복적

---

6) 서구의 운동과 한국의 운동에 나타나는 이러한 양상에 대해서는 임지현, 「사회주의 거대 담론의 틈새 읽기」; 「이념의 진보성과 삶의 보수성」, 『민족주의는 반역이다』(소나무, 1999), 321~355쪽 참조.
7) 임지현, 「마르크스주의 역사학의 중심 이동」, 이 책 320~344쪽

실험성 때문이다. "히틀러를 창조한 미시 정치는 파시즘의 새로운 미시적 결정화가 동일한 전체주의적·기계적 계통 위에서 낡은 것들을 대체하는 한, 바로 지금 여기에서—우리의 정치 운동 및 노동조합 운동 속에서, 가족과 학교 등의 소집단에서—우리와 관련된다"는 가타리의 문제 의식 또한 1968년의 소중한 성과로서 주목되는 것이다.8)

쉴러와 비셔의 질서 미학에서 나치의 철학적 기반을 찾아내는 모스의 시도 또한 같은 맥락에서 이해된다.9) 그것은 아름다움에 대한 고상한 담론의 이야기가 아니다. 문제는 그와 같은 미학 담론이 어떻게 대중들의 가치관을 파고들고, 그래서 그것이 어떻게 사회 민주주의 노동자들을 '히틀러 운동의 보루'로 만들었는가 하는 것이다. 벤야민이 이야기한 '정치의 미학화'도 파시즘에 대한 투쟁의 전선이 되는 것이다. 한국 사회로 눈을 돌리면, 예컨대 국가보안법뿐만 아니라 조국과 민족에 대한 충성을 내면화하는 국민교육헌장과 국정 교과서, 가부장주의, 군사 문화, 남성 국수주의, 위계 질서에 물든 언어 습관 등이 모두 파시즘의 공고한 기제로 작동한다. 이러한 기제들이 건재하는 한, 시민 사회와 생활에 깊숙이 자리 잡은 파시즘의 성채는 완강하게 지속된다는 것이다. 그것은 불과 두 달 만에 2,500만의 성인들이 자발적으로 동원되어 지문을 날인했던 주민등록증 갱신 사업에서 무엇보다도 잘 드러난다.

20세기의 역사적 경험에 대한 단단한 성찰의 바탕 위에서 해방의 문제를 다시 생각하면, 근대의 변혁 논리는 상당히 제한적이었다는 것을 알 수 있다. 우선 그것은 토대를 일방적으로 강조함으로써 무한히 복

---

8) 가타리, 「파시즘의 미시 정치」, 206쪽.
9) G.L. Mosse, *op. cit.*, pp. 23~27.

잡한 미시 권력의 네트워크이자 일상 생활의 모든 국면에 침투한 권력 관계의 메커니즘을 파헤치는 데 실패했다. 그 결과 그것은 사회주의 노동 해방이 완성되었다고 선언한 현실 사회주의 노멘클라투라의 권력 메커니즘에 눈을 감아 버렸다. 또 인식의 지평 자체가 생산 관계와 제도의 영역에 고정됨으로써 포괄적인 사회적 관계망과 일상 생활에서 어떻게 권력의 지배와 착취가 이루어지는가에 대한 문제 의식을 결여하였다. 그것은 문화를 상부 구조에 간단히 편입시킴으로써 상징적 문화 구성체와 그 안에서 표명되는 아비투스가 사회 경제 체제보다 더 오래 지속되고, 따라서 더 큰 역사적 규정력을 갖기도 한다는 점을 이해하지 못했던 것이다.[10]

물론 한국 사회에서 정치적 민주화, 즉 법과 제도의 민주적 변혁은 아직 미완성인 채로 남아 있다. 복지 시스템이 요원한 것도 사실이다. 어찌 보면 근대의 역사적 과제 자체가 미완성인 채로 남아 있는 것이다. 정치 경제적 파시즘과의 투쟁이 강조되는 것도 이 점에서 아주 이해가 안 되는 것은 아니다. 그러나 미완의 정치적 민주화라는 현실을 인정한다고 해서 일상적 파시즘과의 투쟁이 정치 경제적 파시즘과의 투쟁에 종속되어야 한다는 논리가 성립하는 것은 아니다. 그것은 기계론적 이원론에 기초한 단계론의 발상일 뿐이다. 더욱이 우리는 국가 권력과 정치 권력에 대한 민중적 통제를 가능케 하는 힘으로서의 '사회 권력'을 강화해야 할 시점에 와 있다.[11] 파시즘의 대중적 뿌리에 대한 고민도 바로 이러한 변화와 맞닿아 있다. '사회 권력'이 파시즘의 코드에서 자유롭지 못할 때, 밑으로부터의 민주주의라는 정통성의 외

---

10) 이에 대해서는 알프 뤼트케, 「서문: 일상사란 무엇이며, 누가 이끌어 가는가?」, 알프 뤼트케 편, 『일상사』, 나종석 외 옮김 (청년사, 2001 발간 예정) 참조.
11) 조희연, 『한국의 민주주의와 사회 운동』 (당대, 1998), 154~157쪽.

투를 입은 파시즘은 고삐 풀린 운동으로 전화될 수 있기 때문이다. 정치 해방과 노동 해방의 지평을 넘어서는 전면적 해방의 요구가 절실한 것도 바로 이런 맥락에서이다.

이미 제 궤도에 들어선 권력의 합리화 과정은 되돌릴 수 없는 역사의 수레바퀴이다. 세계화의 진전과 더불어 '규율 권력'에서 '규격화하는 권력'으로의 전환 또한 가속화될 것이다. 권력의 합리화가 진전되면 될수록, 권력은 대중들의 일상적 삶 속에 연착륙을 시도한다. 연착륙에 성공한다면, 억압적 법 체계보다는 일상에 그물처럼 펼쳐져 있는 미시 권력의 네트워크가 더 효율적인 권력의 도구가 될 것이다. 그에 따라 파시즘의 대중적 뿌리도 깊어지고 전선 또한 그에 비례하여 확장될 것이다. 파시즘의 전선이 정치 경제적 구조에서 일상적 삶의 전면으로 확장되고, 사회적 스펙트럼 전반에 걸쳐 전면적으로 펼쳐지는 것이다. 단지 파시즘의 지배 코드가 내면화되어 있기 때문에 안 보이는 것일 뿐이다. 일상적 파시즘과의 투쟁을 포기한다면, 그것은 결국 합리화된 권력 앞에서 스스로를 무장 해제하는 것이나 다름없다. 동유럽의 현실 사회주의뿐 아니라 서유럽의 복지 국가도 전체주의의 변종이라는 쿤데라의 지적이 단순한 문학적 감수성의 발로는 아닐 것이다.

3. 전유된 민중 혹은 전유하는 민중?

1980년대의 '변혁적·과학적 민중론'의 두드러진 특징은 민중에 대한 규범적이고 고정적 인식이다. 이 인식에 따르면, 민중은 민족 모순과 계급 모순의 집중적 체현자이기 때문에 계기만 주어지면 언제든지 변혁과 투쟁의 주체로 뛰어들 것이었다. 민중은 민족 모순과 계급 모순의 지양이라는 역사적 과제를 수행하는 규범적 행위자로 파악되었던 것이다. 민중은 변혁 주체라고 추켜세워졌음에도, 그 규범적 파악에서 역사의 합법칙성을 입증하거나 옳은 노선을 검증하는 대상으로 전락했다. 정작 민중 자신의 삶과 목소리는 기억에서 지워졌고, 대다수 이름 없는 사람들이 일궈 낸 삶과 생존은 진보에 대한 과학적 인식이라는 명분 아래 간단하게 무시되었다. 민중들의 생생한 현실적 삶의 생산과 재생산은 더 이상 관심의 대상이 아니었다. 기존의 민중론에서 중요한 것은 옳은 노선을 견지하고 있는 지도부의 이념과 방침이 민중들의 삶 속에서 어떻게 관철되는가였다.[12] 지도부의 과학적 이론과 옳은 노선이 거부될 때, 민중은 의식이 미성숙한 대중으로 간단히 치부되었다.

이 숭고한 민중주의의 틀 속에서, 민중은 더 이상 세계를 전유하는 주체가 아니라 과학적 이론으로 무장한 중앙의 전위에 전유되는 대상이었다. 민족과 계급의 거대 담론이 설정한 규범적 행위 요구들을 만족시키지 못할 때, 역사 속의 민중은 종종 '전근대적', '반봉건적', '소시민적', '미성숙한' 등등의 오명을 뒤집어써야만 했다. 그것은 민족 해방과 노동 해방의 이름으로 지도 중앙이 민중을 담론적으로 전유하는 길을 열어 놓을 뿐이었다. 어느 조직에도 속해 있지 않았지만 노동자 예술을 한다는 이유만으로도 좌파 담론의 권력으로부터 자유로울 수 없었다는 한 현장 운동가의 절절한 회고는 중앙에 의해 '전유된 민중'론의 단면을 여실히 드러낸다.[13] 민족과 계급의 변증법에 갇혀 있

---

12) 역사학의 관점에서 기존의 민중론에 대한 비판에 대해서는 이용기, 「미군정기의 새로운 이해와 '사회사'적 접근의 모색」, 『역사와 현실』 35호 (2000); 임지현, 「근대의 담 밖에서 역사 읽기―20세기 한국 역사학과 근대의 신화」, 이 책 345~385쪽 참조.
13) 임인애, 「감정과 침묵: 과거가 될 수 없는 시간과 잔류자의 기억」, 『당대비평』 13호,

는 기존의 시선을 해방시켜, 인간의 삶이 제기하는 다양한 모순과 일상적 삶의 경험에서 터져 나오는 민중의 절실한 요구들에 주목해야 하는 이유도 여기에 있다.

전유된 민중에서 전유하는 민중으로 시선을 해방시킬 때, 예컨대 경제 투쟁이라 비판받아 온 수많은 싸움들도 더 이상 개량주의적 경제 투쟁이기를 멈춘다. 한 폴란드 역사가의 평가처럼 그것은 형식적으로는 경제 투쟁이지만 실제적으로는 정치 경제 투쟁이며, 더 나아가서는 기계에서 인간으로 되돌아가고자 몸부림치는 노동자들의 '문명 투쟁'인 것이다.[14] 임금 인상 투쟁은 결국 삶의 내용을 확산시키기 위한 투쟁이었고, "자식들의 학비, 옷을 사고 싶어하는 욕망의 경계, 어떤 여가를 가질 수 있는 한계치, 친구를 만나서 나누게 될 우정의 모양, 이 모든 것에 접근과 배제와 한계에서 오는 기쁨, 비참함, 아쉬움, 세상을 즐겁게 보는 또는 분노케 하는 근거, 이 모든 것이 실린 것"이었다.[15] 그것은 요컨대 노동자 계급이, 즉 민중이 자신의 절실한 욕구에 따라 세상을 전유하는 한 형식이었던 것이다. 경제 투쟁을 미숙한 계급 의식의 표현 또는 개량주의라고 비난했던 사회주의는 실패했지만, 노동 운동은 의연히 존재한다. 사회주의는 의도된 기획이었지만, 노동 운동은 구체적인 삶의 터전에 자리 잡고 있는 것이다. 민중을 위한 기획으로서의 사회주의는 실패했지만, 민중의 삶은 그 기획의 실패 여부와 상관없이 이어지는 것이다.[16]

2000년 겨울호, 78쪽.
14) F. Tych, "Bunt Łódzki z Maja 1892 Roku na Tle Ruchu Robotniczego w Europie"(유럽 노동 운동의 배경에서 본 1892년 5월 우치 봉기), P. Samuś ed., Bunt Łódzki 1892 Roku (Łódź, 1993), p. 10.
15) 김진균, 「일상적 노동과 상상력 그리고 욕망」. 임인애, 「감정과 침묵: 과거가 될 수 없는 시간과 잔류자의 기억」, 76쪽에서 재인용.

민중이 마땅히 옳은 노선에 입각해서 권력에 대해 저항하고 투쟁해야 한다는 규범적 당위론은 민중주의적 포즈에도 불구하고 실상은 위로부터 민중을 전유한 것이었다. 저항과 투쟁의 변혁 주체라는 민중 신화는 그 기준에 맞지 않는 다수 민중을 배제하고 타자화함으로써 자신의 폭력성을 적나라하게 드러낸다. 비단 저항과 투쟁뿐만 아니라 권력에 대한 자발적 혹은 암묵적 복종, 파시즘에 보낸 갈채와 열광적 지지 또한 민중이 세계를 자신의 방식대로 전유하는 모습일 뿐이다. 밑으로부터의 시각이란, 자신이 기획한 변혁 이론에 적합한 민중의 이미지에 맞추어 민중을 전유하는 것이 아니라 민중이 세계를 전유하는 다양한 방식을 일단 있는 그대로 이해하는 것이다. 저항과 투쟁의 변혁 주체로서 민중을 강조하는 기존의 과학적 민중론은 사실상 민중을 전유하기 위해 밑으로부터의 시각을 가장한 위로부터의 시각일 뿐이다. 그것은 "국민 대부분은 강력한 타율에 지배당하는 습성을 제2의 천성으로 한다"는 박정희의 민중론과 정치적 대척점에 서 있지만, 위로부터 자신의 의도에 따라 민중을 규범화한다는 점에서 동일한 형이상학적 틀을 공유한다.

"바람보다 먼저 눕고 바람보다 먼저 일어서는" 민중에 대한 김수영의 시적 감수성만 있어도, 좌·우가 공유하는 이 형이상학적 민중론의 자기 기만성은 여지없이 폭로된다. "바람보다 먼저 눕는" 민중이 "바람보다 먼저 일어서는" 바로 그 민중이며, "바람보다 먼저 일어서는" 민중이 "바람보다 먼저 눕는" 바로 그 민중인 것이다. 사실상 지배와 억압의 대상이자 저항과 투쟁의 주체라는, 민중을 구성하는 이중성은

---

16) 에릭 홉스봄, 「노동 운동의 세기」, 임지현 엮음, 『노동의 세기: 실패한 프로젝트?』(삼인, 2000) 참조.

선명하게 구별되지 않는 경우가 많다. 저항을 내장한 지배의 딜레마가 있는가 하면, 저항 속에 이미 지배가 들어와 있기도 하다. 억압의 현실을 인식하기만 한다면 민중이 저항의 주체가 되리라는 기대는 종종 배반되었으며, 억압의 대상에서 저항의 주체로 법칙적인 전화가 반드시 이루어지는 것도 아니었다. 황병주가 지적하듯이, "민중은 지배와 저항의 경계선상에서 끊임없이 유동하면서 구성과 해체의 이중적 계기를 통해 동질적 집단이라기보다는 일종의 '차이의 공간'으로 드러났다고 할 수 있다."17)

민중이 세계를 전유하는 방식은 요컨대 국가 권력을 거부하는 자율적 일상 세계와 '생활 세계의 식민지화'로 표현되는 권력의 '내적 식민지'의 경계를 넘나드는 유동적인 것이다. 그것은 민중이 선험적으로 규정될 수 있는 단일한 형이상학적 실체가 아닌 것과 마찬가지이다. 끊임없이 유동하는 '차이의 공간'으로서 민중을 염두에 둔다면, 파시즘의 메커니즘은 권력의 억압과 민중의 희생이라는 단순한 이분법으로는 결코 포착할 수 없는 복합적인 것이다. 뿐만 아니라 인식론적 차원에서도 그것은 민중을 객체화시키는 문제점을 안고 있다. 민중은 객체이면서 동시에 주체인 것이다. 민중의 주체성에 대한 물음은 자연히 그들이 세계를 전유하는 방식에 대한 물음을 낳는다. 그러나 민중의 주체적 사고와 행위가 완전히 자율적인 것만은 아니다. 그 주체는 기존의 사회 관계의 틀 안에서 그리고 그 관계를 통해서 사고와 행위 양식의 단층들을 형성한다.18)

파시즘에 대한 민중의 주체적 대응이, 적극적이든 소극적이든 혹은

---

17) 황병주, 「박정희 시대의 국가와 '민중'」, 『당대비평』 12호, 2000년 가을호, 51쪽.
18) 알프 뤼트케, 「서문: 일상사란 무엇이며, 누가 이끌어 가는가?」 참조.

능동적이든 수동적이든, 지지와 동의의 방식으로 나타나는 것은 이 점에서 당연하다. 기존의 사회 관계에서 그들의 행위가 자유롭지 못하기 때문이다. 조효제가 적절히 지적했듯이, 거대 파시즘과 미시 파시즘의 관계는 본질적으로 같은 성격의 사회적 존재론인 것이다.[19] 이것은 '일상적 파시즘'론의 입지점이기도 하다. '일상적 파시즘'론은 구조에서 분리된 개개인의 자율적 행위를 주장하려는 것이 아니다. 단지 파시즘의 전선이 정치 경제적 구조에서 일상적 삶의 전면으로 확대되어 있는 양상을 보자는 것이다. 흔히들 오해하는 것처럼, 일상적 파시즘은 사람들의 마음속에 남아 있는 독재의 상흔에서 발화되는 것이 아니다. 일상적 삶의 단층 속에 자리 잡은 파시즘의 기제들이 체제로서의 파시즘을 더 한층 공고한 것으로 만들기도 하며, 체제로서의 파시즘은 다시 일상에 자리 잡은 파시즘의 기제들을 강화한다는 것이 더 정확한 표현이 되겠다.

히틀러나 스탈린, 박정희는 비정상적인 광기의 캐릭터가 아니라, 우리가 일상적 삶에서 취하는 규범이나 태도, 사고와 행위 양식 속에 침투해 있는 캐릭터, 즉 '정상적 예외'인 것이다. 파시즘이 인민 주권설에 기초한 '새로운 정치'의 정점이자 대중 민주주의였다는 모스의 대담한 주장에 주목하는 것도 같은 맥락에서이다. 사실상 나치의 '새로운 정치'는 무에서 유를 창조하는 식으로 만들어진 것은 아니었다. 나치는 과거로부터 축적된 역사적 유산에 파묻혀 있는 '대중의 보수주의'를 발견하고 적절히 이용했을 뿐이다. 독일의 사회 민주주의자들이 추상적인 이데올로기에 빠져 기계적 유물론자로 사고하고 행동하는 동안, 나치는 민중의 일상적 삶 속에 침투해 있는 파시즘적 기제들을

---

[19] 조효제, 「마지막 억압으로부터의 해방」, 『녹색평론』 54호, 2000년 9·10월호, 146쪽.

기민하게 포착하고 거기에서 자신의 정통성을 구하였던 것이다. 이를테면 기층의 삶 속에 불균형하게, 그러나 전면적으로 펼쳐져 있는 '파시즘의 분자적 구성 요소'들이 그것을 가능케 만든 것이다.

'일상적 파시즘'론이 지배 권력의 헤게모니에 포섭된 민중의 자발적 복종과 전체주의적 억압의 이면에 숨어 있는 자발적 동원 체제의 메커니즘을 밝히고 파시즘에 대항하는 이론적 무기가 될 수 있다고 생각하는 것도 이러한 맥락에서이다. 그것은 지배와 저항의 경계에서 유동하는 민중적 주체가 왜 그리고 어떻게 특정한 순간에 지배의 편으로 쏠리게 되었는가에 대한 물음이다. 그것이 어떻게 '민중을 적으로 돌리는' 논리, 또는 "이제 진정한 파시스트는 민중"이라는 논리로 읽힐 수 있는지 파악할 만큼 비상한 재주는 내게 없다. 악의적인 독해라고는 생각하기도 싫다. 굳이 논리적으로 해석하자면, 민중은 저항하고 투쟁하는 주체여야 한다는 규범적 당위론이 전유한 민중의 이미지에 맞지 않는다는 말을 개성 있게 한 것이 아닌가 한다. 저항과 투쟁의 변혁 주체라는 자신의 기준에 맞지 않는 다수 민중을 배제하고 타자화하기에는 그 비판자의 민중주의적 포즈가 너무도 숭고한 것인지도 모르겠다.

민중의 자발적 동원 체제는 사실상 독일의 나치즘이나 이탈리아의 파시즘, 소련의 스탈린 체제, 또는 일본의 총력전 체제에만 특화된 이야기가 아니다. 물론 구조와 체제의 유사성을 논하는 형식주의적 사회학의 관점에서 보면, 한국의 유신 체제는 다른 것이라 할 수 있다. 그러나 사람들이 이데올로기와 체제의 배후에서 느끼고 생각하고 행동하는 방식에 녹아 있는 '파시즘의 분자적 요소'들에 주목한다면, 양자 간의 거리는 생각만큼 멀지 않다. 박정희의 지배 담론인 '조국 근대화'론에 보낸 지식층의 광범위한 지지는 물론이고, '산업 전사', '근대화의 기수'라고 호명되어 국가 권력에 의해 대대적으로 동원된 민중들이 보인 자발성의 메커니즘을 풀지 못하는 한, 파시즘은 과거의 일이 아닌 것이다. "새마을운동은 전쟁"이라는 언명에서 보듯이 국가가 주도한 동원 체제가 내면화 과정을 거쳐 자율적인 것이 되는 메커니즘에 대한 해명은 사실상 박정희 체제를 이해하는 열쇠가 된다.[20] 1999년 국가의 호명에 따라 불과 두 달만에 지문 날인을 완수하고 자신의 인권을 스스로 짓밟은 2,500만의 대한민국 성인 남녀에게서 일상적 삶의 파시즘을 발견하기란 그리 어려운 일이 아니다.

'일상적 파시즘'론이 갖는 실천적 함의는 바로 이 지점에 있다. 예컨대 반(反)파시즘 전선은 국가보안법으로 상징되는 법 제도적 반공주의에서 내면화된 반공주의까지, 흡수 통일을 주장하는 극우 세력에서 자발적 국가 동원 체제를 합리화하는 통일 지상주의까지, 국가의 권력 기관에서 진보 운동 내의 조직 관료주의까지, 가부장적 호주제에서 '우리' 안의 가부장주의까지, 한·미행정협정에서 식민화된 의식까지, 물신 숭배적 문화 정책에서 파시즘적 건축 미학까지 전면적으로 확대되어야 한다는 것이다. 우리 각자가 서 있는 지점 곳곳이 파시즘의 그물망에 포섭되어 있으며, 따라서 그 지점 하나하나가 모두 반파시즘의 전선을 구성하고 있는 것이다. 1980년대 중반에 둘만 낳자는 국가의 가족 계획 사업에 어긋나게 아이를 셋이나 낳아 국가에 대해 죄스럽고 부끄럽다고 느끼는 평범한 농촌 여성에서부터 "학생장님에 대한 의리로 끝까지 투쟁하자"는 학생 운동의 구호, 가시적 목표를 정해 놓고 목표 달성을 최우선으로 하는 총력전적 운동 관행에 이르기까지 일상적

---

[20] 이에 대해서는 황병주, 「박정희 시대의 국가와 '민중'」; 김영미, 「근대화와 아미리 마을 공동체」 외의 이천 마을지 조사 사업에 관한 글들을 보라.

파시즘은 어김없이 긴 그림자를 드리우고 있다. 일상적 파시즘의 숨겨진 얼굴을 보고 싶다면, 멀리 갈 것 없다. 우선 "네가 서 있는 곳을 파헤쳐라."[21]

4. 반복되는 시지프스의 노동?

담론 권력의 관점에서 사회주의 운동사를 보면 특이한 점이 하나 있다. 상대방에게 흔히 '○○주의자'라는 딱지를 붙임으로써 권력이 행사된다는 점이다. 기본적으로는 현실 권력에서 소외된 운동이었기에 그러했을 것이다. 운동의 기득권이 현실과 떨어진 채 담론 내에서만 관철되었던 것이다. 원인이야 어디에 있든, 좌파들의 이 독특한 권력 행사 방식은 실천의 리얼리즘을 실천의 형이상학으로 변질시키는 경향이 있다. 정확한 관념들로 이루어진 순수 추상적 이성을 독점하고 있다는 착각 때문이다. 강한 부정에도 불구하고, 그 착각은 결국 이론에 현실을 뜯어 맞추려는 경향을 초래했다. 파시즘에 대한 토대 환원론적 해석이나 민중에 대한 규범적이고 선험적인 인식에서 그것은 잘 드러난다. 그것은 다시 파시즘은 '그들'의 문제이고, 모든 죄와 책임은 '그들'에게 있다는 논리로 이어졌다.[22] 나치즘을 자본주의의 문제로 환원시키고 사회주의의 건설과 더불어 파시즘을 청산했다고 선언한 구동독 지역이 신나치의 온상이 되고 있다는 사실은 '그들의 파시즘'

---

21) 이 구호는 원래 1970년대 스웨덴의 '밑으로부터의 역사'로 노동자의 역사를 쓰자는 운동에서 나온 것이다. 맥락은 다르지만, 감히 차용하였다. 이에 대해서는 S. Lindqvist, *Grabe wo du stehst* (Bonn, 1989) 참조.
22) K. Woycicki, *Ofiary czy Wspolwinni: Nazizm i Sowietyzm w swiadomosci historycznej* (희생자인가 공범자인가: 역사 의식 속의 나치즘과 소비에티즘) (Warszawa, 1997), p. 11.

론이 갖는 실천적 문제점을 전형적으로 드러낸다.

한편 '그들의 파시즘'론은 그 이면에 민중이 투쟁과 저항의 주체이자 순결한 희생자라는 논리적 함의를 안고 있다. 좌파 지식인들에게 이것은 심정적으로 뿌리치기 어려운 논리이다. 그럼에도 내가 지적하고 싶은 것은, 이 숭고한 민중주의가 갖는 민중에 대한 억압성과 폭력성이다. 이 숭고한 민중주의에는 저항과 투쟁을 포기하고 파시즘에 지지와 갈채를 보낸 민중이 자리 잡을 여지가 없다. 따라서 그들은 참된 민중이 아니라 '봉건제의 탯줄을 끊지 못한', '의식이 성숙되지 못한', '지배 계급에 포섭된' 대중으로 배제되고 타자화되는 것이다. 그러나 민중은 유동적이다. 민중의 일상적 삶은 국가 권력을 거부하는 자율적 일상 세계와 '생활 세계의 식민지화'로 표현되는 권력의 '내적 식민지'의 경계를 넘나드는 유동적인 것이다. 그것은 곧 민중이 세계를 전유하는 방식이며, 숭고한 민중주의에 전유된 민중의 추상적 행위 양식과는 다를 수밖에 없는 것이다.

그렇다면 현실을 이해한다는 것은 우리의 시선을 전유된 민중에서 전유하는 민중으로 옮겨야 한다는 것을 의미하지 않을까? 위로부터 민중을 변화시키는 것이 아니라, 우선은 아래로부터 민중의 시선에서 민중을 있는 그대로 이해하는 것이 필요한 것이 아닐까? "네가 서 있는 곳을 파헤쳐라"라는 구호는 자기 역사를 쓰는 스웨덴의 노동자들뿐 아니라 한반도의 민중주의 지식인들에게도 외쳐야 하는 것이 아닐까? 나는 내가 서 있는 곳을 파헤치고 있는가? 이 자기 성찰적 질문들에 대해 함께 진지하게 고민하지 않는 한, 오늘의 이 모임 또한 지겹도록 반복되는 시지프스의 노동으로만 남게 되는 것은 아닐까?

참을 수 없는 이념의 진보성과
생활의 보수성

권 형.

어떠신지?

2월 혁명의 150주년과 '1968년'의 30주년을 기리느라 파리는 술렁였겠군요. 파리는 늘 반란을 혁명으로 바꿀 줄 아는 도시였지요.

1998년을 보내면서 서울은 또 1968년을 놓쳤습니다. 특집을 만들려고 이리저리 뛰었는데, 결국 술집에서 기리고 말았어요. 아직은 1968년이 그리 절실하게 와 닿지 않는 탓이겠지요. 조국, 민족, 노동, 정의 등의 담론이 지배적인 한, 1968의 의미는 그리 중요하지 않을는지도 모르겠습니다. 1968을 논하기에는 먼저 고민하고 해결해야 할 큰 문제들이 산적해 있다는 것이 남한 지성계의 일반적인 정조인 것 같아요. 글쎄, 맞는 말이기는 하지요. 하지만 내겐 자꾸 파국이 보여요. 큰 문제들을 해결하고 난 뒤의…… 왜 성공 뒤에 따르는 파국 있잖아요? 1968년의 문제 의식이 뒷받침되지 않는 남한의 변혁은 또다른 좌절만을 가져오지나 않겠는지요?

형이 떠난 게 1980년대 초니까 벌써 20년이 가까워 오는데, 서울은 변한 게 없어요. 민주화가 되지 않았냐구요? 그래요. 그걸 부정할 생각은 없지만, 그 밑에 있는 우리 사회의 결을 얘기하자는 거지요. 제도가 민주화되고 진보적인 이념이 표방된다고 해서 사회가 변하는 것은 아니잖아요? 권위주의, 병영 문화, 연고주의 등이 여전히 우리의 삶 속에 내재화된 규율로 자리 잡고 있는 한 민주화를 이야기하긴 힘들겠지요.

1968의 의미를 자꾸 강조한 것은 바로 그것이 삶 속에 내재화된 규율을 정면에서 깨뜨리려는 도전이었다고 생각했기 때문이죠. 형도 알다시피 1968년 이전에 유럽 사회가 얼마나 보수적이었습니까? 대학은 지식-권력 관계의 포로였고, 여성은 남성의 그림자였으며, 또 이민 노동자 등 사회적 약자에 대한 억압은 좌파와 우파를 막론하고 전사회가 공유했던 것이 아닌지요? 하버마스식 표현을 빌면, 좌파 지식인들조차 자신들의 생활 세계가 지배 이데올로기에 식민지화되었다는 것을 몰랐던 것이죠. 이념의 진보성과 삶의 보수성이 빚는 모순을 직시하고 그것을 극복하고자 했다는 것은 그 시도 자체만으로도 얼마나 소중한 것인지요? 보수적 삶에 뿌리 내린 진보적 이념이 지배하는 우리네 상황에서 보면 특히 그렇지 않을까요? 사실상 남한의 사회적 에토스랄까 혹은 문화적 아비투스는 사회주의를 실현했다고 주장하는 나라들에서 지배적이었던 그것과 크게 다르지 않다는 생각이 많이 들어요.

혹 회의 기록을 정리하는 직책인 서기가, 이른바 서기장이 왜 사회주의 국가를 대표하는 최고 권력자가 되었는지 의문을 품어 본 적은 없는지요? 폴란드의 노(老) 마르크스주의 역사가에게서 들은 이야기인데, 그것은 스탈린으로부터 비롯되었다는 거지요. 혁명 직후에 스탈린은 글자 그대로 서기에 불과했는데, 그가 이 직책을 이용해서 요소 요소에 자기 사람들을 심기 시작했답니다. 트로츠키나 부하린 등이 사회주의 건설의 방향에 대해 고민하고 논쟁하는 데 열중하는 동안, 스탈린은 자신의 세력을 구축한 거죠. 이들이 어느 날 갑자기 스탈린의 힘을 느꼈을 때 그때는 너무 늦었지요. 논쟁의 승리자가 당을 대표하는 운동의 전통은 이로써 막을 내리고, 당은 관료적 이익 집단으로 전락해 버린 거지요. 나는 이 문제를 스탈린 개인의 탓으로 돌리는 데 반대합니다. 문제는 그것을 가능케 했던 소비에트 사회의 문화적 아비투스지요. 마야코프스키가 더 이상 설 땅이 없다는 시구를 남기고 자살한 이유가 짐작되지요. 현실 사회주의가 오늘의 모습으로 이렇게 전락한 것은 이념이 보수적이었기 때문은 결코 아니잖아요? 혁명 러시아를 지배했던 집단 심성이, 그래요, 진보적 이념이 잘못 뿌리박고 있던 그 낡은 심성이 문제였던 거지요.

이념 위주의 거대 담론 지향적이었던 내 생각에 최초의 균열을 가져온 것은 뜻밖에도 재일(在日) 작가 이회성의 소설 『유역』이었어요. 소련에 흩어져 사는 동포들의 삶에 대한 르포 소설이었는데, 사할린의 한 교포 할머니가 작가와 함께 갔던 소비에트 당 관료에게 90도 각도로 절하면서 "나리님, 오셨습니까?"라고 인사하는 장면이 나왔어요. 순간 쩽 하면서 얼음이 갈라지는 소리가 귀를 울리더군요. 내가 딛고 서 있던 빙판은 얼마나 부서지기 쉬운 것이었는지요. 바로 6년 전 이 무렵이 아니었던가 해요.

그해 겨울 방학을 나는 바르샤바에서 보냈지요. 가는 길에 아마 파리에 들러 권 형과 같이 술 한 잔 했던 기억이 나는군요. 해장국 대신 프랑스식 양파 수프를 먹으러 갔던 습하고 추웠던 그 정오, 라탱 쿼터의 실존주의자들 카페에 가서 1968년 얘기를 나누었던가요? 나는 이회성의 르포 소설에서 읽은 그 장면을 음울하게 내뱉었던 것 같고…… 그뿐이었다면 그냥 씁쓸히 웃고 넘어갈 수도 있었겠지요. 그 겨울에

겪은 일련의 경험들이 조그만 틈새를 거대한 크레바스로 만들어 버렸지요.

그 겨울 나는 바르샤바에서 뜻밖에도 '니북' 교수와 같은 숙소에서 지내게 되었지요. 그의 가족과 인사를 트게 되고, 결국에는 민족적으로 술도 한 잔 진하게 했지요. 조선 사람이 조선 역사는 안 하고 그까짓 '뽈스카' 역사 한다고 불만이었던 그에게 소련 학교에 다니는 막내딸이 있었지요. 내가 인사성 밝고 똘똘해 뵈던 그 애를 끝까지 공부시키면 좋겠다고 인사를 건네자, 그가 혀 꼬부라진 소리로 바로 받더군요. 에미나이 시집이나 잘 가면 되지 공부고 뭐고 다 필요 없다고. 한국의 콜론타이라던 허정숙은 그저 여성 해방을 그린 영화의 간판에 불과한 것이 아니었나 싶더군요. 폴란드 공산당이 주도했던 반유대주의에 대한 자료를 뒤적거리면서 보낸, 내내 우울했던 그해 겨울을 좀체 잊을 수 없습니다. 1972년 북한에서 북한 사람과 결혼한 외국인들을 모두 이혼시키고 강제로 추방할 때, 딸 하나 데리고 폴란드로 쫓겨와 바르샤바 대학에서 한국어를 가르치는 오가렉 최 교수의 담담한 회상을 들은 것도 그 겨울이었어요. 같이 마시던 개성 인삼주가 마냥 쓰기만 했어요.

소련이 붕괴하고 민족 분규가 한창이었던 아제르바이잔이나 우즈베크, 카자흐스탄에서 겪은 것들도 크게 다르지는 않았지요. 사회주의는 그저 입당 시험을 준비하는 사람들의 참고서로만 남아 있었던 것이 아닌가 하는 생각이 영 뇌리를 떠나지 않았어요. 그 왜, 옐친의 입당 시험에 얽힌 유명한 일화가 있잖아요. 옐친이 데이비드 렘닉이라는 친한 미국 기자에게 직접 해 준 이야기지요. 시험관이 뜬금없이 두어 구절을 읽더니, 이 문장들이 마르크스의 『자본론』 몇 페이지에 나왔느냐고 물었답니다. 그것이 구두 시험 문제였다는 거지요. 어찌 보면 이렇게 박제화된 마르크스가 소련의 그 관료주의적 정신에는 더 맞는 일인지도 모르지요.

한 가지 분명한 것은 이런 풍토 속에서 성장한 사람들에게는 그것이 사회 민주주의든 시장 민주주의든 생래적으로 맞지 않는다는 것이지요. 금년에 영역된 옐친의 전 경호실장이 쓴 회고록을 보니 노는 꼴이 가관이더군요. 예컨대 배를 타고 볼가 강을 내려가다 술에 취한 옐친이 마음에 안 드는 각료를 강물에 처박으라고 명령했다는 거지요. 마음 착한 이 경호실장은 그 각료가 비싼 수입 구두를 신고 있는 것을 보고 구두를 벗는 것이 좋겠다고 정중하게 충고한 뒤 처박았다고 썼더군요. 이 시정잡배들이 인류를 멸망시킬 수 있는 핵무기의 열쇠를 갖고 있다니 생각만 해도 끔찍하지요.

동유럽의 현실 사회주의 블록에는 이처럼 농담 같은 현실 혹은 현실 같은 농담이 많습니다. 9월에는 오스트리아 린츠의 국제노동사학회에 가서 독일의 슈타인베르크 영감과 즐거운 한때를 보냈어요. 그는 1968년 덕분에 좌파이면서도 독일 역사상 두 번째로 젊은 나이에 브레멘 대학 총장으로 취임한 인물이지요. 그가 작년에 유머로 보는 동유럽의 현대사라는 제목의 국제 심포지엄을 개최했답니다. 그 중 한 토막을 적습니다.

1970년대 소련의 당 중앙은 러시아의 대문호 푸슈킨의 동상을 세우기로 결정하고, 동상에 대한 아이디어를 공모했지요. 한 달여의 심사를 거쳐 1등부터 5등까지 결정되었다지요. 5등: 향리의 뜰을 거니는 푸슈킨. 4등: 책을 읽는 푸슈킨. 3등: 집게손가락으로 무엇인가를 가리키는 푸슈킨. 그가 가리키는 것은 사회주의의 위대한 업적이라는 설명이 붙어 있습니다. 2등: 책을 읽는 레닌. 그가 읽는 책은 푸슈킨이라는 설명입니다. 대상: 팔짱을 끼고 생각에 잠겨 있는 레닌. 푸슈킨 동상을 공모하는데 왜 난데없이 레닌이냐고요? 제목을 읽어야지요. 「푸슈킨을 생각하는 레닌」. 레닌의 주검을 개인 숭배용 미라로 만들 때, 인류의 대의에 대한 그의 헌신도 이미 박제되었음을 이 유머는 얼마나 통렬하게 보여 주는지요. 중요한 것은 레닌이 개인 숭배를 승인했는지의 여부가 아니라 개인 숭배가 주된 통치의 기제로 작용할 수밖에 없었던 러시아 사회의 기풍이 아니겠는지요?

폴란드에서 보낸 지난 2년은 이회성의 소설 덕분에 벌어지기 시작한 내 거대 담론의 틈새들을 더 벌려 놓았고, 이제는 그 균열이 돌이킬 수 없는 정도로 벌어진 것이 아닌가 합니다. 외국의 경험에 대한 반성에서만은 결코 아닙니다. 폴란드 신문에서 자주 접하던 '친인척 등용주의'(nepotyzm)와 '연고주의'(klientalizm)가 하나도 외국어처럼 느껴지지 않더군요. 그것들이 옛 공산당 개혁파의 후신인 '민주좌파연합'을 움직이는 힘이라는 언론의 비판을 충분히 이해할 수 있었어요. 혁명 민병대에 기원을 둔 '밀리치아'란 단어가 민중 위에 군림하는 억압적인 경찰을 뜻하는 말로 사용된다고 해서 이젠 놀랄 것도 없지요. 위대한 혁명 지도자들의 개인 숭배에 대한 통렬한 농담들도 새삼스러울 것은 없지요. 왜 한국의 언론들은 선거에 임한 각 정당들의 강령에 대해서는 일언반구도 하지 않고 정치 보스들에 대한 기사만 싣느냐는 한 폴란드 친구의 질문에 내가 준 답은 간단해요. 너희 사회를 돌아보라는 것이었지요. IMF 상황을 취재하러 와서 폴란드 사회에 대한 교훈을 묻는『가제타 뷔보르차』의 기자에게도 그렇게 대답했어요. 지금 당신네 사회를 움직이는 그 원리가 지속된다면, 당신네 사회도 가망 없다고……

이념의 포장이란 실로 얼마나 허망한 것인지요? 이념이 우리네 일상적 삶에 뿌리박지 못했을 때, 혹은 이념이 삶과 괴리되었을 때, 거대한 듯이 보이는 이념의 힘은 일상적 삶의 사소한 진실 앞에서 얼마나 무력한 것인지요? 그것은 지식인, 특히 좌파 지식인의 원죄인 셈입니다. 이 원죄 의식은 자주 노동에 대한 콤플렉스로 나타나지요. "김경숙/ 너는 내 원칙이 아니라 원죄이구나"라는 노동자에 대한 고은의 아픈 탄성이 그것을 이미 함축적으로 잘 말해 주고 있지요. 경우에 따라서는 노동에 대한 이 콤플렉스가 지식인 그룹을 더 극단으로 몰고 가는 것이 아닌가 하는 생각이 들 때도 있어요. 또 그럴수록 추상의 이념과 일상적 삶 사이의 간극은 더 커지는 것이기도 하구요. 중요한 것은 이념과 삶의 간극을 정직하게 직시하는 것이 아닌가 해요.

물론 나는 이것을 지식인 개개인의 실존적 문제로 환원시키고 싶은 생각은 추호도 없어요. "아름다움을 아름답다고 느끼는 것조차 죄의식 없이는 불가능했다"는 한 1980년대 지식인의 처절한 고백처럼 시대의 아픔 속에 온몸을 내던졌던 남한 지식인의 치열한 자기 희생을 폄하하자는 것도 결코 아닙니다. 단지 지식인들의 그 숭고한 민중주의의 다른 한켠에 슬그머니 자리 잡은 엘리트주의를 이야기하자는 것이지요. 전위의 인텔리겐치아가 혁명이 성공한 이후에도 자신의 지도적 역할을 포기하지 않으려는 경향이 있다는 것은 운동의 역사가 우리에게 가르쳐 주는 바이지요. 선도 투쟁이나 전위 당의 활동 과정에서 자리 잡은 엘리트주의가 슬그머니 프롤레타리아 권력과 등치되곤 했지요. 프롤레타리아에 '의한'이 프롤레타리아를 '위한'으로 바뀌는 매커니즘의 비밀도 바로 여기에 있습니다. 결국 좌파 지식인의 '현실 참여'와 '권력에의 꿈' 사이의 간극은 생각만큼 그리 넓지 않습니다. 궁극적으로는 진보적 이념이 밑으로부터 치받고 올라오는 형태가 아니라 지식인들에 의해 주도되었다는 데 비극의 씨앗이 있는 것 같아요.

 사람은 변합니다. 생각도 바뀝니다. 변화한다는 것은 고여 있지 않다는 증거이며, 일관성의 미덕 못지않게 중요한 것이기도 하지요. 그러나 변화에도 종류가 있는 것은 아닌지요? 자신의 전존재를 걸고 고민하면서 변화하는 모습을 보여 주는 이가 있는가 하면, 이해를 좇아 손쉽게 변신하는 경우도 있지요. 설혹 후자의 경우라도 나는 그들을 개인적으로 비난하고 싶지는 않아요. 단지 그들의 변신을 가능케 한 역사적 조건을 지적하고 싶을 뿐입니다. 왜 치열한 현실 참여가 권력에의 꿈을 실현하는 기제로 그리 쉽게 변하는가 하는 것이죠.

 사실상 그들의 변신은 새삼스러울 바가 못 됩니다. 그것은 변신이라기보다는, 그들의 머리를 지배하고 있던 초급진적 이론과 삶을 규정하고 있던 낡은 전통간의 균열이, 거대 담론의 그림자에 가려 보이지 않던 큰 틈새가 드러난 것뿐이지요. 그것은 진보적 이념에 대한 보수적 삶의 통렬한 모반일 따름이지요. 엘리트주의, 연고주의, 혈통주의, 가부장주의, 남성 국수주의 등이 떠받치는 보수적 삶과 진보적 이념의 모순된 조합이 오래 가기를 바란다는 것 자체가 이미 무리인 셈이지요. 남한의 진보적 지식인에 대한 역사적 평가는 어떻게 내려야 하는지요? 예컨대 진보적 이념으로 무장했으면서도 일상의 보수성에서 벗어나지 못한 사람과 사상은 보수적이지만 리버럴한 삶을 살아가는 사람 중 누구를 더 진보적이라고 평가해야 하는지요? 이념으로 진보와 보수를 구획하는 것은 과연 어디까지 가능한 것인지요?

 제가 좋아하는 한 젊은 시인이 저보고 그러더군요. 삶의 결이 보수적이니 어쩌니 하는 것은 회피하는 것이 아니냐고. 삶의 결 운운할 게 아니라 그게 우리 사회의 본질이라고 더 강력하게 주장해야 하는 것이 아니냐고. 그의 분노 앞에서 나는 묵묵히 술잔만 비웠어요. 나도 기득권자잖아요. 나도 고은이 느낀 그 원죄 의식에서 벗어날 길이 없어요. 상황의 그 아득한 벽 앞에 선, 초라하고 왜소하기 짝이 없는 개인의 무력감뿐입니다. 차라리 제도나 법을 바꾸는 것이라면, 이렇게까지 무력하지는 않을 것 같아요. 하지만 변혁을 지향한다는 사람들마저 매몰되어 있는 그 완고한 일상의 틀을 어떻게 해야 하는지요? 1968년의 파리가, 그리고 그 안에서 살고 있는 권 형이 불쑥 생각난 것도 아마 그런 고민 때문이 아닌가 합니다.

자칭 좌파 학생들이 동료 학생에게 깍듯이 '학생장님'이라는 존칭을 붙이는 풍토에서 교수와 학생 관계마저 수평적으로 만들고자 시도했던 1968년은 얼마나 소중한 것인지요? 군대 내무반보다 더 강한·군기를 자랑하는 연대 의식에 기초를 둔 남한의 젊은 좌파 지식인들은 1968년이 주는 의미를 결코 소소하게 보아서는 안 되겠지요. 우리 사회를 견고하게 지탱하고 있는 이 끔찍한 위계 질서를 깨뜨리지 못하는 한, 누가 정치 권력을 담당하든 또 그 권력이 지향하는 이념이 무엇이든 근본적인 변혁은 불가능한 것이 아닌지요? 이 질서의 전복이 수반되지 않는 변혁은 그저 또다른 억압 체제를 만들지나 않겠는지요? 더이상 노동 해방의 이데올로기가 아니라 노동을 동원하는 이데올로기로 전락하고 만 현실 사회주의의 역사적 경험이 보여 주는 바가 바로 이것 아니겠어요? 또 그만큼 1968년이 소중한 것이기도 하구요.

일본 제국주의의 관료 생산 기지로 설립된 대학의 권력 지향적 전통이 눈부신 위광을 두른 사회에서, 그 대학의 개혁은 민주화와 전혀 다른 맥락에서 논의될 수밖에 없는 상황에서 대학의 벽을 무너뜨린 1968

년의 문제 의식이 현실화되는 날은 과연 오겠는지요? 아직도 성의 분업이 지배적인 남한의 진보적 운동권에게 남성 국수주의의 아성을 무너뜨린 1968년은 그저 남의 일이기만 한지요? 프랑스에서도 그랬다지요? 1968년 이전에는 이혼녀들이 주위의 수군거림 때문에 미장원에도 제대로 가지 못했다고…… 그러니 1968년은 사회의 결을 얼마나 민주적으로 변화시킨 것인지요? 나를 자꾸 '교수님'이라고 부르는 어떤 여성에게 제발 그러지 말아 달라고 부탁했더니, 그이가 그러더군요. 외국어로 하면 얼마든지 이름을 부르며 친구처럼 이야기할 수 있는데, 모국어로만 돌아오면 그게 잘 안 된다고. 우리의 위계적 언어 구조가 민주화되지 않는 한, 우리 사회는 결코 민주화될 수 없다는 옆방 언어학자의 말이 맞는 것 같아요.

좌파 지식인들에게도 지식-권력이라는 날카로운 해부의 칼을 선사해 준 푸코의 패러다임을 그저 포스트모던적인 것이라고 차치해 버린다면 해결책이 안 보여요. 생활 세계의 식민지화에 대한 하버마스의 심각한 문제 제기도 이념이 진보적이면 저절로 해결되는 문제는 아니지요. 그래요. "모든 죽은 세대들의 전통은 악몽과도 같이 살아 있는 사람들의 머리를 짓누른다"는 마르크스의 통찰은 여전히 유효합니다. 급진적 이론의 밑바닥에서 우리를 지배하는 집단적 삶의 관성을 직시하지 않는 한, 단단하게 보이던 그 이념의 광휘는 대기 속에 녹아 사라질 뿐이지요. 이념의 광휘에 눈부셔 미처 보지 못했던 일상적 삶의 사소한 진실들이 갖는 사회적 의미를 직시해야겠어요. 허구냐 진실이냐를 떠나서, 사회주의 이념의 희망을 절망과 좌절로 뒤바꾸어 놓았던 일상적 삶의 모반을 역사적으로 이해하는 것이야말로 새로운 희망의 가능성을 조심스럽게 타진하는 첫걸음이 되지 않겠습니까? 밑바닥에서부터 우리의 삶을 지배하는 전통의 담론/규율 권력이 작동하는 메커니즘을 이해할 때, 우리는 비로소 체제의 그물망을 벗어날 수 있는 것이 아닌지요?

지나치게 소시민적인 발상이 아니냐구요? 누가 뭐래도 상관없어요. 각자에게 절실한 자기 반성이 중요한 것 아니겠어요? 이 치열한 자기 반성의 싸움에서 이기지 못하면 내게도 희망은 없지요. 권 형도 알다시피 워낙 천성이 데카당하고 게으른 편이라 자신은 없군요. 조만간 술 한 잔 하자는 약속이나 지킬 수 있을는지요?

새해에도 건강하시고 이제 60줄을 바라보는 1968년의 그 친구들에게도 안부 전해 주시길……'

나도 사소한 일에만 분노한다

그런 때가 있었다. 혁명을 일으켜 정치 권력을 잡아 법과 제도를 바꾸고, 정의로운 질서에 따라 경제 시스템을 바꾸면 세상이 확 바뀔 것이라고 믿었던 그런 때가 있었다. 세상을 좀더 현실적으로 읽고 사람 산다는 것이 무엇인지 조금은 알게 되면서부터, 세상이 그리 쉽게 바뀌는 것은 아니라는 것도 조금 알게 되었다. 혁명이 요구하는 피와 투쟁 그리고 막대한 희생을 감수하면서 체제와 제도를 바꾼다는 것은 물론 어려운 일이다.

그러나 일상적 삶을 생산하고 교환하며 실천하는 장으로서의 문화를 바꾼다는 것은 또 얼마나 어려운 일인가? 우리의 일상을 지배하는 문화적 상징 코드와 그 안에서 표명되는 아비투스가 사회 경제 체제보다 훨씬 더 완강하고, 따라서 더 바꾸기 어렵다는 것이 현실 사회주의의 역사에서 내가 절실하게 얻은 교훈이다. 현실 사회주의의 경우 사회 경제 제도의 진보적 변혁이라는 것이 실은 일상적 삶과 그것을 지배하는 문화적 코드의 보수성을 은폐하는 기제가 아니었나 하는 의심을 좀처럼 떨치기 어렵다. 관성의 법칙으로 사람들의 일상적 실천과 사고를 지배하는 그 문화적 보수성은 결국 체제의 진보적 변혁 성과를 굴절시키고 무(無)로 만든다.

    세상을 사람이 좀더 사람답게 살 만한2 곳으로 바꾼다는 것은 그러므로 체제 변혁을 위한 노력과 희생뿐만 아니라, 무엇보다도 삶과 사회에 대한 예민한 감수성을 요구한다. 원로 작가 박완서 선생이 "나는 왜 사소한 일에만 분노하는가?"라고 문제를 제기했을 때, 그것은 우리가 사소하다고 차치해 온 일들이 실은 일상적 삶을 얼마나 강고하게 지배하는가에 대한 작가적 통찰력의 산물이다. 민족 해방이나 계급 해방 같은 거대한 해방 담론의 그늘에 가려져 있는 일상의 억압 구조에 대한 예리하고도 진지한 고발인 것이다. 더 중요하게는 우리의 일상을 지배하는 사소한, 그러나 견고하며 장기 지속적인 이 억압 구조들이 해체되지 않는 한, 사회의 변화란 참으로 기대하기 어렵다는 것이다.

    텔레비전에서 방영되는 외화 더빙의 문제를 뜬금없이 제기하는 것도 같은 맥락에서이다. 더빙에 문제가 있다고 해서 그 작업에 참여한 성우들의 기량이 떨어진다거나 하는 이야기는 물론 아니다. 내가 제기하는 것은 번역의 문제이다. 그러나 번역 기술의 문제는 물론 아니다. 그보다는 모든 외화의 번역 작업이 공통적으로 안고 있는 이데올로기의 문제이다. 그렇다고 해서 민주주의나 자유주의, 사회주의 같은 정치적 이데올로기를 논하자는 것도 아니다. 나는 영화나 예술이 특정한 이념에 봉사해야 한다는 원칙에는 반대하는 입장이다. 지적하고 싶은 것은 영화 자체가 아니라 더빙을 하는 과정에서 개입되는 마초이즘, 남성 국수주의 혹은 남근주의의 문제이다.

    대부분의 영화가 그렇듯이 텔레비전에서 방영되는 외화들 역시 남자 주인공과 여자 주인공이 등장한다. 여기까지는 새삼스러울 것도 없다. 그런데 다행히 연전에 음성 다중 시스템이 있는 텔레비전 수상기를 산 덕에 더러 원어로 대사를 듣는 기회가 생겼다. 덕분에 깨달은 사실이 하나 있다. 원어로 대화를 나눌 때는 서로 이름을 부르며 평등한 관계를 유지하던 남녀 주인공이 한국어로 대화하면서부터 남자는 여자에게 반말을 하고 여자는 남자에게 깍듯한 존대를 한다는 것이다.

원어 대화에서는 여자 주인공이 연인인 남자의 이름을 자연스럽게 부르는데, 한국어 더빙에서는 어느 새 "당신"으로 바뀌고 뒷말도 "그랬어요" "저랬어요"라는 존대어가 부가된다. 물론 그때 남자 주인공 역시 그 변화에 보조를 맞추어 "그랬어" 혹은 "그랬군" 등의 반말로 답한다. 주인공의 성격에 따라 다르기는 하지만, 남자 주인공의 더빙을 맡은 성우들은 저음의 권위적인 목소리를 가진 경우가 대부분이다. 동시 녹음 기술이 없어 더빙을 할 수밖에 없었던 1960년대 충무로 멜로 영화들의 전략과 플롯, 이제는 충무로에서도 사라지고 없는 그것이 텔레비전 외화에서는 버젓이 명맥을 유지하고 있는 것이다.

글쎄, 원어의 주인공들이 친근감의 표시로 나누던 상호 반말을 여자의 존대어와 남자의 반말로 번역한 것이 한국 사회의 정서에 맞게 의역한 것이라 주장한다면, 그것도 일리는 있겠다. 그래도 문제는 남는다. 그렇다면 남녀 관계를 언어적 위계 질서로 편성하는 한국 사회의 정서가 문제인 것이다. 그것이 21세기의 한국 사회가 여전히 간직하고 지켜야 할 정서인지 여부를 판단하는 문제는, 적어도 '공중파'를 지향하는 방송이라면 심각하게 고민해 보아야 하는 것이다. 사실은 길게 고민할 문제도 아니다. 시대 착오적인 남성 국수주의의 망령에서 벗어나야 한다는 것은 너무도 자명한 원칙이 아닌가? 또 비민주적인 일상의 관행을 고치는 것도 '공중파'의 중요한 역할이 아니겠는가?

너무 사소한 문제가 아니냐고? 그렇다면 나도 차라리 사소한 것에만 분노하겠다. 나는 내 딸들에게 천연덕스럽게 남성 국수주의를 주입하는 외화의 더빙이 호주제 폐지를 결사적으로 반대하는 유림들만큼이나 무섭고 끔찍하다. 헌법 전문에서 남녀 평등을 단호하게 선언하고 그것을 뒷받침하는 법률들이 철저하게 정비된다고 해서 남녀 평등이 실현될 수 있다고 믿는다면, 그것은 지나치게 순진한 생각일 뿐이다. 담배를 꼬나 문 험프리 보가트가 낮게 깔리는 목소리로 "사랑해"라고 내뱉고 잉그리드 버그만이 가녀리고 애달픈 목소리로 "저도 사랑해요"라고 답하는 외화 더빙의 구조가 레오나르도 디 카프리오의 영화에서도 반복되는 한, 남성 국수주의는 남녀 평등의 원칙을 비웃으며 완강하게 이 사회의 일상을 지배할 것이다.

이쯤 해서 번역된 외국 문학 작품들을 한번 뒤적여 보는 것이 어떨까? 비단 번역 문학뿐일까? 우리의 문단 전체가 일상적 남성 국수주의의 혐의에서 자유로운지 스스로에게 물어 보면 어떨까? 문단의 전설로 내려오는 작가적 호방함이 혹 우리네 삶의 성적 억압과 일상적 모순에 대한 문학적 감수성을 덮어 버리는 것은 아닐까? 민족 해방과 노동 해방이 모든 억압으로부터 우리네 삶의 해방을 담보할 수 있을까? 일상적 삶의 사소하지만 완강한 억압적 문화 코드에 대한 문학적 감수성은 여전히 소시민 문학론으로 차치되어야 할까? 도대체 세상이 변한다는 것은 무엇일까?

독재는 살아 있다

총선이 끝났다. 결과는 우리 모두의 패배였다. 총선연대의 낙선 대상자 명단에 든 86명 중 59명이 낙선했다는 기사가 주는 작은 위안도 부질없다. 건강한 시민 의식에 대한 호소는 뻔뻔한 지역주의적 선동 앞에서 여지없이 무너졌다. 지방색이 절정에 오른 이 선거의 유일한 승자는 지역주의와 그 동거인들이다. 각 정당의 득표율과 의석 수를 따지는 것 자체가 무의미해 보인다. 아예 선거 행위 자체가 그 존재 이유를 잃어버린 듯하다. 출신도별 인구 센서스로 대체하면 될 것을 선거랍시고 괜스레 호들갑이다.

4·13 총선이 우리에게 주는 메시지가 있다면, 그것은 민중 신화의 껍질을 벗기고 현실을 직시해야 한다는 것이다. 민중들이 독재의 희생자이며, 그렇기 때문에 몸을 던져 독재 정권에 저항하고 투쟁해 왔다는 신화에서 이제는 벗어날 때이다. 4·19나 1987년 6·10 항쟁 또는 1989년 동유럽의 '벨벳 혁명'에서 그런 것처럼, 인민의 힘으로 독재 정권이 무너진 역사적 경험은 그러한 신화의 훌륭한 자양분이 된다.

독재 권력에 대한 민중들의 투쟁이 있었다는 것은 물론 부인할 수 없는 사실이다. 국가 권력의 의지와는 상관없이 민중들은 자신의 자율적 세계를 구축해 왔으며, 이 세계는 국가 권력이 구축한 공적 영역과 팽팽한 긴장 관계에 놓이기도 했다. 그 긴장이 고조되어 견딜 수 없는 상태가 될 때, 민중의 내밀한 저항은 민중 항쟁으로 폭발한다. 그러나 권력과 민중 사이의 관계를 항쟁사의 시각에서만 본다면, 그것은 역사의 한 측면만을 주목하는 것일 뿐이다.

사실상 이번 총선은 그 항쟁 신화의 이면에 있는 독재의 민중적 기반이 상당히 두텁고 단단하다는 것을 보여 주었다. 많은 신문 사설들이 지적하듯이, 지역 감정을 파고들어 그것을 정략적으로 이용하려는 저질 정치인들에게 지역주의의 큰 책임이 있는 것은 사실이다. 그러나 문제는 왜 그러한 저질 정치인들이 압도적인 표를 얻어 당선되느냐는 것이다. 그것은 궁극적으로 우리 자신의 책임일 수밖에 없다. 민주화 신화의 주인공이 지역주의의 텃밭으로 대상화되는 순간이다.

나는 새벽녘까지 개표 방송을 지켜보면서, 제2차 세계대전 후 현실 사회주의에 대한 동유럽 각국의 역사적 평가 작업을 문득 떠올렸다. 그 중에서 특히 주목한 것은, 1996년 "희생자인가 아니면 공범자인가?"라는 제목으로 바르샤바에서 개최된 세미나와 1997년 독일 포츠담에서 열린 "동독―근대적 독재?"라는 학술 대회였다. 폴란드와 독일 역사학자들의 문제 의식은 동유럽의 독재 권력이 민중들의 일정한 합의를 바탕으로 존재했다는 '합의 독재' 개념으로 압축된다. 민중은 독재 권력의 희생자였으며 동시에 공범자였다는 통렬한 자기 비판이 그 밑에는 깔려 있다.

위로부터의 강압에 의한 폭력적 지배가 독재 권력의 한 축이었다면, 아래로부터의 민중의 자발적 동의도 독재 권력을 지탱하는 또다른 한 축이었던 것이다. 가장 폭력적인 통치 체제인 나치즘이나 스탈린 체제조차도 힘에 의한 억압뿐만 아니라 민중의 자발적 동의를 어느 정도 전제했다는 평범한 역사적 사실에서도 그것은 다시 한 번 확인된다. 아무런 거리낌없이 유대인 학살을 집행한 평범한 독일인들이나 스탈린의 장례식에서 흘린 사하로프의 눈물은 또다른 '합의 독재'의 상징이다.

폭력은 어느 면에서 권력이 의존하는 최후 수단에 불과하다. 권력은 정신과 일상을 교묘하게 조작하여 사람들을 자발적으로 굴종하게 만들고 일상 생활의 미세한 국면에까지 지배력을 행사한다. 그것은 우리의 머리를 지배하는 민주주의에 대한 추상적 사고와는 달리 우리의 일상을 지배하는 생활 양식 속에 견고하게 자리 잡고 있다. '합의 독재'가 성립하는 역사적 기반도 바로 여기에 있다.

민중들의 삶 속에는 권력을 거부하는 자율적 세계와 더불어 교육과 언론, 상징 조작 등을 통해 권력이 위로부터 주입한 지배 이데올로기가 관철되는 '내적 식민지'가 동시에 존재하는 것이다. 독재에 저항하면서 동시에 독재를 지지하는 모순이 가능한 것도 바로 이와 같은 민중적 삶의 이율 배반성 때문이다.

이번 총선은 권력이 이식한 지역주의라는 '내적 식민지'가 민중들의 삶과 의식 속에 얼마나 튼실하게 자리 잡고 있는가를 여실히 보여 주었다. 프롤레타리아 국제주의가 민족주의의 성난 파고 앞에서 무기력했듯이, 한국의 진보 진영은 권력이 쌓아 놓은 지역주의라는 '내적 식민지'의 완강한 성채 앞에서 무기력하기 짝이 없다. 희생자라기보다는 공범자의 측면도 없지 않다.

총선연대의 작은 승리에 자족할 때가 아니다. 그것은 지역주의를 넘지 못한 울 안의 승리일 뿐이다. 희생자라는 자위보다는 우선은 공범자라는 뼈저린 반성이 요구된다. 권력이 이식한 지역주의라는 완강한 성채인 '내적 식민지'를 공략하지 못하는 한 독재는 살아 있다.

# 제2부
민족 해방과 민중 동원

 민족 문제는 풀지 못한 20세기의 역사적 과제이다. 그것은 21세기의 문턱에 들어선 지금도 여전히 절실한 한반도의 현재적 과제로 남아 있다. 민족 문제의 존재 여부 자체는 이미 논의의 대상이 아니다. 문제는 비약이다. 민족 문제는 민족주의로 풀어야 한다는 상식이 안고 있는 그 논리의 비약에 문제를 제기하자는 것이다.

이 비약은 민족 문제를 정점에 놓고 그 밑에 계급, 젠더, 인종, 신분 등의 문제를 선험적으로 서열화하는 단순 논리의 산물이다. 민족주의가 홀로 설 수 없는 '2차적 이데올로기'임을 망각한 이 단순 논리는 이념형으로서의 대문자 민족주의를 상정함으로써, 역사의 구비마다 내용을 달리하는 소문자 민족주의 '들'을 지워 버린다.

이 사유 구조에서 저항 민족주의가 체제 유지의 권력 이데올로기와 자리를 뒤바꾸는 전환을 읽을 수 있는 문법은 없다. 해방과 동원이 민족주의라는 한 동전의 양면이라는 인식은 더더욱 불가능하다. 정작 더 큰 문제는 민중들의 삶을 '제국과 민족' 혹은 '종속과 저항'이라는 잣대로 재단함으로써, 역사의 풍부한 현실을 이분법의 빈약한 구도 속에 가두어 버린다는 것이다. 계급, 젠더, 신분 등의 다양한 정체성을 민족적 정체성으로 환원시키는 작업이 갖는 논리적 억압성을 민족 해방의 이름으로 정당화하면서……

한반도 민족주의와 권력 담론
비교사적 문제 제기

"나는 [영국 식민지 군대 소속 인도] 병사들에게 불복종을 요구할 수 없다. 왜냐하면 내가 권좌에 있을 때, 아마 나도 바로 이 병사들을 활용하게 될 것이고, 그때에도 그들이 똑같은 행동을 하지 않을까 두려워해야 할 것이기 때문이다."

—간디

"이제 정부는 여러분의 것입니다. 산업도 여러분의 것입니다. 경제 전체가 여러분의 것입니다.…… 내가 차후의 조치가 있을 때까지 임금 동결과…… 파업 금지를 선언하는 것이 민족 전체의 이익을 위해 불가피하다고 생각하는 것은……"

—케네스 카운다

1. 해방과 권력의 연속성?

20세기 한반도 민족주의는 해방의 담론이었는가, 권력의 담론이었는가? 제국주의의 야만에 맞서는 이론적 정서적 무기였던 일제 시기 저항 민족주의와 해방 후 한국 민족주의는 연속성 속에서 보아야 하는가, 아니면 단절로 볼 것인가? 전자의 경우라면 그 연속성은 양과 질에서 어떠한가? 또 후자의 경우라면 그것은 완전한 질적 단절을 의미하는가? 해방 후 한국 민족주의가 저항 민족주의의 적자(嫡子)라면, 그것이 바로 해방과 저항의 담론이라는 명제는 자동적으로 성립하는가? 만약 그것이 권력의 논리를 담보한다면, 저항 민족주의 전통과의 단절 때문에 그러한가? 혹 저항 민족주의 자체에도 이미 권력의 담론이 해방의 담론 밑에 은폐된 형태로 존재했던 것은 아닌가? 그렇다면 20세기 한반도 민족주의의 전개 과정에서 해방과 권력의 역학 관계는 어떻게 나타나는가? 식민지와 분단 국가라는 역사적 조건의 차이는 일제 시대 저항 민족주의와 해방 후 민족주의의 연속과 단절이라는 구도에 어떠한 영향을 미쳤는가?

이 질문들은 20세기 한반도 민족주의의 지형을 이해하는 데 기본적인 전제가 된다. 그러나 지금까지 한국 민족주의에 대한 논의는 이 기본 전제에 대한 검토를 생략하지 않았나 한다. 민족주의가 한국 사회의 규범적 잣대로 존재하는 이상, 해방 담론으로서의 민족주의라는 명제는 냉정한 분석을 불허하는 전제였다. 민족주의는 해방과 저항의 이념이라는 전제가 확고한 만큼, 권력 담론의 성격이 강하게 드러나는 경우에는 사이비 민족주의로 낙인 찍는 것이 최근까지의 관행이 아니었나 싶다. 한국 사회의 민족주의에 대한 이해가 규범적 인식의 틀에 갇혀 있었던 것은 발생론적으로 충분히 이해할 수 있다. 식민지와 독립 후의 참혹한 내전 그리고 분단의 고착화로 이어지는 특수한 역사적 조건 속에서 민족은 사실상 국가의 공백을 채워 주는 신화적 실체였다. 민족주의가 도덕적 정언 명령이자 사회적 규범으로 받아들여진 것은 이 점에서 당연하다.

　서유럽 사회학의 화두였던 개인과 사회, 개인과 민족, 개인주의와 집단주의의 변증법적 긴장이 폴란드 사회학에서는 낯선 주제로 남아 있을 수밖에 없었다는 한 폴란드 사회학자의 통렬한 지적은 한국의 사회과학에도 그대로 적용되는 것이 아닌가 한다.[1] 식민지 통치와 내전 그리고 분단으로 이어지는 20세기의 역사는 한반도 주민들의 집단적 생존 자체를 위협하는 것이었다. 이 상황에서 민족으로 대변되는 집단적 삶과 개인적 삶의 대립은 충분히 지적 사치로 느껴질 법했다. 공동체주의 혹은 집단주의가 사회적 삶의 원리로 자리 잡은 것은 이 점에서 당연하다. 정통성 있는 국가가 부재한 상태에서 이때의 공동체 또는 집단은 물론 민족을 지칭하는 것이었다. 한국 사회에서 민족주의는 사실상 개체적 삶에 대한 총체적 규정력을 지니면서 민족이라는 집단적 삶 속으로 편입을 강요했던 사회 이념이자 실존 철학이었다. 민족의 실존은 이렇게 개인의 실존에 우선되었다. 추상으로서의 민족주의는 이처럼 민족의 실존을 우선한다는 이념으로 규정된다.

　그런데 민족의 실존을 우선한다는 것 자체가 사회 변혁이나 정치적 행위의 특정한 지침을 제공해 주지는 못한다. 이데올로기로서의 민족주의가 자기 완결적 논리 구조를 갖지 못하는 것도 이 때문이다. 그 자체로서 불완전한 민족주의는 흔히 여타의 사회 이데올로기와 결합되어 나타난다. 민족주의의 이념적 가변성에 주목하고 그것을 '2차적 이데올로기'라 부르는 이유도 여기에 있다. 따라서 정작 중요한 것은 민족주의가 언제, 왜 그리고 어떻게 다른 사회 이데올로기들과 결합하느

---

[1] J. Kurczewska, "Nation in Polish Sociology," *The Polish Sociological Bulletin*, vol. 15, no. 1/2 (1976), p. 62.

냐는 것이다. 그 양상은 지역에 따라, 또 같은 지역이라 해도 시간에 따라 다르게 나타난다. 이는 민족주의가 특정한 사회적 교리를 완강하게 고수하기보다는 역사적 변화에 열려 있는 이데올로기임을 의미한다. 격렬한 운동성을 지니는 민족주의는 따라서 이데올로기이자 동시에 사회 변동을 주도하는 정치 운동이며 사회 운동인 것이다. 민족주의를 파악하는 데 운동사적 관점이 요구되는 것도 이 때문이다.[2]

운동사의 관점에서 본다면, "남과 북은 다 같이 의장된 형태의 민족주의이다"[3]라는 지적은 쉽게 이해된다. 서로가 표방하는 체제 이념이나 정책에서 팽팽하게 대치하고 있지만, 남과 북은 사실상 권력 담론으로서의 민족주의적 코드를 공유하고 있다. 새마을운동이나 천리마운동이 모두 주민들의 근로 의욕을 부추겨 생산성을 향상시키려는 의도였다는 김정일의 평가가 별반 새삼스러울 것이 없는 것도 같은 맥락에서이다. '한국적' 혹은 '우리식'이라는 수식을 벗기면, 대척점에 서 있는 것처럼 보이는 10월 유신과 주체사상이 실은 민족주의의 동일한 권력 담론으로 짜여져 있다는 점이 분명히 드러난다. 현실 정치의 장에서 만들어진 언술의 차원을 넘어서, 그것을 가능케 하고 일정한 규칙으로 조직해 온 담론의 수준에서 한반도의 민족주의가 분석되어야 하는 이유도 여기에 있다.

이 글은 먼저 이와 같은 문제 의식에서 현상이 아니라 인식틀로서의 20세기 한반도 민족주의에 접근하는 데 요구되는 몇 가지 문제를 제기하고자 한다. 한반도 민족주의의 성격을 규정한다거나 그것에 대해 평가를 내리는 것은 비전공자인 내 역량을 넘어서는 일이다. 단지 민족

---

2) 임지현, 『민족주의는 반역이다』(소나무, 1999), 21~26쪽.
3) 이종오, 「분단과 통일을 다시 생각해 보며」, 『창작과비평』 1993년 여름호, 304쪽.

주의를 공부하는 서양사 전공자로서 비교사의 관점에서 이렇게 보면 어떨까 하는 소박한 차원의 문제를 제기하려는 것이 이 글의 목적이다. 그것은 그를 수도 있고 옳을 수도 있다. 그에 대한 판단조차 나의 몫은 아니다. 그것은 궁극적으로 한국 현대사 연구자들의 몫이다. 단지 하나의 바람이 있다면, 분단 체제라는 한반도 현대사의 특수성이 비교사적 논의 자체를 불허한다는 닫힌 태도가 생산적인 토론을 가로막지 않았으면 하는 것이다.

2. 민족이 민중을 전유하다

근대 민족 담론에 철학적 기반을 제공해 준 이념은 1750년대 프랑스에서 등장한 '신고전주의'였다. 그것은 이상적 공동체로서 스파르타와 로마의 '공민적 공화정'으로의 복귀를 꿈꾸는 '교육받은 공중', 즉 부르주아의 정치 철학이었다. 신고전주의자들은 이상적 공동체의 세 요소로서 공동 의지에 기초한 공동체, 동등한 권리와 의무를 나누는 시민 집단, 스토아적 미덕으로 무장한 시민들의 공동체에 대한 적극적인 헌신을 꼽았다.[4] 17세기 영국의 휘그파가 자신들을 고대 공화국의 시민과 동일시한 것도 같은 맥락에서이다. 미노그(K.R. Minogue)가 잘 정의했듯이, 그것은 곧 "동등한 시민의 결사로 구성된 애국적 공동체"였던 것이다.[5] 즉 이들은 공동체의 규범 속에 용해된 개인적 자유라는 개념의 곡예를 통해 집단 성원들의 헌신적 애국주의와 개체적 자유를 동시에 껴안았던 것이다.

---

4) Anthony D. Smith, "Neo-Classist and Romantic Elements in the Emergence of Nationalist Conceptions," *Nationalist Movements* (London, 1976), pp. 77~79.
5) K.R. Minogue, "Nationalism and the Patriotism of City-States," *ibid.*, p. 64.

민중을 동원하여 근대 민족주의를 유도한 정치 사상인 인민 주권론은 이상과 같은 신고전주의의 정치 철학에 기초한 것이었다. 이것이 내포하는 바는 성원들이 자발적인 선택을 통해 집단적 주권의 주체인 민족을 형성하였다는 것이다. 이로써 민족적 정통성이 왕조적 정통성을 대신했다. 민족은 인민 주권론 및 헌법과 결합하여 전제주의를 비판하는 호전적 개념이 되었다. 이제 절대 왕정은 민족으로 대체되었고, 봉건 귀족의 신분적 특권은 자유와 평등의 원칙에 자리를 내주었다. 중요한 것은 혁명적 변화가 민족의 이름으로 정당화되었다는 점이다. 이렇게 볼 때 낭만주의를 민족주의의 철학적 기반으로 간주하는 속설은 사실상 수용하기 어렵다. 오히려 민족주의는 고대의 특권적이고 제한된 시민 공동체를 평등하고 자유로운 민족으로 발전시키고자 했던 계몽 사상에 그 이념적 뿌리를 두었던 것이다.

프랑스 혁명의 지적 유산인 민족주의는 19세기 초 나폴레옹의 정복 전쟁을 통해 전유럽으로 확산되기에 이르렀다. 그러나 봉건 구조가 지배적이었던 중동부 유럽에서 민족주의는 그 철학적 내용을 바꾸어 버렸다. "과거 쪽으로 얼굴을 돌린 예언자"인 낭만주의가 신고전주의 철학에 기초한 계몽 사상을 대체한 것이다. 낭만주의는 계몽주의적 이성에 대하여 우월한 감성과 상상력의 기치를 높이 들었다. 자기 중심성과 자아에 대한 낭만주의적 강조는 곧 집단적 자아에 대한 강조로 이어졌다. 그 결과 민족적 과거를 이상화하고 민족을 신의 창조물인 유기체적 인격으로 보는 유기체적 민족 이론이 등장했다.[6] 민족은 국가적 경계로부터 자유로운 언어 공동체 또는 특정 집단의 생활 양식을 뜻하는 용어로 전성되었다. 민족주의의 이 새로운 담론 체계에서 중요

---

6) 한스 콘, 『민족주의』, 차기벽 옮김 (삼성문화문고, 1974), 45~60쪽.

한 것은 이제 언어나 문화 등 민족 구성의 원초적 요소들이었다. 전통은 이렇게 해서 근대를 대체했다. 낭만주의와 민족주의의 19세기적 결합은 민족주의에 대한 원초론적 시각을 정당화하는 것처럼 보였다.

 이들의 민족 개념은 기본적으로 과거에 깊은 뿌리를 두고 자연스럽게 형성되어 온 유기적 통합체라는 것이었다. 이 이론에 따르면 민족적 정체성이나 소속감은 개인의 자율적 의지에 따른 선택의 결과가 아니라, 이미 선재하는 공동체에 의해 비인격적으로 결정된다. 말하자면 민족은 구체적인 인간들의 존재에 앞서 이미 선재하고 있는 공동체로서 개개인의 집단적 정체성을 미리 규정해 버린다는 것이다. 개개의 사회 구성원은 유기적 공동체로서의 민족과 분리되어서는 존재할 수 없는 세포 하나하나로 상정된다. 이것은 전체에 대한 개인의 예속 관계를 전제한다. 따라서 이들의 민족 개념에는 '민족'과 '민족체'의 구분이 명확하지 않다. 독일에서는 Volk가 초역사적인 것으로서의 민족을 뭉뚱그려 표상하고, 폴란드와 러시아에서는 각각 naród와 narodowość, natsiia와 narodnostii가 사실상 구분 없이 사용된다.

 운동사의 관점에서 볼 때 낭만주의의 민족 담론은 독일을 비롯한 동유럽의 사회적 후진성을 반영하는 것이었다. 구체적으로 그것은 농업혁명의 부재와 봉건 유제의 완강한 존속, 자본주의 발전의 지체와 그로 인한 부르주아의 비혁명적 타협성 등으로 나타난다. 이 지역의 민족주의는 기본적으로 이러한 사회적 조건들에 의해서 규정되었다. 그 결과 동유럽의 민족 운동은 애초부터 부르주아가 아닌 봉건 귀족의 주도로 시작되었다. 이들의 민족적 자각은 문화적·언어적 동질성의 토대 위에서 민족적 정체성을 확인하려는 열망으로 이어졌다. 이것은 러시아와 합스부르크 등 오랜 이민족 지배에서 벗어나겠다는 민족적 열망이었다. 봉건 사회의 폐쇄적 지역주의에서 벗어나 민족적 통일성을 추구했다는 것만으로도 이것은 진일보된 의식이었으나, 민족에 대한 이들의 담론에서는 프랑스의 부르주아가 제시했던 정치 해방이나 사회 해방의 사상이 전적으로 결여되어 있었다.

독일과 동유럽에서 프랑스 혁명에 대한 대안으로 제시했던 낭만주의적 민족 담론은 주변부의 특징을 공유한 식민지 혹은 반식민지의 민족주의에서도 그대로 재현되었다. 사실상 식민지적 근대를 경험한 주변부 사회에서 근대는 불가피하면서도 거부하고만 싶은 것이었다. 식민지 상황을 벗어나기 위해서도 근대화가 요구된다는 합리적 계산이 근대의 불가피성을 도출했다면, 제국주의가 강요하는 사상과 체계라는 점에서 근대에 대한 정서적 거부감은 막을 수 없는 것이었다. 그것은 '우리'와 '타자'를 구분하고, 민족적 정체성을 지키는 보루로서 전통이 등장하는 사상적 배경이기도 하다. 전통과 근대의 변증법적 갈등이 주변부 민족주의를 움직여 온 주요 동력이었던 이유도 여기에 있다. 밑으로부터의 독자적인 근대를 발전시켜 온 서구의 민족주의로서는 참으로 이해하기 힘든 생소한 현상이었다.

식민지 시기 한반도의 민족주의도 예외는 아니었다. 3·1 운동을 전후한 시기에 민족주의와 공화주의를 결합시키려는 시도가 없었던 것은 아니지만, 일제 시기 민족주의에 대한 논의는 인민 주권적 성격보다는 종족주의적 색채가 훨씬 강했다. 계몽 운동기의 혈연적 동포관이 일본에서 수입된 민족(nation)이라는 번역어와 동일시되면서, 혈통은 민족의 가장 본질적인 구성 요소라고 이해되었다. 그것은 민족 구성에서 시민적 주체를 배제함으로써, 영어의 Nation보다는 사실상 독어의 Volk에 가까운 것이었다.[7] 이 민족관이 함축하는 바는 분명했다. 한반도의 주민들에게 한민족의 한 사람이라는 것은 이제 피해 갈 수 없는 운명이었다.

대부분의 민족주의자들이 공유했던 혈연적 민족 개념은 곧 유기체적 민족 이론과 결합했다. 민족은 그 자체로서 이미 존재하는 실체적 본질이며, 영속하여 흐르는 생명이라는 것이다. 따라서 개인의 존재가 민족의 특성을 이루는 것이 아니라 거꾸로 민족의 특성이 개인의 존재를 규정하였다.[8] 집단적 정체성을 보장하는 유기적 공동체로서의 민족 개념에 기초한 민족주의는 이처럼 단순한 정치 이데올로기의 차원을 넘어서 개인적 삶의 지향까지 규정하는 총체적인 이데올로기이자 집단적 삶의 운동이었던 것이다. 사회적 다위니즘에 영향을 받은 이 이론은 생존 경쟁의 논리를 민족간 국제 경쟁의 장으로 옮겨 놓았다. 유기체적 민족 이론은 민족을 구성하는 개개인의 구체적 삶을 민족 자체의 추상적 삶으로 대체하였다. 민중은 주체가 아니라 민족을 구성하는 대상으로만 존재하였다. 민족이 민중을 전유한 것이다.

조선 말과 글을 바르게 쓰는 것을 목적으로 했던 브나로드 운동이나 문화 운동도 같은 맥락에서 이해된다. 이들은 조선 민족 고유의 언어와 문화를 통해 역사적이고 문화적인 민족의 실체를 발견하는 데 심혈을 기울였다. 민족 운동 또한 조선의 고유한 민족성에 기초하여 조선의 문화를 발전시키는 것으로 인식되었다. 문화 운동은 조선인이 "문화적 자본주"가 되자는 운동이라고 규정하기도 하였다. 그러므로 그 목적은 인도에서 그런 것처럼 이미 존재하고 있는 객관적 실재로서의

---

[7] 민족 개념의 수용과 변용에 대해서는 E. Fernbach, "Nation," R. Reichardt u. E. Schmitt eds., *Handbuch politisch-sozialer Grundbegriffe in Frankreich, 1680-1820* (München, 1986) 참조.
[8] 식민지 시기의 역사적 설명에 대해서는 윤해동, 「한국 민족주의의 근대성 비판」, 『역사문제연구』 4호(2000)에 크게 빚졌다.

민족을 대중들에게 인식시키는 것이었다.9) 언어와 관습·풍속·습관 등을 전통의 이름으로 발견·조사하고 체계화시키려는 노력이 나타나는 것도 이 단계에서였다. 단군 신화를 역사적 사실로 만들고, 동방 문화의 연원을 조선의 역사에서 찾으며, 상고 문화를 통해 전통을 찾으려는 최남선 등의 노력이 그러한 예이다.

'우리'와 '타자'를 구분하는 근거이자 원초적 정체성의 매개체인 전통은 자연 상태의 객관적 실재로 존재하는 것이 아니라 선택적인 해석 작업의 결과이다. 앤소니 기든스의 표현을 빌면, "전통은 여러 세대에 걸쳐 지속된다는 단순한 사실로부터가 아니라, 현재를 과거에 얽어매는 끈을 확인하기 위해 수행되는 끊임없는 해석 작업으로부터 도출된다."10) 이러한 관점에서 본다면 문화적 민족주의의 전통에 대한 집착은 식민지 조선의 문화적 우월성을 앞세워 일본 제국주의의 물질적 우월성에 맞설 수 있는 대항 담론을 만들려는 시도였다고 생각된다. 바꾸어 말해서 그것은 '민족 문화'라고 불리는 정신 세계에 대한 식민주의의 개입을 거부하는 몸짓이었다. 벵갈의 문화적 민족주의가 그러했듯이, 비록 국가는 식민지 권력의 수중에 있지만 민족 문화의 본질을 지키는 한 민족의 주권을 상실하지 않는다는 암묵적인 전제가 그 밑에 깔려 있었던 것이다.11)

헤게모니 운동으로서의 민족주의라는 관점에서 보면, 문화적 민족주의는 사실상 조선의 엘리트 민족주의자들이 식민지 권력과 경쟁하는 가운데 자신들의 헤게모니 지분을 확보하기 위한 방편이기도 했다.

---

9) G. Prakash, "Writing Post-Orientalist Histories of the Third World," Comparative Studies of Society and History, vol. 32 (April, 1990), p. 390.
10) 앤소니 기든스 외,『성찰적 근대성』, 임현진·정일준 옮김 (한울, 1998), 101쪽.
11) P. Chatterjee, The Nation and Its Fragments (Princeton, 1993), p. 6.

즉 식민지 지배 권력의 정치적 지배를 인정하는 대신, 문화적 주도권은 토착 엘리트들이 장악함으로써 권력을 공유한다는 전략이 깔려 있었던 것이다.12) 간디의 정치 사상이 곧 탄생할 민족 국가에서 헤게모니를 추구하게 되는 인도 부르주아가 하위 주체들을 정치적으로 전유하려는 기도였다고 해석하는 채터지의 시각은 이 점에서 시사적이다. 실제로 간디는 식민지 국가의 정의롭지 못한 지배에 저항했지 정부 자체에 대해서는 어떠한 악의도 없다고 선언했다. 그는 또한 대중들의 가슴으로부터 우러나오는 지도자에 대한 충성을 요구했다. 간디에 의하면 비폭력 불복종 운동은 대중들이 현명한 지도자들을 따를 때에만 가능한 것이었다. 현명한 지도자는 물론 민족주의적 지도자였다. 요컨대 간디의 사상사적 의의는 인도 최초로 민족 국가의 정치적 틀 속에 인구의 대다수인 농민들을 전유할 수 있는 가능성을 열어 놓았다는 데 있었다.13)

간디의 권력 담론은 일제 시기 문화적 민족주의자들의 논의에서도 그대로 발견된다. 민족의 자유와 평등을 되찾으려는 집단적 사업에서는 지도자에 대한 다수 민중의 충성된 복종만이 필요하며, 공민의 의무는 적당한 지도자를 택하고 복종하는 데 있다는 주장 등이 그러한 예이다. 개인주의는 따라서 다만 자유의 의미를 알고 있고 자유를 책임 지고 구현할 수 있는 지도자를 추종하는 사상에 지나지 않았다.14) 인도의 민족주의 엘리트들과 마찬가지로 식민지 조선의 민족주의자들도 민중은 통제되고 지도되어야 한다는 결론을 공유한 것이다. 결국

---

12) *Ibid.*, p. 36.
13) P. Chatterjee, *Nationalist Thought and the Colonial World* (London, 1986), pp. 100, 103, 124 and passim.
14) 윤해동, 「한국 민족주의의 근대성 비판」, 43쪽.

민족의 과거 속에서 발견한 공동체의 전통은 지도자를 믿고 따르는 권력 담론을 정당화하는 이념적 기제로 작동했다. 요컨대 식민지 조선의 문화적 민족주의는 제국의 논리에 대항하는 민족의 논리였지만, 동시에 조선 민중의 다양한 열망들을 민족 담론의 틀 속에 규범화시킴으로써 민중을 전유하고자 했던 식민지 엘리트의 권력 담론으로 읽혀질 수 있다.

예컨대 일본 제국주의의 다산 장려론에 대항하여, 산아 제한을 주장한 식민지 조선 지식인들의 출산 통제 담론은 엘리트 민족주의가 어떻게 여성을 전유했는가를 잘 드러낸다. 일본 제국주의의 다산 장려론은 제국주의 전쟁을 수행하기 위한 인적 자원을 확보하는 데 그 목적이 있었다. 이에 대해 식민지 조선의 지식인들은 경제적 빈곤의 해결, 모성과 아동의 건강, 우생학적 논리 등을 내세워 산아 제한론을 주장했다. 그러나 궁극적인 목적은 어디까지나 질적으로 우수하고 건강한 민족 구성원을 확보하는 데 있었다. 그 밑에는 우수한 인자를 생산하는 것이야말로 민족에 대한 여성의 의무라는 발상이 깔려 있었다. 그것은 국가가 전쟁 수행을 위해 출산을 장려하는 데 호응하는 것이야말로 국가에 대한 여성의 의무라는 다산 장려론의 논리와 맥을 같이하는 것이었다. '민족의 자궁' 대 '제국의 자궁'이라는 대립 구도에도 불구하고, 양자는 결국 민족 혹은 제국의 이름으로 여성을 전유하려는 '모성' 이데올로기를 공유했던 것이다.[15]

그것은 여성 문제를 정치 문제에서 후퇴시켜 '주권의 내적 영역', 즉 가정 내에 가두어 둠으로써 '민족의 어머니'라는 이름으로 여성을 전

---

[15] 소현숙, 「일제 식민지시기 조선의 출산통제담론의 연구」, 한양대 대학원 사학과 석사학위 청구 논문 (1999) 참조.

유했던 19세기 인도의 엘리트 민족주의자들의 논리와도 유사한 것이었다.16) 더욱이 여성의 완전한 능력 발휘를 위해 산아 제한론을 찬성했던 신여성들조차 완전한 현모양처가 되기 위한 수단으로서 산아 제한론을 수용하게 된 것은 민족의 논리가 어떻게 여성을 전유하는가를 생생하게 보여 주는 예라고 하겠다. 페미니즘의 차원을 넘어서 정작 더 큰 문제는, 일제의 다산 장려론에 대한 민족적 저항의 논리인 산아 제한론이 1930년대 중반 이후 우생학이 본격적으로 도입되면서 열등한 인자에 대해 강제적 단종을 통해 민족적 소질을 향상시킨다는 전체주의적 논리로 발전해 갔다는 점이다. 전체 민족의 생존권을 위해서라면 개인의 생존권은 희생되어도 좋다는 논리가 민족의 이름으로 정당화된 것이다. 이것은 결국 제국주의 전쟁에 기여할 수 없는 열등 인자를 단종을 통해 배제하려 했던 제국의 논리와도 일치하는 것이었다. 파농(Frantz Fanon)으로부터 프랑스 파시즘의 이론적 기반을 제공한 바레스(Maurice Barres)의 논리적 폭력을 끄집어낸 핑켈크로트의 지적은 이 지점에서 눈여겨볼 만하다.17) 즉 제국과 민족을 이분하는 대립항의 순서만 도치되었을 뿐 배제와 차별의 논리 구조는 사실상 동일하다는 것이다.

민중적 민족주의의 경우에서도 민족이 민중을 전유하는 관계는 쉽게 뒤바뀌지 않았다. 식민지 시기의 사회주의자들 역시 혈통과 언어, 문화 등을 강조하는 원초론적 민족 이론을 공유하였다거나 해방 공간의 사회주의자들이 스스로를 민족 혁명의 유일한 담지자로 자부하고 민족주의적 수사로 민중을 동원하였다는 지적 등이 같은 맥락에서 읽

---

16) P. Chatterjee, *The Nation and Its Fragments*, pp. 6, 117~134.
17) 알랭 핑켈크로트, 『사유의 패배』, 주태환 옮김 (동문선, 1999), 115~117쪽.

힌다. 그것은 제3세계 민족 해방 운동의 역사적 경험에서도 다시 한 번 확인된다. 근대적인 정치 경제적 기구가 결여된 식민지 혹은 반식민지 상황에서 인민 대중에게 호소력을 지닌 것은 혈통·언어·관습·피부색 같은 종족적 요소, 즉 민족 구성의 객관적 요소들이었다. 그것은 제국주의에 저항하는 '우리'라는 저항 주체를 만들어 내는 데 성공했지만, 운명 공동체적 단일성이라는 기치 아래 강제적 동원을 정당화하는 잠재적 위험성을 내포했다. 그 잠재적 위험성이 현실화되었을 때, 사회주의는 결국 민족주의의 종속적 동반자라는 지위에 만족해야만 했다.[18] 민족이 민중을 전유하는 이상 불가피한 결과이기도 했다. 그것은 비단 제3세계의 민족 사회주의자들에게만 해당되는 것이 아니다. 제1차 세계대전 이전 사회 애국주의 노선의 폴란드 사회당 우파의 적지 않은 베테랑들이 독립 폴란드 정부의 국가주의적 독재 체제인 사나치아(Sanacja) 정권에 복무했다는 점을 지적하지 않을 수 없다.[19]

발생론적 관점에서 볼 때 '우리'를 만드는 원초적 정체성에 대한 식민지 저항 세력의 집착은 충분히 이해된다. '국민'을 만드는 근대적 기제가 결여된 상황에서, 민족 고유의 집단 정체성은 식민지인을 부정하는 제국주의 가치관의 횡포로부터 자신을 지키려는 민족 해방론자들의 자기 방어적 이론 기제였다. 개인주의적 가치에 적대적이었던 알제리 민족해방전선 지도자인 파농의 입장이나 피우수드스키(Józef Piłsudski)로 대변되는 폴란드 사회 애국주의의 국가주의적 전통도 모두 같은 맥락에서 이해할 수 있다. 그것은 민중을 역사로 초대하여 제국주의의 폭력에 집단적으로 대항한다는 점에서 일정한 역사적 역할을 인정받는다.

---

18) T. Nairn, *The Break-up of Britain* (London, 1981), 2nd ed., pp. 340, 357.
19) Jie-Hyun Lim, "Labour and the National Question in Poland," S. Berger and A. Smith eds., *Nationalism, Labour and ethnicity 1870-1939* (Manchester, 1999), p. 135.

저항 담론으로서의 민족주의는 이 과정에서 불가피하게 민족적 정체성을 일방적으로 강조하게 마련인데, 그것은 다시 젠더와 계급 같은 다른 정체성들을 억압한다. 그것은 민족 중심의 단일한 본질론적인 정체성의 신화를 만들어 냄으로써, 민중의 구체적 삶을 구성하는 다중적 정체성을 부정한다. 그 결과 젠더나 계급의 정체성에 기초한 사회 운동조차 민족 운동으로 환원시켜 버린다. 식민지 조선에 대한 민족주의적 역사 서술이 여성, 농민, 노동의 문제들을 무시한다는 지적은 이 점에서 일리가 있다.[20]

민족 결정론으로부터 탈피하여 식민지 내부의 '내적 식민지'의 성격을 지닌 사회 관계에 주목하자는 신기욱의 주장은 충분히 그 타당성이 인정된다. 그러나 문제는 역사 서술 자체가 아니다. 정작 큰 문제는 식민지 해방을 뒷받침하는 민족 정체성이 독립을 계기로 전제적 일체성의 억압 구조로 바뀔 위험성이 높다는 것이다. 그것은 권력이 전유한 민족 담론의 틀 속에 민중의 기억을 붙들어매 둠으로써 연구자의 의도와는 상관없이 국가 권력의 헤게모니를 강화하는 결과를 낳을 수도 있다는 점이다. 제3세계의 사회주의가 민족주의를 이론적 고리로 노동 해방의 이념에서 노동을 동원하는 논리로 전락하는 것도 바로 이 지점에서이다.[21] 그것은 곧 민족 해방 이론이 저항의 이데올로기에서 권력의 이데올로기로 전화하는 지점이기도 하다. 민중을 전유한 민족을 이제는 권력이 전유할 차례였다. 민중은 민족을 매개로 다시 권력에 의해 전유될 것이었다.

---

20) 신기욱, 「식민지 조선 연구의 현황―미국학계의 동향을 중심으로」, 『한국사시민강좌』 20호 (1997), 45쪽.
21) 임지현, 「해방에서 동원으로」, 이 책 234~265쪽 참조.

3. 국가가 민족을 전유하다

1969년 잠비아의 급진적 민족주의자 카운다(Kenneth Kaunda)는 민족 평의회에서 행한 「완전한 독립을 위하여」라는 제목의 연설에서 다음과 같이 말했다. "이제 정부는 여러분의 것입니다. 산업도 여러분의 것입니다. 경제 전체가 여러분의 것입니다.…… 내가 차후의 조치가 있을 때까지 임금 동결과…… 파업 금지를 선언하는 것이 국민 전체의 이익을 위해 불가피하다고 생각하는 것은…… 바로 이러한 배경하에서…… (그것들을) 효율적으로 그리고 성공적으로 운영하고 관리하기 위해서입니다."22) 기니의 급진적 민족주의자 투레(Sekou Toure)는, 식민주의에 저항하는 파업은 정당하지만 아프리카인의 정부에 대한 파업은 역사적으로 생각할 수 없는 것이라면서 노조 지도자들을 질타했다. 그는 노동조합의 자율성을 파괴하고 그 지도자들을 투옥함으로써 자신의 말을 실천에 옮겼다.23)

신생 독립국 인도의 초대 지도자 네루(Jawaharal Nehru) 또한 민족주의를 국가의 통치 이데올로기로 만드는 데 주저하지 않았다. 산업화와 분배의 평등을 역사의 보편 법칙으로 확신한 네루의 유토피아는 철저하게 국가주의적 유토피아였다.24) 그것은 민족을 대신하여 국가가 민중을 전유한다는 것을 의미했다. 프롤레타리아 국가가 부르주아 국가에게 착취당한다는 식으로 착취 개념을 국가와 국가의 관계로 전이시

---

22) 나이젤 해리스, 『세계자본주의 체제의 구조변화와 신흥공업국』, 김견 옮김 (신평론, 1989), 224쪽.
23) F. Cooper, "Conflict and Connection: Rethinking Colonial African History," *American Historical Review*, vol. 99 (Dec., 1994), p. 1543.
24) P. Chatterjee, *op. cit.*, pp. 159~160.

킨 신식민주의 이론은 국가에 의한 민중의 전유를 경제적으로 정당화 시켰다. 신식민주의에 대한 경제적 대안으로 제시되곤 했던, 모든 경제 활동을 국가가 지도하는 자급자족 경제 이론 또한 국가주의를 강화시 켰다. 그 결과 좌파들조차 민족 해방의 이름으로 국가가 주도하는 자본 축적 과정을 지지하고 옹호했다. 이른바 신식민주의의 관념틀 속에서 민족 해방은 국가의 해방 혹은 정부의 해방이라는 이념으로 대체됐다. 민중의 삶의 질을 제고한다는 문제는 곧 국가적 힘의 강화라는 논리에 종속되었다.[25]

네루는 인도가 국가 주도의 산업화를 필요로 하는 이유를 분명히 했다. 인도는 서구 자본주의 국가들이 취했던 것과 같은 속도와 방법으로 진보를 추구할 수 있는 충분한 시간이 없다는 것이 그 이유였다. 네루는 다음과 같이 자문자답했다. "우리가 영국, 프랑스 혹은 미국의 길을 좇아야만 하는가? 우리는 정말로 우리 목표를 달성하는 데 100년 내지 150년을 기다릴 만큼 충분한 시간이 있는가? 이 길은 결코 수용할 수 없다. 그 경우에 우리는 단지 멸망할 뿐이다." 탄자니아 농업 사회주의의 지도자 니예레레(Julius Nyerere)는 "그들이 걷는 동안 우리는 뛰어야만 한다"는 슬로건을 제창했다. "15년 안에 영국을 앞지르고 미국을 따라잡자"는 중국 대약진운동의 슬로건이나 "다른 사회주의 국가들이 3차에 걸친 5개년 계획 기간 동안 달성한 것을 우리는 2차 5개년 계획 기간 동안 달성할 수 있다"는 김일성의 독려도 모두 같은 맥락에서 이해된다.

식민지 혹은 반식민지 상태의 주변부에서 사회주의가 환영받은 것은, 그것이 서구 자본주의를 능가하는 급속한 산업화의 수단이라는 점

---

[25] 나이젤 해리스, 『세계자본주의 체제의 구조변화와 신흥공업국』, 218~219쪽.

때문만은 아니었다. 못지않게 중요한 것은 주변부가 자본주의의 방식을 빌리지 않고 자신의 방법으로 근대화를 달성할 수 있다는 점이었다. 자본주의적 발전 방식은 곧 서구 제국주의의 가치 체계라는 등식이 성립하는 상황에서, 비자본주의적 발전의 길로서 사회주의는 근대성과 민족적 정체성 사이에서 방황하는 분열된 자의식의 이념적 탈출구였던 것이다. 인도의 개혁 사상가였던 비베카난다(Swami Vivekananda)의 사회주의에 대한 정의, 즉 "사회주의는 전통주의도 아니며 서구주의도 아니다"라는 주장은 이 점을 잘 드러내 준다. 서구에 그 사상적 기원을 둔 사회주의가 주변부에 이르러서는 이렇듯 서구의 제국주의 문명에 도전하고 또 그것을 부정하는 비서구적 혹은 반서구적 기표로 작동하게 되었다. 중요한 것은 해방이냐 동원이냐가 아니라, 국가주의적 발전을 통해 선진국의 부와 힘을 따라잡을 수 있는가의 여부였다.[26]

민족 해방 운동의 전통 위에서 제2차 세계대전 후 갓 독립한 제3세계 국가들의 민족주의는 이처럼 국가주의적 권력 담론 속으로 흡수되는 양상을 드러냈다. 주변부 민족주의에 지배적이었던 유기체적 민족 이론은 국가주의를 더더욱 강화하는 이론적 기제였다. 자율적 개인에 대해 민족이라는 전체를 앞세우는 유기체적 민족 이론은 식민주의에 저항하는 민족 투쟁에서는 효과적이었지만, 내부적으로는 영속적인 민족과 국가의 고유 정신을 강조함으로써 무한한 힘을 가진 국가 권력 아래 개개인을 종속시키는 결과를 낳았다. 국가 권력을 견제할 수 있는 시민 사회가 결여됨으로써 민족주의 담론으로 무장한 국가주의는 거칠 것이 없었다. 나라 없는 민족의 서러움을 다시 겪지 않기 위해서는 국가의 힘을 키워야 한다는 논리 앞에서 민중적 삶의 질이나 자율

---

26) 임지현, 「해방에서 동원으로」 참조.

적 개인의 존재 이유는 부차적 고려의 대상이었을 뿐이다.

해방 이후의 한반도도 이러한 상황에서 크게 예외는 아닐 듯싶다. 신탁 통치를 두고 극심한 의견 대립을 보였던 좌파와 우파는 민족 담론의 주도권을 놓고 팽팽하게 대치하였다. 신탁 통치에 반대함으로써 민족주의의 이니셔티브를 잡은 우파에 대해 좌파 역시 자신들이 민족 혁명의 유일한 담지자임을 자부하고 민족주의적 언설로 민중을 동원하고자 했다. 해방 공간의 어수선한 정국 속에서 민족주의 담론은 '국가성'(stateness)의 확립이라는 최우선의 과제를 완수하는 데 절대적으로 필요한 도구였다. 군사 훈련과 규율을 강화하고 국가 권력의 상징에 대한 우상화 교육을 통해 어린 학생들에게 국가에 대한 복종을 내면화시키고자 했던 일본 제국주의의 '황국신민화' 교육 또한 '새교육 운동'이라는 이름 아래 그대로 반복되었다. 신생국의 취약한 '국가성'을 확립하기 위해서는 체제 순응적인 '애국적 민주 시민'을 양성하는 것이 급선무였다.[27] 일장기가 태극기로, 천황의 사진이 대통령의 사진으로 대체되었을 뿐, 국가에 대한 복종을 강요하는 규율 권력의 논리는 애국의 이름 혹은 민족의 이름으로 신생 대한민국의 교육 현장에서 그대로 반복되었다.

반쪽짜리 정권을 수립한 데다가 친일파를 핵심 세력으로 등용하여 민족적 정통성을 심각하게 의심받았던 이승만의 경우에는 권력의 정통성에 대한 필요성이 더 절실했다. 이승만의 반공 규율 사회도 기본적으로는 공산주의=야만=반민족이라는 의미 연쇄를 통해 민족주의 담론과 결합되었다. 이승만은 초대 대통령 취임사에서 공산당의 매국

---

[27] 이상록, 「미군정기 '새교육 운동'과 국민학교 규율 연구」, 한양대 대학원 사학과 석사학위 청구 논문 (1999) 참조.

주의에 반대한다는 점을 분명히 하고, 소련 제국주의=김일성=매국 노라는 등식을 강조했다. 그것은 다른 한편으로 미국=서구 문명=반공=독립이라는 등식과 짝을 이루었다.28) 그것은 빨갱이를 매국노라는 이름으로 타자화함으로써 이승만 반공 정권의 정통성을 확보하려는 시도였다. 반일 민족주의와 반공주의의 교묘한 결합을 일민주의의 한 특징으로 보는 서중석의 분석도 같은 맥락에서 이해된다.29) 요컨대 이승만에게 민족주의는 반공 규율 사회의 틀로 충성스러운 '국민'을 찍어 내는 주요한 담론적 기제였다.

반탁 운동으로 다소간의 상처는 입었지만 민족적 정통성의 시비로부터 비교적 자유로웠던 북한 정권도 민족주의적 담론을 구사하는 데 결코 주저하지 않았다. 김일성은 해방되던 해 평양에서 가진 최초의 대중 연설에서 민족적 열정을 독립과 발전으로 이끌어 내자고 호소하였다. 한국전쟁 직후 그가 제창한 대중적 애국 운동의 내용은 곧 "국가재산을 애호하고 자신의 책임량을 초과 완수하는 것"이었다. 사회주의라는 수식어가 붙기는 했지만, 북한 정권의 애국주의도 실은 사회주의적 발전 전략에 민중을 동원하는 담론에 다름 아니었다. 더 높은 생산성을 통해서 자본주의를 따라잡는다는 '생산성의 정치'가 일반적으로 현실 사회주의 국가들의 정치 원칙이었으며, 노동 대중의 애국심을 고취시킴으로써 생산성의 정치를 실현하고자 했다는 것은 이 점에서 눈여겨볼 만하다.

북한 당국은 또한 이승만의 반공주의적 민족주의 담론에 대항하여

---

28) 김정훈, 「남북한 지배담론의 민족주의 비교 연구」, 연세대학교 대학원 사회학과 박사학위 청구 논문 (1999), 54~57쪽.
29) 서중석, 「이승만 대통령의 반일운동과 한국민족주의」, 성균관대 인문과학연구소 제19회 학술심포지엄 자료집 (1999), 15~32쪽 참조.

미 제국주의=이승만=매국노라는 등식을 선전했다. 현실 정치의 언술 차원에서 소련 제국주의=김일성=매국노라는 남쪽의 등식과 미 제국주의=이승만=매국노라는 북쪽의 등식은 팽팽하게 대치하고 있지만, 그 밑에 있는 인식 체계는 사실상 같은 것이었다. 그들은 민족주의 담론의 동일한 인식 체계를 공유하면서 누가 그 담론의 주도권을 잡느냐 하는 문제를 놓고 팽팽하게 맞섰던 것이다. 민족주의는 결국 남과 북에서 공히 필요한 국민을 만들어 내는 '국민화 전략'의 주요한 이론적 기제였다. 이렇게 본다면 남한이 민족주의를 반공주의로 대체함으로써 민족주의를 해체시켰다거나 남과 북이 모두 민족주의를 통한 대중 동원 프로젝트에 의존하지 않고도 국가를 형성하고 근대화를 추진했다는 최장집의 주장은 다소 순진한 평가라고 하겠다.30)

한편 1960년대 후반에 이르러 남과 북 모두 유기체적 민족주의를 강조하면서, 한반도의 민족주의는 체제 이데올로기적 성격을 강화하기에 이른다. 즉 분단 상황을 이용하여 권력을 재생산하는 방식이 통일을 위한 동원에서 체제 강화를 위한 동원으로 변화하는 것이다.31) 통일은 이제 수사로만 남게 되었다. 민족 주체성의 확립이라는 슬로건 아래 국민교육헌장 반포, 국기에 대한 맹세 등을 통한 국민 의례의 강화, 국학 연구에 대한 장려와 민족 전통에 대한 강조, 국정 교과서를 통한 국사 교육의 지배 등 가파르게 전진해 온 남의 유기체적 민족주의는 10월 유신에서 그 절정에 달했다. 동양의 정신 문명과 서양의 물질 문명이라는 이분법 아래, 유신 체제가 수용한 근대는 '기술'로서의 근대였다. 공산주의에 대한 이승만의 비판이 그러했듯이, 박정희의 비

---

30) 최장집, 『한국 민주주의의 조건과 전망』(나남, 1996), 189쪽.
31) 김정훈, 「남북한 지배담론의 민족주의 비교연구」, 93쪽.

판도 공산주의=서구 사상=전통 말살이라는 등식으로 요약되었다. 반공주의는 이렇게 해서 다시 민족주의 담론과 결합했다.

이 과정에서 '해방'으로서의 근대는 상실되었으며, 권력의 입맛에 맞게 취사 선택한 전통이 서구적 '해방'을 대신했다. 민주주의와 자유에 대한 열정은 무분별하게 서구를 추종하는 사대주의로 치부되었고, 위계 질서를 정당화하는 충효 사상이 본받아야 할 전통적 덕목으로서 강조되었다. 권력이 발명해 낸 신라의 화랑도와 고구려의 기마 정신, 호국 불교, 신사임당의 전통은 여성을 가정에 묶어 두려는 남성 지배 엘리트의 욕구를 정당화시켰다. 또 서구식의 갈등과 투쟁 대신 덕과 관용, 지도자에 대한 정과 존경이 요구되었다. 민족을 영원한 생명체로 보는 유기체적 민족관은 조국과 민족에 대한 개인의 희생을 요구하였다. 국가 권력은 대아(大我)에 대한 소아(小我)의 헌신이라는 명분으로 당당하게 민중의 희생을 요구하였다. 민주주의와 개인의 자유는 소아의 영역이므로, 국가의 발전이라는 대아를 위해 언제든지 희생될 수 있는 것이었다. 이 유기체적 민족주의는 자율적 개인과 그들간의 자유로운 네트워크인 시민 사회를 봉쇄하고, 국가 권력이 위로부터 민중을 동원하는 전형적인 권력 담론을 드러낸다. 그것은 곧 권력이 민족을 매개로 민중을 전유하는 과정이기도 했다.

민족 전통이 곧 혁명 전통과 등치되고 전통과 근대가 결합되는 양상은 북에서도 쉽게 발견된다. 남에서 민주주의에 대한 요구가 그러했듯이, 민주화와 개혁에 대한 요구는 사대주의와 교조주의로 비판받고 민족 전통에 입각한 '우리식' 사회주의가 전면에 등장했다. 지도자에 대한 정과 존경이 북에서는 혁명적 동지애로 표현되었다. 요컨대 전통적 사회 원리와 근대적 경제 원리가 공존하는 '비동시적인 것의 동시성'

이 남과 북에서 공히 발견되는 것이다. 그것은 권력이 민중을 전유함으로써 나타난 왜곡된 근대성이기도 했다. 새마을운동이 천리마운동과 마찬가지로 주민들의 근로 의욕을 부추겨 생산성을 향상시키려는 시도였으며 또 성공적이었다는 김정일의 평가는 이 점에서 매우 시사적이다.32) 그것은 대척점에 선 것처럼 보이는 10월 유신과 주체사상이 실은 민족주의와 동일한 권력 담론으로 짜여져 있다는 사실을 은연중에 드러내는 발언이다. 권력은 알고 있는 것이다.

권력이 전유한 민족주의는 민족을 구성하는 대다수 민중의 일상 생활에서 나오는 구체적이고 절박한 요구들을 민족의 이름으로 거부한다. 나라 없는 백성으로 멸시와 천대를 받았던 과거에서 벗어나기 위해 인민 계획 경제에 온몸을 바쳐야 한다는 북의 담론이나, 조국을 근대화하고 국력을 키우기 위해 전국민이 일치 단결하여 국가에 반대하는 경거망동을 삼가야 한다는 남의 담론은 같은 뿌리에서 나온 것이었다. 그것은 물질적 생활 수준을 높여 달라는 인민의 요구를 러시아의 애국적 인민들은 아메리카적 삶을 거부한다는 애국주의적 담론으로 거부한 소련 수상 코시긴33)이나, 앞서 언급한 케네스 카운다, 세코 투레의 논리와 맥을 같이하는 것이었다. "삼천만이 단결하여 국가 계획 완수하자"라는 이승만 정부의 슬로건은 사실상 이들 모두가 공유하는 슬로건이기도 했다. 이들은 인간적 삶에 대한 민중들의 소박한 요구를 반민족, 매국, 빨갱이, 인민의 적 등의 이름으로 타자화시키고 권력의 논리를 관철시켰다. 권력의 헤게모니 운동이라는 민족주의의 또다른 비밀이 드러나는 대목이 아닐 수 없다.

---

32) 『조선일보』 1999년 10월 7일자 3면.
33) S.K. Carter, *Russian Nationalism: Yesterday, Today, Tomorrow* (New York, 1990), p. 84.

20세기 한반도 민족주의를 헤게모니 운동이라는 관점에서 볼 때, 국가 권력이 행사하는 물리적 강제력만으로 민족주의 담론이 갖는 효과를 설명하는 것에는 일정한 한계가 있다. 권력 담론으로서의 민족주의가 실천적 힘을 얻으려면 민중의 자발적 동의가 전제된다.『무궁화 꽃이 피었습니다』같이 국가 권력의 동원 민족주의적 억압 체제를 옹호하는 소설에 대한 대중들의 반응은 민족주의 담론의 헤게모니를 추량하는 간접적인 지표가 된다. 영웅주의와 남성 국수주의, 엘리트 민족주의, 힘과 복수의 민족주의 논리로 가득 찬 이 소설을 베스트셀러로 만든 대중들의 반응은 권력 담론으로서의 민족주의가 갖는 헤게모니의 크기가 만만치 않다는 것을 간접적으로 시사해 준다.[34] 그것은 제국주의에 대항하는 한반도 민족주의의 논리가 실은 제국주의의 인식 체계를 공유하고 있는 것이 아닌가 하는 의구심을 불러일으킨다. 즉 우리가 당했기 때문에 불쾌한 것이고 이기면 그만이라는 힘의 논리가 유기체적 민족주의와 결합된 것은 아닌가 하는 의심이 든다.

더욱이 민중적 민족주의의 진영에 속한 인사들이 한민족의 뿌리를 찾는다는 명분으로 아시아의 변방 몽골이나 카자흐스탄을 두고 노골적인 오리엔탈리즘적 담론을 구사하는 데 이르면 그러한 의구심은 증폭된다. 한반도 민족주의의 지형을 그리는 데 있어 민주주의 지향의 시민적 이니셔티브보다는 힘의 논리를 추구하는 국가 권력의 헤게모니가 더 중요한 역할을 한 것이 아닌가 하는 의심은 참으로 떨치기 힘들다. 한민족의 뿌리를 찾아 멀리 몽골이나 중앙아시아의 변방으로 원정을 가거나 낙후된 후진적 사회를 이국적인 모습으로 타자화시킴으

---

[34] 이 소설의 분석에 대해서는 권혁범,「민족주의, 국가, 애국심과 보편적 이성」,『녹색평론』 19호 (1994) 참조.

로써 전형적인 서구 제국주의의 전략을 드러내는 텔레비전 다큐멘터리의 유행에서도 그것은 잘 확인된다.[35]

그것은 권력 담론으로서의 민족주의가 민중적 민족주의의 지형을 교란하고 있다는 증거가 아닌가? 재야 민중 운동이 주도한 통일 지향적 민족주의는 과연 현실 정치의 언술 차원이 아니라 인식론적 차원에서 민족주의 권력 담론과 질적으로 다른가? 즉 장준하의 민족 주체성과 박정희의 민족 주체성은 어떻게 다른가? 1980년 광주 민중 항쟁과 1980년대 학생 운동에서 '애국'을 강조하고 태극기가 등장하고 애국주의적 노래들이 불려진 것은 어떻게 평가해야 하는가? 그것은 권력 담론에서 자유로운 밑으로부터의 자발적인 민중적 민족주의의 표식인가? 아니면 헤게모니 운동으로서의 민족주의에 포섭된 결과인가? 민중적 민족주의는 학교 교육과 일상 생활에서 권력에 의해 규율화된 유기체적 민족주의의 담론으로부터 얼마나 자유로운가?

4. 다중적 정체성을 향하여

IMF 체제를 몰고 온 현재의 위기 상황은 한국의 근대화 모델에 대한 근본적인 반성과 성찰을 요구한다. 그것은 아래로부터 자율적인 시민의 참여가 봉쇄된 상태에서 국가 권력이 위에서 주도한 국가주의적 근대화 모델의 한계를 드러낸 것이라 할 수 있다. 한반도 전체의 수준에서 남과 북이 함께 겪고 있는 위기는 결국 우파 국가주의와 좌파 국가주의, 혹은 시장 스탈린주의와 민족 스탈린주의의 구조적 한계에서 비롯된 것이라 하겠다. 민족이 민중을 전유하고, 다시 국가 권력이 민족

---

[35] 김성례, 「탈식민시대의 문화이해」, 『비교문화연구』 창간호 (1993), 99~100쪽.

을 전유한 이중의 전유 과정이 민족주의의 방패 아래 국가주의적 발전 전략의 문제점을 은폐해 온 측면이 있다. 민족주의 담론의 우산 아래 숨겨져 있던 이 이중의 전유 과정에 위기의 비밀이 있는지도 모르겠다. 이 위기의 돌파구를 또다시 힘의 논리에 입각한 민족주의에서 찾으려는 움직임은 우리 사회를 다시 위기의 원점으로 돌리겠다는 것이나 마찬가지다. 남의 국가 경쟁력 강화론이나 북의 강성 대국론이나 불안하기는 매한가지이다. 그것은 다시금 국가 권력이 민족의 이름으로 민중을 전유하겠다는 의사의 표현이 아닌가?

해결의 실마리는 민족주의 담론의 생산자인 권력에 일방적으로 종속되었던 민중적 주체를 되찾는 길이다. 그것은 권력 담론의 억압으로부터 민족주의를 해방시켜 자율적 시민들의 이니셔티브에 입각해 한반도 민족주의의 지형을 새롭게 짜는 작업이다. 바꾸어 말해서 그것은 국가→민족→민중의 순으로 전유되었던 이중의 전유 과정을 민중→민족→국가의 순으로 전복시키는 과정이기도 하다. 이것은 민족주의 담론의 주체를 국가에서 민중으로 뒤바꿈으로써 민족주의의 민주화를 시도하는 작업이 된다. 이때 민중은 권력의 헤게모니가 행사되는 대상에서 자율적인 시민적 주체로 변모된다. 자율적인 시민적 주체가 민족주의 담론의 생산자가 될 때, 국가 권력을 정당화하는 유기체적 민족주의는 자율적 주체들의 자유 의사에 따른 시민 연합인 시민적 민족주의로 탈바꿈한다. 물론 그것은 19세기 서구적 의미에서의 시민적 민족주의와는 질을 달리한다.

21세기의 시민적 주체는 19세기 서구 부르주아 사회의 시민적 주체와는 다를 수밖에 없고 또 달라야만 한다. 19세기 서구의 시민적 주체는 식민지 원주민, 여성, 노동자 계급 등을 타자화시킨 백인 부르주아였다. 이에 대항하는 서구의 노동 운동조차 유색인 이민 노동자와 여성을 타자화시킨 중심부 메트로폴리스의 백인 남성 노동자의 헤게모니에서 자유롭지 못했다. 이에 비하여 21세기의 시민적 주체는 자기 자신을 타자로 인식하는 법을 배움으로써, 20세기의 민족주의를 권력의 울타리에 가두어 놓은 민족 국가의 틀에서 해방된다. 또 이들 시민적 주체는 민족 국가의 경계를 넘나들며 20세기의 민족주의에서 배제되었던 타자와의 수평적이고 다층적인 연대를 통해 다중적 주체로 거듭 태어난다. 이를 위해서는 먼저 전일적 민족 정체성에 가려 억압되었던 성과 계급 등 다른 정체성을 복원하여 민중의 다중적 주체성을 회복하는 작업이 요구된다.

"아웃사이더인 내게 '우리의 조국'이라는 것이 무슨 의미가 있겠는가?"라는 버지니아 울프(Virginia Woolf)의 날카로운 반문은 민족적 정체성의 억압을 뚫고 나온 여성적 주체의 외침이다.[36] 그것은 시공을 뛰어넘어 여성과 연변 동포, 외국인 노동자 같은 주변화된 타자를 배제하는 한반도의 헤게모니적 민족주의에 대한 버지니아 울프의 항변이기도 하다. 유기체적 성격을 탈각한 21세기의 시민적 민족주의는 자기 자신을 타자로 인식하는 동시에 주변화된 타자를 동등한 시민적 주체로 인정한다. 그것은 권력이 주도하는 배제와 폭력에 의한 전일적 '국민화 전략'을 부정하고, 차이를 인정하면서 민주적이고 평화적인 방법으로 민중의 자발적 의사에 따라 밑에서부터 권력을 견제하고 공공 영역을 만들어 가는 '시민 사회적 전략'이다. 그것은 포섭과 배제의 이중적 메커니즘을 거부하고 사회 구조에서부터 일상 생활에 이르는 다층

---

36) L.A. West, "Introduction: Feminism Constructs Nationalism," L.A. West, *Feminist Nationalism* (New York, 1997), p. xi.

적 민주주의를 동반한다.

21세기의 민족주의 담론은 국가 권력이 설정한 경계를 넘나들며 타자화된 '우리'와 '우리화'된 타자간의 수평적 연대를 지향하는 민주주의의 논리에 입각해야 하는 것이 아닐까? 그것이야말로 민중이 자본의 논리에 포섭되지 않으면서 또 동시에 민중적 삶의 질적 향상을 위해 세계화를 전유하는 첫걸음이 아닐까?

후기: 적대적 공범 관계에서 비판적 민중 연대로

나는 1999년 겨울 서울에서 이 글을 썼습니다. 일본에서 『국민의 역사』가 막 간행되어 베스트셀러로 만들어지던 시점이었습니다. 역사 수정주의와 그것이 함축하는 민족주의가 일본 열도에서 점차 열기를 더해 가는 시점에서, 한반도 지식인의 한 사람으로서 한반도의 민족주의를 비판한다는 것이 갖는 의미를 묻지 않을 수 없습니다. 또 『겐다이시소[現代思想]』를 통해 일본의 독자들과 만나는 것을 계기로, 한국과 일본의 이념적 지형에서 이 작업이 갖는 동시대적 의미를 일본의 독자들과 함께 다시 한 번 곱씹어 보지 않을 수 없습니다.

제2차 세계대전 이후 일본의 민족주의와 한국의 민족주의는 적대적 공범 관계를 유지해 왔다는 것이 제 판단입니다. 한국 민족주의의 담론 전략이 기억에 맞추어졌다면, 일본 민족주의의 담론 전략은 망각을 주무기로 한 것이었습니다. 식민지와 제국주의라는 역사적 경험의 차이에서 비롯된 것이 아닌가 합니다. 담론 전략의 이와 같은 차이는 정신대 문제를 비롯한 식민지 시기의 역사적 경험을 이해하는 과정에서 첨예하게 드러나고 있습니다. 현상적 차원에서, 한국의 민족주의와 일본의 민족주의가 서로 팽팽하게 맞서는 대립 구도 위에 서 있는 것처럼 느껴지는 것도 부분적으로는 이러한 이유에서입니다.

그러나 기억과 망각은 한 동전의 양면일 뿐입니다. 기억과 망각은 모두 근대 국민 국가의 신화적 표상을 역사에 투사하여 민중의 역사적 기억을 전유하려는 한·일 국가 권력의 담론 전략에 뿌리를 내리고 있습니다. 한국과 일본의 민족주의는 서로 상대방을 배제하고 타자화한다는 점에서 현상적으로는 첨예하게 충돌하지만, 인식론적 차원에서는 같은 뿌리에서 나온 쌍생아입니다. 헤게모니 운동으로서의 한국의 민족 운동 그리고 권력 담론으로서의 한국의 민족주의 담론에 대한 저의 비판이, 현상적 차이에도 불구하고 일본의 민족주의를 겨냥한 비판의 무기일 수 있다고 생각하는 이유도 여기에 있습니다.

한국의 민족주의와 일본의 민족주의를 적대적 공범 관계라고 규정한 것은, 서로가 서로를 배제하고 타자화시키면서도 동시에 서로가 서로를 살찌우고 강화시켰다는 판단 때문입니다. 한·일 양국의 국가 권력은 표면적으로는 적이지만 실제로는 내연 관계를 맺고 있는 '내연의 적'인 셈입니다. 이들은 한반도와 일본 열도의 민중들 사이에 민족적 냉전 체제를 조성하고 끊임없이 그것을 재생산함으로써 권력의 헤게모니를 강화해 온 것입니다. 기본적으로 그것은 민중이 민족을 전유하지 못하고, 민족이 민중을 전유한 도치된 전유 관계에서 비롯되었습니다. 민중을 전유한 민족을 다시 국가가 전유함으로써, 민중은 민족주의의 우산 아래 권력의 헤게모니가 행사되는 대상으로 전락했습니다.

국가 권력간의 내연 관계를 폭로하고 국가-민족-민중의 도치된 전유 관계를 전복시켜 한·일 양국간의 민족적 냉전 체제를 해체하는 것이 우선은 급선무이겠습니다. 미래에 대한 양국 민중의 간절한 희망과 과거에 대한 철저한 자기 반성이 담긴 성찰적 동아시아 역사상을 구축하는 데서 그 실마리를 풀어 나아갈 수 있지 않을까 생각합니다. 그것은 단순한 실증을 넘어 현재를 적극적으로 변혁해 가는 비판적인 상상력을 요구합니다. 한국과 일본의 역사적 기억이 뗄 수 없이 얽혀 있는 이상, 미래를 지향하는 기억은 양국의 지식인들이 같이 만들어 가야 할 것입니다. 그것이야말로 비판적 민중 연대를 향한 첫걸음이 아닌가 생각합니다.

빈약한 글이지만, 한·일 양국의 양심적 지식인들이 "무엇을 할 것인가?" 하는 고민을 같이 나누는 작은 계기가 되었으면 하는 바람뿐입니다.

'전지구적 근대성'과 민족주의

1. '지역성'을 넘어서

『무엇을 할 것인가?』 19세기 후반 서구적 합리주의자와 헌신적 인민주의 혁명가 사이의 갈등을 그린 이 소설에서 체르니셰프스키(N.G. Chernyshevsky)가 러시아 지식인들에게 던진 질문은 아직도 숨막힐 듯한 중압감으로 다가온다. 20세기 내내 그것은 주변부 지식인들에게 던져진 운명적 화두였다. 다층적 식민주의(multiple colonialism)의 긴 터널을 통과하고자 몸부림 쳤던 20세기 주변부 민족주의사는 이 화두를 풀고자 했던 사상적 암중모색의 역사였다. 과학적 사회주의의 명쾌한 논리와 과학적 전망이 냉혹한 현실 앞에서 여지없이 무너진 지금, "무엇을 할 것인가?"는 더욱 고통스러운 질문이 아닐 수 없다. 그것은 정치적이며 사회 경제적인, 동시에 철학적이며 문명사적인 접근과 해답을 요구한다는 점에서 엄청난 하중으로 우리를 짓누르는 역사적 과제인 것이다. "우리는 어떠한 문명을 필요로 하는가?"라는 문명사적 질문이 그 밑에 깔려 있다는 사실을 직시하면, 그에 대한 해답이 짚어져야 할 무게는 더욱 버거워진다.

"무엇을 할 것인가?" 또는 "우리는 어떤 문명을 필요로 하는가?"라는 화두는 이 글의 주제가 아니라 문제틀이다. 20세기의 민족주의 사상사는 이 화두를 풀기 위한 주변부 지식인들의 다양한 모색과 시도, 그리고 희망과 좌절의 기록으로 읽을 수 있다는 것이 내 생각이다. 민족주의라는 표제 아래 묶인 이 기록의 키워드는 무엇보다도 '근대성'이 아닌가 한다. 그것은 무엇보다도 이 화두 자체가 식민주의의 통로를 따라 전해진 서구적 근대성의 충격과 그에 대한 탈식민적 대응 과정에서 비롯되었기 때문이다. 더 중요하게는 근대성에 대한 주변부의 논의 자체가 반서구적 지향에도 불구하고 결국에는 서구적 근대의 인식론적 장치들에 기대고 있기 때문이다. 이 글은 이러한 관점에서 민족주의와 근대성의 문제에 초점을 맞추고자 한다.

이 글에서 문제삼는 것은 추상으로서의 근대성 자체가 아니라 구체로서의 다양한 근대성'들'이다. 그것은 서구적 근대성을 추상으로 상정하지 않겠다는 이야기이기도 하다. 20세기의 역사에서 서구적 근대성은 비서구적·전통적 혹은 전근대적 근대성, 또 심지어는 반서구적 근대성들과 버젓이 공존한다. 더 이상 따라잡아야 할 모델만은 아니라는 것이다. 20세기의 주변부 민족주의가 근대성과 결합하는 것도 바로 이 지점에서이다. 그것은 다시 전통적 근대성 또는 전근대적 근대성과 같은 형용 모순이 자리 잡을 수 있는 역사적 바탕을 제공한다. 이 형용 모순은 근대성과 민족적 정체성이라는 두 마리 토끼를 동시에 잡으려는 주변부 민족주의의 딜레마를 상징한다.

이처럼 전지구적 차원에서 주변부 민족주의와 근대성이 결합해서 나타나는 근대성의 다양한 모습들을 추상으로서의 근대성 일반으로 포착하기는 어렵지 않을까 한다. 중심과 주변, 서양과 동양, 근대와 전통, 물질과 정신 등이 중층적으로 서로 반발하고 결합하여 나타나는 다양한 모습들을 이 글에서는 '전지구적 근대성'(global modernity)이라는 틀로 묶어 보고자 한다. '전지구적 근대성'은 민족주의를 '전지구사'(global history)의 시각에서 분석하기 위한 이론적 지렛대가 된다. '세계 체제론'을 굳이 기피하는 이유는 다양한 형태의 근대성이 실현되는 방식이 세계 체제 내의 위치 규정성에서 벗어나기도 한다는 판단 때문이다.

이 틀은 또한 근대성의 문제를 그것이 발생한 지역과 연결시키는 기원주의(originism)의 함정에서 벗어나려는 노력이기도 하다. 기원주의는 발생론적 설명에서 일정한 장점이 있지만, 다양한 형태의 근대성들을 각각 특정 지역에 묶어 둠으로써 지역적 특성으로 환원시키는 환원론의 오류를 배태한다. 그것은 다시 전지구적 차원에서 근대성의 다양한 흐름들이 서로 충돌하고 착종되는 역동적 역사 과정을 놓치기 쉽다. 결국 기원주의적 발상은 오리엔탈리즘과 옥시덴탈리즘(occidentalism)의 뿌리가 될 뿐이다. 중요한 것은 기원이 아니라 역사 현상으로서의 근대를 누가 어떻게 전유하느냐이다.

전지구사의 시각이 요구되는 또다른 근거는 민족주의를 고정된 관념이 아닌 살아 있는 운동으로 본다는 데 있다.[1] 운동사의 관점은 민족주의에 대한 본질주의적 이해를 거부한다. 역사 현실로서의 민족주의는 어떠한 규범이나 분석틀로도 가두어 놓을 수 없는 변화무쌍한 행로를 밟아 왔다. 그것은 전지구적 차원에서 서로 영향을 주고받으며 중층적으로 접합되어 다양한 모습으로 나타났다. '전지구적 근대성'은

---

[1] '운동'으로서의 민족주의에 대해서는 임지현, 『민족주의는 반역이다』(소나무, 1999), 21~26쪽 참조.

운동으로서의 민족주의가 갖는 현실적 역동성을 인정하고, 그 역동성의 비밀을 일국사적으로는 사회적 총관계, 세계사적으로는 서로 다른 근대성의 충돌과 접합이라는 관점에서 풀어 가는 개념적 도구인 것이다. 제3세계의 민족주의 담론에서 흔히 나타나는 기원주의를 배제하는 것도 같은 맥락에서이다.

이 글에서는 먼저 시민적 근대성이라는 관점에서 프랑스 혁명을 배경으로 민족주의의 발생 과정을 다룰 것이다. 그것은 전근대로부터 근대로의 이행기에 서구 민족주의가 수행했던 사회 해방의 역사적 역할을 이해하려는 시도이다. 물론 시민적 근대성에 기초한 시민적 민족주의가 서구 민족주의의 전부는 아니다. 드레퓌스 사건이나 사회 제국주의 등에서 보듯이 권력이 취사선택한 신화적 전통이 근대성과 결합한 혈통적 민족주의도 엄연한 서구적 근대성의 산물인 것이다. 서유럽과 동유럽 혹은 서유럽과 제3세계라는 지역적 이분법으로 민족주의를 각각 진보와 보수로 범주화하는 한 스콘이나 헤이즈의 고전적 주장들은 따라서 수용하기 힘들다. 자유주의적 포즈에도 불구하고 그들의 민족주의 연구는 오리엔탈리즘의 시각에 갇혀 있다는 혐의가 짙다.

'전지구적 근대성'의 틀은 먼저 유럽 중심주의의 오리엔탈리즘적 해석을 거부한다. 그것은 중심과 주변의 이분법에 기초한 위치 결정론 또한 거부한다. 중심과 주변이라는 세계 체제 내의 위치가 민족주의의 성격을 결정할 수는 없기 때문이다. 중요한 것은 위치가 아니라 중심과 주변의 작용과 반작용이라는 변증법적 상호 작용이다. 각각의 민족주의가 그것이 만들어진 지역성의 틀을 넘어 '관계' 속에서 분석되어야 하는 것도 이 때문이다. 이 글에서는 상호 침투라는 관점에서 서구적 근대성과 반서구적 근대성이라는 이항 대립을 축으로 민족주의의 중층적 접합 양상을 다루고자 한다.

결론적으로 서구적 근대성이 추상으로서의 근대성을 대체할 수 없으며, '전지구적 근대성'은 전통에서 근대 이후까지를 포함하는 실로 다양한 문명사적 의미와 가능성을 함축하고 있다는 점을 드러낼 것이다. 그것은 동시에 민족주의의 이름으로 근대를 넘어서고자 했던 다양한 실험의 실패를 기록한 역사이기도 하다. 민족주의는 근대를 지향하면서도 근대 이후를 모색해야만 했던 주변부 지식인들의 사상적 고투를 이해하는 열쇠이다.

2. 시민적 근대성

민족주의에 대한 원초론적 연구들이 시사하듯이, 중세는 물론 고대에도 일정한 집단적 정체성과 응집력은 존재했다. 고대 그리스인들이 폴리스에 대해 보여 준 연대 의식이나 고향을 뜻하는 Patria에 대한 중세인들의 충성심은 충분히 인정된다. 특히 중세에 이르러 고대의 부족 국가나 폴리스보다 그 외연이 확대된 왕조 국가는 중세적 애국주의에 조직적 틀을 제공했다. 그러나 이 단계에서 민족 의식을 읽는다면, 그것은 시대 착오적 독해가 될 것이다. 더욱이 민족주의를 끄집어낸다면, 그것은 그 정치적 의도를 의심할 만하다. 집단적 유대감이 고대의 폴리스적 정체성이나 중세의 지역주의, 왕조적 충성심의 차원을 벗어나 적극적 민족 의식 또는 자연적 감정을 넘어선 이데올로기로 발전하기 위해서는 최소한 두 가지 이념적 전제가 충족되어야 했다.

첫째, '우리'와 '그들'을 가르는 봉건적 신분제를 철폐하고 '우리'라는 연대 의식을 심어 줄 수 있는 새로운 질서 위에 공동체를 재편해야만 했다. 신분제적 질서가 존재하는 한 신분은 '우리'와 '그들'을 가르는 가장 중요한 기준이었으며, 따라서 공동체 성원 모두를 아우르는 민족의 수직적 통합은 불가능한 일이었다. 신분제 사회에서는 모든 신분을 아우르는 동질성보다는 신분에 따른 차이가 강조될 수밖에 없다. 또 종종 신분적 차별은 종족적・문화적 차이로 정당화되었다. 심지어 언어 공동체가 전제된다고 해도 그것을 모태로 문화적 동질성을 엮으려는 시도는 기대하기 힘들다. 신분의 차별성을 유지하기 위해서는 언어의 자연적 동질성을 넘어서는 지배층만의 인공적 언어가 사용되어야만 했다. 중세까지의 문자 기록이 민중이 접근할 수 없는 라틴어와 한자로 기록된 것은 그 좋은 예이다. 물론 지배 신분의 이데올로그들은 통치의 필요상 강압과 동의라는 양면 전략 아래 공통의 문화적 기준을 부과하려고 노력하였다. 그것은 민중들에게 존중받는 기준이었으나, 실생활에서는 통용되지 않는 기준이었다.[2] 그러므로 사실상 신분제 사회에서는 원초적 정체성조차 잠재력으로만 존재했다고 보는 편이 옳겠다.

둘째, 민족의 수직적 통합을 정당화시켜 주는 이데올로기가 요구되었다. 이는 자연 감정으로서의 원초적 충성심을 넘어서 적극적 집단 행동을 유발할 수 있는 정치적 동기를 내포하는 이데올로기여야 했다. 그것은 종족적 원칙을 민족적 원칙으로 대체한다는 것을 의미했다. 민족의 수직적 통합은 무엇보다도 함께 살아야겠다는 민중의 사회적 동의가 전제되어야 했다. 그러나 그 동의는 고정 불변의 것이 아니었다. "민족의 존재는 매일매일의 국민 투표"[3]라는 르낭(Ernst Renan)의 주장

---

[2] E. Gellner, *Nations and Nationalism* (Oxford, 1983), pp. 10~12.
[3] E. Renan, "What is a nation?" H.K. Bhabha ed., *Nation and Narration* (London, 1990), p. 19.

에서 보듯이, 민족 공동체를 꾸려 함께 살겠다는 의지는 끊임없이 시험받을 것이었다. 봉건적 신분제가 폐지된다고 해도, 예컨대 근대 사회에는 새로운 사회 계급간의 모순은 여전히 존재할 터였다. 그러므로 계급적 대립이 다시 민족 공동체를 '우리'와 '그들'로 갈라 놓지 못하도록 관념적으로나마 계급 모순을 무마해 줄 수 있는 이론적 무기가 필요했던 것이다.

신분제의 폐지와 민족의 수직적 통합을 정당화하는 이데올로기의 정립—민족주의의 필요 조건이기도 한 이 두 가지 이념적 전제를 충족시켜 준 것은 무엇보다도 부르주아 혁명이었다. 그것은 특히 프랑스 대혁명이라는 역사적 대사건에서 잘 드러난다. 프랑스보다 1세기나 앞서 일어났던 영국 혁명에서는 토대의 점진적 변화의 결과 봉건 귀족, 젠트리, 상업 부르주아 등이 연합하여 상층에서 구체제의 개혁을 도모함으로써 민중과의 결속력이 그리 크게 요구되지는 않았다. 반면에 구체제의 첨예한 모순 때문에 민중 세력과의 정치적 동맹이 절실했던 프랑스 부르주아로서는 민중의 동의를 구할 수 있는 이데올로기의 제시가 불가피했던 것이다.[4)] 근대 민족주의는 바로 이러한 역사 상황의 산물이라고 하겠다. 근대 이전의 역사에 민족주의를 적용하는 것은 시대착오주의라는 셰이퍼(Boyd C. Shafer)의 지적은 이 점에서 타당하다. 민족주의를 역사 현상으로 대상화하기 위해서는 지연과 혈연 등에 기초한 자연 감정의 발로인 애국주의나 원초적 집단 감정과는 분명히 구분할 필요가 있다.

근대 민족 담론에 철학적 기반을 제공해 준 이념은, 일본에서 수입된 통설들이 주장하듯이 19세기의 낭만주의가 아니었다. 그것은 구체

---

40 Brian Jenkins, *Nationalism in France: class and nation since 1789* (London, 1990), p. 7.

제의 모순이 첨예했던 1750년대에 등장한 '신고전주의'였다. 이 새로운 이념은 스파르타와 로마의 '공민적 공화정'(Civic Republic)으로의 복귀를 꿈꾸는 '교육받은 공중', 즉 부르주아의 정치 철학이었다. 그들은 이상적 공동체의 세 요소로서 공동 의지에 기초한 공동체, 동등한 권리와 의무를 나누는 시민 집단, 스토아적 미덕으로 무장한 시민들의 공동체에 대한 적극적인 헌신을 꼽았다.[5] 17세기 영국의 휘그파가 자신들을 고대 공화국의 시민과 동일시한 것도 같은 맥락에서이다. 미노그가 잘 정의했듯이, 그것은 곧 "동등한 시민의 결사로 구성된 애국적 공동체"였던 것이다.[6] 그것은 마치 일반 의지와 개인적 자유 사이의 긴장된 조화를 주목한 탤몬(J.L. Talmon)의 '전체주의적 민주주의'(Totalitarian Democracy)나 포콕(J.G.A. Pocock)의 '공화주의'(Republicanism) 개념을 연상시킨다.[7] 즉 이들은 공동체의 규범 속에 용해된 개인적 자유라는 개념의 곡예를 통해 집단 성원들의 헌신적 애국주의와 개체적 자유를 동시에 껴안았던 것이다.

민중을 동원하여 근대 민족주의를 유도한 정치 사상인 인민 주권론은 이상과 같은 신고전주의의 정치 철학에 기초한 것이었다. 이것이 내포하는 바는 성원들이 자발적인 선택을 통해 집단적 주권의 주체인 민족을 형성하였다는 것이다. 이로써 민족적 정통성이 왕의 정통성을 대신했다. 민족은 이제 인민 주권론 및 헌법과 결합하여 전제주의를 비판하는 시민적 개념이 되었다. 이렇게 볼 때 낭만주의를 민족주의의

---

5) A.D. Smith, "Neo-Classicist and Romantic Elements in the Emergence of Nationalist Conceptions," Smith ed., *Nationalist Movements* (London, 1976), pp. 77~79.
6) K.R. Minogue, "Nationalism and the Patriotism of City-States," *ibid.*, p. 64.
7) J.L. Talmon, *The Origins of Totalitarian Democracy* (New York, 1970); J.G.A. Pocock, *The Machiavellian Moment* (Princeton, 1975).

철학적 기반으로 간주하는 널리 퍼진 속설은 사실상 수용하기 어렵다. 오히려 민족주의는 고대의 특권적이고 제한된 전근대 공동체를 평등주의적이고 자유로운 민족 공동체로 발전시키고자 했던 계몽 사상에 그 이념적 뿌리를 두고 있었던 것이다.[8] 계몽주의의 민족 담론에서 혈통이나 종족 등 민족 구성의 원초적·객관적 요소는 그리 문제가 되지 않았다. 대중을 단합된 정치 행동으로 유도한 것은 혈통의 동질성이 아니라 계몽 사상이 제시한 보편적 인간 해방과 자유라는 슬로건이었다. 민족의 이름으로 제시된 그것은 곧 근대 민족주의의 슬로건이기도 했다.

프랑스 혁명의 계몽 사상적 담론은 르네상스기의 시민적 휴머니스트나 영국 혁명 이후의 휘그파가 공유하는 것이기도 했다. 피렌체의 휴머니스트 브루니(Leonardo Bruni)에게 조국은 자유롭고 평등한 시민들의 공화국이었다. 조국은 시민들의 적극적인 참여 정신으로 지켜질 것이었으며, 바로 그것이 애국이었다. 18세기 영국 휘그파의 지도자인 샤프츠베리(Shaftsbury)에게 진정한 애국은 자기가 태어나서 사는 곳을 사랑하는 것이 아니라 공동의 자유를 사랑하는 것이었다. 애국자들이 동료 시민을 사랑하는 것은 도덕적·사회적 관계를 맺는 것이지 인종적 동질성을 확인하는 것은 아니었다. '애국'은 인종을 초월하여 인간이 가질 수 있는 가장 고귀한 것이었다. 요컨대 영국의 애국주의 담론은 자유의 공동체로서 영국을 상정한다. 특히 흥미로운 것은 이민족을 타자화하거나 적으로 삼지 않고, 자유라는 보편적 원리 아래 종족적 배타성을 거부하고 있다는 점이다. 즉 이들에게 타자는 자유의 원리를

---

[8] H. Ben-Israel, "Nationalism in historical perspective," *Journal of International Affairs*, vol. 49 (Winter, 1992), p. 380.

확인하고 수호하는 혁명 프랑스가 아니라 그것을 거부하는 영국의 보수 세력이었던 것이다.9)

근대 민족은 이처럼 시민 혁명의 담론 속에서 새롭게 태어났다. 구체제의 과거와 완전히 절연된 미래의 공동체를 그리기 위해서는 새로운 상징과 수사가 절실히 요구되었으며, 민족 담론이 그러한 요구를 충족시켰다. 민족은 혁명의 담론 체계에서 핵심이었으며, 자발적 유대감으로 뭉친 새로운 사회적 공동체를 뜻하는 '신화적 현재'의 표상이었다.10) 민족주의는 그 새로운 공동체를 지향하는 이데올로기였다. 시에즈(E.J. Sieyes)는 1789년에 쓴 진정서에서 제3신분이 민족을 구성한다고 썼다. 테니스 코트에 모여 국민의회를 선포한 제3신분의 대표자들은 자신들이 민족의 집단적 목소리를 대변한다고 생각했다. '인간과 시민의 권리 선언'은 프랑스가 법에 의해서 보호받는 개인들의 자유로운 나라임을 선포함으로써 정부와 인민간의 유대를 확인했다. 1789년 가을 국민방위군의 암구호는 "당신은 민족의 편이냐?"(Etes-vous de la Nation?)였다.11) 이제 절대 왕정은 민족으로 대체되었고, 봉건 귀족의 신분적 특권은 자유와 평등의 원칙에 자리를 내주었다. 중요한 것은 혁명적 변화가 민족의 이름으로 정당화되었다는 점이다.

미래 지향적이고 자유를 향한 열정을 담은 민족의 담론은 이미 1750년 이후의 신문 잡지들에서 지배적인 담론으로 정착된 바 있었다. 이제 민족은 혁명을 거치면서 혈통이 아니라 '시민권'(civitas)의 개념 또는 '공민'(citoyen) 개념과 결합되었다. 공민들의 민족은 공동 합의에 의해 구성된 자유로운 결사체를 의미했다. 그것은 인간의 집단적 정체성이

---

9) 조승래, 「애국주의」, 김영한 편, 『서양의 지적 운동 II』 (지식산업사, 1998), 283~288쪽.
10) L. Hunt, Politics, *Culture and Class in the French Revolution* (London, 1986), pp. 20, 27.
11) Brian Jenkins, *op. cit.*, p. 20.

출생이 아니라 자유로운 의지에 따른 선택의 문제라는 것을 의미하였다. 프랑스 혁명의 민족 담론은 그러므로 특정한 집단 정체성을 위에서부터 덧씌우는 것이 아니라, 모든 형태의 자연적 소속감으로부터 인간을 해방시켜 개개인의 자율적 선택권을 근원적으로 보장하는 것이었다. 이처럼 수직적이고 종적인 혈연 관계로부터 해방된 민족은 시민들의 자유로운 수평적 결사라는 의미를 지니게 되었다. 민족 구성의 객관적 요소를 달리하는 다양한 주민 집단들을 프랑스 민족이라는 단일한 공동체로 묶을 수 있었던 혁명 민족주의의 통합 능력은 일차적으로 그 담론의 해방적 성격에서 구해진다.

민족의 해방 담론은 사실상 중세부터 독자적인 법률과 문화 전통을 완강히 고수하던 랑그독, 툴루스, 생 말로 등의 지역들을 프랑스라는 이름 아래 단일 민족으로 통합시켰다. 교황령인 아비뇽과 베네신, 게르만 혈통이 대다수인 알자스-로렌, 켈트 족의 아성인 브르타뉴 등도 주민 투표를 통해 민족 자결의 기초 위에서 혁명 프랑스로의 통합을 자청했다. 국민공회가 실시한 의무 보통 교육은 프로방스 어, 브르타뉴 어, 알자스 어 등의 지방어를 밀어내고 프랑스어를 국어로 보급시켰다. 당통(G.J. Danton)은 프랑스 민족이 나누어질 수 없는 단일한 통합체임을 역설했고, 로베스피에르(Robespierre)는 조국에 자긍심을 가진 국민들에 대해서 국민공회에 자랑스럽게 보고했다. 민족은 이처럼 혁명의 모든 성과를 집약한 용어이자 일반 의지의 표현이었으며, 혈통이나 언어 등 집단의 자연적 경계를 뛰어넘어 그 틀 속에 다양한 민족체들을 진보적으로 통합시켰다. 심지어 잠정적이나마 민족의 틀 속에서는 모든 계급적 이해조차 수렴되는 듯이 보였다. 혁명은 실로 민족의 향연이었다. 과일 장수가 "민족의 자두, 민족의 사과"라고 외치며 과일을 팔 지경이었고, 프리지아 모자는 민족적 자유의 표지로 여겨졌다. 혁명의 상징은 곧 민족의 상징이기도 했다.

그러나 민족주의는 순전히 담론의 접합물은 아니었다. 그것은 생산 및 노동 분업의 발전과 더불어 '지역성으로부터 민족으로의 이행'을 낳은 자본주의적 근대의 산물이었다. 마르크스의 분석에 따르면, 민족은 정치적으로는 중앙 집권 국가, 사회적으로는 부르주아 계급, 경제적으로는 국민적 시장권과 더불어 형성된 역사적 형성물이었다.12) 혹은 젤너에 의하면, 고유한 문화에 정치적 지붕을 제공하는 민족은 산업화로 요약되는 역사의 객관적 상황이 강요한 결과였다. 민족은 어느 날 민족주의의 입맞춤으로 긴 잠에서 깨어난 '숲 속의 잠자는 공주'가 아니라, 산업 경제가 요구하는 새로운 사회 단위로서 역사 무대에 등장했던 것이다.13) 이 점에서 민족주의는 공화주의와 산업주의의 자식이었다. 바꾸어 말해서 그것은 프랑스 대혁명과 산업 혁명이라는 '이중 혁명'이 낳은 자식이었다.

3. 전통적 근대성

프랑스 혁명의 지적 유산인 민족주의는 19세기 초 나폴레옹의 정복 전쟁을 통해 전유럽으로 확산되기에 이르렀다. 그러나 이중 혁명을 겪지 못하고 봉건적 질서가 지배적이었던 중동부 유럽에서 민족주의는 담론의 내용을 바꾸어 버렸다. '과거 쪽으로 얼굴을 돌린 예언자'인 낭만주의가 신고전주의 철학에 기초한 계몽 사상을 대체한 것이다. 19세

---

12) 임지현, 『마르크스·엥겔스와 민족문제』(탐구당, 1990), 1장 참조.
13) Gellner, op. cit., pp. 43~49.

기 독일 지성계를 지배한 것은 더 이상 계몽 사상의 보편적 해방 정신에 공감했던 칸트(Immanuel Kant)나 횔더린(Friedrich Hölderlin)이 아니었다. 새로운 정신 질서를 지배한 것은 프랑스 혁명의 성과를 거부하고 그것에 환멸을 느낀 피히테(Johann G. Fichte), 아른트(Ernst M. Arndt) 등 낭만주의 지식인들이었다.

이들은 계몽주의적 이성에 대하여 우월한 감성과 상상력의 가치를 높이 들었다. 자기 중심성과 자아에 대한 낭만주의적 강조는 곧 집단적 자아에 대한 강조로 이어졌다. 그 결과 민족적 과거를 이상화하고 민족을 신의 창조물인 유기체적 인격으로 보는 유기체적 민족 이론이 등장했다.14) 이제 민족은 국가적 경계로부터 자유로운 언어 공동체 또는 특정 집단의 생활 양식을 뜻하는 용어로 전성되었다.15) 민족주의의 이 새로운 담론 체계에서 중요한 것은 이제 언어나 문화 등 민족의 원초적 요소들이었다. 전통은 이렇게 해서 근대를 대체했다. 이들의 민족적 자각은 언어와 문화의 전통적 동질성의 토대 위에서 민족적 정체성을 확인하려는 열망으로 이어졌다. 낭만주의와 민족주의의 19세기적 결합은 민족주의에 대한 원초론적 시각을 정당화하는 것처럼 보였다.

독일에서 시작된 낭만주의적 민족 이론은 러시아의 슬라브주의자들에 이르러 그 절정에 올랐다. 키레프스키(Ivan Kireevskii), 호미아코프(Aleksei Khomiakov) 등이 대변했던 슬라브주의는 서구의 합리주의와 개인주의에 대한 비판에서 출발하였다. 러시아 민족은 그리스정교나 슬라브적인 공동체 생활의 원리로 되돌아가야만 진정한 해방을 이룰 수 있다는 것이 이들의 논리였다. '내면적 진리'를 구현하는 '진리와 사랑

---

14) 한스 콘, 『민족주의』, 차기벽 옮김 (삼성문화문고, 1974), 45~60쪽.
15) *Geschitliche Grundbegriffe*, 1992 ed., s.v. "Volk, Nation," Reinhart Koselleck et.al. pp. 382~385.

의 유기체'인 슬라브 공동체의 연대 의식은 건강한 시민 의식이나 공민 의식에서 발원하는 것은 아니었다. 이들은 '정치로부터의 자유'를 역설하고 내면적 진리를 추구했다. 그런데 '정치로부터의 자유'는 스스로 모든 정치적 책임을 짊어지는 전제 군주의 지배 아래에서만 달성될 수 있다는 것이었다. 그것은 요컨대 프랑스 혁명의 역사적 성과인 민주주의의 여러 가치들을 부정하고 과거의 역사적 공동체를 복고적으로 추구한 보수적 낭만주의의 러시아적 전형이었던 것이다.16)

낭만주의자들에게 민족은 과거에 깊은 뿌리를 두고 자연스럽게 형성되어 온 유기적 통합체였다. 이 이론에 따르면 민족적 정체성이나 소속감은 개인의 자율적 의지에 따른 선택의 결과가 아니라, 이미 선재하는 공동체에 의해 비인격적으로 결정된다는 것이다. 말하자면 민족은 구체적인 인간들의 존재에 앞서 이미 선재하고 있는 공동체로서 개개인의 집단적 정체성을 미리 규정해 버린다는 것이다. 개개의 사회 구성원은 유기적 공동체로서의 민족과 분리되어 존재할 수 없는 세포 하나하나로 상정된다. 이것은 전체에 대한 개인의 예속 관계를 전제한다. 이렇게 해서 이들의 민족 개념은 자유롭고 평등한 시민들의 공화국을 전통에 기초한 유기적 공동체로 대체하였다. 시민적 근대성이 공동체적 전통으로 대체된 것이다.

운동사의 관점에서 볼 때, 낭만주의의 민족 담론은 독일을 비롯한 동유럽의 사회적 후진성을 반영하는 것이었다. 그것은 자본주의 발전의 '프로이센적 길'로 요약된다. 구체적으로 그 길의 특징은 농업 혁명의 부재와 봉건 유제의 완강한 존속, 자본주의 발전의 지체와 그로 인

---

16) Andrzej Walicki, "Russian Social Thought: An Introduction to the Intellectual History of Nineteenth-Century Russia," *The Russian Review*, vol. 36 (January, 1977), pp. 6~14.

한 부르주아의 비혁명적 타협성 등으로 나타난다. 이 지역의 민족주의는 기본적으로 이러한 사회적 조건들에 의해서 규정되었다. 그 결과 동유럽의 민족 운동은 애초부터 봉건 귀족의 주도 아래 상층 계급의 담합(class corporatism)으로 시작되었다. 그것은 서구적 근대의 충격에 대한 대응이자, 러시아와 합스부르크 등 오랜 이민족 지배에서 벗어나겠다는 민족적 열망의 표현이었다. 그러나 독립 투쟁이라는 목표가 사회 개혁의 전망과 접합되지 못함으로써 시민적 근대성은 실종되었다.

시민적 근대성의 시민을 전통으로 대체하는 현상은 시민적 근대성의 진원지인 프랑스에서도 역시 발견된다. 1794년 테르미도르의 반동은 1793년의 헌법에서 제시된 민주주의와 평등의 원칙을 재산과 자유의 원칙으로 바꾸어 놓았다. '능동 시민'과 '피동 시민'의 구분은 부르주아의 가장 부유한 분파에게만 선거권을 부여했다. 그러자 수동적 복종이 능동적 참여를 대체했으며, 국가와 관료제가 민족의 이름으로 인민과 민주주의를 몰아냈다. 인민과 민족의 자유로운 일치는 질서와 원칙의 명령으로 강요된 통합으로 질식당했다. 민족간의 인류적 형제애는 프랑스 제국주의의 사명으로 둔갑했다. 이제 민족과 조국은 의미를 상실하고 의례적인 수사로 전락하고 말았다. 그것은 '질서'의 슬로건 아래, 위로부터 통합을 강요받은 '조직된 민족'(la nation organisee)이었다. 국가에 대한 충성, 가톨릭 전통 종교에 대한 경배, 지도자에 대한 헌신 등 전통에의 호소가 시민의 미덕을 대체했다. 나폴레옹의 황제 대관식과 왕정 복고는 시민이 다시 신민으로 전락했음을 의미하는 것이었다.[17]

신민들의 민족주의는 이제 전통과 결합했다. 전통이 지니는 문화적

---

17) Brian Jenkins, *op. cit.*, pp. 27~41.

연속성은 감정적 선동의 훌륭한 매개체였으며, 구체제의 반동은 전통의 이름 아래 합리화되었다. 혁명기의 민족주의가 자유롭고 평등한 새로운 공동체에 대한 지향을 선보였다면, 반동기의 민족주의는 원초적 감정에 호소함으로써 민족적 연대감을 확보하고자 했던 것이다. 이념적 관점에서 볼 때 전통에 대한 강조는 민족주의의 보수화를 의미하는 것이었다. 전통과 접합된 민족주의는 훗날 드레퓌스 사건과 블랑제 사건에서 그 반동성을 여실히 드러냈다. 노동자 계급까지 가세한 사회제국주의도 그 연장선상에 있다. 이것은 중심부에서도 전통적 근대성이 시민적 근대성과 더불어 근대의 한 축을 형성하고 있음을 보여 준다. 즉 시민적 근대성이나 전통적 근대성이 각각 중심부와 주변부의 전유물이 아니라는 것이다. 그것은 세계 체제 내에서의 위치와 무관하게 전개되기도 하는 것이다. 세계 체제론이 아니라 '전지구적 근대성'이라는 이론틀이 요구되는 것도 같은 맥락에서이다.

한편 낭만주의에 기초해 있다고 해서 그 민족주의가 다 보수화되는 것은 아니다. 과거에 대한 낭만주의적 동경과 향수의 이면에는 현실 세계에서 이상적 공동체를 실현하려는 정치적 열망이 숨어 있다. 즉 낭만주의는 과거의 한 순간을 포착하여 그것을 유토피아로 변형시킴으로써 미래 지향적 비전을 제시하는 것이다. 이때 과거의 이상에 대한 낭만주의적 기억은 현재의 모순을 지양하기 위한 미래 사회의 규제적 원리로 작용하게 마련이다.[18] 실제로 횔더린 등의 낭만주의자가 생각한 이상적 과거는 고대 그리스의 폴리스 공동체였다. 슬라브주의자들이 제시한 과거의 공동체 또한 유기적인 원시 공동체였다. 이 점에서 그것은 프랑스 신고전주의의 공화주의적 전통과 일치하는 것이기

---

18) 임철규, 「낭만주의와 유토피아」, 『세계의 문학』 70호, 1993년 겨울호, 174쪽.

도 했다. 낭만주의의 경우 단지 수사를 달리했을 뿐이다.

좌파적 낭만주의라 부를 수 있는 이러한 진보성은 폴란드의 민족 메시아주의에서 잘 드러난다. 미츠키에비츠(Adam Mickiewicz)를 축으로 하는 폴란드의 낭만주의자들은 프랑스의 공상적 사회주의를 받아들임으로써 메시아주의의 천년왕국 사상과 사회주의를 접목시켰다. 러시아의 전통적 미르 공동체로부터 곧장 사회주의로의 이행을 주장했던 인민주의자들의 발상 또한 좌파적 낭만주의의 맥락에서 이해할 수 있다. 그리스의 낭만적 민족 운동은 과거의 이상을 고대 폴리스 공동체의 합리주의, 공화주의, 과학주의와 자연스레 연결시킴으로써 계몽 사상에 기초한 민족주의의 이념적 지향과 식별이 불가능할 정도이다. 그것은 시민 사회의 경험이 결여된 상태에서 시민적 자유 같은 추상 개념보다는 대중들에게 익숙한 과거의 전통을 빌려 대중적 호소력을 확보하기 위한 노력이 아니었나 싶다. 그러나 전통을 건지기 위해 그들이 치러야 했던 대가는 너무도 큰 것이었다. 그것은 산업주의를 포기하는 결과를 낳았으며, 결국 서구적 근대성에 패할 수밖에 없는 운명에 놓이게 되었다.

전통적 근대성이라는 형용 모순이 서 있는 지점이 바로 이곳이다. 좌파적 낭만주의자들의 시도에서 엿보이듯 전통은 자연 상태의 객관적 실재로 존재하는 것이 아니라 선택적인 해석 작업의 결과이다. "전통은 여러 세대에 걸쳐 지속된다는 단순한 사실로부터가 아니라, 현재를 과거에 얽어매는 끈을 확인하기 위해 수행되는 끊임없는 해석 작업으로부터 도출되는 것"이다.[19] 근대와 전통이 제휴하는 것은 바로 이 해석 작업 안에서이다. 이 점에서 근대화는 전통을 해소하는 동시에

---

19) 앤소니 기든스 외, 『성찰적 근대성』, 임현진 · 정일준 옮김 (한울, 1998), 101쪽.

전통 형식들을 재창조하는 기제이다. 사실상 전근대 사회의 지역과 중앙, 지배 신분과 피지배 신분의 문화적 균열을 감안하면, 지역 공동체 수준에서 지속되어 온 전통은 결코 민족 전통이라 할 만한 것은 아니었다. 지역적 격차와 신분적 차이를 넘어서 민족 국가가 요구하는 '민족 전통'은 새로운 전통의 창조에 의해서만 가능한 것이었다.[20]

동유럽의 낭만주의자들이 발견한 전통뿐 아니라 19세기 말 이래 주변부에서 정비된 전통 양식의 음악이나 무용, 가극 등도 서양과의 접촉이 없었다면 확립되지 않았을 발명된 전통이었다. 서양의 충격에 대한 대응으로 나온 민족주의적 역사 서술 또한 자국민 못지않게 서양인에게 역사의 독자성과 고유성을 보여 주기 위해 촉발된 측면이 적지 않다. 말하자면 민족주의적 역사 서술조차 서양에 대해 반발하면서도 서양의 논리를 모방하는 데서 크게 벗어나지 못했다. 서양의 담론이 참조되고, 모방과 반발의 묘한 역학 속에서 고유한 역사상과 전통 문화가 창출된 것이다. 전통이란 모더니스트의 담론 구조 속에서 재구성된 이미지라는, 그래서 근대가 배제된 그것은 있을 수 없다는 역설이 성립되는 것도 바로 이 지점에서이다.[21]

그것은 물론 무에서 유를 창조한 것은 아니었다. 홉스봄이 지적했듯이 오랜 재료를 사용하여 참신한 형식의 전통이 창출되었던 것이다.[22] 시민적 자유가 추상으로만 존재하는 역사적 조건 속에서 혈통·언어·관습 등 일상에서 쉽게 느낄 수 있는 요소들이 전통의 이름으로 민족주

---

20) 같은 책, 140~142쪽.
21) P. Duara, "Knowledge & Power in the Discourse of Modernity," *Journal of Asian Studies*, vol. 50 (Feb., 1991), p. 68.
22) E. Hobsbawm, "Introduction: Inventing Traditions," E. Hobsbawm & T. Ranger eds., *The Invention of Tradition* (Cambridge, 1983), p. 6.

의적 동원 기제가 되었다는 것은 당연한 일이었다. 그러나 전통적 근대성은 뚜렷한 한계를 드러냈다. 좌파적 낭만주의의 존재에도 불구하고, 전통적 근대성의 주류는 봉건 귀족이었다. 이들에게 근대성은 서구적 근대의 충격을 이겨내고 자신들의 헤게모니를 유지하는 한에서만 유효한 것이었다. 그것은 자기 방어 능력을 갖춘 국가 체제를 정비하기 위해 봉건 귀족의 헤게모니를 상실하지 않는 조건 아래서 일정한 개혁적 양보 조치를 취하는 데 그치는 것이었다.23) 전통적 근대성이라는 모순된 조합에서 무게 중심은 어디까지나 전통에 두어졌던 것이다.

시민적 근대성이 배제된 상황에서는 그 전통조차도 민족 성원 모두를 아우르는 것은 아니었다. 그 기저에는 봉건 귀족의 계급적 배타주의가 깔려 있었다. 이들이 상정한 민족 개념은 봉건 귀족만을 완전한 민족 성원으로 인정하는, 혹은 기껏해야 부르주아와 농민들에게는 이등 시민권을 부여하는 '귀족 민족'(gentry-nation)이었다.24) 문화적·언어적 동질성에 기초한 민족 정체성에 대한 강조에도 불구하고, 이질성을 재생산하는 계급간의 벽이 너무 높았다. 전통적 근대성에서 모든 민족 성원을 아우르는 수직적 민족 통합의 이념적 기제를 기대하기란 거의 불가능했다. 더욱이 물질적 힘의 근거인 산업주의를 거부한 상황에서 전통적 근대성의 승리를 기대한다는 것은 역사의 기적을 기대하는 것보다도 더 어려운 일이었다.

그것은 폴란드 귀족이 주도한 세 차례의 낭만주의적 민족 봉기나 1848년 '민족의 봄' 당시 크로아티아 등 슬라브 귀족들의 민족 봉기가 실패한 가장 근본적인 이유이기도 했다. 이들은 그 계급적·이념적 한

---

23) W. Kula, "1794-1944," in T. Łepkowski ed., Narody (Warszawa, 1989), p. 338.
24) T. Łepkowski, *Uparte trwanie polskośći* (폴란드적인 것의 완강한 지속) (Londyn, 1989), p. 13.

계 때문에 농노 해방을 비롯한 해방의 근대성을 강령적 차원에서 제시하지 못함으로써, 기층 민중을 민족 운동의 대열에 끌어들이는 데 실패했던 것이다. 봉건적 강제를 떨쳐 버리지 못한 농민들의 눈에는 귀족들의 낭만적 민족주의는 사회 해방을 무시하고 농노제적 과거로 복귀하겠다는 복고주의와 다름없었다. 낭만적 민족 운동에 대해서 무관심하다 못해 적대적인 태도로 일관한 농민들의 반응은 전통적 근대성의 실패를 상징하는 것이었다.25) 그것은 슬라브주의 혹은 사르마티즘이라 불리는 전통주의의 패배였다.

동아시아로 눈을 돌리면, 그것은 동도서기론과 중체서용론의 패배를 의미하는 것이기도 했다. 기본적으로 그것은 세계를 물질 세계와 정신 세계로 나누는 이원론적 틀 속에서 근대성을 제한적으로 수용하려는 시도였다. 물질의 영역에서는 서양의 우월성을 인정하고 기술을 받아들이되, 동양의 우월성이 인정되는 정신 영역에서는 문화적 독자성을 지키겠다는 것이었다. 이 이원론은 민족 문화의 뿌리를 정신 세계에 둠으로써 식민주의의 개입에 맞서 민족 문화를 지킨다는 의미를 지녔다. 국가 권력이 식민주의의 수중에 놓이는 최악의 경우에도, 세계의 진정한 영역인 정신 영역에서 민족 문화를 지키는 한 그 민족은 이미 주권을 지닌다는 문화적 민족주의의 메시지를 읽을 수 있는 것이다.26)

그러나 전근대적 전통에 뿌리를 둔 채 기술로서의 근대를 수용해 민족 주권을 지키겠다는 이들의 꿈은 이루어질 수 없는 것이었다. 전통적 근대성을 지렛대로 식민지 혹은 반식민지의 상태에서 벗어나겠다는 프로젝트는 실패했다. 그것은 서구적 근대성에 대한 전통적 근대성

---

25) 폴란드 민족 해방 운동에 대해서는 임지현, 『그대들의 자유, 우리들의 자유—폴란드 민족해방운동사』 (아카넷, 2000) 참조.
26) P. Chatterjee, *The Nation and Its Fragments* (Princeton, 1993), p. 6.

의 패배이기도 했다. 서구적 근대성을 낳았던 이중 혁명이 뿌리내리지 않는 한 근대화는 불가능한 것처럼 보였다. 그러나 독자적 민족 국가가 결여된 식민지 혹은 반식민지의 조건 속에서 시민 혁명과 산업 혁명이라는 이중의 과제는 또 어떻게 가능하다는 말인가? 전통적 근대성을 대체할 새로운 프로젝트로서 서구적 근대성은 주변부의 역사적 조건 속에서 과연 실현 가능한 기획이었는가?

4. 서구적 근대성

전통적 근대화가 실패로 돌아간 이상 이제 근대 국가로 발돋움할 수 있는 유일한 길은 입헌공화제적인 정치 개혁과 농노 해방 등을 통해 사회의 총관계를 근대적인 관계로 재편하는 것이었다. 그것은 주변부 나름의 시민적 근대성을 추구하는 길이기도 했다. 이념적으로는 전통을 강조하는 낭만주의에서 벗어나 서구 합리주의의 과학적 진보적 가치를 수용하는 것이었다. 또한 정서적으로는 혼신의 힘을 다해 민족의 운명을 짊어졌던 낭만주의의 영웅주의에서 벗어나 일상적 삶의 합리성과 진보를 추구하는 것이었다. 거칠게 구분하면 슬라브주의와 이념적 대척점에 있던 러시아의 서구주의, 낭만주의를 비판하고 나선 폴란드의 바르샤바 실증주의, 중체서용론의 한계를 극복하고자 했던 변법자강파, 한반도의 급진 개화파, 바쿠후(幕府)제를 무너뜨리고 메이지 유신을 주도했던 일본의 근대화론자 등이 모두 이 범주에 속한다고 하겠다.

러시아의 서구주의자들은 개개인의 자율성과 개성을 앞세워 전통을 부정하고 인간의 개별화와 사회의 합리화를 주장했다. 비판과 유보 조건이 없었던 것은 아니지만, 그 기조는 부르주아적인 서구의 진보를 용인하고 러시아의 서구화를 요구하는 것이었다. 그 대표자인 벨린스키(Vissarion Belinsky)는 피터 대제의 개혁을 민족적 배반으로 보는 슬라브주의자들을 정면으로 반박하였다. 그의 표현을 그대로 빌면 "피터 대제 이전의 러시아는 단순한 인민 집단이었다. 그가 주도한 개혁으로 말미암아 러시아는 민족이 되었다." 그것은 유럽 문명이 대변하는 보편적 인간 가치의 이름으로 러시아의 즉자적 전통을 부정하고 근대적인 민족 의식을 각성시키는 계기였다. 1812년의 나폴레옹 전쟁은 근대적 민족 의식을 불러일으키는 촉매제였다.[27]

서구주의자들은 한결같이 자유롭고 자율적인 개인을 갈망하였다. 그들이 보았던 러시아 역사의 발전 방향은 가부장제적 속박을 끊고 사회의 합리화를 통해 개인적 자유의 영역을 확대하는 것이었다. 전지구적 근대성의 관점에서 보면, 이들의 이념적 지향은 서구적 근대성으로 쏠려 있었다. 그것이 반드시 서구적 의미에서의 시민적 근대성을 충실하게 따른다는 의미는 아니었다. 이들은 자본주의적 발전과 시민적 권리를 열렬히 옹호하면서도 다른 한편으로는 헤겔 우파의 국가주의에 깊이 물들어 있었다. 국가주의적 경향은 카벨린(Konstantin Kavelin)이나 치체린(Boris Chicherin) 등의 국가주의 학파에서 특히 잘 나타난다. 이들의 주장은 러시아의 긴 역사에서 국가가 항상 주요한 창조적·진보적 역할을 해 왔다는 것으로 요약된다. 그것은 다시 차르의 전제정을 옹호하는 논리로 이어지기도 하였다.[28] 개인의 자율성을 강조하면서도 국가주의의 틀을 벗어날 수 없었다는 것은 홀로 서기에 자신이 없는 러시아 부르주아의 취약성을 반영하는 것이기도 했다.

---

27) A. Walicki, *A History of Russian Thought: From the Enlightenment to Marxism* (Oxford, 1980), pp. 136~138.
28) *Ibid.*, pp. 149~151.

개인의 이니셔티브를 강조한 것은 폴란드의 서구주의자들도 마찬가지였다. 민족의 쇠퇴가 개인들의 게으름과 도덕적 타락, 무지에서 비롯되듯이 민족의 진보는 개개인의 역량과 정의가 신장될 때 이루어진다는 것이 이들의 신념이었다. 교육은 이러한 관점에서 사회 변혁의 결정적 요소로 간주되었다. 폴란드의 서구주의를 대변했던 바르샤바 실증주의자들은 특히 농민들의 교육을 중시하였다. 농민들에게 시민적 책임감을 가르치는 것은 폴란드 민족이 미래로 뻗어 나아갈 수 있는 기초였다. 따라서 이들의 목적은 "농민들을 급진화시키는 것이 아니라 교육시키는 데 있었다."[29] 시민적 덕성과 의무 교육 등에 대한 실증주의자들의 주장은 이들의 사상적 뿌리가 18세기 말의 계몽주의적 개혁 사상으로 뻗어 있음을 드러낸다.[30] 이 점에서 일단 시민적 근대성에 대한 지향은 분명히 확인된다.

바르샤바 실증주의자들의 또다른 지향은 '유기적 노동'의 구호 아래 산업화 혹은 자본주의적 근대에 놓여 있었다. 그것은 사회 경제 제도의 합리화를 지향하는 것이기도 했다. 이에 따라 이성·과학·자본·진보 등의 단어가 조국·민족·애국 등의 단어를 밀어내고 사회적 담론의 중심을 차지했다. 낭만주의자들이 독립이라는 화두에 매달려 있었다면, 이들은 근대라는 화두를 붙들고 정진했다. 바르샤바 실증주의자들은 19세기 폴란드 사상사에서 근대의 문제를 본격적으로 제기하고 진지하게 고민한 최초의 사상가 집단이었다. 근대의 관점에서 보면 낭만주의가 주장하는 민족 전통도 실은 봉건 귀족들의 완고한 전통에 불과했다. 그것은 인민 대중의 전통으로 대체되어야만 할 것이었다. 그

---

29) S.A. Blejwas, *Realism in Polish Politics* (New Haven, 1984), pp. 79, 91.
30) T. Łepkowski, *Polska—Narodziny Nowoczesnego Narodu* (폴란드—근대 민족의 탄생) (Warszawa, 1967), pp. 409~413.

러므로 이들의 과제는 낭만주의적 선전 선동을 통해 이미 존재하는 민족 감정을 불러일으키는 것이 아니라, 교육을 통해 민족적 자의식을 발전시키는 것이어야 했다. 나아가 성직자주의, 보수주의, 음모주의, 반유대주의, 미신, 공상적 사회주의에 대한 이들의 비판은 신랄하기 짝이 없는 것이었다.

바르샤바 실증주의의 근대성이 가장 돋보이는 대목은 무엇보다도 농민 문제에 관한 것이었다. 이들의 분석에 의하면 폴란드가 안고 있는 가장 큰 문제는 공공 의식 혹은 시민 의식의 부재라는 것이었다. 그러므로 가장 중요한 과제는 인구의 대다수를 차지하는 농민들을 훌륭한 시민으로 만드는 일이었다. 바르샤바 실증주의를 단순히 중간 계급의 보수적 이데올로기라고 단정할 수 없는 근본적인 이유는, 이처럼 그들의 근대 프로젝트가 공화주의적 담론과 인민주의적 지향을 담고 있기 때문이다. 같은 맥락에서 심지어 실증주의 언론의 어떤 기사는 마르크스주의와 실증주의가 길이 다를 뿐 지향하는 바는 같다고 주장하기도 하였다.[31]

비단 농민뿐만 아니라 여성을 민족 공동체의 동등하고 능동적인 성원으로 간주한다든지, 유대인을 배척하기보다는 의무 교육을 통해 폴란드 민족의 품으로 끌어들이려는 노력, 개인의 자유와 평등, 지식과 교육의 권리, 노동의 신성함 등을 강조한 데서 이들의 근대 지향성은 분명히 드러난다. 단순히 사회 제도나 법 체제를 바꾸는 차원을 넘어 민족 구성원들의 개체적이고 집단적인 삶에 대한 태도를 근본적으로 바꾸려는 시도였다는 점에서 바르샤바 실증주의는 폴란드 모더니즘의

---

31) N.A. Naimark, "Warsaw Positivism and the Origins of Polish Marxism," *Canadian-American Slavic Studies*, vol. 10, no.3 (1976) p. 345.

선구자였다.32) "지금까지 우리는 어떻게 하면 장렬하게 죽을 것인가를 배워 왔다. 그러나 합리적으로 사는 방법은 결코 알지 못했다"는 문제 의식이 그 밑에 깔려 있었다.33) 물론 이들의 사상에서 가장 큰 고려의 대상이 된 것은 중간 계급이었다. 중간 계급이야말로 가장 확고한 시민적 책임 의식을 지니고 있다는 것이 그 이유였다. 바르샤바 실증주의를 부르주아의 합리주의 이데올로기로 규정짓고, 부르주아 헤게모니를 겨냥한 것으로 보는 마르크스주의적 해석은 이 점에서 일정한 타당성을 지닌다.

그러나 폴란드 부르주아의 사회적 기반은 서유럽의 부르주아와는 비견할 수 없을 정도로 취약한 것이었다. 어느 면에서 폴란드 부르주아는 차르의 국가 권력과 타협하고자 했던 러시아 부르주아와 특성을 공유했다. 바르샤바 실증주의자들은 낡은 전통, 슐라흐타, 낭만주의, 미신, 심지어는 신과도 투쟁했지만, 차르와의 투쟁은 회피했다. 가능한 모든 자유를 위해서 투쟁했지만, 정치적 자유를 위한 투쟁만은 포기했다.34) 비록 장기적으로는 그렇지 않았다고 하지만, 그것은 적어도 당대의 맥락에서는 독자적 민족 국가의 전망을 포기한 것이었다. 독립의 즉각적인 실현 가능성이 의문시된 만큼, 바르샤바 실증주의의 개혁주의적 프로그램이 차르의 전제적 지배 아래에서 가능할 수 있었는지도 의문이다. 폴란드 부르주아는 체제 내에서의 개혁을 도모했지만, 차르의 지배 체제가 지속되는 한 제한된 개혁조차 불가능하다는 모순에 곧

---

32) Blejwas, *op. cit.*, pp. 95~106.
33) H. Brodowska, "Sytuacja polityczna Królestwa Polskiego po 1864 r. Pozytywizm Warszawski"(1864년 이후 폴란드의 정치 상황: 바르샤바 실증주의), *Historia Polski* (Warszawa, 1963), 3, pt 1, p. 436ff.
34) Feliks Perl, *Dzieje ruchu socjalistycznego w zaborze rosyjskim* (러시아 점령 지역의 사회주의 운동사) (Warszawa, 1958), p. 46.

봉착하게 되었다. 그것은 서유럽의 자유주의자들이 경험해 보지 못한 특수한 딜레마였다.

러시아와 폴란드 또는 동유럽 일반에서 서구적 근대성은 곧 국가 혹은 전제 권력에 제약받는 시민적 근대성을 토대로 산업화를 추구하는 것이었다. 시민적 덕성과 합리주의에 대한 강조에도 불구하고 그것은 프랑스 혁명이 추구한 시민적 근대성과는 질적인 차별성을 갖고 있었다. 민족적 억압 아래 독자적인 국가 권력이 부재하고 또 설혹 있다고 해도 차리즘 같은 철벽의 전제정이 건재한 상황에서, 부르주아가 독자적으로 국가 권력을 장악하고 시민적 근대성을 지향한다는 것은 어느 면에서 불가능한 일이기도 했다. 그 결과 이들이 추구한 서구적 근대성은 시민적 근대성의 해방의 의미가 축소되고, 자본주의의 물적 근대화, 즉 산업화에 치우친 것이었다. 동유럽 부르주아의 이러한 취약성은 자본주의 발전의 '프로이센적 길'을 걸었던 동유럽에서 흔히 발견되는 보편적 현상이기도 하다.[35]

그러나 그 한계에도 불구하고 동유럽의 부르주아가 시도한 서구적 근대성의 역사적 의미를 과소 평가해서는 안 될 것이다. 비록 왜곡된 것이었다고는 하지만, 자본주의의 발전은 전국적 시장권의 형성과 그에 걸맞는 사회적 커뮤니케이션 망의 구축 등 민족 통합의 객관적 조건들을 성숙시켰다. 봉건 사회의 유산인 지방적 폐쇄주의는 점차 활성화되는 물적·인적·문화적 교류 앞에서 서서히 무너지기 시작했다. 민족 문화의 객관적 기초이자 전통 문화의 담지자인 농민층이 대거 도시로 유입됨으로써 도시 문화에도 민족적 색채가 강해졌다. 도시와 농촌간의 교류가 확대되면서 도농간의 경제적 모순이 심화되었지만, 동

---

35) Miroslav Hroch, *Social Preconditions of National Revival in Europe* (Cambridge, 1985), p. 134.

시에 문화적 일체감도 강화되었다. 즉 자본주의적 산업화는 민족 운동이 기층 민중을 포함한 대중 운동으로 발전해 갈 수 있는 물적 토대를 마련해 준 것이다.36)

전통적 근대성이나 서구적 근대성이 모두 주변부 엘리트 집단의 고민을 담은 것이었다면, 이제는 민중이 근대성을 전유하는 새로운 주체로 등장할 것이었다. 서구적 근대성의 기획이 갖는 의미는 이처럼 민중이 근대성의 새로운 주체로 등장할 수 있는 물적 기초를 닦아 놓았다는 데 있었다. 근대성을 추구하는 주체가 바뀌었다고 해서 화두가 바뀐 것은 아니었다. 민족적 정체성의 보존과 근대성의 추구라는 이중의 역사적 과제를 어떻게 해결할 것인가 하는 문제는 여전히 주변부의 고민이 집약된 중심 화두였다. 그러나 민중적 주체의 형성은 전통적 근대성이나 서구적 근대성의 틀로는 담아 낼 수 없는 새로운 요구를 제기하였다. 더욱이 마르크스주의가 역사 무대의 전면으로 등장하면서, 서구적 근대성은 자본주의적 근대만이 아니라 사회주의적 근대라는 새로운 대안을 갖고 있다는 점이 분명히 확인되었다. 그것은 근대성과 민족적 정체성의 새로운 접합 양식을 제시해 줄 것이었다.

5. 반서구적 근대성

민족적 정체성을 지키고 서구 제국주의의 지배에 저항하기 위해서 서구의 자본주의적 근대를 지향해야 한다는 딜레마가 가져온 정신적 긴장은 참으로 견디기 힘든 것이었다. 근대화=서구화=자본주의화라는 등식이 지배적인 한, 그것은 해소될 수 없는 모순이었다. 자본주의

---

36) *Ibid.*, p. 152.

근대화는 제국주의 국가들의 발전 전략이며 또 그들이 주변부에 강제하는 모델이기도 했다. 제국주의의 지배에 저항하기 위해서 제국주의가 강요하는 발전 전략을 따라야 한다는 이 곤혹스러운 모순을 일거에 해결해 준 것은 바로 러시아 혁명이었다. 전형적인 주변부 사회인 러시아에서 일어난 볼셰비키 혁명은 민족 해방 슬로건을 전면에 내세웠을 뿐 아니라, 주변부 근대화의 새로운 길을 제시했다. 제국주의로 표상되는 서구적 길을 거부하면서도 근대에 도달할 수 있다는 가능성을 확인했다는 것만으로도 만성적 분열증에 시달리던 주변부 지식인들에게 러시아 혁명은 복음이었다. 러시아 혁명은 이로써 근대성의 담론에서 프랑스 혁명을 제치고 중심의 위치를 차지하게 되었다.

이들의 기대에 부응이라도 하듯, 레닌은 10월 혁명의 의의가 식민지와 반식민지들도 자본주의를 거치지 않고 사회주의로 곧장 이행할 수 있다는 역사적 선례를 보여 준 데 있다고 썼다. 자본주의를 뛰어넘을 수 있다는 러시아 인민주의자들의 생각은 볼셰비키들에게도 여전히 유효한 것이었다. 자본주의를 건너뛴다는 것은 공동체적 전통과 개인적 자유를 접합시키는 것 혹은 전통적 공동체의 자유와 평등을 바탕으로 서구적 근대성의 산업주의를 취사선택한다는 것을 의미했다. 레닌은 사실상 "러시아 인민주의의 이론적 정치적 전통과 결코 단절된 바 없으며, 마르크스주의를 매우 다른 인민주의의 틀 속에 동화시킴으로써 플레하노프의 프로젝트를 완성시켰다."[37] 사회주의를 건설하기 위한 물적 기반이 극히 취약한 조건 속에서, 혁명 정부의 가장 큰 관심사는 급속한 산업화를 달성하는 것이었다. 이렇게 해서 "볼셰비즘은 자

---

37) S. Clarke, "Was Lenin a Marxist? The Populist Roots of Marxism-Leninism," *Historical Materialism*, No. 3 (winter, 1998), p. 3.

본주의 발전의 조건이 존재하지 않는 나라들에서 급속한 경제 발전을 위한 이데올로기로 변모하였다."38)

"사회주의는 전기화(電氣化)다"라는 레닌의 슬로건은 산업화의 이데올로기로 변모한 볼셰비즘의 성격을 상징적으로 드러낸다. 후진국 근대화론으로서 볼셰비즘의 특징은 1931년 2월에 있은 스탈린의 연설에서 극명하게 드러난다. "속도를 늦춘다는 것은 뒤쳐진다는 것을 의미한다. 뒤쳐지는 자들은 패배할 것이다.…… 과거 러시아 역사의 주된 특징 중의 하나는 그 후진성으로 말미암아 계속되는 패배로 러시아가 고통받았다는 것이다.…… 우리는 선진국에 비해서 50년 내지 100년 정도 뒤쳐져 있다. 우리는 10년 안에 이 격차를 따라잡아야 한다. 따라잡든지 아니면 멸망하든지 둘 중의 하나이다."39) 여기에서 드러나는 볼셰비즘의 목표는 분명하다. 그것은 경제적 측면에서 선진국을 따라잡고 추월하여 당당하게 산업화된 강성 대국이 되겠다는 것이었다.

한편 '포위된 요새'로서 소련이 취할 수 있었던 유일한 방안은 자급자족 경제(autarky)였다. 그것은 경제 발전에 필요한 모든 자원을 국내에서 조달해야 한다는 것을 의미하였다. 물적 기반이 취약한 상황에서 혁명 권력이 의지할 수 있는 가장 유력한 수단은 인적 자원, 즉 노동력이었다. 국가 주도로 농업 부문의 잉여를 공업 부문으로 이전시켜 산업화에 필요한 자원을 마련한다는 프레오브라젠스키(Preobrazhensky)의 '사회주의 원시적 축적론'은 그런 논의의 이론적 근거를 제공했다. 그러나 국가 사회주의가 수탈한 것은 비단 농민만이 아니었다. 노동자도 수탈의 대상이기는 마찬가지였다. 볼셰비키 특유의 노동 조직 방식인

---

38) E.J. Hobsbawm, "Out of the Ashes," R. Blackburn ed., *After the Fall* (London, 1991), p. 318.
39) J.V. Stalin, *Collected Works* (Moscow, 1954/5), vol. 13, pp. 40~41.

'노동의 군대화'는 그 산물이었다. 그것은 곧 사회주의가 노동 해방의 의미를 상실하고 노동을 동원하는 이데올로기로 전락했다는 것을 의미하는 것이었다.40) 비록 동원의 이데올로기로 전락했지만, 소련의 경제 개발 계획이 거둔 눈부신 경제 성장은 주변부의 지도자들에게 깊은 인상을 남겼다. 중요한 것은 해방이냐 동원이냐가 아니라 사회주의가 선진국의 부와 힘을 따라잡을 수 있는지 없는지 여부였다.

네루(Jawaharal Nehru)는 인도가 자본주의를 받아들일 수 없는 이유를 분명히 했다. 인도는 서구 자본주의 국가들이 취했던 것과 같은 속도와 방법으로 진보를 추구할 수 있는 충분한 시간이 없다는 것이 그 이유였다. 네루는 다음과 같이 자문자답했다. "우리가 영국, 프랑스 혹은 미국의 길을 좇아야만 하는가? 우리는 정말로 우리 목표를 달성하는 데 100년 내지 150년을 기다릴 만큼 충분한 시간이 있는가? 이 길은 결코 수용할 수 없다. 그 경우에 우리는 단지 멸망할 뿐이다." 탄자니아 농업사회주의의 지도자 니예레레(Julius Nyerere)는 "그들이 걷는 동안 우리는 뛰어야만 한다"는 슬로건을 제창했다. "15년 안에 영국을 앞지르고 미국을 따라잡자"는 중국 대약진운동의 슬로건이나 "다른 사회주의 국가들이 3차에 걸친 5개년 계획 기간 동안 달성한 것을 우리는 2차 5개년 계획 기간 동안 달성할 수 있다"는 김일성의 독려도 모두 같은 맥락에서 이해된다.

식민지 혹은 반식민지 상태의 주변부에서 사회주의가 환영받은 것은, 그것이 서구 자본주의를 능가하는 급속한 산업화의 수단이라는 점 때문만은 아니었다. 못지않게 중요한 것은 주변부가 자본주의의 방식을 빌지 않고 자신의 방법으로 근대화를 달성할 수 있다는 점이었다.

---

40) 이에 대해서는 임지현, 「해방에서 동원으로」, 이 책 234~265쪽 참조.

자본주의적 발전 방식은 곧 서구 제국주의의 가치 체계라는 등식이 성립하는 상황에서, 비자본주의적 발전의 길로서의 사회주의는 근대성과 민족적 정체성 사이에서 방황하는 분열된 자의식의 이념적 탈출구였던 것이다. 인도의 개혁 사상가였던 비베카난다(Swami Vivekananda)의 사회주의에 대한 정의, 즉 "사회주의는 전통주의도 아니며 서구주의도 아니다"라는 주장은 이 점을 잘 드러내 준다. 그것은 적어도 내게는 이렇게 읽힌다. "사회주의는 전통적 근대와 서구적 근대를 동시에 넘어서는 것이다."[41] 서구에 그 사상적 기원을 둔 사회주의가 주변부에 이르러서는 이렇듯 서구의 제국주의 문명에 도전하고 또 그것을 부정하는 비서구적 혹은 반서구적 기표로 작동하게 되었다.

실제로 주변부에서 실현된 민족 사회주의는 전통적 근대성과 서구적 근대성을 넘어서는 제3의 근대성에 대한 이념적·실천적 모색의 결과이다. 그러나 그것이 전통적 근대성과 서구적 근대성 양자를 모두 지양하여 변증법적으로 종합한 결과인지는 의심스럽다. 전통적인 촌락 공동체의 집산주의와 유대감을 이용하여 비자본주의적 발전 방식을 추구했던 러시아의 인민주의나 인도의 동양적 전통을 바탕으로 "세계가 지금까지 꿈꾸었던 그 어떤 것보다도 더 진정한 사회주의와 공산주의를 발전시킬 것"[42]이라고 내다보았던 간디의 구상은 지나치게 소박하다. 원시적인 자급자족 경제를 이상화시키고 산업주의 자체를 포기하는 데서 해결책을 구하고자 했다는 점에서 이들의 지향은 전통적 근대성에 가깝다. 주변부의 반제국주의 투쟁에서 독일 낭만주의가 프랑스의 계몽주의 사상과 투쟁하면서 만들어 냈던 논리를 발견하는 것

---

41) *Ibid.* 참조.
42) P. Chatterjee, *Nationalist Thought and the Colonial World* (London, 1986), p. 112.

도 충분히 이해된다.[43]

물론 제3세계 사회주의를 전통적 근대성의 연장선상에서 본다고 해서 질적인 차이를 간과해서는 안 될 것이다. 전통적 근대성의 역사적 시간 지평에서는 기술로서의 근대를 자본주의적 근대로 환원시킬 수밖에 없었다. 자본주의적 근대는 기본적으로 전통의 이름으로 복원되고 강조된 공동체적 정서와 양립할 수 없었다. 이 점에서 전통적 근대성은 단순한 형용 모순을 넘어서는 실체적 모순이었으며 실패할 수밖에 없는 기획이었다. 그러나 자본주의적 근대를 사회주의적 근대로 대체하면 사정은 달라진다. 전통의 이름으로 복원된 공동체 정신 혹은 공동체주의는 사회주의를 정당화하는 역사적 유산으로 재평가되는 것이다. 민족 해방 운동이 낭만주의적 민족주의와는 비교할 수 없을 정도의 대중적 호소력을 지닌 것도 같은 맥락에서 이해된다.

전통적 근대성에서는 '내부 세계-정신 영역-민족 문화'와 '외부 세계-물질 영역-외래 문화'의 이원론이 '사적 영역'과 '공적 영역'의 구분을 대체하였다. 내부 세계가 공동체의 정신이 잘 보존된 민족의 영역이라면, 외부 세계는 개인의 자유가 강조되는 제국주의의 문화적 영역이었다.[44] 즉 공동체주의가 민족적인 것이라면, 개인주의는 서구적인 것이었다. 사회주의 근대화가 공동체적인 민족적 정체성과 산업화를 동시에 추구할 수 있는 이론적 무기이자 전략적 대안으로 받아들여진 것은 이 점에서 당연하다. 그것은 전통적 근대성의 실체적 모순인 공동체적 정서와 자본주의적 근대 간의 모순을 일거에 뛰어넘는 사상적 지렛대였다. 한 마디로 그것은 '반서구적 근대성'으로 요약된다.

---

43) 알랭 핑켈크로트, 『사유의 패배』(동문선, 1999), 98쪽.
44) P. Chatterjee, *The Nation and Its Fragments*, pp. 11~12.

사실상 급속한 산업화에 대한 주변부 사회주의자들의 절실한 욕구에도 불구하고, 러시아의 인민주의나 간디의 발상은 은폐된 형태로 존재했던 것이 아닌가 싶다. '마르크스-레닌주의의 창조적 적용', '우리식 사회주의' 등의 슬로건은 그것을 은폐하는 선동 기제였다. 농민이 인구의 대다수를 차지하고 있는 한 인민주의적 발상은 불가피했고 또 필요하기도 했다. 민족 해방 운동의 주력군인 농민을 동원하기 위해서는 민족주의의 담론으로 그들의 전통적 정서에 호소할 수밖에 없었다. 역사 현상으로서의 민족 개념이 아니라 영원한 운명으로서의 민족 개념이 지배적이었다는 지적은 비단 마오쩌뚱의 경우에만 해당되는 것은 아니다.[45] 중국 공산주의가 마르크스주의를 물구나무서게 만들었다는 한 서구 연구자의 평가는 이 점에서 일리가 있다.[46] 그것은 마르크스주의 이론으로부터의 분명한 일탈이었지만, 다른 한편으로는 민족 해방 운동을 성공으로 이끈 요인이기도 했다.

알제리나 베트남의 경우에도 상황은 유사했다. 알제리인들의 투쟁은 결과적으로 자신의 정체성, 즉 알제리인이 될 수 있는 권리를 되찾기 위한 투쟁임이 밝혀졌다. 알제리 공산당의 스탈린주의자들이 프랑스 공산당과 보조를 맞추어 "프랑스와의 진정한 합병"을 요구함으로써 알제리인들의 투쟁은 정치적 반공주의 경향까지 드러냈다. 파농(Franz Fanon)의 민족 담론에서 프랑스 극우파 이데올로그인 바레스(Barres)의 결을 읽어 내는 핑켈크로트의 지적은 이 점에서 흥미롭다. 베트남에서는 마르크스주의가 유교를 대체하지 못하고, 거꾸로 유교적 전통이 마르크스주의를 전도시켰다. 전투적인 마르크스주의자들조차

---

45) S. Schram, *Mao Tse-tung* (Harmondsworth, 1966), p. 201.
46) G. Lichtheim, *Marxism*, 2nd ed. (New York, 1982), p. 364.

유교의 정치적 도덕주의를 손쉽게 받아들였다. 베트남 공산당이 민중을 동원하고 조직한 키워드는 민족 독립과 조국 근대화를 위한 경제 건설이었다.[47] 폴란드 사회당 우파의 예에서 잘 볼 수 있듯이, 사회주의가 새로운 미래의 계획이 아니라 전통적 가치의 도구가 된 것은 주변부의 역사적 조건을 공유하는 동유럽의 경우에도 마찬가지였다.[48]

제3세계의 민족 해방 운동 과정에서 사회주의는 결국 노동 해방의 이데올로기에서 민중 동원의 이데올로기로 전락했으며, 국제주의는 민족주의로 대체되었다. 세계 체제의 주변부에서 사회주의는 결국 민족주의의 하급 동맹자가 되었으며, 자본주의의 대안이 아니라 발전 내지는 산업화의 이념이 되었다. 노동 동원의 이데올로기는 착취 개념을 자본-노동의 관계에서 부르주아 국가 대 프롤레타리아 국가간의 관계로 이전시킴으로써 가능했다. 주변부의 좌파들은 민족 해방의 이름으로 민족 국가의 자본 축적을 지지 옹호하였으며, 민족 경제라는 이름으로 임금 동결과 파업의 불법화를 선언했다.[49] 이집트의 낫세리즘이나 이라크의 바트당(黨) 운동에서도 드러나듯이, 주변부 사회주의의 반서구적 근대성은 극단적으로 말해서 "진보적 반서구주의로 가장한 토착적 보수주의의 독특한 형태"[50]였을 뿐이다.

제3세계 혁명이 관료적 국가주의로 고착화된 데는 민족 해방 투쟁의 지도자들이 견지했던 민족 개념에도 그 책임이 있다는 핑켈크로트

---

47) G. Challiand, *Revolution in the Third World*, revised ed. (New York, 1989), pp. 70~74, 91, 145 and passim.
48) A. Przeworski, "Eastern Europe: the most significant event in our life time," *Sisyphus*, vol. 7 (1991), p. 9.
49) 나이젤 해리스, 『세계 자본주의 체제의 구조변화와 신흥공업국』(신평론, 1989), 145쪽, 223~224쪽.
50) B.S. Turner, *Orinetalism, postmodernism and globalism* (London, 1984), p. 102.

의 지적은 이 점에서 타당하다.51) 반서구적 근대성의 비극은 민중이 민족을 전유하지 못하고, 민족의 이름으로 신생 권력이 민중을 전유했다는 데 있었다. 전통적 근대성이 신분 해방으로서의 시민적 근대성을 배제하고 기술로서의 근대만을 의미했던 것처럼, 반서구적 근대성은 노동 해방으로서의 사회주의를 부정하고 후진국 근대화론으로서의 사회주의를 의미하는 것이었다. 민족은 해방되었어도 민중은 해방되지 못한 역설이 성립하는 지점도 이곳이다. 민중 해방이 배제된 민족 해방을 어떻게 평가해야 할까?

6. 권력 담론에서 해방 담론으로

탈근대성의 관점에서 민족 담론의 해체를 시도한 인도 하위 주체 연구자들의 문제 의식은 민족 해방 운동에 대한 위와 같은 반성에서 비롯된다. 인도의 국민의회가 반제국주의 투쟁의 역사적 정통성에도 불구하고 독립 이후에는 민중을 동원하고 지배하는 또다른 권력에 불과하게 되었으며, 민족주의는 해방의 이데올로기에서 권력의 지배 이데올로기로 전화되었다는 정치적 반성이 새로운 사고의 일차적 계기였다. 정치적 반성은 곧 인식론적 반성을 낳았다. 민족 해방 운동의 이론적 두 축인 민족주의와 마르크스주의가 다 같이 유럽 중심적 담론이라는 것이 인식론적 반성의 출발점이었다. 프라카시의 표현을 빌린다면, 민족주의는 오리엔탈리즘의 사고를 역전시켰지만 그것은 식민주의가 이입한 이성과 진보의 담론틀 안에서였으며, 마르크스주의는 식민지 착취를 폭로했지만 유럽의 역사적 경험을 보편으로 삼는 역사주의의

---

51) 핑켈크로트, 『사유의 패배』, 105쪽.

도식을 벗어나지 못했다는 것이다.52)

이 논리를 민족 해방 이론에 연결시킨다면, 그것은 마르크스주의의 생산 양식론을 근대화와 진보에 대한 민족 국가의 이데올로기와 접합시킨 전형적인 유럽 중심적 담론이라는 결론을 내리는 것이 가능하다. 지난 수 년간 한국 사학계를 뜨겁게 달구었던 식민지 근대화론 논쟁도 기실은 유럽 중심적 담론에서 크게 벗어나지 못한 것으로 판단된다. 마르크스주의 경제학의 관점에서 식민주의의 근대적 역할을 강조한 논의나 자본주의의 내재적 발전론의 연장선상에서 식민지 근대화론을 비판한 민족주의적 관점은 사실상 동일한 논리 구조를 공유하고 있다. 구체적인 현상 분석의 차원에서 양자는 팽팽하게 대립하지만, 인식론적 체계나 가치 체계에서는 근대성의 담론을 공유하고 있는 것이다. 새마을운동에 대한 김정일의 높은 평가가 별반 새삼스러울 것이 없는 것도 같은 맥락에서이다. '한국적' 혹은 '우리식'이라는 수식을 벗기면, 10월 유신과 주체사상이 실은 민족주의의 동일한 권력 담론으로 짜여져 있다는 것이 분명히 드러난다.

반서구적 현실 인식이 서구의 역사적 경험과 그 인식 체계에 의존하고 있다는 이 역설이야말로 민족주의와 근대성의 문제를 새로운 각도에서 되돌아보는 실마리가 될지도 모르겠다. 민족주의에 대한 우리의 이해를 일차원적 사고에서 다차원적 사고로, 한국사의 일국적 틀에서 전지구사의 '열국적' 틀로, 현상 분석에서 논리 구조의 분석으로 진전시킬 때야 비로소 권력 담론에서 해방 담론으로의 이행이 가능하지 않을까?

---

52) G. Prakash, "Subaltern Studies as Postcolonial Criticism," *American Historical Review*, vol. 99 (Dec., 1994), p. 1475.

한 국민 작가의 문학적 자살
헨리크 시엔키에비치에 부쳐

시 중심가에 있는 바르샤바 대학 구내로 들어서면, 양옆으로 작은 건물들을 거느린 권위적으로 생긴 중앙도서관이 정면으로 들어온다. 그 오른편에 미술사학과와 동양학부가 자리한 아담한 이층 건물이 오붓이 서 있다. 다소 기운 듯한 그 건물 한켠 양지 바른 잔디밭에는 전형적인 폴란드 콧수염을 단 작은 브론즈 흉상이, 봄이면 따뜻한 햇볕을 받으며 졸고 있다. 러시아와 독일, 오스트리아 세 열강에 분할 점령된 조국 폴란드에 최초의 노벨 문학상을 안겨 준 헨리크 시엔키에비치(Henryk Sienkiewicz, 1846~1916)가 흉상의 주인공이다. '피의 일요일'에 상트 페테르부르크에서 시작된 혁명의 불씨가 러시아 점령 지역으로 번져 바르샤바와 우치를 비롯한 폴란드 왕국 전체가 혁명의 소용돌이에 휘말렸던 1905년, 바로 그 해 노벨 문학상을 받았다는 것도 예사롭지만은 않다.

세계적 베스트셀러인 『쿠오 바디스』의 작가로 우리에게 친숙한 시엔키에비치는 폴란드 밖에서 가장 잘 알려진 폴란드 작가일 것이다. 노벨 문학상을 받은 것 외에도, 할리우드에서 만들어 국내에서도 크리스마스만 되면 어김없이 재탕 삼탕 방영되는 그 영화 덕분이다. 로마의 카타콤 옆의 작은 교회, 베드로가 주님을 만나 "주여, 어디로 가시나이까?"라고 물었다던 그 자리에 세운 작은 교회에서도 폴란드인들의 성금으로 제작된 시엔키에비치의 흉상을 본 기억이 있다. 브론즈였는지 석고였는지는 잘 모르겠다.

　세계적인 명성에 비하면, 정작 폴란드 문학 비평가들의 시엔키에비치에 대한 평가는 야박한 편이다. 연대노조 운동이 한창이던 1980년 노벨 문학상을 받은 반체제 저항 시인 미워시(Czesław Miłosz)는 실증주의 계열의 동시대 작가들에 비해 시엔키에비치가 지적으로 많이 떨어진다고 쓰고 있다. 20세기의 탁월한 좌파 사상가이자 문학 비평가 브조조프스키(Stanisław Brzozowski) 또한 『쿠오 바디스』가 우아한 기독교도와 야만적 이교도 황제 네로라는 원시적 이분법의 구도를 지닌 피상적 작품이라고 혹평한 바 있다. 그러나 『쿠오 바디스』가 그의 대표작은 아니다. 또 전문가들과는 달리 대중들의 호응은 비교적 좋은 편이었다. 제2차 세계대전 당시 폴란드 레지스탕스의 지하 조직원들이 시엔키에비치의 소설에 나오는 인물들의 이름을 암호명으로 가장 선호했다는 데서도 그것은 잘 드러난다.

　시엔키에비치의 호소력은 이민족에게 억압당하고 있는 대중들의 가슴을 위무했다고 평가되는 역사 소설에 있다. 그 중에서 흔히 삼부작으로 한데 묶이는 『불과 칼』, 『대홍수』, 『보위디요프스키 나리』가 대표적이다. 세 소설은 각각 폴란드-우크라이나 코사크 전쟁, 폴란드-스웨덴 전쟁, 폴란드-터키 전쟁을 다루고 있어 흥미롭다. 17세기라는 시대적 배경은 폴란드의 귀족 공화정이 황금기를 넘어 서서히 몰락해 가던 시기였으나, 공교롭게도 세 전쟁 모두 폴란드의 승리로 끝났다. 영웅적 귀족 전사들의 초인적인 투쟁과 적당한 로망스, 기적적인 탈출과 극적인 승리 등으로 점철된 스토리 자체는 군사 모험담의 플롯과 유사하며, 나아가 할리우드 영화의 서스펜스와 스릴을 느끼게 한다. 방대한 역사 자료들을 천착하고 17세기의 고어를 되살리는 등 역사적 분위기를 재현하는 데도 성공했다는 평가가 지배적이다.

이 역사 소설 삼부작은 문학적 성취도와는 상관없이 글을 읽을 수 있는 모든 폴란드인들에게 읽혔고, 청소년들의 필독서가 되었다. 한 세기가 넘는 이민족의 긴 지배를 인내해야만 했던 폴란드인들에게 초인적 민족 영웅들이 주인공이 되어 펼치는 애국적인 서사가 지녔을 호소력은 충분히 이해할 만하다. 그러나 소설의 전편에 물씬 풍기는 역사적 분위기에도 불구하고, 시엔키에비치의 역사 해석은 상당히 자의적이다. 사실에 대해서 엄격한 태도를 고수했던 실증주의자들이 시엔키에비치의 역사 소설을 무시하고 경멸적 시선을 보낸 것도 이런 이유에서이다. 그러나 소설가도 역사가일 수 있다. 역사적 서사를 역사가만이 독점해야 한다고 주장한다면 그것은 독선이다.

문제는 시엔키에비치가 나름대로 역사적 해석을 했다는 그 사실 자체가 아니라 그 역사적 해석이 함축하는 '기억'의 성격이다.『불과 칼』에서 그리고 있는 폴란드-코사크 전쟁(1648~1657)은 기본적으로 폴란드 봉건 영주에 대한 우크라이나 농노들의 농민 반란이다. 오늘날의 리투아니아, 벨로루시, 우크라이나의 대부분을 차지하는 폴란드 귀족 공화국의 변경은 폴란드 봉건 지주 대 리투아니아, 벨로루시, 우크라이나 농민이라는 대립 구도가 그 역사적 특징이다. 재판 농노제로 강화된 영주-농노간의 계급적 대립이 민족적 적대감과 중첩되어 그 갈등은 첨예한 형태로 발전할 수밖에 없었다. 이 반란이 진압된 지 백여 년이 지난 1768년 후만(Humań)에서 약 2만여 명의 폴란드 귀족들과 유대인들이 우크라이나 농노들에게 살해당했다는 역사적 사실 또한 폴란드 귀족과 우크라이나 농노간의 갈등이 얼마나 첨예한 것이었는가를 잘 보여 준다.

시엔키에비치가 재구성한 폴란드-코사크 전쟁의 기억이 독특한 것은 봉건 영주와 농노간의 계급 갈등이 배제된 채, 폴란드인과 우크라이나인의 민족적 대립을 축으로 삼고 있다는 점이다. 폴란드인들은 '좋은 친구들'이고 우크라이나인은 '나쁜 녀석들'이라는 원시적 이분법이 그가 재구축한 역사적 기억의 핵심이다. 그 결과 반란을 지휘한 우크라이나의 민족 영웅 흐미엘니츠키(Bogdan Chmielnicki)는 반란군의 두목 정도로 격하된다. 대신 자신의 사병(私兵)들을 이끌고 우크라이나 코사크와 타타르 연합군에 대항했던 폴란드의 귀족 비시니요비에츠키(Jeremi Wiśnijowiecki)는 그리스도와 서구 문명을 수호한 성인이자 공화국을 수호하기 위해 투쟁한 유쾌한 귀족으로 묘사된다. 시엔키에비치가 만들어 낸 '유쾌하고 시끌벅적한' 비시니요비에츠키의 이미지는 과부들을 겁탈하고 정치적 약속을 안 지키며 배반을 밥먹듯 한 전형적인 도적 두목 같았다는 역사의 기록과는 상당한 거리가 있다. 무려 23만 명의 농노를 지배했던 대영주 비시니요비에츠키 본인에게는 그것들이 유쾌한 일이었는지 모르겠지만, 유쾌한 귀족이라는 이미지는 사실을 왜곡한 것이라는 비난을 면하기 어렵다.

더 중요하게는 좋은 폴란드인과 나쁜 우크라이나인이라는 원시적 이분법이 작품의 문학적 격을 떨어뜨린다는 점이다. 그의 소설에서 전쟁은 반인간적 성격을 드러내기보다 폴란드 민족 영웅들이 조국에 대한 애국심과 불굴의 용기를 발휘할 수 있는, 용맹한 사나이를 위한 무대일 뿐이다. 그래서 시엔키에비치의 전쟁 이야기는 비극적 서사가 아니라 민족 영웅들의 낭만과 사랑이 곁들인 아름다운 동화가 된다. 목과 손이 잘리고, 시체들이 쌓이고, 집들이 불타지만, 민족 영웅들의 동화에서 사람들이 흘린 피는 피가 아니다. 피비린내 나는 동화는 있을 수 없다. 영웅들의 잔학 행위나 잔인하게 죽음을 당한 민중들, 우크라이나 농노의 고통, 폴란드군과 우크라이나 농민들 양측의 적대 행위로 영문도 모른 채 죽어 간 5만여 유대인들의 고혼(孤魂)은 동화적 완성도를 위해 무시되어야만 했다. 그것들을 언급한다는 것은 조국과 민족의 대의를 위해 자신을 희생한 숭고한 민족 영웅들에 대한 결례가 아닌가?

한국의 국민 작가가 되겠다고 선언한 한 야심찬 젊은 작가의 작품이 조국과 민족을 위해 고민하는 계몽 전제 군주와 그를 보필하는 지식인 관료의 고투로 일관한 것도 같은 맥락에서 읽혀진다. 조국과 민족을 위해 독재자라는 비난을 무릅쓰면서도 조국 근대화를 추진한 민족 영웅의 사나이 대장부다운 고민은 문학적 형상화의 값진 소재지만, 조국과 민족을 위해 희생당하는 민중들의 소박한 바람과 인간적인 삶은 대수롭지 않다. 한국과 폴란드를 막론하고 민족적 대서사 혹은 민족 로망이라고 평가되는 대부분의 작품들에서 청소년과 어른을 위한 동화라는 느낌이 드는 것은 내가 문학의 문외한이기 때문일까?

어찌 보면 시엔키에비치의 다른 역사 소설에서도 공통적으로 발견되는 이 단순한 애국심, 민족의 이름으로 모든 인간적인 갈등과 고민을 덮어 버리고 민족 영웅들의 호연지기를 통해 민족적 억압의 현실을 카타르시스해 주는 그 애국심이야말로 그의 작품이 갖는 대중적 호소력의 원천이자 그가 국민 작가로 평가되는 비결이기도 하다. 그러나 시엔키에비치의 호소력은 폴란드적 정체성을 공유하는 특정 집단에게만 한정될 뿐이다. 폴란드-코사크 전쟁에서 우크라이나-타타르 연합

반군을 지휘한 흐미엘니츠키는 우크라이나의 민족 영웅이다. 1996년 화폐 개혁 이후 새로 발행된 우크라이나의 새 지폐인 '그리브나'에 그의 초상이 새겨질 정도이다. 자연히 시엔키에비치를 보는 우크라이나인들의 시선이 고울 리 없다. 흐미엘니츠키를 민족 영웅으로 조작해 낸 우크라이나의 민족주의도 시엔키에비치의 그것에 못지않지만, 우크라이나 민중 항쟁을 잔인하게 진압한 인물이 노벨 문학상 수상 작가의 작품에서 주인공으로 등장하여 민족 영웅으로 채색되는 것을 용인하기는 어려웠을 것이다.

수년 전 폴란드의 텔레비전 방송국에서 『불과 칼』을 연속극으로 만들려다가 우크라이나 정부의 강력한 항의로 계획을 취소했던 사실에서도 그것은 잘 드러난다. 폴란드인들은 연속극을 취소하는 대신 한 편의 영화로 만족해야 했다. 1999년 여름 폴란드를 방문했을 때, 마침 소설 제목과 똑같은 그 영화가 개봉되어 관람할 기회를 가진 적이 있다. 내 기억이 맞다면, 그것은 우크라이나와 합작으로 만든 작품이었다. 그래서인지 시엔키에비치의 원작을 관통하는 민족적 편견은 많이 제거된 상태였다. 영웅들의 서사에서 민족적 열정이 제거되고 나니 남는 것은 지루한 사무라이 활극뿐이었다. 관람객의 대부분을 차지한 중·고등학생들은 지루하다는 기색이 역력했고, 영화를 본 폴란드 친구들의 반응도 혹평 일색이었다. 영화에서 다시 한 번 죽었다고 생각하니, 이 노벨상 수상 작가가 측은하게 여겨지기도 했다.

사실 시엔키에비치와의 개인적 인연도 별반 유쾌하지 못하다. 『쿠오 바디스』의 작가로만 알았던 그를 눈여겨보게 된 것은 우연치 않은 계기 때문이었다. 야길로니언 대학 도서관에서 20세기 초에 나온 폴란드 사회당의 신문들과 씨름하던 때의 일이 아니었나 싶다. 1905년 혁명에 참가했던 한 노동자가 혁명을 회고하며 기고한 글에서 뜻밖에 그의 이름을 발견했다. 시엔키에비치가 혁명의 소용돌이에 휘말려든 바르샤바의 거리 한 모퉁이에서 폴란드의 극우 정당인 민족민주당을 열정적으로 지지하는 연설을 하고 있었다는 기록이었다. 민족민주당은 폴란드적인 가치의 수호, 유대인 배척, 폴란드인을 위한 폴란드 등 국수주의적 강령과 슬로건을 내걸었던 전형적인 극우 정당이었다. 폴란드인들이 자랑스러워하는 노벨상 수상 작가인 시엔키에비치가 극우 이데올로그였다는 사실이 우선은 잘 믿기지 않았다. 가까운 친구들에게 이 이야기를 했더니 금시초문이라는 반응이 대부분이었고, 또 일부는 별걸 다 캐낸다는 식의 반갑지 않은 표정을 지었다. 호기심을 주체할 길 없어 『불과 칼』을 읽게 됐는데, 극우 이데올로그라는 사실이 별로 놀랄 것도 없다는 결론을 내렸다.

나는 이념이 한 작가의 문학적 성취도를 가늠하는 기준이라고 생각하지는 않는다. 또 작품의 질이 그 작가의 이념에 따라 결정된다고 믿을 만큼 순진하지는 않다. 그러나 민족의 이름으로든 계급의 이름으로든, 혹은 민족 문학이든 민중 문학이든 어떤 거대한 추상의 이름으로 다양한 인간 군상의 구체적 삶에 대한 탐구를 포기한다면, 그 다양하고 모순덩어리인 우리네 삶과 의식의 섬세한 결들을 거대 이론으로 덮어 버린다면, 문학적 성취도를 논하기에 앞서 그것은 문학의 자살을 의미한다고 생각한다. 역사 소설에서 나타나는 시엔키에비치의 문학적 사유의 천박함은 노벨상의 월계관으로 덮을 수 있는 것은 아니다. 시엔키에비치의 문학적 기여가 있다면, 그것은 아직도 위대한 국민 작가나 민족 작가를 꿈꾸는 젊은 문학도들에게 그 전철을 밟지 말라는 생생한 교훈에 있을 것이다.

문학은 민족이나 계급의 거대 담론이 아니라 그것이 억압하고 있는 우리네 삶의 미세한 결들을 예민하게 포착하고 드러내야 한다. 그리하여 거대 담론이 전유한 민중들의 구체적이고 생생한 삶의 기쁨과 슬픔, 소망과 좌절, 사랑과 증오 등을 역사의 체로 걸러 복원해 주었으면 한다. 그것이 이 땅의 문학에 거는 나의 소박한 바람이다. 이런 표현이 가능하다면, 거대 서사가 구체적 삶을 전유했던 '하드 로망'(hard roman)에서 구체적 삶이 영웅적 서사를 전유하는 '소프트 로망'(soft roman)으로 우리네 문학적 지형도가 새로 짜여졌으면 한다. 국민 작가는 말할 것도 없지만, 민족 문학이나 노동 문학 역시 거대 담론의 기치 아래 혹 문학적 헤게모니 지향을 슬쩍 은폐해 온 것은 아닌지 이 땅의 문학인들에게 한번 묻고 싶다. 우리에게 필요한 것은 한국의 시엔키에비치를 배출하는 것이 아니라 새끼 시엔키에비치들을 퇴출시키는 것이 아닐까?

민족주의의 두 얼굴

폴란드의 유수 대학에는 어디나 슬라브 문학부 아래 '세르브스코-호르바츠키'(크로아티아는 폴란드어로 '호르바치아'라 한다) 어문학과가 있다. 폴란드 친구들에 의하면, 1980년대 말까지는 크로아티아에서 오는 학자들마다 이 명칭에 대해서 불평을 늘어놓았단다. '호르바츠코-세르브스키' 어문학과로 순서를 바꾸어야 한다는 것이었다. 그런데 이제는 크로아티아뿐 아니라 세르비아에서 오는 학자들도 이구동성으로 불만이란다. 내용인즉 세르비아어와 크로아티아어는 완전히 다른 언어인데, 어떻게 한데 묶을 수 있느냐는 것이다. 적어도 폴란드 대학의 학과 명칭에 관한 한, 세르비아와 크로아티아는 민족적 적대감을 초월해서 비판의 통일 전선을 구축하는 데 성공한 듯이 보인다.

그러나 19세기 동유럽 민족 운동의 역사를 잠시만 들추어보아도 이 이상한 통일 전선은 곧 근거를 잃고 와해된다. 근대적인 문어로서의 세르보-크로아티아어는 크로아티아인 가이(Ljudevit Gaj)가 세르비아인과의 통합을 위해 두 민족이 공유했던 방언인 슈토(sto)를 문어체로 바꾸고, 세르비아 출신의 카라지치(Vuk S. Karadzic)가 이것을 다듬어서 탄생한 것이다. 유일한 차이는 크로아티아인이 로만 알파벳, 세르비아인이 키릴 알파벳을 사용한다는 것뿐이다. 두 민족이 연합하여 남슬라브주의라는 이름 아래 팽창주의를 추구할 때는 자연스럽기만 했던 언어적 동질성을 부정하고, 서로 다른 언어라는 주장이 힘을 얻는 저간의 사정은 독자들도 다 짐작하는 바이다.

민족어라는 것도 따지고 보면 농민층이 사용하는 구어를 기반으로 한다는 점에서 자연스러운 것이지만, 동시에 문어체로 만드는 과정에서 인위적인 수정이 가해진다는 점에서 인공적인 것이기도 하다. 프랑스 혁명이 일어날 당시 프랑스어를 정확하게 사용할 줄 아는 '프랑스인'은 전체 인구의 12~13퍼센트에 머물렀다. 자코뱅은 파리를 중심으로 한 '일 드 프랑스' 지방에서 사용되는 언어를 국어로 지정하고, 그에 저항하며 지방어를 고수하는 세력에 대해서는 힘으로 국어를 관철하는 폭력적인 언어 정책을 실시했다. 이탈리아 반도가 통일되었을 때 이탈리아어를 사용하는 '이탈리아인'은 전체 인구의 2.5퍼센트에 불과했다. 리소르지멘토 운동의 일익을 담당했던 다젤리오(Massimo d'Azeglio)는 통일 이탈리아의 개원 의회에서 비장하게 연설했다. "우리는 '이탈리아'를 만들었습니다. 이제는 '이탈리아인'을 만들 차례입니다."

우리가 자명한 전제로 받아들이는 언어적 동질성이라는 것이 실은 얼마나 유동적인가 하는 것을 잘 보여 주는 예들이다. 언어와 더불어 민족을 '초역사적 자연적 실재'라고 착각하게 만드는 데 일등 공신이라 할 수 있는 혈통의 영속성도 역사의 엄연한 진실 앞에서는 불 앞의 얼음일 뿐이다. 국어 교과서에 실린 알퐁스 도데(Alphonse Daudet)의 「마지막 수업」은 그 강렬한 민족주의적 메시지로 청소년기의 많은 한국인들에게 깊은 인상을 남겼다. 그러나 이 소설의 무대인 알자스-로렌의 주민들이 혈통적으로는 독일인이며 또 18세기 말까지는 독일어를 사용했다는 사실을 아는 한국인들은 별로 없는 듯하다.

역사적 실상은 이러하다. 알자스-로렌의 주민들은 중세 이래 독일어를 사용하고 독일 문화권에 속해 있었다. 혈통적으로도 라틴보다는 게르만에 가까웠다. 그러나 이들은 1789년 프랑스 대혁명이 발발하자 주민 투표를 통해 기꺼이 프랑스 민족에 통합되는 길을 택했다. '자유, 평등, 박애'라는 슬로건 아래 혁명 프랑스 정부가 약속한 인간 및 시민의 권리에 표를 던진 것이다. 이들에게 혈통과 언어를 좇는다는 것은 곧 독일의 봉건적 지배 아래 들어간다는 것을 의미하였다. 알퐁스 도데가 감동적으로 그린 알자스-로렌 주민들의 감동적 프랑스 민족주의는, 그러므로 혈통이나 언어 등 원초적 유대감에 기초한 것이 아니라 프랑스 공화정이라는 시민적 공동체에 대한 시민적 헌신에서 비롯된 것이었다.

민족을 혈통과 언어의 영속성에 기초한 초역사적 실재라고 생각하는 많은 한국인들에게 알자스-로렌 주민들의 프랑스 애국주의는 참으로 이해하기 힘든 것일 수도 있겠다. 이해할 수 없기는 19세기 독일의 대역사가들인 몸젠(Teodor Mommsen)이나 트라이치케(Heinrich von Treitschke)도 마찬가지였다. 이들은 역사와 혈통을 근거로 알자스-로렌의 독일 귀속을 요구했던 것이다. 민족 혹은 민족주의에 대한 담론에서 공통의 조상과 혈통, 언어의 동질성, 공통의 관습과 종교 등 원초적인 유대를 강조하는 경향은 19세기 독일의 낭만주의에서 시작되었으나, 동유럽 및 제3세계에서 확대 재생산되었다.

자주적인 근대 민족 국가를 수립하지 못하고 식민지 혹은 반식민지로 전락한 상황, 근대 시민 혁명의 세례를 받지 못하고 여전히 봉건 구조가 온존하고 있는 상황에서 그것은 불가피한 선택이기도 했다. 평등하고 자유로운 시민 공동체로서의 민족에 대한 담론은 사실상 기대할 수 없었던 것이다. 식민주의에 저항하는 전선에 민중을 동원하기 위해서는 신화로 채색된 민족의 원초적 정서에 호소할 수밖에 없었다. 이 점에서 민족사의 영광을 기리는 민족주의적 역사 서술은 식민지 시기 저항 민족주의의 이념적 기둥이 된다.

19세기 후반 동유럽의 민족주의 역사학은 이 점에서 매우 흥미롭다. 예수가 크로아티아 사람이었다거나 마자르인의 조상이 에덴 동산의 아담이었다는 강변, 혹은 세르비아인들은 12사도의 후예라는 주장들이 그럴듯한 실증의 옷을 입고 활개를 쳤다. 이것은 한국인 누구에게나 실소를 자아낼 만한 신화적 역사 서술이지만, 공자가 우리 조상이었다는 식의 비슷한 주장에는 누구나 진지해지는 우리 사회의 역설을 발견하게 된다. 그 역설은 세계사적 전망을 배제한 채 민족사적 특수성만을 강조한 결과이기도 하다.

문제는 민족사에 대한 신화적 이해와 민족의 원초적 유대에 대한 감정적 호소가 민족에 대한 우리의 담론을 닫힌 구조로 만들었다는 점이다. 그것은 안으로는 유신 체제의 '한국적 민주주의'나 북한의 '조선민족 제일주의'에서 보듯이 결국 정치 권력을 옹호하는 체제 이데올로기로 민족주의를 전락시켰다. 또 밖으로는 재일 교포가 받는 부당한 처우에 대해서는 분개하면서도 한국에서 화교나 외국인 노동자가 받는 부당한 처우에 대해서는 침묵하는 이중 잣대의 배타적 민족 이기주의를 낳기도 했다.

'열린 민족주의'는, 알자스-로렌의 주민들이 프랑스 민족에 통합된 예처럼, 한국의 민족주의가 민족을 자연 전제하는 혈통 공동체로부터 바람직한 가치를 공유하는 시민 공동체로 자신의 존재 기반을 옮길 때

가능하다고 믿는다. 한국의 민족주의는 그때 비로소 안으로는 정치 권력을 견제하고 밖으로는 보편적 휴머니즘의 빛을 발할 것이다. 남과 북을 통틀어 모두 우리 사회가 얼마나 많은 새끼 밀로셰비치들을 키우고 있는가를 생각하면, 발칸 반도의 피비린내 나는 인종 청소가 결코 남의 일로만 느껴지지 않는다.

탈민족 민족주의

우리 사회는 지난 몇 달 간 민족 문제를 둘러싼 두 번의 미세한 파동을 겪었다. 작년 8월 국회에서 발의하여 우여곡절 끝에 12월 17일 국무회의에서 의결된 '재외 동포의 출입국과 법적 지위에 관한 법'이 그 하나라면, 정주 외국인의 지방 자치 참여 방안을 검토하라는 지난 3월 대통령의 지시가 다른 하나였다. 앞의 법률이 재외 동포를 경제 회생에 적극적으로 동참시키기 위한 목적에서 제정되었다면, 뒤의 지시는 재일 교포들의 지방 참정권 요구에 힘을 실어 주자는 의도라고 신문 기사는 전한다.

재외 동포의 공직 임용, 제한적 참정권 부여 등을 골자로 하는 재외 동포특례법의 법무부 시안은 중국과 독립국가연합 등의 강한 반발로 인해 결국 중국과 러시아 교포들은 제외하는 선에서 마무리됐다. 특히 소수 민족 문제에 예민한 중국의 반발은 거센 것이어서, 각종 조선 문제 연구소의 소장 등 주요직을 조선족에서 한족으로 갈아치우기도 했다는 후문이다. 중국의 조선족에 관한 한 처지를 크게 악화시킨다는 의미의 특례법이었던 셈이다.

"한민족 혈통을 지닌 자로서 외국 국적을 획득한 자"라고 재외 동포를 정의한 법무부 시안은 사실상 혈통을 국적보다 앞세움으로써 국제법의 원칙을 무시한 것이었다. 결국 법무부 시안은 크게 수정되었지만, 혈통을 중시하는 기본적인 발상은 바뀐 것 같지 않다. 미국, 일본 등 기타 지역의 재외 동포들에게 재산권과 선거권 행사에서 내국인과 동등한 수준의 법적 지위를 인정한 법무부가 정주 외국인의 지방 자치 참여안에 대해서는 이들이 납세 등 국민의 의무를 다하고 있지 않다는 이유로 소극적인 자세를 취하고 있는 것이다.

미국이나 일본의 재외 동포가 미국이나 일본 정부가 아닌 대한민국 정부에 납세나 국방 등 국민의 의무를 다하고 있는지 나는 묻고 싶다. 적어도 내가 알고 있는 교포들 중 대한민국 정부에 국세나 지방세를 내는 사람은 없다. 한민족 공동체에 대한 기여도라는 측면에서도, 나는 해외 교포들보다는 한국인들이 기피하는 3D 업종을 도맡아 했던 외국인 노동자들에게 더 후한 점수를 주고 싶다. 재외 동포와 정주 외국인에 대한 법무부 관료들의 이중 잣대는 결국 그들의 혈통 중심적 사고방식에서 비롯된 것이 아닌가 한다.

문제는 그것이 이들 관료들만의 독점물이 아니라 우리 사회 전체에 공유되어 있다는 점이다. 혈통적 순수성을 강조하다 보면, 평등하고 자유로운 시민 공동체로서의 민족 개념은 상대적으로 도외시될 수밖에 없다. 시민적 공공성을 배제한 채 민중의 원초적 감정에 호소하는 혈통적 민족주의가 결국 남과 북 모두에서 체제 유지의 정치 공학으로 전락했음을 한반도의 현대사는 잘 보여 주고 있다. '열린 민족주의'를 표방하는 '국민의 정부'의 민족 정책이 혈통적 신화의 틀을 벗어나지 못하고 있다는 것은 이 점에서 큰 유감이 아닐 수 없다.

열린 민족주의는 정치적 선언으로 얻어지는 것이 아니다. 한반도의 민족 공동체가 인간적인 삶을 보장하는 가치들을 지향하고, 이 땅에 사는 모든 주민이 출신이나 종교, 문화적 차이에 관계 없이 그 가치들을 공유할 때, 이 땅의 민족주의는 열려 있으면서도 당당한 탈(脫)'민족' 민족주의로 나아갈 것이다.

파농에게

"검둥이도 왼쪽에 심장을 갖고 있다." 나지막한 신음처럼 당신이 뱉은 말입니다. 그 어떤 절규보다 사람을 처연하게 만드는 말이었습니다. 식민주의의 그 소름 끼치는 잔인한 역사가 이 한 마디 외침에 압축되어 있더군요. 억압받는 자와 억압하는 자를 동시에 소외시키는 그 비인간적인 역사말이에요.

백인들의 인종주의가 교묘하게 심어 준 흑인들의 자기 모멸과 열패감이란 정말 얼마나 무서운 자기 안의 적이었는지요? 프랑스의 변두리만 다녀와도 우쭐대고 프랑스인보다 더 완벽하게 불어를 구사해야겠다는 원주민 지식 청년들의 강박 관념, 불평등한 결합을 감내하면서도 백인 남성과의 결혼을 꿈꾸는 젊은 처녀들, 마르세유에 도착하자마자 홍등가로 달려가 백인 창녀를 올라타야만 직성이 풀리는 흑인 청년들의 도착적 열등감······

흑인들의 일상과 의식의 구석구석까지 침투한 인종주의의 상처를 그려 낸 당신의 글들은 얼마나 예리한 아픔이었는지요? 식민지 조선인들이 가졌던 엽전 의식이나 19세기 폴란드인들의 민족적 콤플렉스도 비슷한 것이 아닌가 합니다. 피부색이 상징하는 신체적 도식 밑에 숨어 있는 식민주의의 역사적 도식을 예리하게 해부한 것만으로도 제3세계의 민중에게 당신이 남긴 지적 유산은 얼마나 소중한 것인지요?

그랬습니다. 식민주의가 식민지 검둥이 지식인인 당신에게 강요하는 소외에 대항하는 처절한 싸움이 곧 당신의 삶 자체가 아니었는지요? 물론 알제리 민족 해방 운동이 당신만의 외로운 싸움은 아니었습니다. 그것은 착취와 모멸의 식민주의 체제의 희생물로 소외된 민중들이 들고 일어난 위대한 싸움이었습니다.

당신을 읽은 지 이십여 년이 지난 지금도 아직 기억에 생생한 장면이 있습니다. 해방전선에 참가한 알제리 여성들이 필요에 따라 차도르를 집어던지고, 맨살을 드러내는 서구식 원피스를 입으면서 겪는 의식의 해방 과정 말입니다. 민족 해방과 여성 해방의 그 절절한 만남이 준 감동은 작금도 살 떨리는 여진으로 남아 있습니다.

20대 초반의 내게 알제리 민족해방전선이 식민주의에 대항하는 과정에서 보여 준 폭력은 정녕 아름다웠습니다. 민족해방전선의 폭력 투쟁은 알제리의 민중들에게 식민주의가 강요한 소외에서 벗어나 자아를 회복하고 해방 의식을 획득하는 계기였습니다. 당신 말대로 탈식민화의 폭력은 분명 새로운 인간을 창조하는 작업이었습니다.

그런데 말이죠. 당신을 접한 지 20년이 지난 지금 약간의 의구심이 생기는 것을 부정할 길이 없습니다. 한나 아렌트가 이야기한 것처럼 수단에 의해서 목적이 압도될 위험성이 있다는 식의 원론적인 문제 때문만은 아닙니다. 무엇보다도 지금 알제리가 처한 상황 때문이지요. 민족해방전선에 뿌리를 두고 있는 민족 엘리트들의 독재와 그에 맞선 이슬람 근본주의자들의 테러가 첨예하게 맞서 있는 이 상황을 당신이라면 어떻게 설명할는지요?

식민주의에 저항하는 과정에서 '민족'이라는 이름으로 우리는 하나다라는 식의 동일한 정체성을 강조하는 것은 필연적이고 불가피한 과정이지요. 잊혀진 민족은 분명 재발견해야 할 진실이었고, 그것은 당대의 역사적 정언 명령이기도 했습니다. 문제는 저항 민족주의를 뒷받침했던 그 논리가, 독립 국가를 건설하는 과정에서는 민중들에게 획일을 강요하는 강제적 동일성의 대명사가 된 것이 아니냐는 것이지요.

왜 잠비아의 카운다(Kenneth Kaunda) 기억하시죠? 범아프리카민족회의에서 당신도 만나 보았을 거예요. 식민주의에 대한 저항의 선봉에 섰던 그가 독립 국가의 수반이 되더니 민족 전체의 이익을 위해 임금의 동결과 파업 금지를 선언하더군요. 파업 노동자들이 투옥된 것은 당연한 수순이었죠. 기니의 투레(Sekou Toure)는 또 어떻구요? 아프리카의 정부에 항의하는 파업은 역사적으로 생각할 수도 없는 것이라고 하더군요. 민족 지도자들은 이렇게 인간적인 삶에 대한 노동자들의 욕구를 민족의 이름으로 간단히 부정들 해 버리더군요.

그것은 결국 저마다 다른 삶의 조건들 속에서 나오는 민중들의 다양한 욕구를 국가 권력이 강요하는 전체주의적 동일성 속에 규격화시켜 종속시키는 국가주의로 귀결되지 않았는지요? 비단 알제리뿐만 아니라 왜 제3세계의 많은 민족 해방 운동 세력이 독립 이후에는 곧 독재적 국가 권력의 담당 세력이 되었는지를 이제는 심각하게 고민해야 할 시점이 아닌지요? 결국 민족 해방이 민중의 해방이 아니라 국가의 해방 혹은 정부의 해방이라는 논리로 뒤바뀌어 버린 것이지요.

해방 이후 남과 북을 막론하고 한반도의 민족주의도 비슷한 논리적 전도 과정을 거친 것 같아요. 민족 담론이 권력 담론으로 전화하면서 민족주의도 더 이상 해방의 기제가 아니라 억압과 동원의 논리로 탈바꿈한 것이지요. 추상으로서의 민족이 인민을 도구화하고 독재 권력을 정당화하는 것은 결코 당신이 바라던 바가 아니라고 믿어요. 탈식민주의 시대의 민족주의 담론은 이제 더 이상 힘의 논리가 아니라 민주주의의 논리에 입각해야 하는 이유도 여기에 있지요.

세속적 민족주의가 권력의 논리로 타락했다고 해서, 이슬람 근본주의가 반사적으로 정당성을 갖는 것은 아니지요. 그것은 진보적 반서구주의를 가장한 토착적 보수주의의 가장된 형태일 뿐이지요. 제국주의에 반대한다는 역사적 명분이 그 보수성을 은폐한 것이지요. 무엇보다도 호메이니의 이슬람 혁명이 그 보수성을 잘 드러내 주고 있잖아요? 제국주의에 저항한다고 해서 꼭 여성들에게 다시 베일을 뒤집어씌우고 시민적 자유를 억압해야만 하는지요. 그것도 민족의 전통이라고 지켜야만 하나요?

멀리 예를 들 것도 없어요. 민주화에 대한 요구를 주체성을 잃은 서구주의라고 일축해 버린 박정희나 당내 개혁을 주장한 개혁파를 사대주의라고 매도해 버린 김일성도 같은 코드로 읽을 수 있을 것 같아요. '한국적' 민주주의나 '우리식' 사회주의는 결국 민주주의나 사회주의 안 하겠다는 이야기였지요. 그것도 민족의 이름으로 정당화될 수 있는 건지요?

역사적 조건의 변화가 우리에게 요구하는 바는 분명히 당신과는 다른 문제 의식인 것 같아요. 저항 민족주의의 빛을 밝히는 작업이 당신의 몫이었다면, 그 그림자를 거두는 것은 남겨진 우리들의 몫이겠지요. 어쩌면 민족주의를 해체하는 것, 그것이야말로 당신의 문제 의식을 되살리는 길이 아니겠는지요?

인권과 주권

지난 9월 비엔나를 잠시 스쳐 지난 적이 있다. 오스트리아 린츠에서 열리는 국제노동사학회에 참석하는 길이었다. 마침 선거를 얼마 남기지 않은 시점이어서 그런지 비엔나 거리는 선거 포스터들로 뒤덮여 있었다. 단연 눈길을 끈 것은 "난민은 이제 그만"이라는 구호를 내건 하이더의 '자유당' 선전 포스터였다. 그는 선거 이전부터 나치를 옹호하고 반유대주의적 발언을 하는 등의 극우적 행태로 부정적 의미에서 주목받는 정치인이었다.

나는 린츠에서 오스트리아 사회민주당 친구들과 하이더에 대한 우려를 주고받으면서 난민 수용소를 방문했다. 유고 등의 구공산권 국가에서 탈출한 난민과 집시들이 대부분이었다. 수용소라고는 해도 철조망도 없고 입구에 차단기만 하나 있을 뿐 여느 아파트 단지와 다를 바 없었다. 단지 나치가 유대인 강제 수용소를 세웠던 자리에 난민 수용소가 자리 잡고 있다는 그 이상한 역사적 연속성이 마음에 걸리기는 했다.

귀국한 다음에 하이더의 자유당이 20퍼센트가 넘는 표를 얻어 크게 약진했다는 보도를 접했다. 1월 말에는 다시 자유당과 인민당의 연립 정부가 시도되면서, 하이더뿐 아니라 오스트리아 자체가 세계 여론의 비난을 받게 되었다. 이 과정에서 드러난 한 가지 흥미로운 사실은 개별 국가의 주권보다는 보편적 인권이 더 강하게 주장되고 있다는 점이다.

독일의 슈뢰더는 하이더의 연정에 반대한다는 것을 분명히 하면서, 오스트리아의 내정에 간섭하는 것이 아니라 자유와 관용이라는 전유럽적 가치를 수호하자는 것이라고 자신의 반대와 비판을 정당화했다. 유럽연합의 수반인 포르투갈의 구티에레스는 하이더의 입장이 인권에 대한 유럽연합의 기준에 배치된다는 점을 분명히 했다. 개별 주권에 대해 보편적 인권을 앞세우는 유럽연합의 자신감과 연대 의식은 이미 유럽 법정에서도 잘 나타나고 있다.

1월에는 여군에게 전투 병과를 금지한 독일 군대의 관행을 성 차별이라며 유럽 법정에 제소한 한 독일 여군의 승소 판결이 있었다. 독일 군대는 이제 내규를 고쳐야만 하는 상황에 이르렀다. 이 역시 남녀 평등이라는 유럽연합의 보편적 인권 기준이 독일 군대의 내규에 앞선다는 것을 분명히 못박은 사건이었다. 영국 군대에서도 비슷한 일이 있었다. 적어도 유럽연합의 내부에서는 가장 진취적인 기준이 개별 국가의 장벽을 넘어 보편적인 기준으로 자리 잡고 있는 것이 아닌가 한다.

한국의 역대 독재 정권들은 인권 상황을 개선하라는 국제 사회의 요구를 내정 간섭이라 규정하고 민족주의의 논리로 이를 거부하곤 했다. 뿐만 아니라 노동법과 국가보안법을 둘러싸고 국제노동기구 및 국제연합과 불편한 관계에 놓이기도 했다. 한국의 국가 주권이라는 특수의 논리가 항상 인권이라는 보편의 논리를 종속시킨 것이다.

물론 서유럽이나 미국이 제시하는 인권 기준이라는 것이 일관되지 못하고 또 서구 중심주의를 포장하는 도구였다는 사실을 부정할 수는 없다. 그럼에도 인권은 주권에 앞서야 한다는 것이 내 생각이다. 주권 자체가 인민에게서 나왔다는 평범한 사실을 인정한다면, 인간다운 삶을 보장하는 최소한의 기본권인 인권 수호야말로 인민들이 주권을 제창하는 이유인 것이다.

그러므로 참다운 인민 주권은 인권과 충돌할 수 없다. 인권에 대해 주권을 앞세우는 것은 권력의 논리이며 인권을 침해하는 자의 논리일 뿐이다. 신자유주의를 옹호할 때는 세계화를 주장하면서도, 인권을 외면할 때는 민족주의에 기대는 보수 세력의 이율배반적 논리는 이제 더 이상 통용되어서는 안 될 것이다.

서커스와 남북 문화 교류

남북 정상 회담이 있기 전 평양교예단이 서울에서 공연을 가졌다. 연일 입장권이 매진될 정도로 시민들 사이에 높은 관심을 불러일으키면서 화해 무드를 조성하고 남북 정상 회담의 분위기를 잡는 데 일조한 것으로 평가된다. 텔레비전 뉴스에서 흘끗 본 교예단의 공연은 세계 최고 수준의 서커스라는 평가가 결코 빈말이 아니라는 것을 입증하는 듯했다.

북에서 일군 것이기는 하지만, 한민족의 서커스단이 세계 최고 수준의 경지에 이른 데 대해 민족적 자부심을 느끼는 듯한 남쪽 언론의 보도들은 정상 회담을 며칠 앞두고 남북간의 화해 분위기를 조성하는 데 적지 않은 역할을 했다. 체육관을 꽉 메운 서울 시민들의 따뜻한 성원과 뜨거운 갈채도 흐뭇한 정경을 연출했다.

모스크바에서 본 적이 있는 잘 지어진 서커스 전용 극장, 서커스 공연을 알리는 예쁘고 현란한 색채의 동유럽의 포스터들, 폴란드의 시골에서 본 동독-루마니아-폴란드 합동 서커스단의 천막 극장 등 여러 가지 기억이 되살아났다. 그러나 서커스를 따라다니는 즐거운 추억에도 불구하고 내내 흐뭇하거나 따뜻하지만은 않았다는 것이 내 솔직한 심정이다.

그것은 왜 구소련을 비롯한 현실 사회주의 국가들에서 서커스가 특히 발전했는가 하는 의심 때문이다. 서커스도 예술 장르의 하나로 친다면, 그것은 아마도 현실 사회주의 블록에서 가장 잘 발달한 예술 장르일 것이다. 북한의 경우도 예외는 아니지 않은가 한다. 특히 동유럽의 현실 사회주의가 붕괴하고 그쪽 서커스의 전성기도 지난 오늘날의 상황에서, 평양의 교예단은 세계 서커스계의 거의 독보적인 존재가 아닌가 한다.

나는 우리 민족이 세계 최고 수준의 서커스단을 가진 데 대해 민족적 자부심을 느끼기보다는 일종의 비애를 느꼈다. 문학이나 연극·영화가 아니라 서커스가 발전했다는 사실이 함축하는 역사적 의미가 읽혀졌기 때문이다. 다른 예술 장르와 비교할 때, 서커스의 가장 두드러진 특징은 정치 풍자 등을 비롯한 사회적 메시지를 거의 전달하지 못한다는 점이다.

공중 그네 타기나 재주를 부리는 동물들, 고난도의 솜씨로 관객의 눈을 속이는 마술 등 서커스의 주요 종목들은 보는 이의 탄성을 자아내기에 충분하지만, 사람들을 생각하게 만드는 예술은 아니다. 서커스의 특성상 예술의 중요한 기능인 승화된 정치적 풍자나 사회적 함의가 자리할 수 있는 여지는 없는 것이다. 권력의 입장에서 볼 때 서커스는 참으로 안전한 예술이다. 노멘클라투라의 과두정이 지배한 현실 사회주의 국가들에서 고난도의 서커스가 발전한 것은 바로 이러한 맥락에서 이해할 수 있다.

현실 사회주의의 서커스는 그러므로 자본주의 대중 예술의 3S(스피드, 스포츠, 섹스)와 같은 기능을 담당한 것이 아닌가 한다. 전용 극장을 세우는 등 국가적 차원에서 서커스에 대한 파격적인 지원을 한 것은 사실상 대중을 우민화하려는 권력의 의지가 그만큼 강했다는 것을 드러낼 뿐이다. 대중들이 삶과 사회에 대해 고민하고 판단하고 사고하도록 자극하는 예술은 권력이 골치 아파 하는 예술이다.

공화정이 무너진 후 건강한 시민 정신이 타락한, 제국 로마의 문화 정책이 '빵과 서커스' 정책으로 요약되는 것도 우연은 아니다. 평양교예단의 아찔하고도 현란한 묘기에 마냥 갈채를 보낼 수 없었던 것은 바로 이러한 이유에서이다. 그것은 판단과 결정은 당과 지도부가 할 터이니, 인민은 제시된 길을 따라오기만 하면 된다는 북한식 '군중 노선'의 예술적 표현일 뿐이다. 인민은 그저 아무런 생각 없이 즐기기만 하면 되는 것이다.

정상 회담이 남북한 화해 분위기 조성과 평화 체제를 향한 소중한 첫걸음이라는 것은 결코 부인할 수 없다. 문화 부문을 비롯한 다양한 수준에서 남북간의 교류도 활발해질 전망이다. 그러나 나는 아무리 세계 최고 수준이라도 서커스와 같은 문화 교류는 별로 마땅치 않다. 비록 소박하고 초라한 것일지라도 남한의 독립 영화 같은, 삶의 냄새가 묻어 있고 세상과 사람이 사는 것의 의미를 생각하게 해 주는 북한의 예술을 보고 싶은 것이다.

예술에 대한 민족적 자부심은 그것이 세계 최고 수준이어야만 느낄 수 있는 것은 아니다. 소박하고 초라한 것일지라도 자부심을 가질 수 있는 예술적 성취는 얼마든지 가능하다. 남과 북의 문화 교류가 기교와 스케일에 대한 집착에서 벗어나, 사람의 체온을 느낄 수 있는 예술적 성취도를 중요시하는 방식으로 이루어졌으면 하는 것이 앞으로의 문화 교류에 거는 내 작은 바람이다.

땅과 평화

　미국의 중재 아래 진행되던 골란 고원 반환을 둘러싼 시리아와 이스라엘의 평화 협상이 무산되었다는 소식을 여행 중 뉴욕에서 들었다. 평화 회담과 고원 반환에 반대하는 대규모 시위가 텔아비브의 라빈 광장에서 벌어졌다는 소식도 있었다. 골란 고원 정착민들로 구성된 주민위원회가 조직한 시위라는 설명이다. 협상의 앞길이 순조롭지만은 않을 것 같다.

　협상의 추이에 가려 주목받지는 못했지만, 그것과 관련하여 눈길을 끄는 폭로성 기사가 하나 있다. 뉴욕에서 발행되는 유대 주간지가 폭로한 바에 따르면, 유대인 국민재단이 시리아에 땅을 소유하고 있다는 것이다. 1만 3천 에이커가 넘는 그 땅은 이스라엘이 건국되기 직전인 1948년에 이 재단이 미래의 국가를 대신해서 유대인 지주들로부터 매입한 땅이다. 이스라엘 건국에 즈음하여 시리아와 갈등 끝에 전쟁이 벌어질 것을 예견하고, 유대인 지주들의 재산권을 보호하기 위해 취했던 조처가 아니었나 생각된다. 유대인 국민재단은 사실상 1948년 당시의 토지 등본이나 매매 서류 등을 그대로 보존하는 등 이 땅에 대한 재산권을 입증해 줄 서류를 완벽하게 갖추고 있다.

그러나 이야기하고자 하는 것은 이 땅의 과거가 아니다. 문제는 과거 속에 묻혀 있던 이 땅의 소유권 문제가 시리아-이스라엘 평화 협상의 발목을 잡는 현실 문제로 대두할지도 모른다는 것이다. 이 재단의 대변인은 셰퍼즈타운에 가 있는 이스라엘 대표단에게 시리아에 있는 땅의 소유권 문제를 의제로 상정할 것을 촉구하였다. 이스라엘 대표단이 이 문제를 협상 카드로 사용했는지는 아직 분명치 않다.

물론 이들은 시리아의 영토 내에 있는 옛 땅을 그대로 돌려 달라고 요구할 만큼 어리석지는 않다. 그 대신 골란 고원의 땅으로 보상해 달라는 것이 이들의 기본 방침이다. 요컨대 시리아 내에 있는 옛 땅의 소유권을 카드로 사용해서 골란 고원의 반환을 막겠다는 것이다. 그러나 이미 50년 이상 그 땅을 경작하며 살고 있는 시리아 농민들의 입장에서 보자면 그것은 상식을 넘어서는 주장이다. 사유 재산권의 신성 불가침을 빌미로 삶의 터전을 빼앗겠다는 이야기밖에 안 되는 것이다.

토지 소유권에 대한 유대인들의 권리 주장은 동유럽에서도 큰 사회 문제가 된다. 현실 사회주의가 무너진 직후, 동유럽에 들어선 새로운 정권들은 공산당에 의한 국유화 조치를 무효화하는 법안들을 통과시킨 바 있다. 그러자 이스라엘로 이주한 유대인들이 몰수당했던 자신들의 토지를 반환하라고 요구하기 시작했다. 유대인들의 재산만 예외가 되어서는 안 된다는 지극히 당연한 논리였다.

그런데 문제는 현실 사회주의하에서 몰수한 유대인들의 토지가 대개 양로원, 고아원 등의 복지 시설이나 시민회관 등 공공적 용도로 사용되고 있다는 점이다. 반세기가 지난 이제 와서 유대인들의 재산권을 인정한다는 것은 곧 노인과 고아 들을 거리로 내쫓겠다는 이야기이다. 시민들의 공공적 삶의 터전도 사유 재산권에 자리를 양보해야 되는 것은 물론이다. 공공적 삶의 현실 앞에서 역사적 재산권은 논리의 억지로 보인다.

남의 이야기가 너무 장황했다. 몇 년 전 이북5도청 앞에서 북한의 땅 문서가 거래된다는 이야기가 돈 적이 있다. 고향과 재산을 잃고 낯선 땅에서 고생을 해야 했던 실향민들의 심정은 결코 이해하지 못할 바 아니지만, 50년도 더 묵은 역사적 소유권이 지금 그 땅을 삶의 터전으로 삼고 있는 현재적 삶의 권리보다 앞설 수는 없는 일이 아닌가? 처음에는 피식 웃고 말았지만, 이스라엘 사람들의 토지 소유권에 대한 엉뚱한 주장이 자꾸 남의 일로만 생각되지 않는다.

제3부
인간의 이념, 이념의 인간

마르크스의 문화적 영웅을 프로메테우스에서 디오니소스로 대체하자는 마르쿠제의 빛바랜 지적이 내게는 새로운 빛이다. 퇴폐적 마르크스주의를 이야기하자는 것이 아니다.

프로메테우스적 진보에 잠재된 위험을 직시하자는 것이다. 생산과 물적 진보를 향한 인류의 헌신적 노력을 상징하는 프로메테우스의 영웅관은 노동을 신성시한다. 마르크스의 노동관이 칼뱅의 노동관과 만나는 지점도 이곳이다. 그것은 또한 마르크스주의가 자본주의적 '근대'를 극복하는 해방 이데올로기에서 그것을 따라잡기 위한 동원 이데올로기로 추락하는 철학적 계기이기도 하다.

주의주의(voluntarism)의 인간 중심적 해석 또는 사회주의 유토피아의 꿈이 노동력의 동원을 합리화하는 권력 담론으로 전락하는 것도 같은 맥락에서이다. 현실 사회주의의 역사에서 마르크스주의 휴머니즘은 결국 이념이 인간에 봉사하는 것이 아니라 인간이 이념에 봉사하는 전도된 가치 체계로 남아 있었다.

민족주의의 역사가 그러하듯이, 현실 사회주의의 역사 또한 해방과 억압의 경계에서 끊임없이 동요하는 역사였다. 억압의 지형 위에 서 있는 자신을 발견함으로써 동요의 이야기는 막을 내렸다.

20세기와 잃어버린 마르크스주의
프로메테우스적 진보에서 디오니소스적 해방으로

> "이윤을 동기로 움직이는 사회는 정말 끔찍하다. 그러나 행복을 강요하는 사회는 더 끔찍하다."
>
> ─레셰크 코와코프스키(Leszek Kołakowski)

> "노동 운동이 정말 새롭게 다시 시작하려면 초현실주의자들의 유명한 슬로건인 '노동 타도!'가 핵심 슬로건 중의 하나가 되어야 한다."
>
> ─조셉 야블론스키(Joseph Jablonski)

1. '근대'의 두 얼굴

제1차 세계대전이 한창이던 1916년 로렌스(D.H. Lawrence)는 무너지는 근대 문명의 상실감에 몸서리치면서 아스키스(Cynthia Asquith) 부인에게 편지를 썼다. "과거의 그 많은 아름다움과 열정이 사라져 가고 있지만, 새롭게 오는 것은 아무것도 없습니다.…… 내 영혼은 부서지고 있습니다.…… 지난 2천 년 동안 우리는 봄과 여름을 즐겼지요. 이제 겨울은 어떤 모습일까요?" 토머스 하디(Thomas Hardy)에게 그 시대는

"엘리자베스 여왕 시대보다 더 잔인한 시대"이며 "무관심 속에 가만히 앉아서 사람들이 뒤로 돌아가는 시계 바늘이나 바라보게 만드는 시대"였다. 제1차 세계대전은 과학과 이성의 힘으로 무한히 진보할 것이라 믿었던 근대 문명이 프랑켄슈타인적 마성을 드러낸 사건이었다.

현실로 드러난 이성의 광기에 비하면, "모든 것이 뒤죽박죽이고 혼란스러우며 불투명하다. 그리고 만화경의 그림처럼 끊임없이 뒤섞인다"는 『팽 드 시에클』(Fin de Siecle)지의 선언은 차라리 애교 섞인 것이었다. 문명의 단꿈에서 깨어나 『묵시록』의 세계 속에 던져진 유럽의 부르주아 지식인들이 보여 준 반응은 두 가지였다. 그 첫째는, 이탈리아 '미래파'나 영국의 '소용돌이파'(Vorticism)가 그러했듯이 기계 문명의 '잔인한 새로움'을 탐미적 시선으로 받아들이는 전위주의의 길이었다. 다른 하나는 '재즈 시대'의 특성인 경쾌한 몸놀림으로 일상의 안락함과 정신의 가벼움을 즐기는 것이었다.[1] 전자가 윤리적 판단을 유보한 채 근대의 기획을 극한까지 지지함으로써 물질 문명의 파국을 추인하였다면, 후자는 헤도니즘의 통로를 따라 내면의 신비주의로 침잠함으로써 문명의 석유 냄새가 나는 안락함을 즐겼다. 어느 것이든 이들은 모두 윤리적 상상력을 폐기하는 전략을 밑에 깔고 있는 것이었다.

두 차례에 걸친 대전과 세계 공황을 거치면서, 공간과 시간의 질서 정연한 관계에 대한 부르주아지의 이성적 우주관은 이처럼 파산 선고를 했다. 정치·경제·사회·문화 등 모든 부문이 합리주의가 명하는 코드에 따라 움직이리라는 고귀한 꿈이 곧 실현된다고 믿는 순간 갑자기 합리주의의 종말이 온 것이다. 좌파 지식인들은 자본주의로 표상되

---

1) Joanna Griffiths, "Come, My Friend, Said Smirnoff," *London Review of Books*, vol. 21, No. 7, 1 April, 1999, p. 31.

는 우파의 합리주의 세계관이 파멸했다고 환호했다. 계몽 사상의 적자(嫡子)는 사회주의뿐이라는 생각이 전후의 지식인들에게 비교적 넓은 공감대를 형성했다. 그러나 좌파의 승리감은 오래 가지 못했다. 한때 20대의 문학 청년 하벨(Vaclav Havel)을 사로잡았던 과학적 사회주의는 그와 같은 열렬한 지지자들을 가장 큰 적으로 돌렸다. 사회주의가 "과학적 지성의 지배로, 즉 모든 정권 중에서 가장 귀족적이고 독재적이며 오만하고 남을 얕보는 정권"으로 귀착될 것이라는 바쿠닌(Mikhail Bakunin)의 저주가 현실화된 것이다. 이성은 가족까지 공공화시킨 고도화된 국가 권력의 도구로 전락했고, 계획 경제의 파산은 근대적 이성이 자랑하는 정확성의 신화가 사실 무근임을 드러냈다. 한 마디로 좌파의 합리주의도 패배한 것이다.

지성사의 관점에서 보면 자본주의와 공산주의는 사실상 운명적 적수가 아니었다. 비록 길은 달리했지만, 그것들은 모두 계몽으로서의 이성에 대한 유럽 지성의 고상한 꿈을 실현하는 현실적 기제였다.[2] 같은 '미래파' 운동이 이탈리아에서는 파시즘의 지지 세력이 되고 러시아에서는 볼셰비즘에 친화력을 가졌던 수수께끼를 푸는 열쇠가 여기에 있다. 생산 체제의 관점에서 본다고 해도, 근본적으로는 생산력 중심주의에 기초한 '근대'의 경제가 있을 뿐이었다. 근대적 기획으로서의 사회주의와 자본주의는 생산력 중심주의의 서로 다른 얼굴일 따름이라는 이마무라 히토시의 지적도 같은 맥락에서 이해된다.[3] 자본주의와 사회주의가 각각 표방하였던 시장 합리성과 계획 합리성은 근대성이라는 공통 분모를 기반으로 했다는 점에서 겉으로 드러나는 차이보다는 공

---

[2] A. and M. Kroker, *Ideology and Power in the Age of Lenin in Ruins* (New York, 1991), p. x.
[3] 이마무라 히토시, 『근대성의 구조』, 이수정 옮김 (민음사, 1999), 40쪽.

유하는 것이 더 많았다. '전근대'를 탈출하여 '근대'라는 공통 목표에 도달하기 위해 양자는 서로 다른 길을 걸었을 뿐이다.

사회주의의 역사적 실패는 기본적으로 그것이 '근대 이후'를 겨냥하지 못하고, '전근대'를 탈출하는 이념적 도구로 사용되었다는 데 있다. 그 결과 사회주의는 더 이상 자본주의적 '근대'를 극복하는 해방의 이데올로기가 아니라 자본주의적 '근대'를 따라잡기 위한 동원 이데올로기로 전락하였다. 그것은 사상의 패배였다. 이 패배는 일차적으로 사회주의가 낙후된 저개발국에서 실현되었다는 역사적 특수성에서 비롯된 것이지만, 마르크스가 도모했던 프로메테우스적 진보의 길에 잠재된 위험이기도 했다. 생산성과 물질적 진보를 달성하기 위한 인류의 헌신적 노력을 상징하는 프로메테우스의 영웅관은 노동을 타도하는 것이 아니라 노동을 신성시한다. 이 점에서 프로메테우스는 마르크스의 영웅이자 부르주아지의 영웅이었다. "일을 달라!"가 노동자들의 구호인 한, 그리고 "노동 타도!"가 "자본 타도!"와 한 쌍의 구호로 묶이지 않는 한, 사회주의는 더 이상 노동 해방의 이데올로기가 아니라 노동을 동원하는 이데올로기로 남을 뿐이다.

마르크스의 문화적 영웅을 프로메테우스에서 오르페우스나 나르시소스, 디오니소스로 대체하자는 마르쿠제의 빛바랜 지적이[4] 요즈음의 내게 새삼 절실한 울림으로 다가오는 것도 같은 맥락에서이다. 1929년 초현실주의자 앙드레 티리옹(André Thirion)이 "노동 타도!"의 슬로건을 제시했을 때, 1935년의 혁명 러시아는 노동 영웅 스타하노프(Aleksei Stakhanov)의 신화를 만들어 냈다. 7톤의 할당량을 초과해 102톤에 이르

---

[4] H. Marcuse, *Eros and Civilization: A Philosophical Inquiry into Freud* (New York, 1962), pp. 146~147. 특히 8장을 보라.

는 경이적인 양의 석탄을 캐낸 돈바스 탄광의 전설적 광부 스타하노프가 해방된 육체 노동자였다면, 노동을 거부한 초현실주의자 티리옹은 '초'해방된 지식 노동자였다. 스타하노프와 티리옹은 각각 프로메테우스적 해방과 디오니소스적 해방을 상징한다. 양자택일하라면 나는 기꺼이 후자를 택할 것이다. '게으를 수 있는 권리'를 보장하지 않는 기계 문명의 진보는 노동 억압과 착취의 물신주의를 낳을 뿐이다. 현실 사회주의와 자본주의는 노동을 착취하는 물신론적 진보관을 공유함으로써 다시 한 번 자신들의 뿌리가 같다는 것을 드러냈다. 차이가 있다면 각각 노동 영웅과 성과급이라는 서로 다른 당근을 썼다는 것뿐이다.

나는 마르크스주의가 자신의 문화적 영웅을 프로메테우스에서 디오니소스로 대체할 때, 인간 해방과 노동 해방의 이데올로기로서 자신의 잃어버린 정체성을 되찾을 수 있다고 믿는다. '근대'의 물적 진보가 '게으를 수 있는 권리'의 토대가 될 때, 명징한 이성이 술에 취할 줄 아는 지혜와 결합될 때, 순백의 이성이 감성의 인간적 얼룩을 자연스럽게 받아들일 때, 방법주의의 정확성이 에세이적 스타일의 유연한 사고에 포섭될 때, 인간과 자연을 기계화하는 총체적 사물화라는 근대의 고질병은 치유될 수 있을 것이다. 자기 파멸의 방법을 통해 무의미의 위대함을 일깨워 준 디오니소스의 체로 걸러지지 않은 진보는 '진보를 위한 진보'라는 진보의 물신화로 귀착될 것이다. 마르크스의 영웅 프로메테우스가 그 비극적 숭고함을 되찾기 위해서는, 문명의 진보를 위한 그의 헌신이 디오니소스적 삶의 환희와 접목되어야 할 것이다. 역설적으로 말하면 그것이야말로 프로메테우스를 현실 사회주의의 일그러진 영웅관에서 구출하여 21세기 문명의 영웅으로 소생시키는 길이 아닌지……

2. 노동 영웅: 사회주의 근대화의 프로메테우스?

스탈린은 1931년 2월의 유명한 연설에서 소비에트 러시아의 발전 전략을 밝힌 바 있다. "러시아는 그 후진성으로 인해 모두에게 짓밟혔다. 군사적 후진성, 문화적 후진성, 정치적 후진성, 공업적 후진성, 농업적 후진성이 그것이다.…… 우리는 선진 제국보다 50년 또는 100년 뒤쳐져 있다. 우리는 이 격차를 10년 안에 메워야 한다. 우리는 이것을 해 내든가 아니면 굴복하든가 그 이외의 다른 대안은 없다."5) 스탈린의 이 연설에서 인간 해방과 노동 해방을 향한 정치적 프로젝트로서의 사회주의는 실종되었다. 연상되는 것은 박정희의 '조국 근대화론'이다. 박정희 체제를 '시장 스탈린주의' 혹은 '부르주아 스탈린주의'라 명명한 서구 좌파들의 지적도 같은 맥락에서 이해된다. 경제 개발, 자립 경제, 국방력 강화라는 박정희의 '조국 근대화' 목표는 급속한 공업화, 군사 강국, 자급자족 경제 체제(autarky)를 지향했던 스탈린의 발전 전략과 정확히 일치한다. 박정희 체제와 스탈린 체제는 그 이데올로기적 양극성에도 불구하고 이처럼 '근대화론'의 쌍생아였다.6)

프레오브라젠스키(E.A. Preobrazhensky)의 '사회주의 원시적 축적론'은 사회주의 근대화론의 이론적 변형이었다. 그러나 그의 이론이 농업 부문을 수탈하여 산업화에 필요한 자본을 마련하고자 했다면, 현실 사회주의의 그것은 비단 농업 부문만이 아니라 노동력의 국가적 수탈까지 포괄하는 전사회적인 것이었다. 즉 국가 자본의 증식을 위해 노동자 계

---

5) J.V. Stalin, *Collected Works*, 13 vols. (Moscow, 1954~1955), XIII: 40~41.
6) 스탈린의 사회주의 근대화론에 대해서는 차문석, 「역사적 사회주의와 근대성: 생산성의 정치」, 『정치비평』 3호, 1997년 가을/겨울호; 앨릭스 캘리니코스, 『역사의 복수』, 김택현 옮김 (백의, 1993), 54~86쪽 참조.

급의 내핍을 강요하고 2,500만 농민을 국가 자본의 국내적 식민지로 만든 것이다. 요컨대 프롤레타리아를 위한 공업화가 그들의 희생 위에서 이루어진 것이다. 1928년의 27퍼센트에서 1932년에는 110퍼센트로 수직 상승한 잉여 가치율의 추이는 노동자 계급에 대한 국가의 착취 정도를 단적으로 드러낸다. 노동 영웅 스타하노프가 상징하는 것은 사회주의 근대화의 목표에 동원되어 소모되고 탈진한 비극적 인간상이다.

"볼셰비키가 부수지 못할 요새는 없다"는 구호와 함께 대대적으로 선전된 이 노동 영웅의 초인적 노력에서 바람직한 영웅상으로서의 프로메테우스를 읽어 내는 것은 노멘클라투라의 독해법일 뿐이다. 그것은 레닌이 정예 당원들에게 요구했던 바로 그러한 종류의 정치적 헌신과 기율을 모든 시민에게 똑같이 요구했던 스탈린주의를 정당화시키는 선전 기제에 불과했다. 그러나 대중들의 독해법은 달랐다. 1970년대 중반 폴란드의 세계적인 영화 감독 안제이 바이다(Andrzej Wajda)가 만든 영화 『대리석 인간』(Czlowiek z Marmuru)에 폴란드 시민들이 보여 준 열렬한 반응에서 그것은 잘 드러난다. 거의 모든 폴란드인들이 가족 단위로 관람했다는 이 영화는 평범하고 순진한 폴란드의 한 노동자가 어떻게 당과 관료들에 의해 동원되고 궁극적으로는 산업화의 소모품으로 희생되는가를 생생하게 그린 영화이다. 요컨대 폴란드의 스타하노프가 맞은 비극적 삶이 그 주제이다. 이에 대한 폴란드 대중들의 열광적인 반응은, 노동 영웅을 프로메테우스로 읽자는 당 관료들의 독해법을 거부한다는 의사 표시였다. 혹은 프로메테우스적 영웅관 자체를 거부한 것이었다. 프로메테우스의 영웅주의에 녹아 있는 장엄한 비극성은 대중들이 감당하기에 너무 벅찬 것이었다.

역사학의 특권인 되돌아보는 관점에서 볼 때, 스타하노프주의는 예정된 길이었다. 서유럽의 혁명이 좌절되어 일체의 외부 원조가 중단되고 전 러시아가 '포위된 요새' 증후군을 앓고 있는 상황에서, 적대적인 자본주의 강국들과의 군사적 경쟁에서 살아 남기 위해 공업화를 추진해야만 한다는 지상 과제 앞에서 대중의 희생은 불가피한 측면이 있었다. 인적 자원과 노동력은 소련이 가진 유일한 밑천이었던 것이다. 그러나 스타하노프주의는 볼셰비즘의 사회주의 경제관에 이미 그 맹아를 두고 있었다. 스탈린의 소련을 관료가 프롤레타리아트를 정치적으로 수탈하는 "타락한 노동자 국가"라고 신랄하게 비판했던 트로츠키조차 이 점에서 예외는 아니었다. 트로츠키는 계획 경제가 의무 노동 없이는 불가능하다며 '노동의 군대화'를 옹호했다. 프롤레타리아 독재 국가는 국민에게 군대의 헌신과 규율을 요구할 권리를 가진다는 것이었다.7) 1968년 독일 학생 운동의 영웅이었던 두치케(Rudy Dutschke)가 레닌주의에서 피터 대제의 근대화론을 읽은 것, 레닌주의의 특징을 러시아 인민주의의 가치와 근대화론의 접합으로 보거나 자본주의 및 그 제도들과의 타협으로 보는 최근의 논의들도 같은 맥락에서 주목된다.8)

노동 해방이 아니라 동원과 착취에 기초한 급속한 산업화 정책은 소비에트 체제의 정치 사회적인 측면에도 깊은 영향을 미쳤다. 생산자 민주주의의 전형인 공장위원회가 노동조합의 하부 기관으로 전락하고, 그나마 전시 공산주의하에서는 노동조합마저도 당의 하부 기관으로 포섭되어 국가 기구로 편입되었다. 밑으로부터 나오는 노동자들의 목소리를 대변해야 할 노동조합이 위에서 하달되는 당의 명령을 전달하

---

7) 와다 하루키, 『역사로서의 사회주의』, 고세현 옮김 (창작과비평사, 1994), 79쪽.
8) J. Ehrenberg, "Class Politics and the State: Lenin and the Contradictions of Socialism," *Science & Society*, vol. 59, No. 3 (1995); S. Clarke, "Was Lenin a Marxist?," *Historical Materialism*, No. 3 (Winter, 1998) 등을 보라.

는 컨베이어 벨트로 타락한 것이다. 이는 일당 국가와 프롤레타리아 대중 조직간의 갈등이 국가의 승리로 귀결되었음을 의미한다. 이에 따라 프롤레타리아 독재의 내용이 규정되었다. 그것은 프롤레타리아의 독재가 아니라 프롤레타리아를 위한 독재로 읽혀졌다. 무엇이 프롤레타리아를 위한 것인가는 국가와 융합된 당이 결정했다. 견제되지 않는 정치 권력의 음험한 메커니즘은 프롤레타리아트를 위한 국가와 당을, 당과 국가를 위한 프롤레타리아트로 도치시켰다. 운동의 목표였던 프롤레타리아트는 이제 권력의 수단으로 전락했다.

파울 레비(Paul Levi)는 법정에서 제1차 세계대전 당시 반전 운동으로 기소된 로자 룩셈부르크를 변호했을 뿐만 아니라, 볼셰비즘의 관료적 중앙 집중제에 대한 룩셈부르크의 비판 전통을 계승한 소수파 사회주의자 중의 하나였다. 그는 클라라 제트킨(Clara Zetkin)에게 보낸 1921년 9월 23일자 편지에서 "(볼셰비즘의 오류에 대해) 우리가 지금 침묵한다면 그건 러시아를 돕는 것이 아니라 공산주의에 대해 죽을죄를 짓는 것"이라고 썼다. 그는 러시아의 혁명이 사회주의의 신용을 떨어뜨릴까 두려워했던 것이다. 레비가 세상을 떠나고 독일 의회에서 그에 대한 추모사를 읽을 때, 공산당 의원들은 나치당 의원들에 동조하여 퇴장함으로써 레비의 비판에 유치한 복수를 했다.9) 그러나 사회주의 혹은 좌파라는 개념에서 반노동자주의를 연상하는 오늘날 동유럽 인민들의 정서는 레비의 불길한 예언이 적중했음을 드러내 준다.

소련식의 사회주의 근대화 프로그램은 제2차 세계대전 이후 소비에트 블록에 편성된 동유럽의 여러 나라에도 그대로 적용되었다. 그 결

---

9) 게트 쉐퍼, 「비정통적 이견을 지닌 서구 공산주의자들의 10월 혁명 평가」, 무크 『비판』 2호 (1997), 141~143쪽.

과는 놀라운 것이었다. 제1차 5개년 계획 기간(1949~1953) 동안 폴란드의 공업 생산량은 158퍼센트로 증가하였다. 헝가리의 경우는 성장률이 무려 210퍼센트에 달했다. 그러나 성장의 혜택은 노동자의 몫이 아니었다. 같은 기간 동안 노동자들의 실질 임금은 10~20퍼센트 가량 감소했다. 고도 성장과 생활 수준의 하락이라는 수수께끼의 비밀은 간단했다. GNP 대비 자본 축적률에서 서구 자본주의 국가들의 평균이 20퍼센트인 데 반해, 폴란드와 체코슬로바키아의 경우 무려 그 두 배에 달하는 40퍼센트였기 때문이다.[10] 요컨대 현실 사회주의의 눈부신 경제 성장은 노동 대중의 희생을 대가로 이루어진 것이었다. 노동자의, 노동자에 의한, 노동자를 위한 국가에 노동자들이 봉기를 일으키고, 노동자들에 종속된 국가가 노동자 파업과 봉기를 잔인하게 진압했다는 현실 사회주의의 역설을 이해하는 실마리는 바로 여기에 있다.

제3세계에 이르면, 사회주의 근대화론은 그 무게 중심이 완전히 근대화론으로 수평 이동한다. "15년 내에 영국을 따라잡고 미국을 앞지르자"라는 중국 대약진운동의 구호나 "다른 사회주의 국가들이 세 차례의 5개년 계획으로 이룩한 수준을 우리는 두 차례의 5개년 계획으로 성취할 수 있다"고 독려한 1958년의 김일성 연설 등은 앞서 언급한 스탈린 연설의 복사판이라 하겠다. 이것이 시사하는 바는 사회주의가 주변화의 압력을 받고 있는 저개발국에서 자본주의 선진국을 따라잡기 위한 발전 전략으로 탈바꿈했다는 것이다. 볼셰비즘이 자본주의의 발전 조건이 존재하지 않는 나라에서 급속한 경제 발전 이데올로기로 변형되었다는 홉스봄(Eric J. Hobsbawm)의 지적이나 현실 사회주의를 제3

---

10) A. Zauberman, *Industrial Progress in Poland, Czechoslovakia and East Germany*, 1948~60 (London, 1964), pp. 40, 95, 그리고 여기저기.

세계의 '개발 독재'의 형태로 바라보는 오니시 히로시의 시각도 같은 맥락에서 이해된다.

제3세계의 고유한 역사적 딜레마는 왜 사회주의가 그곳에서 본격적인 근대화론으로 탈바꿈했는가를 잘 설명해 준다. 식민지 혹은 반식민지의 상태에서 벗어나 선진국을 따라잡기 위해서는 급속한 근대화를 추진해야만 했던, 그러나 급속한 근대화를 위해서는 제국주의가 강요하는 발전 전략인 자본주의적 모델을 취해야만 했던 제3세계 인텔리겐치아의 당혹스러움은 능히 짐작할 수 있다. 적어도 1917년 이전에는 선택의 여지가 없었던 것처럼 보인다. 제국주의의 지배를 벗어나기 위해 제국주의가 강요하는 발전 전략을 따라야 한다는 이 곤혹스러운 모순을 일거에 해결해 준 것은 다름 아닌 10월 혁명이었다. 볼셰비키 혁명은 민족 해방 슬로건을 전면에 내세웠을 뿐 아니라 후진국 근대화의 새로운 길을 열어 주었다. 제국주의를 모방하는 자본주의적 근대화가 아니라, 제국주의를 비판하고 그와 다른 방식의 근대화가 가능하다는 러시아 혁명의 경험은 제3세계 인텔리겐치아에게 실로 복음이 아닐 수 없었다. 그것은 서구적 근대화에 집착함으로써 제국주의의 동조자라는 낙인이 찍힌 식민지 부르주아지의 전철을 밟지 않으면서도 근대화를 추진할 수 있는 유일한 길이었다.

사회주의가 이들에게 의미하는 바는 한 마디로 '비서구적 서구화' 혹은 '전근대적 근대화'였다.[11] 유럽의 사회 사상사의 발전 과정에서

---

[11] 제3세계의 사회주의에 대한 비판에 대해서는 구소련의 울리야노프스키(Rotislav Ulyanovsky) 교수가 이끄는 오리엔탈리스트들의 다음 저작들을 보라. R. Ulyanovsky, *National Liberation* (Moscow, 1978); R. Ulyanovsky ed., *The Revolutionary Process in the East* (Moscow, 1985); R. Ulyanovsky ed., *Revolutionary Democracy and Communists in the East* (Moscow, 1990). 나의 독해가 너무 과민한 것인지 모르겠지만, 나는 울리야노프스키 그룹이 제3세계 사회주의의 전근대적 동원 체제에 대한 비판에 빗대어 소련의 현실 사회주의 체제를

나타난 서구 중심적인 사회주의 사상이 제3세계에 이르러서는 비서구적이며 심지어 반서구적인 것으로 읽히는 기이한 역설이 성립한 것이다. 사회주의 근대화론이 성립되기 위해서는 따라서 고유의 전근대적 민족 전통 속에서 사회주의의 요소들을 찾아내야만 했다. 그것은 민족 사회주의로 귀결되었다. 노동을 해방하는 것이 아니라 노동을 동원하는 이데올로기로 읽혔다는 점에서, 제3세계의 사회주의 역시 소련이나 동유럽의 현실 사회주의와 다를 바는 없었다. 기본적으로 그것은 신생 민족 국가가 발전을 위한 자본 축적의 주체가 된다는 점에서 소련의 국가주의와도 다를 바 없는 것이었다. 유일한 차이는 전자가 후자에 비해 유독 민족과 전통을 강조하고, 사회주의적 대의보다는 민족의 이름으로 노동을 동원했다는 것이다. 민족주의가 지니는 감정적 호소력 때문에 조국 근대화를 위해 민중을 동원하는 데는 더 유효한 측면도 있었다. 그것은 사회주의가 아니라 낡은 전통에 뿌리 내리고 있는 인민주의였다. 이제 사회주의는 민족주의의 하급 동맹자가 되었다.

미얀마의 불교 사회주의, 탄자니아의 농업 사회주의, 마오쩌둥의 수호전 사회주의, 알제리의 파농주의(Franz Fanonism) 등은 민족 사회주의의 맥락에서 이해된다. 그렇다면 아프리카 사회주의의 지도부 대부분이 추장의 자식들이라고 해서 새삼스러울 것은 없다. 중국 황제의 내궁인 중난하이에 마련된 마오의 서재에 마르크스주의에 대한 책이 한 권도 없었다고 해서 놀랄 것도 없다. 파농의 탈식민주의적 담론 체계가 프랑스 극우파 '악시옹 프랑세즈'의 담론 체계를 단지 '네그리튀드'(Negritude)로 바꾼 것에 불과하다는 지적도 충분히 이해할 수 있다. 주체사상의 역사 서술이 남한의 극우적 재야 사학에 대해서 가지는 친

비판하려 했던 것은 아닌가 하는 느낌을 받았다.

화력은 당연한 것이었다. 제3세계의 사회주의에서 '민족'은 지양되어야 할 낡은 전통을 권력의 필요에 따라 불러내어 복권시키는 주술이었으며, 인민들의 일상적 삶과 의식을 지배하는 낡은 전통과 그에 기초한 음험한 정치 권력을 보위하는 위대한 수사였다.

물적 기반이 거의 전무한 저개발 국가의 전형적인 상황에서 사회주의 근대화론을 표방한 인민주의자들이 의존할 수 있는 것은, 혁명기의 볼셰비키가 그러했듯이 인민이 전부였다.[12] 인민을 동원하는 과정에서 소련이 '노동의 군대화'를 통해 군사적인 방식으로 산업화를 추진해 나아갔다면, 제3세계는 돌격대 방식 혹은 빨치산 방식을 선호했다. 소련이 세계에서 가장 큰 공장과 발전소를 건설하고 싶어했다면, 제3세계는 김정일의 '통 큰 사업'이나 쿠바의 도르티코스(Oswaldo Dorticos)가 선호했듯이 최대의 인력을 투입해서 최대의 산출량을 얻고자 했다. 노동을 해방시켜서는 이루어질 수 없는 일들이었다. 최대한으로 노동을 동원하는 것 ― 그것이야말로 사회주의적 근대화의 지상 과제였다. 민중은 진보의 목표가 아니라 수단이었을 뿐이다. 레닌주의로부터 주체사상에 이르기까지 공통적으로 발견되는, 인간의 주체적 능력을 강조하는 '주의주의'(Voluntarism)적 마르크스주의는 동원 이데올로기의 철학적 표현일 뿐이었다. 그것은 "하면 된다"(Can Do Spirit)라는 남한식 근대화 구호에 사회주의의 옷을 입히고 철학적으로 약간 세련시킨 것 뿐이었다.

사회주의가 동원 이데올로기로 전락했다고 해서 제3세계 혁명가들의 헌신성을 부정하는 것은 물론 아니다. 문제는 똑같은 헌신성이 민

---

[12] 톰 네언, 「자본주의 세계 체제와 민족 문제」, 임지현 엮음, 『민족 문제와 마르크스주의자들』(한겨레, 1986), 265쪽.

중들에게 요구될 때 이들의 헌신성 또한 사회주의의 동원 이데올로기적 성격을 강화하는 논리가 된다는 것이다. 혁명 후에 쿠바 중앙은행 총재로 임명된 체 게바라(Che Guevara)가 32층짜리 중앙은행 사옥 신축 공사 과정에서 보여 준 태도는 이 점에서 시사적이다. 게바라는 이 고층 빌딩에 엘리베이터가 필요하다는 건축가 퀸타나(Nicolas Quintana)의 논리를 끝내 수긍하지 못했다. 천식을 앓는 자신이 계단을 오르내릴 수 있다면 건강한 다른 사람들이 그렇게 하지 못할 하등의 이유가 없다는 것이었다. 그러나 그것은 사르트르가 "우리 세기의 가장 완전한 인간"이라고 극찬했던 '1960년대의 영웅' 게바라였기에 가능한 것이었다. 그의 영웅적 헌신을 일반 노동자 대중에게까지 요구한다는 것은 무리일 수밖에 없다. 그럼에도 게바라는 "자기 희생을 할 수 없는 인간은 새로운 인간이 아니다"라고 주장하면서, 모든 쿠바 국민이 자신과 같은 프로메테우스적 영웅의 길을 걸을 것을 요구했다.[13] 그러나 현실 사회주의의 메커니즘 속에서 결국 '전 인민의 노동 영웅화 혹은 프로메테우스화'는 근대화라는 국가적 목표 아래 디오니소스적 삶에 대한 인민들의 절실한 욕구를 억압하는 신화적 기제였을 뿐이다.

3. 유토피아에서 디스토피아로

1990년대 들어 과학적 지식의 절대성과 상대성이라는 문제를 놓고 사회 구성주의자들과 포스트모더니스트, 그리고 전통적인 실재론적 과학자들 사이에 벌어진 '과학 전쟁'의 이념적 지형도는 상당히 흥미로운 사실을 한 가지 보여 준다. 과학 지식의 보편성과 객관성에 대한

---

13) 강정석, 「복권 열풍의 혁명가 체 게바라」, 『역사비평』 44호 (1998, 가을), 355~356쪽.

사회 구성주의자들·포스트모더니스트·다문화주의자·페미니스트·신좌파 등의 공격에 맞서 보수주의자들과 전통적 마르크스주의자들이 이론적 인민 전선을 구축하고 있는 것이다.14) 서로 모순된 것처럼 보이는 이 기이한 연합 전선은, 따지고 보면 별로 이상할 것은 없다. '세기말'의 마르크스주의는 이미 자연과학으로부터의 유추를 통해 인간과 사회를 논하려는 실증주의적 경향을 드러낸 바 있다. 콜레티(Lucio Colleti)의 표현을 빌리면, 마르크스가 강조한 '역사적 경향'이 카우츠키(Karl Kautsky)에 이르면 자연적 필연성으로 전화되었다는 것이다. 독일의 "사회주의 선전 서점의 진열장에는 다윈의 책들이 마르크스의 『자본론』과 나란히 영광스러운 자리를 차지하고 있었다"는 이탈리아 사회주의자 페리(Enrico Ferri)의 회고는 19세기 말 마르크스주의의 이러한 분위기를 잘 드러낸다.15)

'자연과 사회에 대한 법칙적인 이론적 지식 체계'로서의 과학적 사회주의는 계몽으로서의 이성에 대한 무한한 신뢰를 바탕으로 한다는 점에서, 19세기의 부르주아 실증주의와 출발점을 공유했다. 그것은 마르크스주의에 반대하는 사조들이 신비주의·신낭만주의·반주지주의 등의 다양한 형태로 실증주의를 부정하고자 했다는 점에서도 잘 입증된다. 과학적 사회주의는 과학과 이성에 대해 무한한 신뢰를 보낸다는 점에서 사실상 콩트(Auguste Comte)적 사회주의의 다른 이름이었다. 경제 합리성과 기술 합리성에 의거해 체제를 효율적으로 움직이고 생산력을 높여야 한다는 발상 또한 과학적 사회주의가 자본주의와 공유하는 것이었다. 사회주의들은 이성의 힘에 대한 무한한 신뢰 때문에 실

---

14) 홍성욱, 「누가 과학을 두려워하는가」, 『한국과학사학회지』 19권 제2호 (1997), 164쪽.
15) 임지현, 「마르크스주의에 대한 몇 가지 인문적 단상: 실증주의적 마르크스주의에서 인문적 마르크스주의로」, 『세계의 문학』 72호, 1994년 여름호, 3장 참조.

증주의자들과 마찬가지로 '정확성'의 강박 관념에서 헤어나지 못했다.

'정확성'에 대한 강박 관념은 수학적으로 엄밀하고 일관된 사상 혹은 이념 체계를 낳았다. 모순 덩어리인 현실 세계를 순수한 이념에 따라 기계적 정확도를 지닌 사회로 구축하는 것 — 그것이 이데올로기의 목표였다. 문학적 상상력의 소산이었던 모어(Thomas More)의 유토피아와 이성에 의해 기획된 19세기의 실험적 유토피아를 가르는 경계도 바로 이 근대적 정확성의 유무였다. 사실상 모어의 유토피아는 목가적 심성에 바탕을 두었다는 점에서 근대화에 저항하고 그것을 비판한 것이었다. 이에 비해서 19세기의 실험적 유토피아는 이성에 의해 잘 기획된 짜임새 있는 모습을 보여 준다. 생시몽(Saint-Simon)과 오웬(Robert Owen)의 선례가 있었지만, 근대적 체계성을 본격적으로 갖춘 최초의 것은 카베(Etienne Cabet)가 제시한 '이카리아 공동체'였다. 그러나 자신의 이상을 아메리카에서 실험했던 오웬의 '뉴 하모니 공동체'가 실패로 끝났듯이 카베의 '이카리아 공동체' 실험도 실패로 막을 내렸다.

비교적 짜임새 있는 카베의 유토피아조차 실험에 실패했다는 것은, 이성의 명령에 따라 인간의 삶을 기획하는 것이 불가능하다는 신호였다. 이성이 우리에게 말해 주는 것은 인간의 사고가 완벽하지 않은 이상, 이성의 기획도 불완전할 수밖에 없다는 것이다. 수학적 강박 관념에 따라 유토피아적 기획을 정밀하게 시도하면 할수록 그 기획은 유연성을 잃고 기계적인 체제를 지향한다. 근대 유토피아에서 국가주의 혹은 군대 조직의 성격을 자주 발견하는 것도 그러한 이유에서이다. 그것이 요구하는 스파르타적 삶은 공동체를 위해 영웅적 자기 헌신을 다짐한 성원들만이 견딜 수 있는 삶이다. 사회주의적 유토피아의 기획이 자주 '전인민의 프로메테우스화'를 요구하는 것도 이러한 이유에서이다. 그러나 삶의 리얼리즘을 놓고 볼 때, 그것은 도저히 불가능한 요구일 뿐이다. 결국 이성의 기획이 순수하고 정확할수록 그것은 일상적 삶의 현실과 멀어진다는 역설이 성립하는 것이다. 20세기의 역사가 잘 보여 주듯이, 자신의 기획을 완성하기 위해 공동체를 통제하고 관리하며 계획하는 이념의 순수주의는 결국 그것을 거부하는 성원들을 배제함으로써 스탈린주의나 파시즘 같은 전체주의를 배태한다.

군대식으로 잘 조직된 벨라미(Edward Bellamy)의 유토피아적 산업 사회에 대한 모리스(William Morris)의 신랄한 비판은 이 점에서 주목된다. 모리스에 의하면, 벨라미의 유토피아는 '철저한 중앙 집권 기구에 의해서 운영되는 국가 공산주의'이며, 기계적인 생활을 우리에게 강요한다는 것이다. 모리스는 『유토피아 소식』(News from No-where)을 통해 자신이 생각하는 대안을 제시했다. 기획의 체계성이라는 면에서, 그것은 카베나 벨라미의 구상에 훨씬 못 미치는 것이었다. 기계적인 노동을 즐거운 습관으로 바꾼다거나 군대식으로 조직된 대공장의 노동을 공방의 예술가적 노동으로 대체하자는 그의 유토피아 상은 소박하기만 하다.[16] 그러나 나는 바로 그 못 미친다는 점에서 모리스의 구상을 높이 산다. 다른 유토피아들이 자본주의에 대한 비판에 머문 반면, 모리스의 유토피아는 '근대' 자체에 대한 비판을 함축하고 있다는 판단 때문이다. 모리스는 자본주의 문명과 결은 같이하면서 길만 달리하여 또다른 '근대'를 지향하는 유토피아가 아니라, '근대 이후'를 탐색하는 모습을 보여 주었던 것이다. 모리스의 낭만적 사회주의가 '전근대적'이라는 혐의에서 벗어나기는 어렵지만, 낭만주의는 '전근대적'이면서 동시에 '근대 이후'를 겨냥하는 양면의 칼날이라는 점을 잊어서는 안 될 것이다.

---

16) 와다 하루키, 『역사로서의 사회주의』, 57~59쪽 참조.

마르크스의 유토피아도 사실상 벨라미보다는 모리스에 가까운 것이었다. "아침에는 사냥, 낮에는 고기잡이, 저녁에는 가축을 돌보고 저녁 식사 후에 비판을 하는 것이 가능하게 되고, 그러면서도 결코 사냥꾼이나 어부, 목동 또는 비판가가 되지 않아도 좋은"(『독일 이데올로기』), "각 개인의 자유로운 발전이 만인의 자유로운 발전의 조건이다"(『공산당선언』), "육체적이고 정신적인 에너지의 자유로운 발전"(『파리 수고』) 등의 구절들을 보면 마르크스가 생각한 공산주의 유토피아는 마치 비공업적인 사회를 상정한 것으로 보인다. 이것은 '전근대'를 지향하는 것으로 비칠 수도 있지만, '근대'의 성과를 딛고 선다면 '근대 이후'를 겨냥하는 것이었다. 어느 면에서는 마르크스가 유토피아의 미래상에 대한 세세한 전략적 디테일을 제시하지 않았기 때문에 다양한 해석의 가능성을 열어 놓았고, 또 그렇기 때문에 마르크스주의가 그토록 광범위한 호소력을 지닐 수 있었던 것이다.[17]

그러나 그 다양한 가능성 가운데 20세기의 역사에서 실현된 것은 '근대'를 따라잡기 위해 저개발국이 수입한 급속한 산업화 전략으로서의 마르크스주의였다. 스탈린주의를 본격 모더니즘의 기획 전반에 들어 있는 모든 독재적이고 유토피아적인 것의 구현으로 보는 그로이스(Borys Grois)의 해석은 기본적으로 온당하다.[18] 계획 경제에 대한 중앙 통제 방식은 이성의 힘에 대한 확신에서 출발한 것이었다. 관료들의 이해가 개입된 것은 그것이 부동의 메커니즘으로 정착되고 난 후의 일이었다. 대숙청 또한 유토피아 건설을 위해서는 불순 분자들을 제거해야 한다는 이념의 순수성에 대한 강박 관념이 한 원인이었다. 독재는 유토

---

17) S. Holmes, "The End of Idiocy on a Planetary Scale," *London Review of Books*, vol. 20, no. 21, 29 (Oct. 1998), p. 11.
18) 로빈 블랙번 편저, 『몰락 이후』, 김영희 외 옮김 (창작과비평사, 1994), 77쪽.

피아의 또다른 이름이었다. 후에 시인이 된 트바르도프스키(Alexander Tvardovsky)가 소년 시절 자신의 아버지를 인민의 적으로 고발할 정도로 가족 관계의 공공화가 진행되었다는 것은, 스탈린이 제시한 유토피아적 기획에 대한 인민들의 자발적 호응이 적지 않았다는 것을 의미한다. 그것은 스탈린의 장례식에서 밟혀 죽은 군중은 물론이고, 구소련의 양심적 지식인을 대변했던 사하로프(Andrei Sakharov)가 그의 죽음을 애도하며 흘린 눈물이 입증하는 바이기도 하다.

현실 사회주의가 근대화 과정에서 수천 수만의 스타하노프들을 가질 수 있었던 것은 이처럼 그것의 유토피아적 기획이 갖는 호소력 때문이었다. 그러나 프로메테우스의 영웅적 헌신성이 지속적으로 요구된다면, 일반 대중들은 그 누적된 삶의 피로를 감당할 수 없게 마련이다. 그것은 체 게바라 같은 초인적 영웅에게나 가능한 요구이다. 초인적 영웅은 글자 그대로 인간이 아니다. 단지 초인일 뿐이다. 평범한 대중에게 초인이기를 요구하는 유토피아는 그들이 그것을 거부할 때 독재로 전환한다. 영웅적 노력이 강요하는 삶의 긴장과 피로에 지친 대중들이 태업의 형태로 저항했을 때, 이 유토피아 권력은 전직(轉職)과 무단 결근조차 형사범으로 다스렸다.(1940년 6월에 공포된 소련의 법령) 디오니소스적 삶의 육성과 환희에 대한 대중들의 자연스러운 갈구는 부르주아적 혹은 아메리카적 삶을 추구하는 것으로 매도되곤 했다. 이제 존재하는 것은 유토피아를 위한 유토피아이며, 대중들의 눈에 비친 그 실체는 디스토피아일 뿐이다. 열렬한 청년 사회주의자 쿠론(Jacek Kuroń)과 모젤레프스키(Karol Modzelewski)가 폴란드 통합노동자당에 보낸 1965년 3월 18일자의 공개 서한은 유토피아적 이념과 디스토피아적 삶의 참담한 괴리에 대한 분노에 찬 고발장이었다.

철학적 인간학의 관점에서 보면, 마르크스도 쿠론과 모젤레프스키의 공개 편지에 대해 답해야 할 책임이 있다. 마르크스는 노동을 사회적 존재로서 인간의 본질이자 근거라고 보았다. 모든 인간 활동은 노동을 통해 자연을 '인간화된 자연'으로 변화시키는 능동적인 과정이며, 인간의 불변하는 속성은 '노동 인간'(homo laborans)인 것이다. 정치경제학에 이르면, 그것은 엥겔스가 라부아지에(A.L. Lavoisier)의 산소 발견에 필적하는 과학적 발견이라고 강조했던 '가치 법칙'으로 전화된다. 가치 법칙은 노동 가치의 중심성을 낳았으며, 노동 이외의 여타 인간 행위와 존재 양식을 소홀히 하는 결과를 불러왔다. 노동의 소외를 극복하고 자아의 자유로운 발전을 주장했다고 해도, 마르크스의 노동 가치론은 노동의 물신화로 떨어질 위험성을 안고 있는 것이었다. 마르크스가 전세계를 하나의 거대한 노동의 집으로 개조하려 했다는 아도르노(Theodor Adorno)의 비판, 노동을 강조하는 속류 마르크스주의자들은 자연 지배라는 면에서의 진보만 알았지 사회의 진보에 대해서는 아무것도 깨닫지 못하고 결국 파시즘에서 엿보이는 기술 관료적 속성을 드러낸다는 벤야민(Walter Benjamin)의 비판은 실로 예리한 통찰력을 보여주는 것이다.[19]

노동의 물신화 경향은 마르크스의 자연관에도 일정한 한계를 부과했다. 마르크스가 인간과 자연의 통일성을 부정한 것은 아니지만, 그것은 노동을 통해 인간이 자연을 자신의 '비유기적 신체'로 삼는 과정, 즉 인간이 자연을 대상으로 삼는 과정에서 달성된다고 보았다. 바꾸어 말해서 자연은 인간의 노동이라는 매개 속에서만 의미를 가지며, 따라서 '자연화된 인간'보다는 '인간화된 자연'이 마르크스의 주요 관심사

---

[19] 마틴 제이, 『변증법적 상상력』, 황재우 옮김 (돌베개, 1981), 101쪽.

가 되는 것이다. 인간과 자연의 노장(老莊)적 합일을 느긋하게 즐긴 디오니소스가 아니라, 문명의 진보를 위한 자연의 정복 정신(신석기 혁명에서 볼 수 있듯이 불은 자연을 정복하기 위한 주요 도구이다)에 불타는 프로메테우스가 바로 마르크스의 영웅인 것은 이 점에서 당연하다. 그것은 다시 근대 문명의 생산성과 기술 진보 그리고 자연의 지배라는 화두에 매몰되어 있는 사회주의 근대화론을 정서적으로 뒷받침하는 철학적 기제였다. 생산성과 진보를 추구하는 산업 사회가 초래한 환경 파괴의 문제에 대해 전통적인 마르크스주의가 보여 준 침묵에 가까운 무관심, 더 나아가서는 최악의 환경 파괴를 가져온 현실 사회주의의 자원 낭비적인 외연적 공업화도 결코 우연한 일은 아니었다.

한편 아도르노와 마르쿠제 혹은 벤야민에 앞서, 노동의 물신화를 정면으로 거부한 최초의 사회주의자는 마르크스의 사위인 라파르그(Paul Lafargue)였다. 물레토의 피가 섞인 이 독특한 사회주의자는 『게으를 수 있는 권리』에서 노동의 물신화를 단호히 거부하고 노동과 놀이의 조화에 기초한 푸리에의 '매력적 노동' 혹은 모리스의 '예술가적 노동'관을 추구했다. "모든 일을 게을리 하세/ 사랑하고 한잔 하는 일만 빼고/ 그리고 정말 게을리 해야 하는 일만 빼고"라는 레싱(Gotthold E. Lessing)의 한 구절을 인용하면서 시작되는 이 걸작에서, 라파르그는 노동에 대한 근대 문명의 맹목적인 열정이 "인간을 자유롭게 해 줄 기계를 자유로운 인간을 노예로 만들기 위한 기계"로 변질시켰다고 개탄하였다. 전근대의 노동자들에게는 오히려 "땅의 기쁨을 향유하고, 사랑을 나누고, 쾌활한 게으름의 신을 찬미하기 위해 향연을 벌일 여유가 있었다." 그런데 근대 기계 문명의 프롤레타리아트들은 본능을 무시하고 노동 숭배에 빠져 스스로 재난을 자초했다는 것이었다.[20]

"오! 게으름이여, 이 오랜 고통에 자비를 베푸소서! 예술과 고귀한 미덕의 어머니인 게으름이여, 이 인간의 고통에 위안이 되어 주소서!"로 끝을 맺는 이 삐딱한 팸플릿의 맨 마지막 구절은 마치 디오니소스에게 올리는 제문을 연상케 한다. 부르주아지의 노동 물신화와 금욕주의에 대한 비판으로 시작하여 디오니소스적 노동 해방을 부르짖은 이 저작이 20세기의 사회주의 근대화론에 시사하는 바는 간단하다. 스탈린주의의 프로메테우스적 진보의 주술에 걸린 현실 사회주의의 노동 영웅들을 구출하고, '사방이 술에 잠기는 축제'를 통해 그들의 탈진한 원기를 회복시켜야 한다는 것이다. 노동을 동원하고 착취하는 이데올로기로서 그런 자기 정체를 감추는 은폐물이었던 현실 사회주의의 순수주의·영웅주의·엄숙주의·경건주의적 문화 풍토의 위선을 발가벗기고, 디오니소스적 축제와 놀이 속에 노동을 녹여 내야 한다는 것이다. 그것은 사회주의 근대화론을 통해 노동 영웅들의 디스토피아로 전락한 20세기의 마르크스주의를 노동 해방의 이데올로기로 재구성하는 첫걸음이 될 것이다. 근대 문명의 프로메테우스적 진보는 디오니소스적 해방의 디딤돌이 될 때, 포스트모더니즘의 무차별 공세에 맞서 자신의 진정한 역사적 성과를 지켜 낼 수 있을 것이다.

4. 다시 '근대'의 지평에서

디오니소스적 해방은 노동력의 동원에 기초한 '근대'의 기획으로서의 현실 사회주의를 비판한다. 그러나 프로메테우스적 진보의 성과 그 자체를 부정하는 것은 아니다. 고대 아테네 시민들의 창조적 여가 생

---

20) 폴 라파르그, 『게으를 수 있는 권리』, 조형준 옮김 (새물결, 1997), 49쪽, 67쪽, 69쪽.

활이 노예 노동 덕분에 가능했듯이, '근대 이후'를 겨냥하는 디오니소스적 해방도 '근대' 문명의 프로메테우스적 진보를 딛고 설 때만 가능한 것이다. 그럼에도 노동 해방과 인간 해방의 이데올로기로서 자기 정체성을 상실한 채 물적 진보를 위한 대중 동원 이데올로기로 전락한 20세기 사회주의 운동에 대한 반성은, 프로메테우스적 진보를 부정하고 디오니소스적 해방만을 긍정하는 대조 어법의 논리로 이 에세이를 끌고 나아가게 만들었다.

실제로는 양자가 서로 배타적일 수만은 없다. 이복 형제 제우스에게 들이댄 프로메테우스의 날카로운 반역 정신은 '근대'가 전유한 '프로메테우스적 진보' 자신을 겨냥할 수도 있다. 프로메테우스다운 반역 정신은 현실 사회주의의 규율 권력에 포섭된 프로메테우스적 영웅관을 거부하고도 남음이 있다. 이 점에서 프로메테우스의 가능성은 결코 소진되지 않는다. 그럼에도 디오니소스적 해방이 '근대' 문명이 이룩한 물적 진보를 완전히 부정하는 바탕 위에서 이루어진다면, 그것은 중세 길드 노동자들의 '강제된 가난의 자족' 상태로 후퇴하는 것일 뿐이다. 디오니소스적 해방의 전략 또한 대상을 부정하고 배제하는 것이 아니라 대상의 안으로 들어가 그것의 결에 맞추어 해체하는 전략이다. 디오니소스적 해방은 따라서 실상 모순 어법의 논리 위에 서 있다. 요컨대 '근대'를 부정하는 것이 아니라 변증법적으로 지양하는 것이다.

세계사적 차원에서의 '근대'를 전면 부정한다는 것은, 남과 북이 모두 '근대'를 향해 피투성이의 포복으로 기어왔던 지난 한 세기의 역사를 부정하는 것과 마찬가지이다. 나는 남과 북이 모두 아직까지 '근대'라는 목표에 도달하지 못했다고 본다. 당대 독일사에 대한 마르크스의 평가를 패러디한다면, "우리 한국인들은 사상 속에서 그리고 철학 속에서만 근대를 살아왔다. 그러므로 우리 한국인들은 근대의 역사적 동시대인이 아니라 철학적 동시대인일 뿐이다." 한반도 전체로 본다면, 관념상의 사회주의 근대 및 자본주의 근대가 일상적 삶의 전근대적 에토스와 뒤죽박죽 섞여 있는 형국이다. 그러므로 아직 '근대'를 향해 나아가면서도 동시에 '근대 이후'를 겨냥해야 하는 힘겨운 이중의 목표가 우리에게 주어진 셈이다.

20세기 현실 사회주의의 정체가 '근대'를 따라잡기 위한 동원 이데올로기로 밝혀진 이상, 거기에 미래의 고민을 담기는 어려울 것이다. 수령의 신년사에서 쌀밥에 고깃국을, 그것도 당장이 아니라 가까운 미래에 약속하는 수준에 있는 북에서, 기아에 시달리며 죽어가는 민중들 앞에서 강성대국을 뽐내는 북의 전근대적 사회주의에서 "사방이 술에 잠기는 디오니소스적 축제"를 기대한다는 것은 불가능하다. 순수 자본주의적 '근대'를 지향하는 IMF 체제의 남에서 표방하는 자유주의나 신자유주의가 디오니소스적 해방을 담보하는 것도 물론 아니다. '조국 근대화'의 슬로건으로 치장한 박정희 체제의 규율 권력이 시장 경제와 생산성의 우상화라는 새 옷으로 갈아입었을 뿐이다. 전근대적 에토스를 담고 있는 고유 사상에서 디오니소스적 해방의 길을 찾으려는 일부의 노력은 인간 해방의 시계 바늘을 거꾸로 되돌리는 퇴행으로 귀착되기 쉽다. 인간과 시민의 권리처럼 근대 부르주아 혁명이 획득한 최소한의 성과조차 무시하는 이러한 조류는 전근대의 탯줄을 끊지 못한 남과 북의 규율 권력이 만나는 접점일 수 있다는 점에서 가장 위험하다.

탈이념의 시대에 이념의 문제를 고민하기 위해서는 그야말로 프로메테우스적인 자기 헌신과 반역 정신이 동시에 요구된다. 디오니소스적 해방의 길이 디오니소스적 정서가 아니라 프로메테우스적 정신으로 모색되어야 한다는 것은 역사의 또다른 역설이다. 궁극적으로 그것은 삶의 역설이기도 하다. 역설은 일직선적 진보의 논리로 파악될 수 있는 것이 아니다. 그래서 다시 한 번 프로메테우스의 직선적 해방이 아니라 에둘러 돌아가는 디오니소스의 곡선적 해방이 요구되는 것은 아닐까?

해방에서 동원으로
제3세계와 반서구적 근대화론으로서의 사회주의

1. 주변부 사회주의와 '주의주의'

20세기 마르크스주의 사상사의 큰 특징 중 하나는 다양한 형태의 주의주의(voluntarism)적 해석이 제3세계 혹은 주변부를 풍미했다는 점이다. 주의주의의 흔적은 러시아의 레닌주의로부터 쿠바와 탄자니아를 거쳐 북한의 주체사상에 이르기까지 광범위하게 발견된다. 식민지 혹은 반식민지를 겪은 주변부 국가들에서 주의주의는 단순히 하나의 편향을 넘어 사상적 주류의 위치를 차지하고 있다. 그것은 19세기 말 서유럽 마르크스주의의 주류를 이루었던 실증주의적이고 자연주의적인 편향과 날카롭게 비교된다는 점에서 흥미로운 현상이 아닐 수 없다. 특히 사회주의 블록에서 소련이 행사한 확고한 헤게모니에도 불구하고, 유독 사상 부문에서는 스탈린의 조야한 실증주의적 마르크스주의가 제3세계의 토착 혁명가들이 지닌 주의주의를 압도하지 못했다는 사실은 특별한 고찰을 요구한다. 왜 제3세계 사회주의 운동에서는 주의주의적 경향이 그토록 완강하게 지속되었는가?

이 질문은 복합적인 양상을 띤 제3세계의 사회주의적 근대화를 이해하는 실마리를 제공한다. 사실상 주변부 국가들이 취해 온 사회주의적 근대화는 '비동시적인 것의 동시성'을 전형적으로 드러내 준다. 제3세계의 경우 전근대적 구조와 근대적 구조가 병존하는 물적 토대, 민족주의적 선전과 사회주의적 수사의 접합, 반제국주의적 심성을 지닌 토착 엘리트와 제국주의 교육을 받은 근대적 엘리트의 갈등과 결합, 민족의 전통적 원초성에 대한 강조와 근대적 국가 기구의 발전 등이 복잡하게 얽혀 있어 '근대성'의 모습이 선명하게 드러나지 않는다. 따라서 주변부 마르크스주의에서 예외 없이 공통적으로 발견되는 주의주의는 사상사의 측면에서 일단 '비동시적인 것의 동시성'으로서의 제3세계 근대성을 이해하는 실마리가 된다. 그것은 비단 사상사적 이해를 넘어, 인간 해방의 정치적 프로젝트로서의 사회주의가 민중 동원의 이데올로기로 전화된 제3세계 사회주의의 독특한 메커니즘을 밝히는 계기가 된다.

마르크스주의를 주의주의적으로 재구성하려는 경향은 동아시아의 사회주의 담론에서 가장 전형적으로 드러난다. 마오주의의 큰 특징 중의 하나는 객관적 실재에 대해서 인간의 의지를 강조하는 방향으로 마르크스의 교리를 틀어 놓았다는 데 있다. 샬리앙(Gerard Chaliand)의 완곡어법을 빈다면, "마오주의의 개념들은 스탈린의 개념보다 훨씬 덜 경제주의적이었으며, 인간이라는 요소에 큰 중요성을 부여했다."[1] 베트남의 마르크스주의에서도 주의주의적 요소를 발견하기는 그리 어렵지 않다. 북베트남 공산당이 견지한 레닌주의 당 원칙에 대한 주의주의적

---

1) G. Chaliand, *Revolution in the Third World*, tr. by D. Johnstone, rev. ed. (New York, 1989), p. 192.

해석은 대중을 동원하기 위해 불가결한 원칙이었다.[2] 주의주의의 철학적 원칙이 특히 명쾌하게 드러나는 것은 1963년 초 '미얀마 사회주의 강령당'(Burma Socialist Program Party)이 공포한 당의 철학 강령이었다.

> "인류 사회는 인간들 스스로가 자신의 행동 법칙에 따라 조직한 인간들의 기관에 불과하다.…… 인간의 성격과 인간의 발전 법칙이 이해된다면, 사회의 성격과 법칙 또한 이해될 수 있다.…… 인간은 역사의 지배자이자 지도자이다."[3]

미얀마보다는 시기적으로 늦지만, 주의주의가 가장 명시적으로 드러나는 것은 북한의 주체사상에 이르러서이다. 주체사상은 1972년 공포된 논문에서 "혁명과 건설의 주인은 인민 대중이며 혁명과 건설을 추동하는 힘도 인민 대중에게 있다는 사상"으로 규정되었다. 또 1982년 발표된 주체사상의 철학적 원리는 "사람이 모든 것의 주인이며 모든 것을 결정한다"는 것과 "사람은 자주성과 창조성, 의식성을 가진 사회적 존재"라는 두 가지 테제로 구성되어 있다.[4]

표현과 강조점의 차이는 인정되지만, 이들 동아시아 사회주의는 한결같이 주의주의에 경도된 모습을 보여 주기에 흥미롭다. 그것은 제도적인 측면에서 근대적인 정치적·경제적 기제가 결여된 주변부의 역사적 조건에서 비롯된 불가피한 결과가 아닌가 한다. 인간, 즉 노동력이 유일한 가용 자원인 상황에서 주변부 엘리트들에게 대중을 동원하

---

2) *Ibid.*, p. 144.
3) R. Ulyanovsky, *National Liberation* (Moscow, 1978), p. 278.
4) 이종석, 「북한의 유일체제와 주체사상의 기능」, 역사문제연구소 편, 『한국정치의 지배이데올로기와 대항이데올로기』 (역사비평사, 1994), 260쪽.

는 것 이외의 대안은 사실상 없었던 것이다.5) 인간의 의지를 강조하는 것은 이 과정에서 인민의 노동력을 동원하기 위한 이론적 수사였을 뿐이다. 제3세계에서 마르크스주의에 대한 주의주의적 해석이 경제주의적 편향을 압도한 이유도 여기에 있다. 사회주의 건설을 위한 물적 토대가 결여된 상황에서 토대를 강조하는 경제주의적 해석은 설 땅이 없는 것이다. 주변부 사회주의의 역사적 합리성은 인민의 의지가 토대를 대체할 때만 비로소 가능한 것이었다. 그것은 경제주의의 대기론이나 수동적 태도에 대한 비판에서 나온 서구의 주의주의와도 다른 성격의 것이었다.

한편 인간 의지에 대한 주의주의적 강조점은 개인의 차원에서 쉽사리 집단의 차원으로 옮겨가는 경향이 있었다. 대개의 경우에 그 집단의지는 사회주의 공동체의 의지라기보다는 민족의 집단적 의지였다. 민족주의는 노동자 계급이 갓 생성되고 있고 계급 의식조차 미숙한 상황에서 대중을 동원하는 데 사회주의보다 효율적이었다. 대부분의 인민 대중에게 사회주의의 원칙은 여전히 추상으로만 남아 있었던 반면에, 종족·모국어·민속·관습·피부색 등의 원초적 요소들은 일상 생활에서 쉽게 느낄 수 있는 실재였다. 주변부 공산주의자들의 선전에서 '민족의 구원'이라는 슬로건을 쉽게 접할 수 있는 것도 같은 이유에서이다. 이렇게 해서 마르크스주의에 대한 주의주의적 해석에서 도출된 집단 의지는 제국주의에 저항하고 투쟁하려는 민족의 의지로 전화되었다. '민족적 사회주의'라는 사회주의의 모순어법을 푸는 열쇠는 바로 이 점에 있다.

요컨대 주변부 사회주의자들은 각국의 특수한 역사적 조건에 맞는

---

5) T. Nairn, *The Break-up of Britain* (London, 1981) 2nd ed., p. 340.

'마르크스-레닌주의의 창조적 적용'이라는 구호를 애용했지만, 창조적 적용의 결과는 인간 해방의 정치적 프로젝트로서의 마르크스주의를 인민 동원의 이데올로기로 전락시키는 것으로 나타나곤 했다. 주의주의는 결국 두 개의 기본 개념을 축으로 인민을 동원하는 이데올로기적 기제였다. 식민지 시기의 민족 독립이 그 하나라면, 독립 이후의 근대화 혹은 산업화가 다른 하나였다. 식민지 국면에서 그것은 반제국주의 투쟁에 인민을 동원하여 민족 해방 운동에 기여했다. 반면에 독립 이후에는 근대화 과정에서 정치 엘리트들과 민족 관료들의 정치 권력을 정당화하는 기제로 작용하기도 했다. 이 두 번째 국면에서 민족주의와 사회주의의 건강한 긴장은 해소되고 민족주의가 사회주의에 대해 승리를 거두었다. 사회주의는 결국 민족주의의 종속적 동맹자로 전락하였다.6)

사회주의는 주변부에 이르러 사실상 노동 대중의 희생을 대가로 선진 자본주의를 따라잡고 추월하려는 급속한 산업화의 발전 전략으로 역사적 내용을 바꾸어 버렸다. 이 과정에서 주변부 사회주의는 사회 해방이라는 거추장스러운 목표를 내던지고, '마르크스-레닌주의의 창조적 적용'이라는 슬로건 아래 민족 해방 운동의 수단이자 근대화를 위한 정치 사회적 공학으로 탈바꿈했다. 마르크스주의의 제3세계적 변용이라는 관점에서, 인간 해방의 정치적 프로젝트로서의 마르크스주의가 대중 동원의 이데올로기로 전화되는 과정을 추적하는 것이 이 글의 일차적인 목표이다. 물론 '왜'라는 질문이 항상 따라올 것인데, 그것은 마르크스주의에 대한 폭넓은 비교사적 관점에서 제기될 것이다.

---

6) *Ibid.*, p. 357.

2. 두 마리 토끼: 근대화와 민족적 정체성

자본주의 세계 체제가 유럽을 넘어 본격적으로 그 외연을 넓혀 간 19세기 이래, 주변부 지식인들의 고민은 결국 서구적 근대를 어떻게 이해하고 수용할 것인가 하는 문제로 귀착되었다. 서구 식민주의가 주도하는 세계 체제에 포섭된 이상, 부강한 근대 민족 국가를 수립하고 급속한 근대화를 실현한다는 것은 이미 누구도 부정할 수 없는 주변부의 시급한 국가적·사회적 목표가 되어 버렸다. 독자적인 근대화에 성공하지 못하면, 서구 열강에 종속될 수밖에 없다는 절박함이 역사적 목표에 대한 합의를 이끌어 냈다. 그러나 그것이 서구의 자본주의적 근대에 대한 무조건적인 승인을 의미하는 것은 아니었다. 근대화에 대한 열망의 이면에는 서구적 근대성에 대한 회의와 비판이 자리 잡고 있었다.

서구적 근대성을 본격적으로 회의하고 비판한 주변부 최초의 지식인 집단은 러시아의 슬라브주의자들이었다. 키레프스키(Ivan Kireevski), 호미아코프(Aleksei Khomiakov) 등으로 대변되는 슬라브주의는 서구의 합리주의와 개인주의에 대한 비판에서 출발하였다. 러시아 민족은 피터 대제의 서구화 정책으로 파괴된 슬라브적인 공동체 생활의 원리로 되돌아가야만 진정한 해방을 이룰 수 있다는 것이 이들의 논리였다. "내면적 진리"를 구현한 "진리와 사랑의 유기체"인 러시아 농민 공동체야말로 "외면적 진리"를 추구하는 서구의 원자화된 개인적 합리주의보다 우월하다는 것이 이들의 신념이었다.[7] 서구적 근대에 대한 슬

---

7) A. Walicki, "Russian Social Thought: An Introduction to the Intellectual History of Nineteenth-Century Russia," *The Russian Review*, vol. 36 (January, 1977), pp. 6~14.

라브주의자들의 비판적 시각은 게르첸(Aleksander Herzen)이나 체르니셰프스키(Nikolai Chernyshevski) 같은 러시아 사회주의의 선구자들에게 이어졌다. 이들은 러시아가 서구와 같은 자본주의적 과거의 부담이 없기 때문에, 농촌 공동체를 기반으로 합리적인 사회주의적 집단주의로 이행할 수 있는 가능성을 탐색했다. 이들의 사상은 19세기 후반 비자본주의적 발전 방식을 추구했던 러시아 인민주의자들의 사상적 뿌리가 되었다.8)

서구적 근대에 대한 러시아 지식인들의 비판은 일반적으로 주변부 지식인들이 공유하는 것이었다. 이슬람의 이데올로그들은 물밀듯이 밀려오는 서구적 근대화에 대한 반명제로서 연대 의식, 상호 부조·공동체 생활 등을 이슬람의 전통적 덕목으로 제시했다. 예컨대 시리아의 무스타파 아스시바이(Mustafa as-Sibai)는 유럽이 자본주의적 근대의 대안으로 제시한 사회주의가 이슬람 세계에서는 이미 14세기 전부터 존재했다고 주장한다. '사회적 연대'의 원칙은 위대한 예언자가 이미 『코란』에서 제시했다는 것이다. 또한 이슬람 세계는 자유 경제의 전통과 시장 체제에서 이익을 얻는 사회 세력이 약하기 때문에 사회주의 모델에 대한 심리적 저항이 약하고, 따라서 자본주의를 건너뛸 수 있다는 주장이 제기되기도 했다.9) 이들에게 사회주의는 인민의 복지와 국가의 힘을 최대화하면서 동시에 이슬람 고유의 생활 방식을 영위할 수 있는, 서구적 근대와는 다른 이슬람적 근대를 향한 길이었다.10)

아시아로 눈을 돌려도 서구적 근대에 대한 의식의 갈등 구조는 쉽게 발견된다. 인도 민족주의의 이론적 선구자라 평가되는 반킴찬드라

---

8) *Ibid.*, pp. 18~45 참조.
9) M. Rodinson, *Islam and Capitalism* tr. by B. Pearce (Austin, 1978), pp. 176~177, 183.
10) *Ibid.*, p. 212.

(Bankimchandra Chattopadhyay)는 서구의 과학과 기술을 높이 평가하면서도, 정신적 측면에서는 힌두 문명의 우월성을 주장했다.11) 인도판 '중체서용'(中體西用)론 혹은 '동도서기'(東道西器)론이라 할 그것은 서구적 근대의 과학적 성과들을 인도 정신의 바탕 위에서 수용한다는 것을 의미했다. 간디(Mahatma Gandhi)는 여기에서 한 걸음 더 나아갔다. 그는 인도인들이 근대 문명의 겉모습에 현혹된 이상, 독립이 된다고 해도 "영국인이 없는 영국의 지배"가 지속될 것이라고 보았다.12) 인도인들은 무엇보다도 먼저 인간을 소비, 탐욕, 사치, 기계의 노예로 만드는 근대 산업 문명을 거부해야 할 것이었다. 간디가 서구적 근대에 대한 대안으로 내세운 것은 놀랍게도 사회주의였다. 동양의 제도들을 잘 연구하면, 지금까지 세계가 꿈꾸어 온 그 어떤 것보다 더 진정한 사회주의와 공산주의를 발전시킬 수 있다는 것이 그의 지론이었다. 서구의 사회주의가 대중의 빈곤 문제를 해결했다고 판단하는 것은 잘못된 생각이라는 것이었다. 간디에게서 러시아 인민주의의 논리가 느껴지는 것도 이러한 이유에서이다.13) 결국 러시아와 이슬람 그리고 인도의 이들 지식인들은 서구의 자본주의적 근대에 대한 대안으로 자신들의 전통 속에서 사회주의적 대안을 찾을 수 있으리라는 낭만적 믿음을 공유했다. 그러나 이 낭만적 믿음은 조만간 근대성의 도도한 물결 앞에서 곧 붕괴되고야 말 것이었다.

그것은 서구적 근대를 어떻게 수용할 것인가 하는 문제를 놓고 오랜 논란 끝에 중국 지식인들이 도달한 결론이기도 했다. 이들의 논쟁은 대체로 세 단계의 지적 발전 과정을 거쳐 왔다. 전통적 민족주의가 그

---

11) P. Chatterjee, *Nationalist Thought and the Colonial World* (London, 1986), pp. 66, 72, 80.
12) *Ibid.*, p. 86.
13) *Ibid.*, pp. 98, 112.

발전 과정의 첫 단계에 속한다. 웨이유안(魏源)으로 대변되는 이들 지식인들은 중국의 도덕적·정치적 원칙이 서구에 비해 절대적으로 우월하다는 것을 굳게 믿었다. 서구의 기술조차 단지 군사적 목적을 위해서만 수용할 수 있다는 최소한의 양보 조치가 이들이 양보할 수 있는 모든 것이었다. 그러나 곧 서구의 기술을 전근대 사회에 효과적으로 적용한다는 것이 사실상 불가능한 것으로 드러났다. 이것은 중국 지식인들을 자연스럽게 둘째 단계로 이끌었는데, 캉유웨이(康有爲) 등의 개화파 지식인들은 중국의 사상과 관습을 버리고 서양의 것을 채택해야 한다면서 급진적 서구화를 역설했다. 그것은 근대화를 위해 중국 사회를 완전히 재구성하려는 야심찬 기획이었다. 서구의 군사적·경제적 압력을 이겨 내기 위해 서구를 모방해야 한다는 역설이 성립하는 것도 이 지점에서였다. 마지막으로는 혁명적 민족주의의 물결이 나타났다. 서구의 지배에 저항하고 중국의 정체성을 수호하기 위해 서구적 근대를 모방한 중국의 근대화가 강조되었지만, 민중의 적극적인 참여를 역설했다는 것이 새로운 점이었다.14)

거칠게 말해서 동아시아의 사회주의 운동은 혁명적 민족주의의 마지막 단계에서 역사 무대에 출현했다고 할 수 있다. 민족주의 운동의 지도부는 서구적 근대를 추구하면서 동시에 민족적 정체성을 고수해야 한다는 모순된 과제 앞에서 심각한 자기 분열을 경험할 수밖에 없었다. 근대화가 곧 서구화를 의미하는 한, 이들은 서구의 지배에 저항하기 위해 서구 열강이 자신들에게 강요하는 길을 따라야만 하는 역사적 역설에 직면해야만 했다. 그래서 민족적 정체성을 잃는다면, 근대화를 수행하고자 했던 가장 소중한 목표를 잃는 셈이었다. 그 위험성에도

---

14) S. Schram, *The Political Thought of Mao Tse-tung* (Harmondsworth, 1969), pp. 18~19.

불구하고 서구의 모델을 모방하여 자신들의 전통 사회를 개혁하고 근대화하는 것 이외의 대안은 없는 것처럼 보였다. 서구화와 민족적 정체성 사이의 심각한 자기 분열, 그것은 비단 동아시아뿐만 아니라 주변부의 혁명적 민족주의자들이 공통적으로 부딪친 고민이기도 하였다. 그들은 이 만성적 분열증의 치유책을 어디에서 발견할 수 있었을까?

1917년 볼셰비키 혁명이 발발한 직후 소비에트 정부는 차르 러시아와 피억압 민족 사이에 맺은 모든 불평등 조약을 무효화한다고 선언하였다. 레닌의 민족 자결 이론과 더불어 이 선언은 제3세계의 혁명적 민족주의자들에게 볼셰비즘에 대한 폭발적인 관심을 불러일으켰다. 더욱이 저개발국 혹은 주변부 자본주의 사회인 소련의 혁명적 실험은 주변부 사회가 자본주의를 건너뛰어 곧장 사회주의로 이행할 수 있는 가능성을 제시해 주는 것처럼 보였다. 러시아의 인민주의자들이 사회주의로의 직접적인 이행을 탐색하고 후기의 마르크스가 자수리치(Vera Zasulich)에게 보낸 편지에서 그러한 가능성을 부정하지 않은 것처럼,[15] 아시아를 포함한 주변부의 혁명적 민족주의자들도 서구적 근대를 부정하는 사회주의로의 직접적인 이행을 끊임없이 모색했던 것이다. 레닌은 죽기 직전에 쓴 한 논문에서, 러시아가 자본주의를 피하여 사회주의로 이행하는 길을 제시함으로써 식민지 및 반식민지 나라에게 민족 발전의 새로운 유형과 역사적 선례를 제공했다고 주장했다.[16]

레닌의 이 주장은 자본주의를 뛰어넘겠다는 러시아 인민주의자들의 기획이 역사에서 버려진 카드가 아니라는 것을 의미했다. 인민주의의

---

15) 이에 대해서는 T. Shanin ed., *Late Marx and the Russian Road: Marx and 'the Peripheries of Capitalism'* (London, 1983)에 실린 샤닌의 글과 와다 하루키의 글을 참조할 것.
16) 게트 셰퍼, 「비정통적 이견을 지닌 서구 공산주의자들의 10월 혁명 평가」, 무크 『비판』 2호 (1997), 139쪽.

기획은 레닌에 이르러 다시 살아났다. 한 영국 연구자의 표현을 빌면, "레닌은 인민주의의 이론적·정치적 전통과 결코 단절된 적이 없으며, 마르크스주의를 완전히 다른 인민주의의 틀 속에 동화시킴으로써 플레하노프의 기획을 완성시킨 것이었다."[17] 그것은 볼셰비즘을 비자본주의적 근대화의 길로 파악한 제3세계 혁명가들의 독해가 그리 틀리지 않은 것임을 드러내 준다. 사회주의 건설을 위한 물적 토대가 결여된 러시아의 상황에서 혁명에 성공한 볼셰비키들이 취할 수 있는 선택의 폭은 극히 제한된 것이었다. 그들은 급속한 산업화를 최우선적 과제로 삼지 않을 수 없었다. 서유럽에서의 사회주의 혁명이 실패로 돌아가고 혁명 소련의 국가적 생존이 당면 문제가 된 상황은 '포위된 요새' 신드롬을 강화시켰으며, 그것은 다시 급속한 산업화를 더욱 절실한 과제로 느끼게 만들었다. 홉스봄의 표현을 빌면, 이로써 볼셰비즘은 "자본주의 발전의 조건이 존재하지 않는 나라들에서 급속한 경제 발전을 위한 이데올로기로 전화된 것이었다."[18]

역설적인 이야기지만, 볼셰비즘이 제3세계에서 호소력을 지닐 수 있었던 것은 바로 홉스봄이 지적한 이 이유 때문이었다. 볼셰비키 혁명은 저개발국 지식인들에게 비자본주의적 근대화의 가능성을 제시함으로써 근대화와 민족적 정체성이라는 두 마리 토끼를 동시에 잡아야만 하는 역사적 딜레마를 일거에 해결해 준 것이었다. 만약 그들이 서양 제국주의가 강요하는 자본주의적 방식이 아니라 자신들의 고유한 방식으로 근대화와 산업화에 성공할 수 있다면, 서구 문화에 종속되지

---

17) S. Clarke, "Was Lenin a Marxist? The Populist Roots of Marxism-Leninism," *Historical Materialism*, No. 3 (Winter, 1998), p. 3.
18) E.J. Hobsbawm, "Out of Ashes," R. Blackburn ed., *After the Fall: the failure of communism and the future of capitalism* (London, 1991), p. 318.

않고 자신들의 민족적 정체성과 전통을 지킬 수 있을 것이었다. 그렇다면 근대화와 민족적 정체성 사이에 존재하는 모순은 자연히 해결될 것이었다. 볼셰비키의 비자본주의적 발전 전략이 서구가 아닌 비유럽 세계에서 사회주의자들뿐만 아니라 민족주의자들에게도 큰 거부감 없이 받아들여질 수 있었던 이유도 여기에 있다. "레닌이야말로 마르크스주의가 아시아에 이식될 수 있도록 문을 활짝 연 최초의 인물이었다"[19]는 슈람(Stuart Schram)과 당코스(Helene2 d'Encausse)의 평가도 같은 맥락에서 이해된다.

'서구적인 것'과 '민족적인 것' 사이에서 갈등하던 주변부 지식인들에게 사회주의는 사실상 제3의 대안이었다. 주변부 사회에서 그것은 독자적인 방식으로 급속한 근대화를 추진한다는 명제와 동일시되었다. 이 점에서 볼셰비즘은 서구적 근대화 방식을 넘어선 민족적 근대화의 대안을 찾던 주변부 지식인들에게 복음이 아닐 수 없었다. "사회주의는 전통주의도 아니며 서구화도 아니다"라는 인도의 개혁 사상가 비베카난다(Swami Vivekananda)의 주장에서 그것은 다시 한 번 확인된다. 이렇게 해서 서구에 기원을 갖는 사회주의 사상은 유럽의 제국주의 문명을 부정하는 비서구적이며 반서구적인 사상으로 주변부에 뿌리를 내렸다. 이제 남은 과제는 민족적 전통과 유산 속에서 사회주의의 전사(前史)를 찾는 것이었다. 이 과정에서 전근대적 공동체의 유제는 쉽사리 사회주의적 전통으로 비약되었다. 러시아의 인민주의자들이 농촌공동체 미르(Mir)의 전통적 집산주의에서 사회주의의 미래를 보았듯이, 주변부의 혁명적 민족주의자들도 민족의 과거에서 집산주의적 전통을 발굴해 내고 그 속에서 사회주의의 전망을 얻고자 하였다.[20] 요컨대

---

19) S. Schram and H.C. d'Encausse, "Introduction," *Marxism and Asia* (London, 1969), p. 4.

사회주의는 '반서구적 서구화'의 이데올로기로서 주변부에서 새 생명을 얻었다. 민족주의가 "산업의 국유화에 기초한 사회주의의 한 형태"라는 스미스(Anthony D. Smith)의 지적은 이 점에서 일정한 타당성을 지니는 것이었다.[21]

3. 반서구적 서구화 혹은 전근대적 근대화

주변부의 사회주의 운동은 그 출발에서부터 민족주의적 수사와 더불어 나아갔다. 종교 경전이나 민족 문화의 구전된 전통 등에서 사회주의 사상을 발견하려는 노력은 제3세계 사회주의의 이념적 지평에서 광범위하게 발견된다. 『코란』에서 사회주의의 원리를 찾고자 했던 이슬람 사회주의자들이나 불교 경전에서 사회주의의 원칙을 재발견했던 미얀마의 불교 마르크스주의 등이 그러한 예이다. 또한 고대와 중세의 몇몇 사상가들이 과학적 사회주의의 선구자라고 평가받기도 했다. 그것은 민족적 정체성을 확보하려는 목적을 지녔을 뿐 아니라 민중들이 이해할 수 있는 고유한 언어로 사회주의를 전파하려는 노력의 일환이기도 했다. 그러나 전근대적 민족 전통과 사회주의가 연결됨으로써, 사회주의는 근대적인 것 못지않게 고색창연한 이미지를 띠게 되었다. 요컨대 사회주의는 '전근대적 근대화'로 가는 길이었다. 집산주의적 공동체의 유제와 전통적 연대감을 접목시켜 비자본주의적 발전의 길을 걸었다는 점에서 볼 때, 그것은 사실상 사회주의라기보다는 인민주의

---

20) A.V. Gordon, "Revolutionary-Democratic Concepts of Non-Capitalist Development: Cultural and historical Perspective," R. Ulyanovsky ed., *Revolutionary Democracy and Communists in the East* (Moscow, 1990), pp. 103~107.
21) A.D. Smith, *Theories of Nationalism* (London, 1972), p. 168.

에 더 가까운 것이었다.22)

주변부의 반제국주의 전선을 형성한 힘의 역학 관계로 보아 인민주의의 경향은 불가피한 것이기도 했다. 산업 프롤레타리아트가 성장하지 못한 상황에서, 예컨대 말리나 가나, 수단 등의 아프리카 민족주의 지도자들은 부족적 혈연 관계 같은 전통적 유대에 의존할 수밖에 없었다. 그 결과 근대적인 국가·당·군사 기구 등을 움직이는 원칙은 전근대적이고 자연적인 연줄 관계에서 크게 벗어나지 못했으며, 근대적인 국가 기구 등은 관료화의 길을 걸었던 것이다. 이들의 문제는 급진성이 부족했다는 것이 아니라 정치·경제·사회·문화 등 모든 면에서 그 급진적 문제 의식을 뒷받침할 수 있는 근대적인 기반이 부재한다는 점에 있었다. 그 결과 말과 행동, 슬로건과 현실 사이에 메울 수 없는 큰 간격이 존재했으며, 그것은 아프리카 사회주의의 퇴조를 촉진한 주요 원인이었다. 아프리카 사회주의에서 프롤레타리아 독재론은 결국 부족적 틀에 묶여 있는 농촌 공동체를 동원하는 이념적 기제로 전락하게 되었던 것이다.23) 혁명의 농민적 뿌리를 강조하고 이슬람의 도덕적 가치를 역설한 알제리 혁명이나 촌락 공동체의 전통적인 집산주의와 생산의 근대화를 접목시킨 탄자니아의 우자마(ujamaa) 계획 등도 같은 맥락에서 이해된다.24)

제3세계 사회주의 운동의 큰 축을 형성했던 중국 공산주의도 이 점에서 예외는 아닌 듯싶다. 1921년 창당된 중국 공산당은 이미 그 초기

---

22) V.G. Khoros, "Non-Capitalist Development: Theory and Practice," Ulyanovsky ed., *op. cit.*, p. 130.
23) R. Ulyanovski, "National and Revolutionary Democracy and Their Evolution," Ulyanovsky ed., *ibid.*, pp. 19~24.
24) V.G. Khoros, "Non-Capitalist Development: Theory and Practice," Ulyanovsky ed., *ibid.*, pp. 131, 137.

부터 천두슈(陳獨秀)가 이끄는 서구파와 리다자오(李大釗)의 반서구파로 분열되어 있었다. 서구파는 공산주의야말로 중국 사회를 근대화하는 가장 효과적인 방법이라고 생각하였다. 반면에 비서구파는 레닌의 제국주의론에서 자신들의 민족주의적 경향을 정당화하는 이론적 계기를 발견했다. 이들의 대립은 중국 공산주의의 특색인 '반서구적 서구화'라는 모순어법을 반영하는 것이었다. 리다자오가 '반서구적'인 것에 강조점을 두었다면, 천두슈의 초점은 '서구화'에 놓여 있었다.[25] 중국 공산주의의 이념적 지형은 '반서구적인 것'과 '서구화' 사이에서 초점이 어디로 이동하는가에 따라 끊임없이 동요했다. 중국 공산주의의 이념적 동요에 종지부를 찍은 것은 1935년 1월 대장정 기간 중에 개최된 '쭌이(遵義) 대회'였다. 쭌이 대회를 계기로 토착 공산주의를 대변하는 마오쩌뚱이 확고하게 당을 장악하였다. 중국 공산주의는 이제 마오의 노선에 따라 움직일 것이었다. 그것은 권력 투쟁에서 마오가 승리를 거두었다는 개인사적 차원의 문제가 아니었다.

　당 정치국은 코민테른의 결의에 따라 왕밍(王明)과 28인의 볼셰비키가 주도한 '진격과 공세' 노선이 실패했다고 선언하였다. 마오 노선의 승리는 곧 도시에서의 대규모 대중 공세 전술에 대한 농촌에서의 게릴라 전술의 승리를 의미하는 것이었다. 궁극적으로는 유럽 중심적 프롤레타리아 공산주의에 대한 아시아 중심적 농민 공산주의의 승리를 의미하는 것이기도 했다. 당 간부들은 왕밍을 사실상 친러시아파의 두목으로 간주하였다. 왕밍은, 러시아인들의 "편협한 민족적 편견"을 비판했다는 이유로 소환되어 코민테른의 마누일스키(Dmitry Manuilsky)에게 '극단적 지방주의'라고 호되게 비판받은 리리싼(李立三)을 대신하여 모

---

25) Schram and d'Encausse, "Introduction," pp. 47~51.

스크바가 지지한 인물이었다.26) 따라서 왕밍의 실각과 마오의 집권은 중국 공산주의의 민족적 색채가 진해지고 중국 중심적 성격이 강화된다는 것을 의미하였다. 이제 중국 사회주의 운동의 중심축은 사회 해방에서 민족 해방으로 옮겨갈 것이었다.

우선은 마오의 개인적 심성 자체가 철저하게 중국적인 것이었다. 1917년 가을 장사사범학교 시절, 조국을 구할 수 있는 길에 대한 학생들과의 토론에서 마오가 제시한 해결책은 "량산보(梁山泊)의 영웅들을 닮으라"27)였다. 이것은 단순한 학창 생활의 에피소드로 끝나지 않았다. 이로부터 정확히 10년 뒤 마오는 징강산(井崗山)에 올라 『수호전』의 영웅들과 유사한 모험을 시작하였다. 마오의 집권으로 강화된 중국적 색채는 1937년 중일전쟁의 발발과 더불어 한층 강화되기에 이르렀다. 제국주의에 대한 저항 전쟁의 국면에서 민족주의적 색채는 강화될 수밖에 없었던 것이다. 1938년 개최된 제6차 당 중앙위원회 전원 총회에서 마오는 다음과 같이 연설하였다.

> "우리의 또다른 임무는 우리의 역사적 유산을 공부하고 마르크스주의의 방법을 이용하여 그것을 비판적으로 정리하는 것이다.…… 우리는 공자부터 손문에 이르기까지 우리의 역사를 정리하고 귀중한 유산들을 취해야 한다.…… 위대한 중국 민족의 일원이며 민족의 살이자 피인 중국 공산주의자들에게 중국의 특성과 유리된 마르크스주의에 대한 언급은 단지 추상적인 마르크스주의일 뿐이며 진공 상태의 마르크스주의일 뿐이다."28)

---

26) S. Schram, *Mao Tse-tung* (Harmondsworth, 1966), p. 149.
27) *Ibid.*, p. 43.
28) *Selected Works of Mao Tse-tung* (Peking, 1967), vol. II: 209.

이와 관련하여 마오는 "계급 투쟁의 이해는 저항 전쟁(중일전쟁)의 이해에 종속되어야만 한다"29)고 못박았다. 이보다 앞서 1937년 3월 미국의 언론인 스메들리(Agnes Smedly)와 가진 인터뷰에서 마오는 다음과 같이 말하였다. "공산주의자들은 어느 특정 시기에 자신의 관점을 절대 단일한 계급의 이해에만 묶어 두지 않으며, 중국 민족의 운명, 더 나아가 영원히 지속되는 민족의 운명에 가장 열정 어린 관심을 갖는다."30) 이것은 국·공 연합을 통해 중국 공산주의자들이 계급 투쟁을 포기하고 단순한 민족주의자로 전환한 것이냐는 스메들리의 질문에 대한 대답이었다. 마오의 이 대답은 민족 통일 전선의 문제를 넘어서 그의 민족관을 상징적으로 보여 준다. 마오에게 중국 민족은 역사적 현상이 아니라 영원한 운명이었다. 그것은 마오의 민족관이 마르크스주의의 민족 개념으로부터 일탈되어 있다는 것을 여실히 드러낸다.

중일전쟁 당시 중국 공산당이 농민들을 대상으로 전개한 민족주의적 선전 또한 당시의 이념적 지형을 잘 드러내는 것이다. 1937년 이후 계급 투쟁과 소유의 급진적 재분배 같은 낡은 슬로건들은 '구국'의 슬로건으로 대체되었다. 동시에 '민족 반역자(漢奸)' 또는 '일본의 앞잡이(走狗)' 등 농민들의 민족 감정을 자극하는 용어들이 그들의 의식을 파고들었다. 그것은 곧 인텔리겐치아에 한정되었던 민족주의를 농민 대중들에게 확산시킨다는 것을 의미하였다.31) 문맹자 당원을 위한 독서 카드 또한 흥미로운 자료가 된다. 가장 쉬운 단계인 "사람. 남자와 여자. 모두 중국 사람이다. 모두 중국을 사랑한다"(카드 1)에서 시작하여

---

29) *Ibid.*, p. 200.
30) Schram, *Mao Tse-tung*, p. 201.
31) C. Johnson, *Peasant Nationalism and Communist Power: the emergency of revolutionary China 1937-1945* (Stanford, 1962), pp. 3~11.

"반동 분자. 반동 분자는 반일 무장 투쟁을 방해한다. 그들은 일본에 반대하는 젊은 남자와 여자들을 죽인다"(카드 20)에 이르기까지, 글을 배운다는 것은 곧 민족주의적 감정을 배우는 과정이었다.[32] 일본군의 초토화 작전에 고통받고 있던 농민들은 당의 민족주의적 선전에 기꺼이 호응하였다. 농민들의 계급 의식에 호소하고자 했던 기왕의 선전이 별 효과를 보지 못한 데 비해, 민족주의적 선전은 농민 대중에게 큰 호소력을 가질 수 있었다.

공산당이 민족주의적 선전을 통해 농민 대중을 자신의 진영으로 끌어들이는 동안, 국민당은 여전히 엘리트 민족주의에 머물러 있었다. 그것은 서구화되고 교육받은 중국 지식인들의 민족주의였다. 엘리트 민족주의에 머물러 있는 한, 국민당은 민족주의의 헤게모니를 공산당에게 넘길 수밖에 없었다. 국민당에 대한 공산당의 승리는 민족주의에 대한 공산주의의 승리를 의미하는 것이 아니었다. 국민당의 서구 지향적 엘리트 민족주의가 공산당의 중국 중심적 대중 민족주의에 패했다고 보는 것이 더 타당할 것이었다. 그것은 서구화된 엘리트 집단에 대한 중국적 공산주의자-농민 연합의 승리였다. 가치관과 역사관의 관점에서 보면, 그것은 곧 '자본주의적 근대화에 반대하는 근대화론'의 승리이기도 했다. 마오주의의 승리는 곧 서구적인 것을 거부하고 중국적인 것을 중심으로 근대화를 이룩한다는 청조 말기 이래 중국 사상의 주류였던 '반근대성의 근대화론'의 정치적 승리를 의미하는 것이었다.[33] 그러나 마르크스주의의 관점에서 보면, 그것은 자본주의적 근대를 극복한 것이 아니라 거부하였으며, 또 민족적인 것을 계급적인 것에 우선

---

32) Ibid., p. 151.
33) 왕후이, 「세계화 속의 중국, 자기 변혁의 추구」, 『당대비평』 10호, 2000년 봄호, 238쪽.

하였다는 점에서 사실상 마르크스주의를 물구나무세운 것이었다.[34]

이론적 긴장은 약간 떨어지지만, 식민지 조선의 사회주의 운동도 중국과 유사한 양상을 드러낸다. 식민지 조선의 지식인들에게 제국주의는 곧 자본주의라는 등식으로 다가왔고, 따라서 자본주의에 대한 대안으로서 사회주의는 손쉽게 반제국주의 투쟁 이념과 결합되었다.[35] 그것은 "민족주의는 사회주의의 근원이며, 사회주의는 민족주의의 본류"라는 신간회 초대 회장 이상재의 주장에서 상징적으로 잘 나타난다. 1922년 1월 혁명 러시아에서 개최된 제1차 '극동노역자대회'에 많은 민족주의 지도자들이 참가한 것도 같은 맥락에서 이해된다. 이 대회에 대표단을 이끌고 참석한 민족주의자 김규식은 피압박 민족의 민족주의적 대의를 배반한 미국에 분노를 터뜨리고 볼셰비즘의 도움으로 조선의 독립을 되찾고 싶다는 희망을 피력했다.[36] 조선총독부 경무국의 한 보고서도 이를 잘 말해 준다. "고려공산당의 공산주의에 대한 태도는 독립 달성의 단계적 수단에 불과한 것처럼 되어 있지만…… 아울러 독립을 고취하는 것이 필경 독립 사상을 왕성케 하는 첩경이면서도 보편적인 방법이라는 근본의에 입각해서 계획된 것이다.…… 공산주의는 결국 일시적인 가면임을 면치 못하게 될 것이다."[37]

결국 주변부 사회주의는 본질적으로 전통에 붙들려 있는 농민 대중을 반제국주의 민족 해방 운동에 동원하기 위한 이데올로기적 무기였다. 또 자본주의적 발전의 길이 서구 제국주의의 가치 기준을 수용하는 것을 의미하는 상황에서, 사회주의는 비자본주의적 발전의 길로서

---

34) G. Lichtheim, *Marxism*, 2nd ed. (New York, 1982), p. 364.
35) 서중석, 『한국근현대의 민족문제연구』 (지식산업사, 1989), 5쪽.
36) Dae-sook Suh, *The Korean Communist Movement 1918-1948* (Princeton, 1967), pp. 35~40.
37) 서중석, 『한국근현대의 민족문제연구』, 23쪽.

주변부의 민족주의적 인텔리겐치아에게 중요한 이념적 탈출구였다. 사회주의는 이들에게 민족 해방과 비서구적 사회주의 근대화의 전망을 동시에 제시함으로써 '비서구적 서구화'가 가질 수밖에 없었던 역사적 딜레마를 단칼에 해결해 주었다. 주변부 마르크스주의는 이 과정에서 사회 해방을 민족 해방으로 대체하였으며, 마르크스주의는 '인간 해방으로서의 근대성'이라는 보편적 자산을 잃게 되었다. 탈식민화는 보편적인 어떤 것에 대한 담론이 아니라 민족적 특수성을 절대적인 것으로 열렬히 긍정하는 것이라는 파농(Frantz Fanon)의 확신이 주변부 마르크스주의의 비극을 잘 웅변해 준다. 주변부 마르크스주의는 민족의 영속성을 강조하고 민족적 특수성을 절대화함으로써 결국 자율적 개인을 민족이라는 유기체적 전체에 종속시켰다. 그것은 민족 사회주의의 건설 과정에서 전체적 국가주의로 귀결될 것이었다.

4. 민족 스탈린주의: 해방이 배제된 동원

스탈린은 1931년 2월 급속한 공업화에 반대하는 세력을 공격하는 유명한 연설에서 다음과 같이 주장했다.

> "속도를 늦추는 것은 뒤처지는 것을 의미한다. 그리고 뒤처지는 자는 짓밟히게 된다.…… 옛 러시아 역사의 한 특징은 그 후진성으로 인해 끊임없이 짓밟혔다는 점이다. 러시아는 몽골의 칸, 터키의 총독, 스웨덴의 봉건 영주, 폴란드-리투아니아의 귀족들, 영국과 프랑스의 자본가, 일본의 귀족들에게 짓밟혔다. 러시아는 그 후진성 때문에, 즉 군사·문화·정치·산업·농업의 후진성 때문에 모두에게 짓밟혔다.…… 우리는 선진국보다 50

년 내지 100년 정도 뒤쳐져 있다. 우리는 10년 내에 이 격차를 따라잡아야 한다. 우리가 해 내든가 아니면 굴복하든가 둘 중 하나이다."[38]

스탈린은 소비에트 정부의 거시적 발전 전략 속에서 제1차 5개년 계획의 의미를 논하면서, 선진국의 경제를 따라잡고 추월하는 것이 계획의 주된 목표라고 선언하였다. 이론적으로는 프레오브라젠스키(Preobrazhensky)의 '사회주의 원시적 축적론'이 물적 토대가 허약한 상태에서 발전된 사회주의 경제를 건설하겠다는 스탈린의 이 야심찬 목표를 뒷받침했다. 경제적 자급자족 체제가 '포위된 요새'로 남은 소련의 유일한 선택인 상황에서, 스탈린은 농민을 착취하고 농민의 여유 자원을 국가의 수중에 집중함으로써 산업화에 필요한 재원을 마련해야 한다는 프레오브라젠스키의 견해에 결국 동의했다. 실제로는 농민뿐 아니라 노동자들도 국가의 착취 대상이었다. 노동조합을 당에 종속시킨 레닌의 조치 이래, 노동조합은 당의 명령을 생산 현장에 전달하는 명령의 컨베이어 벨트로 전락했다. 스탈린은 한 걸음 더 나아가 마르크스주의를 시민 사회에 대한 국가의 강압적 지배, 그리고 다시 국가에 대한 당의 강압적 지배라고 정의했다. 사회주의는 이로써 노동자와 농민의 희생을 무릅쓰고라도 자본주의 선진국들의 부와 권력을 따라잡는 것으로 우선회했다. 산업화에 더하여 강압적 지배가 정통 마르크스주의의 새로운 핵심 교리로 자리 잡기 시작했다.[39]

소련이 5개년 계획에서 거둔 괄목할 만한 경제 성장은 민족 해방 운동을 거쳐 독립 이후 근대적인 민족 국가 건설을 우선적 목표로 삼고

---

38) J.V. Stalin, *Collected Works* (Moscow, 1954/5), vol. 13: 40~41.
39) G. Arrighi, "Marxist Century, American Century," *After the Fall*, pp. 155~156.

있던 제3세계의 지도자들에게 깊은 인상을 남겼다. 네루(Jawaharal Nehru)는 인도가 자본주의를 수용할 수 없는 이유를 분명히 밝혔다. 인도는 서구 자본주의 국가들이 취했던 것과 똑같은 방법과 속도로 진보를 이룩할 만한 충분한 시간이 없다는 것이었다. "우리는 영국, 프랑스 혹은 미국의 길을 따라야만 하는가? 우리의 목표를 달성하는 데 100년 내지 150년이라는 충분한 시간이 우리에게 있는가? 그것은 절대로 받아들일 수 없다. 그 경우에 우리는 단지 멸망할 뿐이다."[40] 탄자니아에서 농업 사회주의를 주창한 니에레레(Julius Nyerere)는 "그들이 걷는 동안 우리는 뛰어야만 한다"는 슬로건을 내세웠다. 마오쩌둥이나 김일성도 급속한 산업화를 옹호한다는 점에서 결코 남에게 뒤지지 않았다. 1958년 대약진운동의 슬로건은 "15년 안에 영국을 추월하고 미국을 따라잡자"는 것이었다. 같은 해 김일성은 "우리는 다른 사회주의 국가들이 세 번의 5개년 계획 기간 동안 이룩한 것을 두 번의 5개년 계획으로 완성할 수 있다"고 연설했다.

독자적 민족 국가를 수립하는 과정에서 제3세계 사회주의는 이데올로기의 초점을 민족 해방에서 사회주의 자주 경제의 건설이라는 과제로 옮겼다. 마르크스-레닌주의는 이제 저개발국의 급속한 산업화를 위한 도구로 해석되었다. 저개발국들이 당면한 지극히 낮은 경제 발전 수준에서 사회주의 혁명은 결코 성숙한 자본주의 경제의 과실을 이용할 수 없었다. 오히려 혁명 그 자체가 경제 발전의 수단으로 전화해야만 했다. 더욱이 대부분의 신생 사회주의 국가들은 오랜 기간의 민족 해방 투쟁, 내전, 외국 열강의 간섭으로 인한 전쟁을 겪어야만 했으며, 그것은 엄청난 인명 손실과 가뜩이나 부족한 물적 자원의 파괴를 가져

---

40) J. Nehru, *Towards a Socialist Order* (New Delhi, 1956), p. 4.

왔다. 또 이들 대부분은 식민지, 반식민지 혹은 종속 국가들이었으며, 강력한 전제 왕권 혹은 반봉건적 정체를 역사적 유산으로 물려받고 있었다. 시민 사회의 전통은 거의 전무했으며, 옛 봉건 지배 계급과 결탁한 국가가 막강한 권력을 행사하여 인구의 대부분인 농민을 수탈하고 억압하는 국가주의의 정치적 전통이 깊이 뿌리박고 있었다. 이것은 사회주의적 민주주의를 꽃피울 수 없는 조건들이었다.[41]

스탈린이 근대화라는 역사적 사명을 달성한 것도 비슷한 조건 아래에서였다. 사회주의 경제를 건설하기 위한 물적인 전제 조건들이 결여된 상황에서는 토대가 상부 구조를 구축하는 것이 아니라 혁명 정권이라는 상부 구조가 사회주의에 걸맞은 생산력을 구축해야만 했다. 그것은 마르크스의 생각을 전적으로 뒤집어 놓는 실험이었다. 스탈린은 이 실험의 성공을 위해서 대중 동원과 국가에 의한 자본 축적이라는 두 가지 방법을 채택했다. 사실상 스탈린주의 근대화의 성공 여부는 볼셰비키들이 경제 발전과 근대화라는 목표를 위해 대중을 동원하는 데 얼마나 성공할 수 있는가에 달린 것이었다.[42] "볼셰비키가 부수지 못할 요새는 없다"는 슬로건 아래 진행된 스타하노프(Stakhanov) 캠페인은 그들이 대중 동원에 얼마나 노심초사했는가를 생생하게 보여 주는 예이다. 스탈린 주도의 급속한 산업화는 강제적 산업화와 집단화를 축으로 진행되었지만, 대중들이 사회주의적 근대화의 대의명분에 전적으로 무관심한 것은 아니었다. 수동적 복종만을 요구하는 전근대적 전제정과 비교할 때, 스탈린주의의 강제적 산업화는 그 목표에 맞추어 사회를 재편성하는 데 혁명적 메커니즘을 이용했다는 점에서 다르다.[43] 대

---

41) R. Miliband, "Reflections on the Crisis," *After the Fall*, p. 7 이하.
42) D. Geyer, *Die Russische Revolution: historische Perspektiven und Probleme* (Stuttgart, 1968), p. 138 이하.

중의 적극적인 참여와 동원이 없었다면 사실상 사회주의적 근대화는 불가능할 것이었다.

1929년부터 러시아에서는 중공업과 군수 산업의 눈부신 성장이 있었다. 스탈린은 중공업이 근대화 계획의 핵심이라고 주장했다. 그것만이 군사적 방어의 우선적인 필요성을 보장해 주고, 또 때가 되면 경제의 다른 부문들도 중공업의 혜택을 입을 것이라는 주장이었다. 그러나 중공업의 급속한 발전은 노동자와 농민 등의 러시아 대중에게 엄청난 대가를 요구했다. 식료품을 비롯한 소비재 생산이 중공업의 성장 목표에 종속됨으로써 인민의 생활 수준은 급속한 경제 성장만큼이나 악화됐다. 1932년에서 1933년 사이에 도시 주민들의 육류 소비량은 1928년의 3분의 1로 줄어들었다. 혁명 소련 도시민들의 빵 소비량은 1900년 제정 러시아 도시민들의 반 정도에 불과했다.44) 비단 스탈린뿐만 아니라 볼셰비키의 사회주의 건설 노선의 핵심은 '노동의 군사화'에 있었다. 그것은 총력전 체제에서 독일이 실험한 전시 경제의 모델을 따른 것이었다.45) "산업화의 성공은 모두 군사적 방식이 적용될 수 있는 부문에서 일어났다"는 카우츠키(Karl Kautsky)의 지적은 이 점에서 타당하다. 소련의 사회주의가 "삶 전체를 전반적으로 단순화하는 데 기반한 참호 군대식 사회주의"라는 마르토프(Martov)의 비판도 같은 맥락에서 이해된다.46)

그러나 노동을 군사화하는 방식으로 대중을 동원하는 데 정치적 억

---

43) G. Lichtheim, *op. cit.*, p. 378.
44) J.A. Getty, "Palaces on Monday," *London Review of Books*, vol. 22, no. 5 (2 March 2000), p. 23.
45) 와다 하루키, 『역사로서의 사회주의』, 고세현 옮김 (창작과비평사, 1994), 70~79쪽.
46) R. Blackburn, "Fin de Siecle: Socialism after the Crash," *After the Fall*, pp. 191, 198.

압과 공포만으로는 충분하지 않았다. 스탈린주의는 인민들에게 레닌이 모든 당원들에게 요구했던 바로 그러한 종류의 헌신과 규율을 요구했다. 그것은 인민의 자발적 의지를 불러일으키는 것이어야 했다. 스탈린식 근대화에는 공포 정치뿐 아니라 인민의 적극적이고 자발적인 참여가 요구되었던 것이다. 스타하노프 캠페인에서 보듯이, 스탈린주의의 잔인한 성공은 당이 간부들과 평당원들 그리고 지지자들에게 요구했던 희생을 기반으로 한 것이었다. 자본주의 열강의 간섭에 맞서 싸우고 행복한 미래를 실현한다는 약속은 실제로 그것에 동감하는 적지 않은 '호모 소비에티쿠스'(Homo Sovieticus)들을 양산해 냈다. 사하로프(Andrei Sakharov) 같은 지식인조차 체제의 요구에 최선을 다하고 스탈린이 죽었을 때는 애도의 눈물을 흘릴 정도였다.47) 악화되는 생활 수준을 감내하면서도 기꺼이 최선의 노동력을 국가적 목표에 제공하는 프로메테우스적 노동 영웅의 이미지는, 푸코의 용어를 빌리면 사회주의 '규율 권력'의 산물이었다.

국가적 목표에 대한 인민의 자발적인 헌신을 끌어내는 데는 사회주의적 청사진뿐 아니라 민족주의적 선전이 크게 작용했다. 특히 1924년 '일국 사회주의' 테제가 정립된 이래, 당은 러시아 인민 대중에게 뿌리박은 반서구주의적 감정에 호소함으로써 공산주의적 메시아주의와 전통적인 러시아 메시아주의를 결합시키는 데 성공했다. 코민테른이 '제3의 로마'가 되어야 한다는 주장과 함께 소련은 사회주의 모국으로 승격되었다. 볼셰비즘은 전통적인 러시아 국가주의와 결합되었으며, 인민 대중의 애국심에 호소하여 그들을 동원하고 국가적 목표의 달성을 요구하였다. 동시에 물질적 생활 수준을 높여 달라는 인민들의 요구는

---

47) A. Sakharov, *Memoirs* (London, 1990), p. 164.

미국식 생활 방식을 동경하는 비애국적 요구라고 간단히 무시되었다.48) 소련의 사회주의적 근대화 자체가 이미 '반서구적 서구화'의 성격을 강하게 띠고 있었던 것이다.

제3세계의 신생국들이 '반서구적 서구화'의 방편으로 사회주의를 수용했을 때, 주의주의적 경향은 더 강화되었다. 그것은 "마르크스주의의 창조적 적용 또는 마르크스주의의 토착화"라는 슬로건 아래 손쉽게 정당화되었다. 제3세계 사회주의자들은 자본주의에 대한 사회주의의 우월성을 인정했지만, 때때로 사회주의와 자본주의는 모두 인간의 세속적이고 물적인 이해만을 추구하고 더 높은 인간의 정신적 욕구를 무시한다고 비판되기도 했다. 서구 사회주의는 서구 문명의 물질주의적 편견에 물들어 있기 때문에 받아들일 수 없다고 선언되었으며, 동방의 정신적 인민들은 그들 고유의 민족 사회주의를 발전시켜야만 할 것이었다.49) 주변부 사회주의의 이와 같은 반물질주의적 편향은 주의주의적 해석의 철학적 근거를 제공했다.

마오쩌뚱의 경우, 마르크스주의에 대한 주의주의적 해석은 사회주의 건설의 추진력이었다. 그는 "사상 개혁이야말로…… 우리 나라의 철저한 민주 변혁과 점진적 산업화의 가장 중요한 조건 중의 하나"라고 주장했다.50) 1958~1960년간의 대약진운동에서 고조된 마오의 주의주의는 기술적 능력보다는 정치적 열의를, 그리고 합리적 경제 계획보다는 대중 동원을 강조했다. 인민공사 체제는 부족한 기계 대신 인간의 노동력을 조직하여 농촌의 발전을 가속화하려는 시도였다. 마오

---

48) S.K. Carter, *Russian Nationalism: Yesterday, Today, Tomorrow* (New York, 1990), pp. 45~46, 84.
49) R. Ulyanovsky, *op. cit.*, pp. 271~272.
50) Schram, *Mao Tse-tung*, p. 271 이하.

는 혁명적 열정과 이데올로기적 순수성이 기술과 물자의 부족을 보충할 수 있다고 믿었다.51) 김일성 역시 경제 발전에서 인간적 요소에 우선권을 두었다. 주체사상은 "혁명과 건설의 주인은 인민 대중이며 혁명과 건설을 추동하는 힘도 인민 대중에게 있는 사상"이라고 정의되었다. 그는 노동자의 물적 보상을 강조하는 입장을 우경 기회주의라고 매도하고, 생산력의 발전을 추동하는 힘은 물적 자극이 아니라 사람의 혁명적 열의임을 분명히 하였다.52) 탄자니아 사회주의의 기본 원칙 또한 경제적 요소보다 인간의 요소가 경제를 발전시키는 데 더 중요하다는 것이었다.53) 미얀마의 불교 사회주의에서도 엿보이는 인간 중심적 해석은 추상적 휴머니즘으로, "인간의 본질은 사회적 관계의 총합"이라는 마르크스의 유물론적 인간관과 배치되는 것이었다.

민족주의는 소련에서와 마찬가지로 제3세계에서도 주의주의적 해석과 더불어 대중을 동원하는 주요한 이념적 기제였다. 식민주의에 저항하는 민족 해방 운동의 경험은 민족주의적 선동의 호소력을 자연스레 증대시켰다. 더욱이 민족 해방 운동 과정에서 민족 구성의 원초적 요소를 강조하는 선전은 민족이 실체적 본질이며 영속하여 흐르는 생명이라는 민족 유기체론과 결합되었다. 그 결과 개인의 존재가 민족의 특성을 이루는 것이 아니라, 거꾸로 민족의 특성이 개인의 존재를 규정하였다. 유기체적 민족 이론은 민족을 구성하는 개개인의 구체적 삶을 민족 자체의 추상적 삶으로 대체하였다. 그것은 영속적인 민족과 국가의 고유 정신을 강조함으로써 무한한 힘을 가진 국가 권력 아래 개개인을 종속시키는 결과를 낳았다. 국가 권력을 견제할 수 있는 시

---

51) *Ibid.*, pp. 292~295.
52) 이종석,『현대북한의 이해』, 95쪽, 151쪽.
53) V.G. Khoros, *op. cit.*, p. 137.

민 사회가 결여됨으로써 민족주의 담론으로 무장한 국가주의는 거칠 것이 없었다. 그것은 한 마디로 민족 스탈린주의라고 이름할 만한 것이었다.

제3세계 사회주의는 이렇게 해서 근대화라는 민족주의적 목표를 위해 노동 대중을 사회적으로 동원하는 이데올로기로 전화되었다. 저개발국의 현대사가 우리에게 보여 주는 바는, 사회주의라는 선언적 목표를 달성하기 위해 대중을 동원하는 데 있어 민족주의에 호소하지 않는 순수한 계급 투쟁 그 자체는 존재하지 않았다는 점이다.[54] 이 과정에서 주변부 사회주의 지도자들은 근대 사회주의와는 아무런 연관성이 없는 전통적 공동체주의와 도덕률을 끌어들였다. 러시아의 인민주의자들, 이슬람의 원초적 사회주의자들, 인도의 급진적 민족주의자들에게서 공통적으로 발견되는 이러한 경향은 동아시아의 마르크스주의에서도 발견된다. 마르크스주의가 유교를 뒤집어엎은 것이 아니라 유교가 마르크스주의를 전복시켰으며, 그 결과 전투적 마르크스주의자들이 유교의 정치적 도덕주의를 재빨리 받아들였다는 평가도 같은 맥락에서 이해된다.[55] 그들은 "시민간의 평등과 우애"를 "국가와 위대한 지도자에 대한 충성, 그리고 부모에 대한 효도"로 바꿔친 것이다. 그 결과는 '동양적 전제주의'의 사회주의 판이었다.

주의주의적 해석에도 불구하고, 이제 민중은 주체가 아니라 민족을 구성하고 국가 목표를 달성하기 위한 대상으로만 존재하였다. 1969년 잠비아의 급진적 민족주의자 카운다(Kenneth Kaunda)가 민족평의회에서 행한 연설은 민족 담론이 어떻게 대중 동원의 기제로 사용되었는가를

---

54) G. Chaliand, *op. cit.*, p. 180.
55) *Ibid.*, pp. 91, 145.

잘 드러낸다. "이제 정부는 여러분의 것입니다. 산업도 여러분의 것입니다. 경제 전체가 여러분의 것입니다.…… 내가 차후의 조처가 있을 때까지 임금 동결과…… 파업 금지를 선언하는 것이 국민 전체의 이익을 위해 불가피하다고 생각하는 것은…… 바로 이러한 배경 아래서…… (그것들을) 효율적으로 그리고 성공적으로 운영하고 관리하기 위해서입니다."56) 기니의 급진적 민족주의자 투레(Sekor Toure)는 식민주의에 저항하는 파업은 정당하지만 아프리카인의 정부에 대한 파업은 역사적으로 생각할 수 없는 것이라며 노조 지도자들을 질타했다. 그는 노동조합의 자율성을 파괴하고 그 지도자들을 투옥함으로써 자신의 말을 실천에 옮겼다.57) 이와 더불어 모든 경제 활동을 국가가 지도하는 자급자족 경제 이론 또한 국가주의를 강화시켰다. 그 결과 좌파들조차 신식민주의에 저항한다는 명분 아래 국가가 주도하는 자본축적 과정을 지지하고 옹호했다. 민족 해방은 국가의 해방이라는 이념으로 대체됐고, 민중의 삶의 질을 높이는 문제는 곧 국가적 힘의 강화라는 논리에 종속되었다.58)

한편 대중 동원에 입각한 발전 전략은 전례가 없는 규모로 인적 자원과 천연 자원을 낭비하는 외연적 경제 발전을 초래했다. 그것은 창의적인 노동을 요구하는 형태의 내실 있는 경제 발전과는 거리가 먼 것이었다. 민주 집중제의 이름으로 가장한 독재 권력은 대중의 자발적 참여를 '조작된 참여'로 바꾸었다. 노동자의 자발적 참여와 창의성을

---

56) 나이젤 해리스, 『세계자본주의 체제의 구조변화와 신흥공업국』, 김견 옮김 (신평론, 1989), 224쪽.
57) F. Cooper, "Conflict and Connection: Rethinking African History," *American Historical Review*, vol. 99 (Dec., 1994), p. 1543.
58) 나이젤 해리스, 『세계자본주의 체제의 구조변화와 신흥공업국』, 218~219쪽.

배제하는 조작된 참여는 오직 군사적인 방법으로만 유지될 수밖에 없었다. 그것은 원시적 산업화의 단계에서는 그런 대로 효과적이었다. 그러나 대중의 동원 과정에서 경제적 합리성은 '과시적 생산'이라는 정치적 목적에 종속되었다.[59] 소련의 관료들은 지상에 세워진 그 어떤 것보다도 더 큰 공장과 발전소를 건설하고자 했다. 제3세계의 사회주의 지도자들도 최소한의 투입으로 최대한의 산출을 거둔다는 합리적 전략을 거부했다. 쿠바의 기병대 돌격 방식에서 보듯이, 그들은 최대의 인력을 투입해 최대의 산출을 얻는 방식을 선호했다.[60] 외연적 경제 발전을 위한 대중 동원 전략은 결국 노동력을 급속히 소모시켰으며, 물적 보상이 결여된 사회주의 유토피아의 약속은 더 이상 탈진한 노동력을 동원할 수 없었다. 주변부 사회주의의 실체는 결국 해방이 배제된 동원이었다.

5. 다시 해방으로

코민테른 4차 대회에서 폴란드 출신의 유대계 볼셰비키 라데크(Karl Radek)가 중국 공산주의자들의 '유교적 심성'을 비판했을 때, 그 비판이 반드시 근거가 없는 것만은 아니었다. 그러나 라데크는 서유럽의 사회주의자들이 볼셰비즘에 대해 비슷한 조소를 보냈던 것은 잊은 것 같다. 볼셰비키들이 러시아와 같은 후진적인 나라에서 사회주의 혁명을 시도했을 때, 서유럽의 마르크스주의자들은 우려와 회의의 눈길을 보냈

---

[59] '과시적 생산'(conspicuous production)이라는 용어는 봉건 지배 계급의 '과시적 소비'(conspicuous consumption)라는 용어를 패러디한 것이다. 양자 모두 경제적 합리성에 대한 고려가 없다는 점에서 유사하다.
[60] R. Blackburn, *op. cit.*, p. 247.

다. 볼셰비키들은 마르크스주의에 대한 주의주의적 해석을 통해 서유럽 사회주의자들의 회의를 반박했지만 그들의 우려는 적중했다.

돌이켜 보건대 볼셰비키 혁명을 비판하지 않고 침묵을 지킨다면 그것은 러시아를 돕는 것이 아니라 공산주의에 대해서 죽을죄를 짓는 것이라던 레비(Paul Levi)의 지적은 정당한 것이었다. 러시아에서 현실화되어 주변부에서 수용된 것은 인간 해방의 계몽적 프로젝트로서의 마르크스주의가 아니었다. 불행하게도 그것은 개발 독재와 대중 동원으로 타락한 마르크스주의였다. 주의주의의 인간 중심적 해석에도 불구하고 '마르크스-레닌주의의 창조적 적용'이라는 슬로건의 실재는 마르크스주의를 '비서구적 근대화'의 방편으로 축소 해석한 것이었다. 그 결과로 주변부 마르크스주의는 '해방의 근대성'을 잃어버리고 '기술의 근대성'으로만 남게 되었다.

서유럽 마르크스주의의 특징인 프롤레타리아 유일주의로 회귀하는 것이 상실된 해방의 근대성을 되찾는 길은 물론 아니다. 그것은 유럽 중심주의와 결합함으로써 프롤레타리아 계급 내부의 지배·피지배 관계, 즉 성적 불평등이나 인종적 차별 등의 문제들에 대해 눈을 감았다. 그로 인해 서유럽 마르크스주의는 젠더, 인종, 민족, 신분, 언어, 문화 등의 측면에서 종속되어 있는 주변부의 하위 주체들을 중심부의 프롤레타리아트에게 종속시키는 결과를 낳았다. 서유럽 마르크스주의가 견지한 해방은 중심부의 프롤레타리아트에게 국한된 것이었다.[61] 주변부 인민들의 해방은 여기에서도 실종되었다.

이 글에서 주변부 마르크스주의의 역사를 더듬어 본 것은 잃어버린 해방의 실마리를 찾으려는 희망에서였다. 해방의 이데올로기에서 동

---

61) 이에 대해서는 임지현, 「마르크스주의 역사학의 중심 이동」, 이 책 320~344쪽 참조.

원의 이데올로기로 전락한 주변부 마르크스주의가 은폐하고 있는 권력 담론을 벌거벗기는 것이 이 글의 의도였다. 그것이야말로 잃어버린 해방의 실마리를 찾기 위한 첫걸음이라고 믿기 때문이다. 더 나아가 이 작업은 근대성과 근대화의 역사적 의미를 어떻게 평가할 것인가 하는 문명사적 고민과 맞닿아 있다. 그것은 앞으로의 화두이기도 하다.

이념의 환상, 유머의 현실

　마르크스-엥겔스의 저작에는 자본주의의 현실이 있었지만 사회주의의 현실은 없었다. 사회주의 낙원을 약속한 흐루시초프의 연설에도 사회주의의 현실은 없었다. 현실 사회주의의 공식 문건들은 사이버 시대의 개막에 훨씬 앞서 가상 현실을 제시했다. 그러나 이념의 사이버 공간이 만들어 낸 가상 현실을 현실이라고 믿는 사람은 적어도 그 사회의 내부에는 없었다. 현실은 민중의 육화된 이야기 — 유머 속에 존재했다.

　사실상 유머는 한 개인이나 사회의 지적 수준을 가늠할 수 있는 좋은 척도이다. 그뿐만이 아니다. 자주 현대사의 생생한 증언이 되기도 한다. 정치적 억압에 대한 민중적 저항의 담론이자 날카로운 풍자의 무기라는 정치 유머의 속성을 감안한다면 그리 놀랄 일도 아니다. 권력의 억압과 통제가 강한 사회일수록 풍자의 신랄함은 도를 더해 간다.

　1. '프롤레타리아 독재'가 프롤레타리아의 독재가 아니라 프롤레타리아를 위한 독재로 해석되었을 때, 그것은 비극의 시작이었다. 헌신적 혁명가를 미라로 박제하여 방부 처리된 유리관 속에 넣어 신축한 사회주의 성전에 안치시켰을 때, 비극은 희극으로 재현되었다. 개인 숭배의

극단적 형태인 시신 숭배. 레닌의 사상적 유산을 중시하는 것은 관념론이고, 시신을 기리는 것이야말로 과학적 유물론이라는 과학적 사고가 낳은 현실 사회주의의 관념론적 유산이다.

1970년대 소련의 당 중앙은 러시아의 대문호 푸슈킨의 동상을 세우기로 결정했다. 물론 인민 민주주의 국가이므로 동상에 대한 아이디어를 인민들에게 널리 공모했다. 한 달 여의 심사를 거쳐 1등에서 5등까지 결정됐다.

5등: 향리의 뜰을 거니는 푸슈킨.

4등: 책을 읽는 푸슈킨.

3등: 집게손가락으로 무엇인가를 가리키는 푸슈킨. 그가 가리키는 것은 사회주의의 위대한 업적이라는 설명이 붙어 있다.

2등: 책을 읽는 레닌. 그가 읽는 책은 푸슈킨이라는 설명이다.

1등: 팔짱을 끼고 생각에 잠겨 있는 레닌. 푸슈킨 동상을 세우는 데 왜 난데없는 레닌이냐고? 제목을 보시라. 「푸슈킨을 생각하는 레닌」.

1980년대 미국의 한 여성 잡지가 전세계 여성들을 대상으로 설문 조사를 했다. 설문의 내용은 여성들이 어느 연령층에서 생의 가장 큰 만족감과 행복감을 느끼는가 하는 것이다.

프랑스: 프랑스의 여성들은 첫사랑을 경험하고 첫 섹스를 치른 10대 후반을 가장 행복한 시절로 뽑았다.

미국: 신혼의 단꿈에 젖어 있는 20대 중반의 여성들이 가장 큰 행복감을 표시했다. 미래에 대한 낙관이 이들을 기쁘게 했다.

영국: 30대 중반의 여성들이 일반적으로 생의 가장 큰 만족감을 느끼는 것으로 나타났다. 아이들이 태어나고, 남편이 직장에서 자리를 잡고,

가정적으로 안정된 기반을 갖추는 시기이기 때문이다.

독일: 40대 여성들의 행복 지수가 가장 높은 것으로 나타났다. 벤츠 같은 고급차를 사고 카리브해에서 휴가를 즐기는 등 경제적 안정이 독일의 40대 여성들을 가장 행복한 연령층으로 만들었다.

소련: 놀랍게도 70대의 할머니들에게서 생의 만족 지수가 가장 높다는 의외의 통계가 나왔다. 그 이유는 더욱 놀라웠다. 왜냐고? 소녀 시절에 살아 있는 레닌을 직접 볼 수 있었으니까.……

2. 노동자가 주인인 국가에 대해서 노동자들이 반란을 일으킨다는 것은 있어서도 안 되고 있을 수도 없는 일이었다. 참으로 풀 수 없는 이 수수께끼에 대해서 현실 사회주의의 권력은 제국주의 스파이들의 악의적 선전 선동이라는 편리한 답을 찾아냈다. 해답을 찾았으므로, 이제는 스파이들을 색출해 내는 일만 남았다. 그것도 그리 어려운 일은 아니었다.

1970년대 소연방 공산당의 전당 대회. 브레즈네프 서기장이 특유의 걸쭉하고 단조로운 목소리로 보고 연설을 진행중이다. 그런데 갑자기 대회장이 소란스러워졌다. 대회장에 배치된 KGB 요원이 용케도 당 대회에 참석한 대의원들 가운데서 스파이를 찾아내 검거한 것이다. KGB 의장이 그 요원의 노고를 치하하고 훈장을 수여하는 자리에서 물었다.

의장: 아니, 어떻게 대의원으로 가장하고 당 대회장에 앉아 있는 그자가 미 제국주의의 스파이라는 것을 알아냈단 말이오? 동무는 참으로 유능한 요원이오.

요원: 의장 동지, 그것은 그리 어려운 일이 아닙니다. 스탈린 동지께서

말씀하시길, 미 제국주의 스파이들은 밤이나 낮이나 잠도 자지 않고 조국 소련을 감시한다고 하셨습니다. 서기장 동지께서 연설하시는데, 그자만이 네 시간 동안 졸지도 않고 끊임없이 무언가를 받아 적고 있었습니다. 그래서 단번에 그자가 스파이라는 걸 알아차렸습니다.……

세 명의 정치범이 수감된 동독의 한 감방. 각자 인사를 트고 죄목을 이야기한다.

남자 1: 난 태업을 주도했다는 이유로 체포됐네. 직장에 지각하는 것이 그리 큰 죄가 될 줄은 몰랐네.

남자 2: 자네는 그래도 덜 억울하네. 나는 매일 5분씩 일찍 출근한 게 죄목이었네. 공장을 정탐하는 스파이라는 거지.

남자 3: 흥, 그래도 자네들은 나은 편이라네. 나는 늘 정시 출근했다는 이유로 체포됐네. 서독제 시계를 차고 있는 게 분명하다는 게지. 국가안전부의 취조관이 서독에 잠입한 경위를 불라고 다그치는 바람에 고생깨나 했네.

동유럽의 마녀 사냥식 스파이 소동은 남한의 빨갱이 사냥 못지않은 것이었다. 남한에 '막걸리 반공법'이 있었다면, 동유럽에는 '빨래 안전법'이 있었다. 빨래를 '서풍'에 말렸다는 이유로 제국주의 스파이가 된 가정 주부를 등장시킨 통렬한 풍자 같은 것이 동유럽의 안보 히스테리를 잘 말해 준다.

3. 1970년대 폴란드 통합노동자당 노멘클라투라의 부패는 정점에 달했다. 대학이라고 해서 예외는 아니었다. 이것은 현재 카토비체 대학교 경제학 교수로 재직하고 있는 초대 주한 폴란드 대사 엔제이 크라

코프스키가 들려 준 실화의 한 토막이다.

　　카토비체 대학교 총장 비서실. 따르릉 전화가 울린다.
　　총장 비서: 네. 총장 비서실입니다.
　　카토비체 시당 위원장: 아, 비서 동무. 나 시당 위원장인데 총장 좀 바꾸시오.
　　총장: 네. 총장입니다.
　　시당 위원장: 총장 동무, 오랜만입니다. 나, 위원장입니다.
　　총장: 위원장 동무, 반갑습니다. 어쩐 일이십니까?
　　시당 위원장: 실은 내가 지금 몇 학년인지 궁금해서 전화했습니다.
　　총장: 아, 잠깐만 기다리십시오…… 예, 위원장 동지는 지금 4학년 1학기입니다.
　　시당 위원장: 뭐요? 아니 아직 그렇게밖에 안 되었단 말이요? 내가 입학한 지 벌써 8개월이나 지났는데, 아직도 4학년 1학기라는 게 말이 되는 소리요?
　　총장: 죄, 죄송합니다.…… 곧 조치를 취하도록 하겠습니다.

　이렇게 해서 대학 문턱을 밟아 보지 못했던 대부분의 당 간부들은 역시 대학 문턱을 밟지도 않고 졸업장들을 챙겼다. 일급 기사 자격증 등을 덤으로 받은 것은 물론이다. 5개 국어로 된 참고 문헌과 주석으로 치장한 박사 논문으로 서울의 유수 대학에서 행정학(?) 박사 학위를 딴 유신 말기 박정희의 경호실장 차지철과 석사 학위를 받은(폴란드의 대학은 5년제로, 졸업 논문을 쓴 졸업생들은 모두 석사 학위 소지자가 된다) 폴란드의 시당 위원장 중 누가 더 학교를 안 나갔을까는 참으로 풀기 어려운 문제이다.

4. 1970년의 노동자 봉기로 물러난 고무우카의 후임으로 서기장에 오른 기에레크의 대외 개방적 경제 정책은 처음 5년간은 성공적이었다. 프랑스로 이민한 광산 노동자의 아들로 태어나 프랑스에서 학교를 다닌 그는 탁월한 불어 실력과 서구적인 제스처로 취임 초기에는 상당한 기대를 모았다. 그러나 그가 취한 경제 정책의 성공 비결은 서유럽 국가들의 돈을 빌려 빚잔치를 벌이는 데 있었다. 빚잔치의 끝은 생활고를 견디다 못해 폭발해 버린 노동자 봉기, 곧 1980년의 솔리다르노시치 운동이었다. 생산성 없는 방만한 투자로 낭비한 외채를 탕감하기 위해 기에레크의 폴란드는 고기와 소시지 등 인민들의 생필품마저 내다가 팔아 근근히 지탱하는 형편이었다.

경호원이나 수행원 없이 민정 시찰중인 기에레크. 검은 선글라스와 모자로 얼굴을 반쯤 가린 수수한 차림이다. 두 대의 자동차와 콤바인이 안뜰에 놓여 있는 부유한 농가 앞에서 크게 만족한 표정. 자신의 경제 정책이 성공했다는 증표이다. 자신이 자랑스럽다. 그때 한 어린이가 그 집에서 나온다.

기에레크: 얘, 꼬마야. 너 여기 사니?

꼬마: 네.

기에레크: 너, 내가 누군지 아니?

꼬마: 아니요. 누구신데요?

기에레크: 들어가서 어른들께 전해라. 너희 집을 이렇게 잘 살게 만들어 준 사람이 대문 앞에 와 있다고.

꼬마: (크게 외치면서 집으로 들어간다). 엄마, 아빠! 빨리 나와 보세요. 시카고에서 삼촌이 오셨어요!

당은 바닥난 외화를 충당하려고 바르샤바에 스트립쇼를 공연하는 클럽을 직영키로 결정했다. 외국인 관광객들을 대상으로 벌인 이 야심찬 사업을 위해 충직하고 당성이 강한 인물을 지배인으로 임명했다. 그러나 첫 번째 결산은 실망스럽기 그지없는 것이었다. 당연히 스트립 클럽의 지배인은 당 위원회로 소환되었다.

위원장: 지배인 동무, 스트립쇼 전투에서 이렇게까지 완패한 이유가 뭐요?

지배인: 글쎄요, 저도 잘 이해할 수가 없습니다.

위원장: 혹시 아가씨들한테 문제가 있었던 것은 아니오?

지배인: 그럴 리가 없습니다. 저는 지배인을 맡으면서 최고의 여성 동지들만을 선발했습니다. 저는 30년 이상 당에서 활동하면서도 일체의 하자가 없었던, 당성이 가장 강한 여성들만 스트립 걸로 선발했습니다. 그런데 쇼 걸들한테 문제가 있었다는 것은 말도 안 됩니다.

5. 직접 혁명을 일으키고 지하 운동의 고초를 겪은 1세대는 빨치산적인 완고함과 독단이 강하지만 적어도 도덕적으로는 순결하고 깨끗하다. 프랑스의 사회주의 운동사 연구자인 조르주 오트가 혁명 1세대를 '사도(師徒) 세대'라 부르고, 이들을 운동의 2, 3세대와 구분하자고 주장한 것도 이러한 이유에서이다. 2세대나 3세대는 이념에 대한 확신이 아니라 출세의 사다리를 오르기 위해 입당한 경우가 대부분이다. 1세대의 상징이 도덕적 순결성이라면, 이들의 상징은 부패이다. 이 부패 구조가 오늘날의 동유럽 마피아 조직의 모태이다.

빈농 출신의 한 젊은이가 질식할 듯한 체제를 벗어나 미국으로 이민을 갔다. 부지런하고 재능 있는 이 젊은이는 몇 년 안에 큰돈을 벌었고, 아는 일이라고는 농사일밖에 없고 고향을 벗어나 본 적이 없는 늙은 아버지를 미국으로 초청했다. 맑은 물이 찰랑대는 수영장과 야트막한 언덕을 끼고 있는 대저택, 리무진과 벤츠가 있는 차고, 운전사와 하인이 있는 아들의 집을 보고도 아버지는 별로 기뻐하는 기색이 없다. 답답한 아들이 아버지에게 묻는다.

아들: 아버지, 보세요. 제가 이렇게 성공했어요.

아버지: 글쎄, 그런 것 같구나.

아들: 그런데, 아버지는 기쁘지 않으세요?

아버지: 얘야, 하나밖에 없는 아들이 미국까지 와서 당에 들어가고 노멘클라투라에 끼었는데, 어떻게 그 아들을 자랑스러워할 수 있겠니?

아들: ……

당의 고위 관료가 사무실에서 빈둥거리며 신문을 읽고 있었다. 인민에게 봉사하는 그의 노고를 치하하듯, 요술 공주 지니가 나타나서 무엇이든 들어 줄 테니 세 가지 소원을 빌라고 했다. 지금 당장 흑해의 해변가에서 일광욕을 즐기고 싶다고 말하자마자, 그는 흑해의 고급 휴양지에 누워 있는 자신을 발견했다. 금발의 아가씨와 즐기고 싶다는 그의 두 번째 소원도 성취됐다. 심사숙고 끝에 그는 평생 놀고 먹으면서 잘살고 싶다는 마지막 소원을 이야기했다. 그의 마지막 소원 역시 성취됐다. 그는 다시 당사의 자기 사무실 책상 앞에 앉아 있는 자신을 발견한 것이다.

실제로 노멘클라투라의 삶은 자본가들보다 안락하다. 이들에게는 경쟁과 도산의 위기 의식이 없기 때문이다. 개인적으로 비행기 표를 살 돈은 없지만, 표가 없어도 자신을 위한 전세 비행기를 띄우도록 명령할 수 있는 권한을 지닌 이들에게 현실 사회주의는 천국이다. 더욱이 실제로는 축재한 돈까지 있음에랴.…… 나는 친구 덕택에 이들 노멘클라투라들과 사석에서 술을 마신 적이 있다. 번창하는 사업과 여자들, 자동차가 주된 화제였던 그 자리에서 나는 참을 수 없는 욕지기를 느꼈다. 현실 사회주의의 파산에 대한 역사적 책임감은 고사하고, 최소한의 번민조차 없는 듯 보였다. 유일한 위안은 이제 그들도 도산할 수 있다는 사실이다.

6. 폴란드는 동유럽 국가들 가운데 유일하게 농업 집단화를 포기한 나라이다. 집단화는 독일인들로부터 몰수한 땅에서만 부분적으로 실시했을 뿐이다. 자기 땅에 대한 농민들의 열망과 생산의 사회화라는 사회주의의 기본 원칙간의 갈등은 마르크스 이래 사회주의 이론가들이 가장 골머리를 앓았던 난제였다. 스탈린의 집단 농장과 마오쩌뚱의 인민공사는 농민적 개인주의 앞에서 맥을 못 추었다.

한 농민이 입당을 신청했다. 입당 절차의 하나로서, 그는 지역 당 비서 앞에서 구두 시험을 치러야 했다. 그 구두 시험장에서 있었던 얘기.
당 비서: 당신이 고양이를 두 마리 갖고 있다면, 그 중 한 마리를 당이나 남에게 줄 수 있습니까?
농민: 네. 그렇습니다.
당 비서: 당신이 두 대의 트랙터를 갖고 있다면, 한 대는 줄 수 있습니까?
농민: 물론이지요.
당 비서: 집이 두 채 있다면, 그 중 한 채는 남에게 양보할 수 있습니까?
농민: 여부가 있겠습니까?
당 비서: 소를 두 마리 갖고 있다면, 한 마리는 물론 줄 수 있겠지요?

농민: 아닙니다. 그렇게는 못 합니다.

당 비서: 아니, 다른 건 다 되면서 왜 소만은 줄 수 없다는 겁니까?

농민: 소 두 마리만은 진짜로 내가 갖고 있는 것이거든요.

나는 이 농담을 갈리치아의 한 농민에게서 들었다. 오십 줄에 접어든 그의 두꺼비 등 같은 손은 평생을 흙에 바친 노동의 징표였다. 악수하는 내 손은 부끄럽다. 그의 평생 노동의 대가는 숨길 수 없는 가난이다. 땅에 대한 그의 열망이 과연 프티 부르주아지의 자본주의적 소유욕이라고 비난받을 만한 것인지, 땅에 대한 농민들의 뿌리 깊은 집착이 과연 역사의 진보를 위해 희생되어야만 하는 반동적인 것인지 나는 아직 확신이 서지 않는다. 농업은 수공업 장인의 그것처럼 섬세한 예술적 산업이기 때문에 개인주의적 영농이 합리적이라는 굼플로비치 등 폴란드 사회당의 농업 문제 이론가들의 주장이 옳을 수도 있겠다는 생각이 든다. 나는 땅과 자연에 대해 외경심을 지닌 소농들의 건강한 노동 윤리가 그들의 자본주의적 소유욕을 상쇄하고도 남음이 있다고 믿는다.

7. 지나가는 트럭을 가리키며 한 친구가 말했다. "저 트럭은 경유 1리터에 1킬로미터밖에 못 간다." 트럭 공장 매니저는 할당된 생산량을 맞추는 데 관심을 두지 에너지 효율은 상관하지 않는다. 그것이 사회주의의 계획 경제가 자본주의의 무정부주의적 생산보다 무정부적이고 자원 낭비적이며 환경 파괴적이 된 비결이다. 사회주의의 계획 경제와 시장 메커니즘을 결합시키고자 했던 랑게와 오타 식의 '사회주의적 시장 경제론' 등은 이러한 문제에 대한 반성에서 나온 것이었다. 그러나

이들의 개혁론은 경제 활동의 통제권과 거기에 걸린 자신들의 이익을 잃지 않으려는 관료들의 결사적 반대에 직면하여 이론적 시도에 그치고 말았다.

    1981년 12월의 쿠데타로 연대 노조 운동을 진압한 야루젤스키 장군이 정부 부처들을 순시했다. 그의 가장 큰 관심은 물론 경제의 회생이었다. 다음은 그의 경제 부처 순시 중에 있었다는 전설적인 대화의 한 토막.
    야루젤스키: 장관 동무, 수고가 많소. 전문가의 관점에서 우리 나라의 경제 전망을 어떻게 보고 있소?
    장관: 예, 모든 경제 지표들이 매우 낙관적으로 나타나고 있습니다.
    야루젤스키: 좀더 구체적으로 얘기해 보시오.
    장관: 이런 추세가 지속된다면, 앞으로 십 년 후에는 폴란드의 모든 가정이 자가용 비행기를 한 대씩 가질 수 있을 것입니다.
    야루젤스키: (매우 흡족한 표정. 그러나 잠시 생각한 후 고개를 갸우뚱한다.) 음, 매우 고무적인 소식이오. 그러나 모든 가정에 꼭 자가용 비행기가 한 대씩 있을 필요야 뭐 있겠소?
    장관: 네, 분명히 있습니다. 바르샤바에 감자가 떨어지면, 바르샤바 시민들은 각자 자가용 비행기를 타고 크라쿠프로 날아가서 손쉽게 감자를 구할 수 있습니다. 또 크라쿠프에서 화장지가 떨어지면, 그곳 시민들은 비행기를 몰고 포즈난으로 가서 줄도 서지 않고 화장지를 살 수 있습니다. 또 만약 카토비체에 빵이 떨어지면……
    야루젤스키: 됐소. 그만……

8. 계획 경제의 모순은 인민들에게 줄서기의 미학을 선사했다. 시간이 많은 연금 생활자가 줄서기 대행업으로 부수입을 올리는가 하면,

도시민과 농민 사이의 개인적인 직거래와 암시장이 생겼다. 줄서기에 대한 풍자는 이루 헤아릴 수 없이 많다.

푸줏간 앞에서 5시간을 기다리던 끝에 드디어 한 남자가 폭발했다. "더 이상은 참을 수 없어. 서기장을 죽이고야 말겠어"라고 외친 뒤 그는 줄을 떠났다. 30분 후에 풀 죽은 모습으로 다시 돌아온 그는 다음과 같이 짧게 내뱉었다. "정말 재수 더럽게 없는 날이야. 그를 죽이려는 줄은 열 시간 이상을 기다려야 되겠더군." 폴란드에서는 실제로 1970년대에 매주 목요일을 고기 없는 날로 정하고, 식당에서는 고기 요리를 금지할 정도로 물자 부족이 심각했다.

동베를린의 대로에서 매력적인 한 여인이 안절부절못하고 있었다. 그녀의 트라비 승용차가 멈춘 것이다. 연락을 받고 달려온 수리공에게 그 젊은 여인은 내일 오전까지 고쳐 줄 수 있느냐고 물었다. 수리공은 그 대가로 하룻밤 같이 지낼 것을 요구했다. 그 여인은 홍조를 띤 채 응낙의 표시로 잘생긴 수리공에게 고개를 끄덕였다. 그러자 수리공은 이렇게 말하는 것이었다. "그러면 지금 당장 국영 소매점으로 가서 내 대신 줄을 서 주시오. 내일 아침 8시부터 토마토를 팔 것이오. 내일 아침 8시 반에 가지러 가리다."

프라하 시민들의 재치도 이에 못지않다. 프라하에는 스탈린을 비롯한 사회주의 혁명가들이 단체로 서 있는 모습을 조각한 입상이 있었다. 그런데 보기 드물게 그 조각상 속의 스탈린은 활짝 웃는 모습이다. 스탈린이 왜 웃고 있는가라는 어려운 질문에 대한 답은 의외로 간단하다. "줄의 맨 앞에 서 있으니까."

촌철살인의 이 유머들과 당 및 이념이 제시한 장밋빛 청사진 중에서 어느 것이 가상 현실이고 또 어느 것이 실제 현실일까? 삶의 현실은 왜 이념의 가상 현실을 따라가지 못했던 것일까? 제국주의 스파이들의 악랄한 선동 때문일까? 훌륭한 지도자를 이해하지 못한 못난 인민들의 자본주의적 소유욕 때문일까? 아니면 "제도는 그것의 성공으로 말미암아 붕괴한다"는 몽테스키외의 역설 때문일까? 그도 아니라면 더 근본적으로는 삶이 이성을 배반하기 때문일까?

한 가지 분명한 것은, 변증법은 법칙화되는 순간 비변증법적 형식 논리학으로 전락한다는 철학적 역설이다. 혁명의 변증법이 권력의 형식 논리학으로 전락하는 바로 그 지점. 속살 읽기의 열쇠는 바로 이 지점에 있는 것이 아닐까?

가상 대담 : 로자 룩셈부르크

 "지금 집에 없어요"라는 주인 할머니의 쌀쌀한 대답이 베를린 겨울 아침의 찬 공기를 가르며 귀에 꽂혔다. 나는 크라나흐 가 58번지에 있는 로자 룩셈부르크의 아파트를 찾아간 참이었다. 절친한 친구였던 클라라 제트킨의 아들 콘스탄틴 제트킨과의 모성애적이며 지배적이었던 사랑이 시작된 곳. 바르샤바의 모코토프 감옥을 탈출하여 이곳으로 찾아온 요기헤스에게 조용히 문을 가리키며 사랑이 끝났음을 냉정하게 선언한 곳. "나의 공기, 나의 산소, 나의 존재 이유, 그리고 내 유일한 기쁨"이라며 끊임없이 기대고 또 지배하려 했던 코스티아(로자가 불렀던 콘스탄틴의 애칭)가 그녀를 떠나간 곳. 사랑의 추억과 배신, 열정적인 일과 논쟁, 독일 사회민주당 연수원에서 정치경제학을 강의하면서 『자본 축적론』의 구상을 가다듬은 곳. 일과 사랑의 좌절 속에서 마흔 고개를 넘긴 생의 긴 그림자를 끌며 쉬던 곳. 혁명가 로자의 치열함이 아니라 실내 곳곳에 묻어 있을 여성 로자의 섬세함을 느끼고 싶었던 내 희망은 물거품이 된 셈이다.

 어디서 로자를 찾을 것인가? 막막한 심정으로 서 있는데, 문득 전전 일본의 좌파 작가 미야모토 유리코가 로자 룩셈부르크를 회상한 글이 생각났다. 아침에 만났을 때, 로자는 이미 보드카를 마신 듯했다는……
나는 크라나흐 가의 아파트에서 사민당 연수원으로 가는 길목의 술집
들을 뒤지기로 했다. 판단이 틀리지 않아 금세 바의 침침한 한 구석에
서 한잔 들이키는 그녀를 발견했다. 피투성이의 포복으로 삶과 역사를
치열하게 이끌어 온 혁명가의 처절함보다는 피로와 우수에 젖은 중년
의 이지적 옆얼굴 — 로자는 그렇게 내게 다가왔다. 불문곡직 그녀의
옆자리에 앉아 보드카를 한 잔 주문하고 내 소개를 했다.

룩셈부르크: 그 선생님이니 무슨 씨니 하는 소리는 빼지. 그 호칭의
격식에 담긴 위계 질서를 증오해. 지현은 나를 잘 알잖아. 그렇지 않아
도 사민당 영감쟁이들의 가부장적 위선과 남성 국수주의에는 신물이
날 지경이야.

지현: 미안해. 그렇게 나오리라고 짐작은 했지만, 나도 모르게 경칭
이 튀어나오고 말았어. 내가 살아온 사회의 결이 늘 그랬으니까. 내가
아직도 그 사회의 탯줄을 끊어 버리지 못한 것은 아닌지, 이럴 때마다
반성하곤 하지만 늘 이 모양이야.

룩셈부르크: 나는 정말 카우츠키니 베른슈타인이니 하는 그 영감들
만 보면 벽에 부딪친 느낌이야. 그들이 거인이라서가 아니라 그 질식
할 듯한 독일 가부장적 문화 때문이야. 나는 그들이 독일 여성을 가두
어 놓았던 전통적인 3K 의식(Kinder: 아이들, Kirche: 교회, Küche: 부엌)에
서 얼마나 멀리 서 있는지 말할 자신이 없어.

지현: 글쎄, 그게 꼭 그들만의 문제일까? 네 사랑 요기헤스도 그건
마찬가지잖아. 티슈카(레온 요기헤스의 애칭)도 아기를 갖고 싶다는 너의
간절한 소망을 잔인한 침묵으로 늘 짓밟지 않았나? 게다가 사사건건

너의 일거수일투족에 간섭하는 꼴이라니. 난 네가 코스티아를 휘두르면서 마치 엄마처럼 사랑을 쏟는 것도, 끊임없이 네게 명령하고 지배하려고 했던 티슈카의 남성 국수주의에 대한 반발이 아닌가 하는 생각이 들 때가 많아.

룩셈부르크: 네가 뭘 안다고 그래? 티슈카는 달라. 그리고 네가 무슨 권리로 내 사생활에 대해 왈가왈부하니? 폴란드에서 온 유대 계집애라며 뒤에서 쑥덕거리는 사민당 영감쟁이들하고 너도 똑같구나. 난 그만 일어나겠어.

지현: 잠깐만. 그건 오해야. 우리 민족도 억압받는 민족이라구.

룩셈부르크: 하지만 네가 알까? 나는 독일에서 억압받는 폴란드인이고, 그 중에서도 또 유대인이야. 게다가 여자고. (일어서면서) 자, 봐. 이렇게 다리도 절어. 내 두 어깨를 짓누르다 못해 심장까지 비트는 이 4중의 억압을 너는 죽어도 이해 못 해. 내가 이 고통들을 이겨 내려고 얼마나 이를 앙다물고 버텼는지 알아? 너는 죽어도 몰라. 이상하군. 내가 왜 생전 처음 보는 네게 이런 이야기들을 털어놓는지. 이제 나도 약해진 것인가…… 폴란드가 그리워.

지현: 폴란드가 그립다고? 독일 사회민주당은 유럽 최대의 사회주의 정당이고, 너는 이 무대의 프리마돈나잖아. 게다가 '마르크스주의의 황제'라는 카우츠키조차 네 앞에서는 절절 매잖아. 폴란드라고 뭐 다르겠어? 오히려 못하면 더 못하지.

룩셈부르크: 그게 아니야. 사민당 영감들에 대해선 더 이상 얘기하지도 않겠어. 사민당의 기층 노동자들도 문제야. 그들 대부분은 지도부에 그저 복종할 뿐이야. 너는 왜 노동자들을 희생자라고만 생각하고 그들이 공범자라는 생각은 못 하니? 당은 이미 관료화된 지 오래고, 그

저 화석화된 공룡이라는 느낌만 들어. 독일이라면 지긋지긋해. 세(勢)는 독일과 비교할 바가 안 되지만 오히려 폴란드의 운동에서는 치고 나오는 힘이 느껴져.

지현: 하지만 너는 폴란드 사회당의 독립 슬로건에는 줄곧 반대해 왔잖아. 폴란드의 독립을 부정하면서 또 그 땅에 대해 뜨거운 애정을 보내는 네 태도는 도대체 뭐야? 모순 아니니?

룩셈부르크: 너는 민족 문제를 너무 기계적으로만 이해하고 있어. 내가 언어나 문화적 측면에서 각 민족의 고유성을 부정한 것은 아니잖아. 그렇지만 그렇다고 해서 독립의 내재적 가치를 인정할 수는 없는 거지. 사회주의의 힘이 어디에 있다고 생각하니? 그것은 그 도저한 인류애적 보편주의야. 마르크스의 인간관을 봐. 그가 본 것은 한국인도, 유대인도, 독일인도 폴란드인도 아닌 '유적(類的) 인간'이잖아.

지현: 나도 그 점을 이해하지 못하는 바는 아니야. 현실 사회주의의 실질적인 통치 이데올로기였던 그 저급한 민족주의를 생각하면, 나도 절로 욕지기가 나서 견딜 수가 없어. 더욱이 유고…… 아니야. 너는 차라리 모르고 있는 게 낫겠어. 어쨌거나 원론적으로는 네가 백 번 옳다고 믿어. 하지만 현실은 현실 아니겠어?

룩셈부르크: 유고? 유고가 어쨌단 말이지?

지현: 아니야. 됐어.

룩셈부르크: 나도 짚이는 데가 있기는 해. 너도 기억하지? 내가 레닌을 '타타르 마르크스주의'라고 비판했던 거. 그런 문화 풍토에서 어떻게 계몽 사상의 적자인 사회주의가 실현될 수 있겠니? 나는 현실 사회주의가 어떻게 전개되었는지 알 수 없지만, 이미 레닌에게서 불행의 씨를 보았고 그래서 분명히 경고하기도 했어.

지현: 물론 레닌의 중앙 집중적 당 조직 원칙에 대한 너의 비판에 나도 전적으로 동감이야. 중앙위원회가 혁명을 지도한다는 발상은 나도 도저히 용납할 수가 없어. '위대한 지도자'나 '당 중앙'들이라면 끔찍해. 그런 치들은 공(功)은 자신들이 독점하고 과(過)는 모두 민중에게 돌리는 끝없는 탐욕의 불가사리들이야. 더구나 새로운 영웅 사관으로 무장한 채 그들에게 애절한 사모곡을 띄우는 당 역사가들이란……

룩셈부르크: 내가 이미 얘기했지. 대중의 창발성을 무시한 채 전위가 혁명을 주도하는 블랑키즘이 가진 위험을. 그건 블랑키즘의 당연한 귀결이야.

지현: 잘난 척하지 마. 그건 너도 마찬가지야. '폴란드 왕국 및 리투아니아 사회민주당' 내의 너의 반대파들도 네가 레닌에게 퍼부었던 것과 똑같은 비판을 네게 했어. 이건 정말 아이러니가 아니니?

룩셈부르크: 너, 혁명 활동을 한 번이라도 해 본 적이 있니? 더욱이 러시아 점령 지역 폴란드 왕국처럼 사회 운동이 불법화된 조건에서. 너는 그처럼 열악한 조건에서 운동의 최전선에 서 있는 전사들의 처지를 몰라도 너무 몰라. 매 순간마다 생과 사의 기로에 서 있는 내게 이론적 정적에 대한 관용을 바란다면 그건 사치야. 네가 알 리가 없지.

지현: 그럴 수밖에 없었다는 점은 나도 인정해. 하지만 그 불가피성을 이해한다고 해서 정당성까지 인정하는 것은 아니야. 그렇다면 논리의 비약이지. 어쨌든 나는 너를 볼 때마다 로베스피에르가 생각나.

룩셈부르크: 트로츠키가 레닌의 중앙 집중적 당 조직을 비판하면서 '막시밀리언 레닌'이라고 비꼰 적이 있지. 그런 로베스피에르를 어떻게 넌 나와 비교할 수가 있니?

지현: 내가 로베스피에르를 떠올린 것은 그런 맥락에서가 아니야.

그 순결한 이상주의 있지? 더할 나위 없이 숭고하지만 리얼리즘이 결여되었기에 순진한…… 나는 이상주의가 동기에서는 고결할지 모르지만, 결과에서는 죄악이 될 수 있다고도 생각해. 아니, 비극이라는 표현이 더 어울릴까? 지나친 순결성은, 뭐랄까 파시스트적인 것과 맥이 닿아 있어. 네가 고등학교 졸업 사진에 "순수하고 깨끗한 마음으로 모든 사람을 사랑할 수 있는 자유로운 사회를 꿈꾸며"라고 사인을 했을 때, 그때 이미 너의 비극은 시작되었는지도 모르지.

룩셈부르크: 이 형편없는 부르주아 속물!

지현: 아무래도 좋아. 하지만 그것이 결국 너의 때 이른 죽음을 불러왔잖아. 너는 충분히 피할 수 있었어. 왜 일단 피해서 훗날을 도모하지 않았지? 네 마지막 실존적 결단을 지배한 것은 서구의 계몽 사상보다 폴란드의 낭만주의였던 것이 아닐까?

룩셈부르크: 헛소리 그만하고 술이나 더 마셔. 난 강의하러 가야겠어.

인간으로 남아 있기

로자 룩셈부르크, 『자유로운 영혼, 로자 룩셈부르크』 오영희 옮김 (예담, 2001)

사람을 안다는 것은 무엇일까? 한 사람이 다른 사람을 이해하는 것은 어디까지 가능할까? 그 사람이 서 있는 위치와 알려진 역할을 떠나서, 한 사람의 인간으로 받아들이고 이해한다는 것은 얼마나 어려운 일인가? 일상의 호흡을 같이 하지 못하고, 전해진 이야기만으로 삶의 편린들을 짜맞출 수밖에 없는 과거의 인물이라면 어떨까?

"마르크스 이래 최고의 두뇌"라는 찬사 혹은 "피에 굶주린 로자"라는 악마적 이미지가 인간 로자 룩셈부르크에 대해 알려 주는 것은 없다. "혁명의 날카로운 검이요, 살아 있는 불꽃"이었다는 클라라 제트킨의 조사도 일면적인 진실을 드러낼 뿐이다. 그 어떤 찬사나 악의적 비난도 "인간으로 남고 싶다"는 로자 룩셈부르크의 절절한 소망을 덮어 버릴 뿐이다. 인간 로자는 사라지고 정치적 해석만 남는 것이다.

150센티미터를 겨우 넘는 작은 키, 매부리코의 동선이 만들어 내는 날카로운 얼굴 윤곽, 풍부한 감정을 담고 검게 빛나는 눈, 오른쪽 입술 끝이 살짝 위로 치켜 올라가 냉소를 띤 입 등 강한 개성을 담은 사진이 오히려 인간 로자 룩셈부르크를 잘 드러내 준다. 사진뿐만 아니라 다행히 우리는 적지 않은 편지들도 갖고 있다.

이 편지들은 사진이 주는 인상보다 훨씬 더 깊고 풍부한 인간 로자 룩셈부르크를 드러낸다. 그리고 여기 한국어로 번역된 로자 룩셈부르크의 편지들이 있다. 일과 관련된 것보다는 주로 인간적인 면모를 드러내는 편지들을 모은 듯하다. 어떠한 상황에서도 인간으로 남고자 했던 룩셈부르크의 조용한 그러나 처절한 투쟁의 내밀한 기록이다.

보수파가 만든 "피에 굶주린 로자"의 악마적 이미지는, 감방 화장실 창가에서 죽어가는 공작나비를 살리고는 어린애처럼 기뻐하고 몸이 뒤집혀 개미떼에게 생살을 뜯어먹히며 발버둥 치는 쇠똥구리에 대한 연민 앞에서 여지없이 산산조각 난다. 로자 사후 감옥에서 보낸 편지들이 공개되자, 보수적인 독일 대중들조차 암살에 대한 공범 의식에서 자책감에 사로잡혔다는 주장도 크게 틀리지는 않은 듯하다.

온갖 신산(辛酸)을 다 겪었으면서도, 자신의 감방을 찾는 굴뚝새와 개똥지빠귀에게 줄 해바라기 씨앗을 넣어 주도록 부탁하는 이 중년의 소녀에게 그들이 찾는 악마의 이미지는 어디에도 없다. "자정이 가까운 시간 길거리에서 개구리 합창 대회"를 열고 첫사랑 요기헤스의 아이를 갖고 싶다는 간절한 모성과 아기의 울음소리만으로도 어린 아기 엉덩이의 부드러움을 상상으로 느낄 수 있는 그녀였다.

강철 같은 혁명 투사 로자 룩셈부르크의 이미지도 삶의 진솔함 앞에서 흔들리기는 마찬가지다. "혁명 전 프랑스 귀족 문화의 진수와 쇠락의 미가 살짝 더해져 고도의 세련미로 형상화된 그림"을 완상(玩賞)하고 '세련된 여성'을 좋아하는 로자의 개인적 취향은 속류 마르크스주의가 만들어 낸 '프롤레트쿨트' 이론과는 상극이다. 로자 룩셈부르크의 고급 취향은 괴테, 쉴러, 아나톨 프랑스, 로망 롤랑, 모차르트, 베토벤, 티티아노, 렘브란트 등의 예술을 즐긴 데서도 잘 드러난다.

일상의 의식주를 해결하는 데서도 로자의 취향은 다를 바 없었다. 옷은 단순하면서도 고급을 선호했다. 귀한 손님을 초대하면 캐비어와 샴페인을 대접했으며, 방을 얻을 때도 프롤레타리아 구역은 되도록 피했다. 가구와 그림, 그릇 등 일상의 소품들도 로자의 엄격한 취향에 시달렸다. 경제적 여유가 있었던 것은 결코 아니다. 첫사랑의 연인 요기헤스에게 보낸 편지에서 자주 돈 이야기가 나오듯이 항상 궁색했다. 그녀는 가난한 부자였다.

편지에서 드러나는 로자의 내면은, 좌우를 막론하고 외길의 사회주의 혁명 투사라는 고정 관념에 길들었던 사람들에게는 다소 당혹스러운 모습일 수도 있겠다. 역설적이지만 내가 인간으로서의 로자뿐만 아니라 혁명가로서의 로자를 신뢰하는 것은 바로 이 모순 때문이다. 실존을 껴안은 혁명가의 진솔한 초상을 엿볼 수 있기 때문이다.

한국어판 편지에 대한 아쉬움은 있다. 중역에서 오는 어쩔 수 없는 번역의 한계나 아무런 양해도 없이 르 블랑의 영역판처럼 루이제의 회상을 발췌 번역한 점 등이 그러하다. 그래도 '붉은 로자'의 편견에서 벗어나 한 혁명가의 삶에 대한 인간적 감수성을 키워 준다면, 우선은 눈감아 줄 수 있는 약점이다.

체 게바라에게

 어느 새 훌쩍 당신의 나이를 넘겼습니다. 마흔을 넘기고는 벌써 부패할 나이인가 하는 생각이 들 때가 부쩍 많아졌습니다. 당신이라면, 그 볼리비아의 정글에서 살아남았다면 또다른 모반과 혁명을 꿈꿀 그런 나이인데도 말입니다. 친구(Che), 당신에게 혁명은 늘 사실의 영역이었지만, 내게는 그저 관념 속에서만 존재했던가 봅니다. 그나마도 이제는 술잔 속으로 자리를 옮긴 것이 아닌지요?
 거기 하늘은 어떤가요? 거기도 권력은 있나요? 하느님도 권위적입니까? 혹 천국이 지옥에 대해서 제국주의적 착취는 하지 않습니까? 이승의 제국주의와 제3세계가 저승에서는 뒤바뀌지 않았습니까? 그래서 당신은 지옥에 떨어진 미국과 소련의 제국주의자들을 데리고 제3세계 천국에 대해 모반을 꿈꾸나요? 구(舊)제국주의자들 데리고 혁명하려니 죽을 맛이겠군요. 하지만 압니다. 한 번 더 죽으면 죽었지, 당신은 결코 포기할 사람이 아니라는 걸.
 당신이 정작 견디기 어려워했던 것은 좌절한 혁명이 아니라 안주하는 삶이 아니었는지요? 실패가 두려운 것이 아니라 성공 뒤의 그 자족감이 두려웠던 게지요. 몽테스키외가 말했던가요? 모든 제도는 그것의 성공으로 말미암아 붕괴한다고. 혁명도 마찬가지가 아닌가 싶어요. 혁명이 성공하는 바로 그 순간이 곧 헌신적 혁명가들을 권력자로 탈바꿈시키는 때는 아닌지요? 권력을 타도한다는 혁명 과업을 완수하기 위해 또다른 권력이 필요했다는 건 역사의 역설이지요.

1959년 1월 아바나에서 쿠바 혁명의 성공을 당당하게 선포하던 자리에서 카스트로가 했던 연설 기억나지요? 자신은 권력에 관심도 없고 갖지도 않을 것이라던…… 돌이켜 보면 카스트로도 혁명의 역설을 비켜 가지는 못한 것 같아요. 당신만은 유독 그 역설을 뒤집어엎고 싶었나요? 그래서 만성 천식으로 가쁜 숨을 몰아쉬면서 콩고의 정글로, 볼리비아의 오지로 뛰어다녔나요?

더러 말들 하더군요. 1965년 모든 공직과 시민권을 반납하고 당신이 갑자기 쿠바에서 자취를 감춘 것은 권력 투쟁에서 밀린 탓이라고. 그건 아니겠지요. 당신은 그저 권력의 냄새가 싫었을 겁니다. 왜, 그런 냄새 있잖아요. 새로 산 가죽 의자에서 풍기는 문명의 살의(殺意)가 듬뿍 섞인 역겨운 냄새 말이에요. 그래서 당신은 가죽 의자를 박차고 익숙한 혁명의 냄새를 좇아 정글로 들어간 게지요. 다들 말하더군요. 그 담담한 희생과 열정적 헌신이 곧 '게바라'라고.

그런데 말이죠. 그 치열한 혁명가적 헌신을 쿠바 민중들에게 똑같이 요구했을 때, 당신이 또다른 역설을 만들었다는 사실 알고 있나요? 32층짜리 쿠바 중앙은행 신축 사옥 프로젝트 기억 나지요? 32층 건물에 무슨 엘리베이터가 필요하냐고 우기던 일 말입니다. 천식을 앓는 당신이 계단을 이용하겠다는데, 건강한 사람들이라면 그렇게 못할 이유가 하나도 없다는 게 당신의 주장이었지요.

당신의 혁명적 헌신성을 폄하할 생각은 추호도 없지만, 새로운 인간의 이름으로 똑같은 헌신성을 민중들에게 요구한다면 그것은 또다른 압제가 되지 않겠는지요? 당신은 인간을 너무 높이 평가한 게 아닌지요? 당신을 두고 "우리 시대의 가장 완벽한 인간"이라고 했던 사르트르의 평가는 맞는지도 모르겠습니다. 하지만 모든 사람이 완벽하다고 생각하진 마세요. 민중들에게 완벽을 요구하는 건 또다른 억압이지요. 부패할 나이라서 그런지 나부터도 32층은 걸어서 오르내리지 못할 것 같군요.

1997년 10월, 30주기를 맞아 쿠바 정부가 볼리비아의 시골 비행장에 묻혀 있던 당신의 주검을 산타 클라라의 성전에 옮기면서 대대적인 행사를 치렀던 것은 잘 모를 겁니다. 카스트로가 때맞춰 열린 당 대회에서 자기 희생과 규율의 모범으로 당신 이름을 계속 강조하고 또 똑같은 모범을 민중들에게 요구한 것도 물론 모르겠지요. 혁명적 동지애 때문일까요? 레닌의 주검을 전시용으로 박제할 때 스탈린이 했던 계산이 카스트로에게도 분명히 있었을 겁니다. 어려운 시대에 주검으로 돌아온 혁명 영웅, 옛 동지가 위기에 빠진 카스트로의 권력을 구한 셈인가요?

시장 자본주의도 당신을 팔아먹는 데는 결코 쿠바의 그 권력자에 뒤지지 않습니다. 일상의 키치 문화부터 나이트 클럽에 이르기까지 철저하게 상품화된 당신의 초상을 지우기에는 이미 늦었습니다. 자본주의는 혁명의 날카로운 발톱을 제거한 채 이렇게 당신을 팝의 우상으로 전유했습니다. 시장이라는 놈은 얼마나 무서운 것인지요. CIA는 저리 가라입니다. 그 기동성과 순발력을 보면, 시장이야말로 타고난 게릴라 같아요. 질식할 것만 같아요. 시장에 대한 혁명은 어떻게 해야 하는지요? 시장에 대한 게릴라전은 어떻게 가능한가요? 저승의 혁명에서 새로 배운 게 있으면, 한 수 부탁 드립니다.

아디오스, 아미고.

인간 속의 혁명, 혁명 속의 인간

안제이 바이다(Andrzej Wajda)는 소수의 마니아들을 제외하면 한국의 영화 팬들에게는 다소 낯선 이름이겠다. 그러나 전후 폴란드를 대표하는 영화 감독이라는 데에는 이견이 없다. 한 '노동자 영웅'의 부상과 몰락을 통해 현실 사회주의가 노동자를 어떻게 착취하고 버렸는가를 그린 「대리석 인간」(człowiek z marmuru)이나 연대노조 운동을 그린 「철의 인간」(człowiek z żelaza)은 실로 리얼리즘 영화의 압권이다. 국내에 소개되지 않은 것은 유감이 아닐 수 없다. 그나마 「당통」이 소개되었다는 데 작은 안도감을 느낀다.

바이다의 영화 「당통」이 지닌 매력은 당통과 로베스피에르로 대변되는 등장 인물의 캐릭터가 생생하게 살아 있다는 점에 있다. 바이다는 몇 년 전 폴란드 신문 『가제타 뷔보르챠』와의 인터뷰에서, 연대노조 운동에 참여하면서 운동 지도부의 다양한 성격들을 목격했고, 그 혁명가 군상에 대한 운동적 반성이 아닌 인간적 반성이 이 영화를 만든 동기였다고 술회한 바 있다. 그는 그러니까 연대노조 운동의 프리즘을 통해 프랑스 대혁명을 재조명한 것이다. 영화 속의 인물들이 생생하게 살아 움직이는 오늘날의 사람들로 비추어지는 까닭도 여기에 있다.

프랑스의 대표적인 역사가 소불은 당통을 "서민적인 말투의 웅변가이며 수수한 차림새, 현실주의자이며, 결단을 내릴 줄 아는 동시에 술수에도 능하고, 배짱이 있고 향락적인 기질이며, 격정적이며 모질지 못한 인물"이라고 평한 바 있다. 제라르 드 파르디외가 섬세하게 연기한 당통의 이러한 성격은, 금욕적이고, 냉정하며, 맺고 끊는 게 확실해야 하는 혁명가로서의 덕성과는 배치되는 것처럼 보인다. 더욱이 드 파르디외가 연기한 당통의 자유분방한 태도는 부르주아적 퇴폐의 분위기를 풍기기도 한다. 한 마디로 인간 당통이 혁명가 당통을 압도한다.

폴란드의 유대계 배우 프쇼니악은 차갑고 선병질적이며 금욕적이고 원칙주의자인 로베스피에르를 연기한다. 당통이 초대한 거창한 저녁 식사에서, 민중 혁명가인 로베스피에르는 단호하게 호사한 음식과 고급 포도주를 거부함으로써 금욕적 원칙주의자로서의 면모를 드러낸다. 특히 법정의 민중들 앞에서 열정적으로 사자후를 토해 내는 당통과는 대조적으로, 로베스피에르의 국민공회 연설은 치밀하게 계산된 차가운 이성의 냉정함을 잃지 않는다. 부각되는 것은 인간 로베스피에르가 아니라 혁명가 로베스피에르이다.

당통이 따뜻한 인간성으로 혁명의 냉정함을 녹여 버렸다면, 로베스피에르는 혁명의 주도면밀한 계획 아래 인간성을 종속시켰다는 것이 이 영화가 주는 이미지이다. 이 영화에서 바이다가 선호하는 혁명가는 당통임이 분명하게 드러난다. 그래서 이 영화가 개봉되었을 때, 바이다는 로베스피에르를 귀감으로 삼고 있는 프랑스의 좌파 지식인들에게 큰 분노를 불러 일으켰다. 영화가 반혁명적이며, 역사를 왜곡했고, 로베스피에르의 역사적 의의를 깎아내렸다는 것이 그들의 항변이었다.

내 나이 20대에 이 영화를 보았다면, 아마도 이들 프랑스 좌파 지식인들의 평가에 동조했을 것이다. 그 당시 나는 민중을 이야기하면서 어떻게 고급스러운 맥주를 마실 수 있냐며 소주병에만 코를 박고 있던 치기 어린 나로드니키였고, 혁명만 일어나면 세상이 쉽게 바뀔 수 있다고 믿었던 순진한 낭만주의자였다. 필요하다면, 인간도 기꺼이 혁명에 종속될 수도 있다고 생각했던 것 같다. 세상을 두려워하면서도 또 만만하게 본 나이가 아니었나 싶다.

다행인지 불행인지 나는 이 영화를 30대 후반에 처음 보았다. 세상이나 삶이 그렇게 단순하지만은 않다는 것을 조금씩 알아 갈 나이였고, 로베스피에르보다는 당통이 더 삶을 잘 이해한 것이 아닌가 하는 생각이 들었다. 나이 마흔을 훌쩍 넘기고도 불혹은커녕, "나는 유혹을 제외하고는 모든 것에 저항할 수 있다"는 오스카 와일드를 되새길 때가 많다. 완벽한 혁명가 로베스피에르보다 건달(?) 혁명가 당통이 내 마음에 더 다가오는 것도 같은 이유에서일 것이다. 혁명이 인간적인 약점까지 넉넉하게 보듬을 수 있었으면 하는 한가한 생각도 한편에는 있다.

성공한 혁명가들이 공통적으로 갖는 가장 큰 약점은 인간적인 약점이 별로 없다는 점이다. 완벽하고자 노력하지 않으면, 실패한 혁명가로 남을 뿐이다. 그런데 왜 약점이냐고? 이들은 남들도 자신들처럼 혁명에 헌신적이고 완벽을 향해 노력해야 한다고 상정하기 때문이다. 그것은 곧 혁명적 비극의 씨앗이 된다. 혁명이 인간을 전유해 버리기 때문이다. 완벽하고 냉정한 혁명가 로베스피에르보다는 퇴폐적이고 향락적인 그래서 혁명가로서는 다소 어설픈 당통이 더 큰 혁명가라는 느낌을 갖는 이유이기도 하다.

그렇다고 성공한 혁명가보다 실패한 혁명가를, 역사가로서 더 높이 평가할 수는 없다는 데 내 고민이 있다. 영화 「당통」의 기억이 있는 한 평생 따라다닐 고민이다.

후기

『당대비평』 문부식 주간과의 술자리에서였다. 이 글이 발표된 직후였을 텐데, 그가 농담 반 진담 반으로 물었다. "이거 자기 정당화하려고 쓴 거지?" 나는 내 자신보다는 그를 정당화하기 위한 것이라고 되받았고, 우리는 낄낄거리며 술만 들이켰다. 술이 깨고 난 아침, 장난기 섞인 우리의 대화 밑에는 쉽사리 지울 수 없는 무언가가 남아 있다는 막연한 느낌이 들었다. 그런데 그 며칠 후 막 도착한 『런던 리뷰 오브 북스』(London Review of Books)에서 그 막연한 느낌의 실체를 확인할 수 있었다. 우연치고는 묘하게도, 힐러리 민츠(Hilary Minz)인가 하는 여성 역사가가 쓴 프랑스 혁명에 대한 에세이 서평을 발견한 것이다. 남성 역사가들이 로베스피에르보다는 당통을 인간적으로 선호하는 이유에 대한 그녀의 통렬한 지적에 한 방 크게 맞은 느낌이었다.

그녀가 지적하는 이유는 간단했다. '트위드 재킷' 속에 숨은 남성성 때문이라는 것이다. 숫총각으로 죽었다는 소문이 나돌 만큼 금욕적이었던 로베스피에르에 비해, 남성으로서의 세속적인 즐거움을 모두 누렸던 당통이 남성 역사가들에게는 당연히 더 매력적일 수밖에 없다는 그녀의 지적 앞에서 나는 벌거벗겨진 기분이었다. 내 자신도 의식하지 못한 깊은 속내를 들켜 버린 느낌이었다. 바이다의 영화에도 그녀의 지적은 해당된다. 영화 「당통」의 원작이라 할 스타니스와바 프슈비셰프스카(Stanisława Przybyszewska)가 쓴 연극 대본은 로베스피에르에 대한 헌사로 가득 차 있다고 해도 과언은 아니다. 심지어 프슈비셰프스카는 로베스피에르가 죽은 나이인 36세에 거의 의도적으로 굶어 죽었다고 할 정도로 그에 대한 애정이 깊었다는 것이다. 그럼에도 바이다는 당통을 부각시킴으로써, 원작자의 의도를 뒤집었다는 것이 힐러리 민츠의 비판 요지였다.

물론 내 자신도 그러한 혐의에서 자유롭지 못하다. 이 점에서 내 안에 감추어진 남성성은 뿌리칠 수 없는 원죄이다. 그럼에도 불구하고 로베스피에르에 대한 나의 거친 남성적 시선이 포착하는 일면의 진실은 있다고 생각한다. 그것은 완벽한 이상주의자일수록 자기 자신만이 인민의 행복을 가늠할 수 있는 올바른 판단 능력을 갖고 있으며, 옳을 수밖에 없는 그 판단에 따라 인민에게 자유롭거나 행복한 삶을 강제할 수 있다는 자기 확신을 갖고 있다는 점이다. 인민의 뜻을 거스르더라도 올바른 자유와 행복을 강요하는 것이 자신의 의무라고 생각하는 것이다. 비단 로베스피에르뿐만 아니라 크롬웰이 그랬고 레닌이 그러했다. 나는 위의 글에서 사실상 이러한 점을 지적하고 싶었던 것이다. 이성의 기획을 밀고 나아가는 이념의 순수주의가 가진 위험성을 지적하고 싶었던 것이다.

힐러리 민츠가 남성 역사가들에게 걸었던 남성성의 불순한 혐의에서 내가 자유롭다는 변명으로 이 사족이 읽혀지지는 않았으면 한다.

제4부
해방의 역사학과 역사학의 해방

20세기의 이념적 지형에서 마르크스주의 사학과 민족주의 사학은 각각 계급 해방과 민족 해방을 담보하는 해방의 역사학이었다. '자본과 노동', '제국과 민족'의 구도에서 그것은 분명 해방을 지향한 것이었다.

그러나 소수자의 입장에서 볼 때, 그것들은 억압의 기제를 내장한 해방의 역사학이었다. 마르크스주의 사학의 프롤레타리아 유일주의는 역사의 지배/피지배 관계가 갖는 다양한 국면들을 이해하는 데 실패했다. 그것은 보편 계급의 이름으로 여성, 농민, 소수 민족/인종을 타자화시키고 노동 운동의 이해에 종속시켰다. 이들에 대한 억압은 중심부의 백인 남성 노동자들을 해방시키는 대가 치고는 너무 큰 것이었다.

민족주의 사학 또한 민족 해방의 이름 아래 계급, 젠더, 신분 등의 다양한 정체성을 민족적 정체성에 종속시켰다. 여성에 대한 가부장적 억압이 민족 전통의 이름으로 은폐되고, 기층 민중을 지배하려는 민족주의 엘리트의 헤게모니가 민족의 이름으로 정당화되었다. 제국과 민족을 이분하는 대립항의 순서만 바뀌었을 뿐 배제와 차별의 논리는 식민 사학과 마찬가지였다.

해방의 역사학에 내장된 억압의 기제들이 드러난 이상, 20세기적 해방의 강박 관념에서 역사학을 해방시키는 것이야말로 21세기 역사학의 우선 과제가 아닐까?

역사의 대중화, 대중의 역사화
시민 사회의 역사학을 향하여

1. 역사학의 위기?

　현재 진행되고 있는 대학의 구조 조정 혹은 개혁 프로그램은 실용적 학문의 추구라는 구호로 집약된다. 역사학은 이 과정에서 스스로 구조 조정의 주체가 되기보다는 권력이 행사하는 구조 조정의 대상이 된 느낌이다. 국·공립 대학의 경우에는 정치 권력, 사립 대학에서는 경제 권력이 실용주의로 무장하고 대학 교육의 메타 언어를 장악한 상황에서 자신의 학문적 존재 근거를 정당화하려는 역사학의 노력은 안쓰럽기 짝이 없다. 역사의 대중화에 대한 전문 연구자들의 때늦은 관심은 시민 사회의 힘을 빌려 국가 권력의 구조 조정 논리를 반박하려는 의도로 읽혀진다. 역사의 대중화에 대한 갑작스런 관심의 이면에는 역사학이 이제 더 이상 국가 권력과 동일한 텍스트로 짜여져 있지 않다는 깨달음이 자리 잡고 있다면 너무 지나친 억측일까?
　권력이 지식을 지배한다는 푸코의 명제를 현재 한국에서 진행되고 있는 대학의 구조 조정처럼 극명하게 보여 주는 예도 드물다. 푸코의 표현을 빌리면, "어떤 생산력의 효과가 그 생산력을 구성하는 힘의 총화를 능가해야 하는 그러한 생산력을 조직하는 일"[1]이 권력에 의해 대학에 부과된 것이다. '인간 해방'과 '지식의 사변적 통일' 등 거대 담론의 실현이라는 전통적인 대학 교육의 목표가 이제는 권력의 요구에 따라 물적 생산의 극대화로 바뀌었다. 실용적 학문의 추구라는 구호는 그것의 이데올로기적 표현일 뿐이다. 역사학을 비롯한 인문학의 위기가 운위되는 배경은 바로 여기에 있다. 외국어 같은 몇 개의 도구 과목을 제외하면, 인문학이 물적 재화의 생산에 직접 기여할 수 있는 여지가 거의 없기 때문이다.

이 글에서 위기의 진단을 되풀이할 생각은 없다. 정작 문제는 그것의 극복 방안이다. 기왕의 논의들은 이미 충분할 정도로 위기론을 되풀이했지만, 적절한 대안을 제시하는 데는 실패한 것으로 보인다. 그것은 무엇보다도 역사학의 실용성을 강조하거나 보편적 진리를 추구한다는 식의 대응 논리가 충분한 사회적 설득력을 지니지 못하기 때문이다. 물적 재화의 생산이라는 관점에서 보면, 비단 자연과학뿐만 아니라 사회과학과 견주어서도 인문학의 기여도는 극히 미미할 뿐이다. "궁극적으로 실용적이지 않은 학문은 없다"거나 "넓은 의미의 실용성" 운운하는 식의 논리는 사회적 호소력이 크지 못하다. 보편적 진리에 대한 강조 또한 권력이 장악하고 있는 대학의 메타 언어를 바꾸어 놓기에는 역부족이다. 진리의 기준은 이미 생산력인 것이다. 뿐만 아니라 진리의 보편성은, 이성의 절대적 권위를 해체하고 진리의 확실성을 문제삼는 포스트모더니즘 역사학에서 보이는 바와 같이, 역사학계 내부에서조차 합의가 불가능한 실정이다.

---

[1] 미셸 푸코, 『감시와 처벌』, 오생근 옮김 (나남출판, 1994), 245쪽.

역사학의 대중화에 대한 최근의 활발한 논의는 이 점에서 주목할 만하다. 그것은 더 이상 국가 권력이 아니라 시민 사회의 요구에 부응하여 현재의 학문적 위기를 타개하려는 진지한 모색으로 읽힌다. 그렇기에 우리 학계의 역사 대중화 시도는 성공 여부를 떠나 일단 시도 그 자체만으로도 일정한 의의를 지닌다. 그것은 역사학을 에워싸고 있는 국가 권력의 그물망을 벗어나 시민 사회에서 역사학의 입지를 구축하는 계기가 될 수 있기 때문이다. 실상 체제와 이념을 떠나, 랑케 이래 근대 역사학이 누려 온 학문적 지위는 그것이 국가 권력과 같은 텍스트로 짜여졌기에 가능했다. 역사학은 근대 민족 국가의 형성 과정에서 중요한 이데올로기적 역할을 담당했던 것이다. 그 결과 마르크스주의 역사학이든 실증주의 역사학이든 또는 민족주의 역사학이든, 제도에 포섭된 근대 역사학은 모두 '궁정 역사학'(Court Historiography)의 틀에서 크게 벗어나지 못하였다. 인간이 '호모 인스티튜티오니스'(homo institutionis)인 이상, 또 학문이 제도의 틀 속에 갇혀 있는 이상, 제도를 장악한 권력에 포섭되는 것은 당연하다. '학문적 진리' 운운하는 담론에도 불구하고 궁극적으로 역사학은 권력의 그물망을 벗어나지 못했던 것이다.

권력에 의한 역사학의 퇴출은 근대 민족 국가를 정당화하는 표상으로서의 역사학이 더 이상 필요하지 않다는 신호이다. 언어학이나 철학 등 근대 민족 국가의 형성에 기여해 온 기타 인문학의 경우도 사정은 마찬가지이다. 그러나 현재 역사학이 당면한 위기는 대학 역사학의 위기일 뿐 역사학 일반의 위기는 아니다. 역설적인 것이지만, 권력에 의한 대학의 구조 조정 과정에서 우리 역사학이 당면한 위기는 '시민 사회의 역사학'을 구축하기 위한 호기이기도 하다. 시민 사회의 역사학은 권력의 메타 언어가 아닌 새로운, 시민 사회의 메타 언어를 요구한다. 그것은 민족 국가가 요구하는 정치적 표상을 과거에 투영하는 데서 벗어나 시민 사회가 제기하는 다양한 사회 문제들에 대한 역사적 해명을 지향한다. 신사회 운동(new social movement)과 호흡을 같이하면서 나타난 여성사, 민중 문화사, 환경사, 일상 생활사, 아동사 등 유럽 역사학의 새로운 움직임은 같은 맥락에서 이해된다.

그러나 한국 사회에서 역사 대중화에 대한 최근의 논의들은 역사학의 존재 조건이 변화하는 데 대한 명확한 인식을 결여하고 있다는 느낌을 준다. 역사학의 기축이 국가 권력으로부터 시민 사회로 이동하고 있다는 것이 무슨 의미를 지니는지 제대로 포착하지 못하고 있는 것이다. 그렇기 때문에 대부분의 논의는 어떻게 하면 전문가들의 역사 지식을 대중들에게 더 잘 전달할 수 있을까 하는 기술적인 부분에 치우쳐 있다. 그것은 시민 사회의 역사학을 구축하기 위한 기본 전략이 부재한 상태에서 전술 부문만을 고민하는 형국이다. 논의가 전도된 것이다. 역사학이 시민 사회에서 자신의 입지를 구축하기 위해서는 먼저 '대중의 역사화' 작업이 선행되어야 한다. 세세한 전술에 앞서 기본 전략이 먼저 세워져야 하는 것이다. 그것은 곧 역사학에 대한 시민 사회의 메타 언어를 설정하는 과제와 직결된다. '대중의 역사화'는 '역사의 대중화'에 앞서 혹은 함께 우리에게 던져진 과제이다. 이 글에서는 '대중의 역사화'와 '역사의 대중화'를 어떻게 한데 묶을 것인가 하는 화두를 제기하고자 한다.

먼저 두 번째 장에서는 시민 사회의 역사학을 구축한다는 관점에서 '대중의 역사화' 문제를 제기할 것이다. 이어 세 번째 장에서는 유럽에서 활발하게 진행된 '역사의 대중화' 작업의 구체적인 예들을 소개할 것이다. 나는 이 글이 한국에서 시민 사회의 역사학을 구축하기 위한 하나의 시론으로 읽혀졌으면 한다.

2. 대중의 역사화

19세기 이래 근대 역사학은 기본적으로 근대 민족 국가의 이데올로기적 요구에 부응하면서 성장해 왔다. 애국심과 민족적 정체성을 육성하는 이데올로기적 도구의 기능에 충실했던 것이다.[2] 비단 민족주의 사학뿐 아니라 실증주의 역사학마저 근대 국가 권력의 텍스트를 구성하는 주요한 구성 요소였다는 것은 부인할 수 없는 사실이다. 민족주의 사학이 역사 속에서 민족 국가의 표상을 찾고자 했다면, 실증주의 사학은 실증의 이름 아래 외교사와 정치사에서 국가 권력의 위상을 높이고자 했다. 기존의 국가 권력에 대한 저항으로 등장한 마르크스주의 사학 역시 현실 사회주의의 국가 권력에 종속되어, 지배 이데올로기를 재생산하는 '궁정 역사학'으로 전락해 버렸다.[3] 반권력적 실천의 학술 운동으로 출발한 마르크스주의 역사학의 퇴락은, 혁명 이후의 현실 사회주의에서 역사학이 정치 권력 혹은 국가 권력과 같은 텍스트로 짜여진 데서 오는 불가피한 결과이기도 했다.

인간 해방을 구호로 내걸었던 현실 사회주의와 당 마르크스주의 역사학의 비극적 타락이 우리에게 준 소중한 교훈 중의 하나는 권력의 내재적 억압성에 대한 인식이다. 그것은 또 억압이 다면적이며 다차원적이라는 인식으로 이어진다. 억압의 다면성과 다차원성에 대한 인식

---

[2] J. Appleby et. al., *Telling the Truth About History* (New York, 1994), 1부 3장 및 2부 1장 참조.
[3] Andrzej F. Grabski, "Historia partyjna—historia nie chciana?"(당사—원치 않은 역사?), P. Samuś et. al. *Między Wschodem a Zachodem* (Łódź, 1995), pp. 9~20; 임지현, 「폴란드에서의 역사 재평가 작업」, 『한국사 시민강좌』 21집 (1997) 참조.

은 다시 인간 해방이 다면적이고 다차원적으로 이루어져야 한다는 것을 의미한다.4) 마르크스주의를 포함해서 기존의 역사학에서는 간과되었던, 생활 세계의 식민지화 혹은 거기서 나타나는 억압에 대한 하버마스의 논의나 억압과 권력의 미시 물리학에 대한 푸코의 견해 등은 이러한 관점에서 주목된다. 국가 권력과 정치 권력에 대한 민중적 통제를 가능케 하는 힘으로서의 '사회 권력'을 강화해야 한다는 주장도 같은 맥락에서 이해된다.5) 국가 권력과 정치 권력의 급진적 전환을 시도했던 현실 사회주의를 경험한 동유럽의 지식인들 사이에서 시민 사회에 대한 논의가 첨예했다는 것은 이 점에서 매우 시사적이다. 해방을 주장하면서도 당에 종속되어 국가 권력이 강제하는 규율의 전파에 급급했던 마르크스주의 역사학의 우를 되풀이한다면 역사학의 미래는 어둡다.

  이 글에서 대안으로 제시하는 시민 사회의 역사학은 권력의 틀에서 벗어나 시민 사회의 내재적 자율성을 자신의 기반으로 삼는다. 시민 사회의 역사학에도 규율이 불가피하다면, 그것은 시민 사회의 운동적 합의에 의한 규율이지 국가 권력이 강제하는 규율은 아니다. 물론 한국 사회에서 기존의 역사학이 모두 정치 권력이나 국가 권력에 종속되었다는 것은 아니다. 국가 권력과 정치 권력의 변혁을 지향하는 역사학의 흐름이 있었던 것은 부인할 수 없는 사실이지만, 그것조차도 시민 사회의 역사학이라 이름할 만한 것은 아니었다. 왜냐하면 민족 해방 혹은 노동 해방의 구호 아래 그것이 지향한 것은 기존의 체제를 대신할 새로운 국가 권력과 정치 권력이었지 사회 권력은 아니었기 때문

---

4) 조희연, 『한국의 민주주의와 사회운동』(당대, 1998), 147~151쪽.
5) 정치 권력과 사회 권력의 관계에 대해서는 조희연, 『한국의 민주주의와 사회운동』, 154~157쪽.

이다. 그 결과 변혁 지향적 역사학조차도 진보를 표방하는 국가 권력이 지닌 내재적 억압성을 자각하지 못하고, 새로운 국가 권력이 요구하는 규율을 전파하는 데 머물렀던 것이다.

반면에 시민 사회의 역사학은 국가 권력이 요구하는 학문적 규율성을 거부하고 그것의 정체를 파헤쳐 정치 권력을 견제하고 통제하는 사회 권력의 학문적 기제가 되며, 밑으로부터 문화의 비판적 아비투스(habitus)를 만드는 데 기여한다. 그것은 역사학이 기왕에 포섭되어 있던 국가 제도의 틀을 벗어나 시민 사회의 자율적 조직 등을 중심으로 자신의 물적 토대를 재조직하기 때문에 가능하다. '실용'의 구호 아래 국가 권력이 장악하고 있는 메타 언어 앞에서 극도의 무력감과 상실감에 젖어 있는 대학의 역사학 또한 '활동적 공공적 삶'(vita activa)을 지향함으로써, 시민 사회의 역사학에 포섭되어 그것을 구성하는 한 지주(支柱)가 된다.

그런데 역사학이 시민 사회에 자신의 입지를 마련하려면, 먼저 역사학의 학문적 존재 이유를 사회 권력의 주체인 민중들에게 납득시켜야 한다. 이 글에서 '대중의 역사화'라고 이름을 붙인 작업이 바로 그것이다. 대중의 역사화는 대중을 역사 지식의 전파 대상으로 삼는 역사의 대중화를 넘어서, 역사학이 대중의 일상 생활 속에 깊이 침투하여 뿌리내리는 것을 지향한다. '대중의 역사화'에서는 대중이 지식의 일방적 전파 대상, 즉 단순한 객체로 머무는 것이 아니라 역사 연구자와 공동 주체가 됨으로써 전문 연구자와 대중이 함께 텍스트를 만드는 것이다. 그것은 대중이 위계적으로 짜여진 조직에 의해 정치적으로 동원되는 것을 거부하고, 스스로가 행동의 주체가 되며 행위 주체들을 수평적으로 한데 묶는 네트워크 운동에 역사학이 참여하는 것을 의미한다.6) 어떻게 참여할 것인가는 앞으로 함께 고민하면서 풀어 가야 할 문제로 남는다.

메타 이론의 관점에서 보면, '대중의 역사화'는 하버마스의 '생활 세계 이론'(Lebenswelttheorie)에서 그 이론적 단서를 찾을 수 있다.7) 그것은 '생활 세계로서의 역사'로 요약되는데, 사회적 삶의 일상적 경험에 대한 이해가 없이는 역사 연구가 불가능하다는 자명한 진리에서 출발한다. '생활 세계로서의 역사'는 대중들이 일상적 삶에서 경험하는 의도되거나 조직되지 않은 자연스러운 배움의 과정으로서의 사회화 과정에 그 기반을 둔다.8) 이 점에서 그것은 의도되고 조직된 배움의 과정을 요구하는 '과학으로서의 역사'와 질을 달리한다. 의도되고 조직된 배움은 국가 권력이 요청하는 학문적 규율을 기초로 삼을 수밖에 없는 반면, 밑으로부터 자연스럽게 이루어지는 사회화 과정에는 국가 권력이 개입할 여지가 상대적으로 적은 것이다. 국가 권력으로부터의 해방을 지향하는 시민 사회의 역사학이 '생활 세계로서의 역사' 개념과 만나는 접점도 바로 여기에 있다.

한편 인식론적으로도 '생활 세계로서의 역사'는 '과학으로서의 역사'보다 장점을 지닌다. 근대 민족 국가의 권력과 같은 텍스트로 짜여졌던 실증 사학이나 민족주의 사학은 민족의 기원이나 민족 문화, 국가의 발전 같은 거대 담론을 지향하면서, 사실상 역사를 민족 신화로 대체한 측면이 없지 않다. 현실 사회주의의 마르크스주의 역사학 또한

---

6) 시민 사회의 개념에 대해서는 Christopher G.A. Bryant, "Civil Society and Pluralism: A Conceptual Analysis," *Sisyphus: Social Studies*, No. 8 (1992) 참조.
7) J. Habermas, *Technik und Wissenschaft als "Ideologie"* (Frankfurt, 1968), pp. 104~119.
8) R. Schörken, "Geschichte als Lebenswelt," K. Bergmann (hg.) *Handbuch der Geschichtedidaktik* (Düsseldorf, 1985), III: 8.

노동 계급과 그 지도자들의 혁명 신화를 창조하는 데 주저하지 않았다. '과학'이라는 수사에 집요하게 천착했던 기존의 역사학들은 역설적으로 신화로서의 역사에 가까웠던 것이다. 이에 비해서 '생활 세계로서의 역사'는 민족 신화 혹은 혁명 신화적 역사 서술을 단호하게 거부하고, 민중의 생활 세계와 인간 관계에 대한 공통의 경험적 근거를 역사의 전제로 삼는다는 점에서 역사적 현실에 더 근접해 있다고 할 수 있다. 물론 '생활 세계로서의 역사'는 아직 방법론적으로 많은 문제점을 노출하고 있으며 또 완성된 패러다임을 갖고 있지도 못하다. 그러나 건강한 인식론적 전제에서 출발하고 있다는 점에서, 미래는 밝다.

 그 풍부한 가능성에도 불구하고 '대중의 역사화', '생활 세계로서의 역사' 혹은 '시민 사회의 역사학'을 정립하려는 시도는 아직 만족할 만한 수준은 아니다. 그런 가운데 가장 주목되는 것은 1970년대 스웨덴에서부터 시작된 '네가 서 있는 곳을 파헤쳐라 운동'(Grabe wo du stehest Bewegung)이다. 그것은 한 마디로 노동자들 스스로가 자신들의 역사를 쓰자는 운동이다. 이 운동은 각자의 직업에 대해서는 노동자들 자신이 가장 전문가이므로 전문 역사가들보다 그들이 더 생생한 역사를 쓸 수 있다는 상식으로부터 출발한다. 노동자들 자신의 풍부한 일터 경험 자체가 이러한 역사 서술의 기초를 제공하며, 전문 역사가들은 원칙적으로 배제된다. 단지 필요하다면 인식론적 문제를 해결하도록 도와 주는 보조자의 역할에 머물 뿐이다. 이 운동은 많은 논란을 일으켰지만, 일상 생활사와 접목되면서 후에는 사회 운동을 포괄하는 '역사 작업장 운동'(History Workshop)으로 발전하기도 했다.[9] 독일에 와서는 민족 문

---

9) 이에 대해서는 Sven Lindqvist, *Grabe wo du stehest: Handbuch zur Erforschung der eigenen Geschichte* (Bonn, 1989) 참조.

화 같은 거대 담론을 떠나 특정한 지역 공동체의 구체적인 정황을 재구성하는 데 목표를 둔 역사 운동으로 발전하면서, 전문 역사가와 아마추어 역사가를 연결하는 지역사 연구 서클 등이 결성되어 활발한 움직임을 보이기도 했다.10)

노동조합의 전통이 강했던 영국에서는 대륙에서의 이러한 움직임과는 별도로 이미 20세기 초부터 숙련 노동조합을 중심으로 노동조합사가 발간되었다. 그러나 시민 사회의 역사학이라 이름할 만한 흐름이 본격적으로 등장하기 시작한 것은 1960년대의 일이었다. '별도의 벽'(Extra-Mural)이라 부르는 대학의 전통적인 성인 교육 프로그램과 지역 공동체 프로젝트를 통해 전문 역사가와 대중들이 만나는 장이 확대되었다. 옥스퍼드의 러스킨 칼리지 역사 교수였던 라파엘 사무엘(Raphael Samuel)이 성인 학생들과 인터뷰를 통해 이야기식 역사 서술을 개발해 내는 등 방법론적으로도 새로운 실험들이 이루어졌다. 그것은 1968년이 고무한 민주 사회주의 이념에 잘 들어맞는 역사적 접근 방식이었다. 여기에서 발전한 '역사 작업장' 운동은 지역사 프로젝트, 민중사, 이야기 역사, 텔레비전 다큐멘터리, 연극, 영화, 수필, 주민 박물관 등으로 역사의 시야를 넓히면서 시민 사회의 역사학을 확립시키는 데 결정적으로 기여했다. 이를 통해 영국의 노동 대중은 역사의 생산자이자 연구자이며 소비자가 된 것이다.11)

시민 사회의 역사학이라는 관점에서 볼 때, 프랑스의 독창적 기여는 아마도 '지역 공동체 박물관'(community museum) 프로젝트, 즉 '환경 박물관'(Ecomuseum)에서 찾을 수 있을 것이다. 바린느(Hughes de Varine)와

---

10) "ein kräftiger Schub für die Vergangenheit," *Spiegel*, Nr. 23 (1983), pp. 36~42.
11) 리차드 크로커, 「20세기 영국 노동계급을 위한 역사서술」, 『역사비평』 38호, 1997, 가을호, 331~345쪽.

리비에레(Georges Henri Riviere)가 제창한 환경 박물관은 기존의 박물관들이 주민들의 삶으로부터 소외되어 있는 엘리트 문화의 공간이었다는 반성으로부터 출발한다. 박물관은 박제된 공간이 아니라 주민들의 현실적 삶이 생생하게 살아 숨쉬는 공간이어야 한다는 것이다. '환경 박물관'은 따라서 지역 공동체의 문화와 역사 그리고 자연사를 생생하게 보여 주는 것을 지향하며, 박물관의 운영과 기획에도 전문 스텝진과 더불어 주민들이 자원 봉사 차원에서 직접 참여하는 경영 방식을 취한다. 경우에 따라서는 르 크뢰소(Le Creusot)의 '인간과 산업 박물관'처럼 주민들이 살고 있는 500평방킬로미터의 넓은 지역이 박물관으로 선포되기도 한다. 즉 주민들은 박물관 안에서 직접 생활하며 또 박물관의 개념 아래 자신들의 생활 공간을 운영해 나아가는 것이다. 현재 프랑스에만 28개에 달하는 '환경 박물관'은 주민들의 현재적 삶과 역사를 자연스럽게 묶어 줌으로써 '대중의 역사화'를 성공적으로 수행하는 것으로 보인다.[12]

'환경 박물관'의 예에서 보듯이, 이 글에서 제안하는 대중의 역사화는 반드시 노동자만을 대상으로 삼는 것은 아니다. 시민 사회의 역사학 또한 노동사로 환원되는 것은 아니다. 시민 사회는, 코카(Jürgen Kocka)가 지적했듯이, 아직 완성되지 않은 진보적 프로젝트이다.[13] 마찬가지로 시민 사회의 역사학은 함께 만들어 가는 것이다. 그것은 마르크스주의 역사학이나 민중 사학의 소재주의 혹은 계급 환원론을 넘어서 비대한 국가 기구와 개별 가계 사이에 위치한 시민 사회라는 공공 영역에서 바람직한 공공적 삶을 이루고자 하는 모든 사회적 행위

---

12) Kenneth Hudson, "The Dream and the Reality," *Museums Journal* (April, 1992), pp. 27~31.
13) Jürgen Kocka, "Arbeiterbewegung in der Bürgergesellschaft. Überlegungen zum deutschen Fall," *Geschichte und Gesellschaft* 20 (1994), H. 4, p. 487.

주체들을 역사의 틀 속에 포용하려는 시도이다. 따라서 노동사에 종속되는 것이 아니라 노동사를 포괄한다. 노동 운동 자체가 이미 시민 사회를 넘어서는 유토피아를 거의 찾아볼 수 없는 상황에서, 시민 사회의 역사학은 거대 담론에 매몰되었던 노동사를 다시 쓰기 위한 대안이기도 하다.14)

대중의 생활 세계에 뿌리내리고 있는 시민 사회의 역사학은 기본적으로 참여 민주주의, 지역 자치 운동, 페미니즘 운동, 녹색 운동, 평화 운동 등 정치 권력과 국가 권력에 저항하는 다양한 흐름의 신사회 운동과 접목하는 방식으로 자신의 입지를 확보해 나아갈 것이다. '대중의 역사화'는 결국 역사학이 대중의 일상적 삶 속에 깊이 삼투되어 대중의 삶과 호흡을 같이할 때라야 비로소 가능할 것이다.

3. 역사의 대중화

'대중의 역사화'와 '역사의 대중화'는 양자택일이나 선후의 문제가 아니라 사실상 더불어 나아가는 상호 보완적인 과제이다. 대중의 역사화 작업이 잘 다져진 경우에는 굳이 역사의 대중화를 강조하지 않아도 역사학은 대중들의 친근한 벗이다. 역사의 대중화가 필요없다는 의미는 물론 아니다. 역사의 대중화는 대중의 역사화를 더 촉진시키고 강화시키는 전술적 수단이라는 측면에서 다양한 방법론적 실험이 요구된다. 역사의 대중화에 대한 유럽의 사례들을 검토하는 것은 이러한 전제 아래에서이다.

---

14) 이진모, 「노동사의 위기? '현실 사회주의' 몰락과 독일노동운동사 연구에서의 변화」, 사상과문화연구회 1998년 10월 발표문 초고.

모든 반성의 출발점이자 사고의 준거틀로 역사를 간주해 온 프랑스의 경우, 전문적인 역사책들조차 대중의 각별한 관심을 끌며 수만 부에 달하는 엄청난 판매 부수를 기록한다. 라뒤리(E. Le Roy Ladurie)의 『몽타이유』(*Montaillou*)나 뒤비(Georges Duby)의 『대성당의 시기』(*Le temps des cathedrales*) 등이 그러한 예에 속한다.15) 전기(傳記)에 대한 선호가 전통적으로 높은 영미권의 경우에도 비단 전기물뿐 아니라 군사사와 현대사를 포함하는 다양한 역사 서적들이 폭넓게 읽히고 있다. 독일의 경우는 역사의 대중화 작업이 다소 뒤떨어지기는 했지만, '역사가 논쟁'(Historikerstreit)이나 '골트하겐(Goldhagen) 논쟁'에서 드러났듯이 역사에 대한 대중의 관심은 결코 다른 나라에 뒤지지 않는다. 동유럽에서는 유대인 학살에 대한 폴란드인들의 도덕적 책임론을 들고 나와 전 사회를 들끓게 했던 폴란드의 브원스키(Błonski) 논쟁이 이에 준한다.16) 폭넓은 사회적 반향을 불러일으키고 깊은 사회적 관심을 이끈 이 논쟁들은 전문 학술지가 아니라 유력 일간지와 주간지 등의 대중 매체에서 전개됨으로써 사회적 파장이 더 컸다. 특히 주목되는 것은 대중 매체가 역사 논쟁의 불을 붙이고, 후에 학술 잡지나 단행본의 형태로 정리되었다는 점이다. 시민 사회에서 먼저 문제를 제기하고 전문 역사학이 학문적으로 그것을 정리하는 수순은 유럽 사회에서 역사가 대중들의 삶 속에 얼마나 깊이 파고들었는지 단적으로 드러내 준다. 전략으로서 대중의 역사화가 전술로서의 역사의 대중화에 앞서 정립되어야 한다

---

15) 최갑수, 「프랑스의 역사학 학회 조직과 학회지 편집」, 『역사학보』 155집, 1997년 9월, 270쪽.
16) 이 논쟁들에 대해서는 다음을 참조할 것. 구승회, 「나치역사 평가를 둘러싼 독일학계의 논쟁」, 『역사비평』 20호, 1993년 봄호; 이진모, 「나치의 유대인 대학살과 '평범한' 독일인들의 역할」, 『역사비평』 42호, 1998년 봄호; 임지현, 『바르샤바에서 보낸 편지』 (도서출판 강, 1998), 87~88쪽.

는 점을 다시 한 번 잘 보여 주는 대목이다.

대중의 역사화 혹은 역사의 대중화 작업이 뿌리내린 나라들에서 공통적으로 드러나는 특징은, 역사학이 시민 사회의 논의 구조 속에서 담론의 헤게모니를 장악하고 있다는 점이다. 그것을 가능케 한 것은 무엇보다도 역사가들의 활발한 현실 참여이다. 이들 나라에서 역사가들은 여러 지면을 통해 현실 문제에 대해서 활발하게 발언함으로써 여론을 주도하는 대표적인 지식인 집단으로 인정받고 있는 것이다. 역사가들의 현실 발언은 사회 참여의 한 형태로서 그 지향이 무엇이든 간에 역사학의 현재성에 대한 학문적·사회적 합의가 존재한다는 것을 의미한다. 심지어 폴란드의 경우에는 선거의 고비마다 역사적 논쟁이 불거져 나오면서 역사가들의 견해가 국민들의 정치적 의사 결정에 큰 영향을 미치기도 한다.17) 또 당이 역사 해석을 독점하고 있던 현실 사회주의 체제 아래에서는 '2차 유통'이라 불리는 반체제 역사 서술이 크게 유행하면서 대중들의 역사관에 큰 영향을 미치기도 했다.

이것은 역사가들이 현실 문제나 심지어는 동시대사에 대해 발언하는 것조차 금기시하는 한국 역사학계의 일반적 풍토와는 매우 대조적이다. 역사학이 현실에 개입하는 것을 정치적 개입과 동일시하고 그것에 거리를 두려는 우리 학계의 금욕적인 태도는 충분히 수긍할 수 있다. 그러나 역사가의 현실 참여가 역사학이 정치 권력에 포섭된다는 의미는 아니다. 사회 참여는 정치 참여와 다른 것이다. 폴란드의 '2차 유통'에서 보는 바대로 그것은 대중들의 삶을 더 바람직한 방향으로 이끌어 가려는 시민 사회의 요구를 역사학이 수용하고 반영하며 또 선도해 나아간다는 것을 의미한다. 역사학의 현실 참여에 대한 한국 학

---

17) 임지현, 「붉은 깃발은 다시 휘날리나」, 『한겨레 21』, 1995년 12월 7일자, 76~77쪽.

계의 입장은 사실상 이중적인 것이 아니었나 싶다. 관변 연구소나 비공식적 계보를 통해 정치 권력의 편에 선 적극적인 정치 참여가 있었는가 하면, 다른 한편으로는 시민 사회의 관점에서 시도하는 사회 참여는 학문적 객관성을 이유로 금기시했던 것이다.

  서양의 경우는 대조적이다. 역사학을 밑으로부터 받쳐 주는 두터운 교양 시민층의 전통이 있는 독일, 역사에 대한 관심이 '국민적인 질환'으로 묘사되는 프랑스, 시민 사회에 대한 역사학의 봉사를 중시하는 미국 모두 그 방식은 다르지만 역사학의 사회 참여가 두드러지게 나타난다. 사실상 엄밀한 의미에서 중립적이고 객관적인 역사 지식은 불가능하다. 모든 역사 지식은 불가피하게 사회적 관련성을 띠게 마련이다. 역사적 지식은 이러한 인식론적 특성 때문에 '살아 있는 지식'이 되고 '현재로서의 역사'가 되는 것이다. 달리 말해서 자신이 전제하고 있는 사회적 관련성 때문에 역사학은 역사가들의 의지와는 상관없이 현실에 참여하고 있는 것이다. 그렇다면 문제는 이미 참여할 것이냐 아니냐가 아니라 어느 입장에서 어떻게 참여할 것인가이다. 이 글에서 제기한 시민 사회의 역사학은 이 질문에 대한 해답이기도 하다.

  시민 사회의 역사학은 물론 역사가들의 주관적인 노력만으로 정립될 수 없다. 역사가들이 주장하는 다양한 담론의 의미를 이해하고 비판할 수 있는 역사적 안목을 갖춘 준비된 대중이 있어야 한다. 대중의 역사화 작업이 역사의 대중화 작업과 만나는 것은 바로 이 지점에서이다. 역사 의식을 갖춘 대중을 길러 내는 것은 기본적으로 역사 교육의 몫이다. 역사학이 시민 사회의 담론을 주도하는 국가들의 경우 예외 없이 중등학교의 교과 과정에서 역사가 높은 비중을 차지하고 있다. 프랑스와 독일은 중학교 4년, 고등학교 3년, 모두 7년에 걸쳐 역사 교과를 필수 과목으로 지정하고 있다. 특히 프랑스의 경우에는 아예 '사회과' 교과목이 없는데, 그것은 역사 교과가 현대 사회의 정치·경제·사회·문화의 모든 내용과 문제들을 역사적 맥락에서 고찰하는 종합적인 과목으로서의 기능을 갖기 때문이라고 판단된다. 뿐만 아니라 자국의 역사를 별도로 독립시키지 않고 세계사에 포괄하여 가르침으로써, 세계사적 전망 속에서 자국 역사를 파악하도록 학생들을 유도한다. 또 특기할 만한 것은 중학교 4년 동안 고대부터 현대까지 연대기적으로 섭렵하고, 고등학교에서는 현대 세계에 초점을 맞춰 문제 중심으로 역사를 학습한다는 것이다.[18] 현대사에 중점을 두는 것은 독일의 경우도 마찬가지인데, 그것은 역사학이 호고적 취미를 만족시켜 주는 것이 아니라 현대 세계와 사회를 이해하는 열쇠라는 인식을 예비 시민인 학생들에게 심어 주려는 배려라고 판단된다.

더 중요한 것은 교과 혹은 교과서의 내용이다. 교사와 학교에 따라 편차는 있지만, 이들은 초등학교부터 역사를 머리로 배우는 것이 아니라 온몸으로 배운다. 예컨대 로마사 시간에는 로마인들이 즐겨 먹었던 음식을 직접 만들어 로마인들처럼 비스듬히 누워서 먹어 보는 식이다. 또 자신이 살고 있는 도시나 읍의 역사를 현장 답사를 통해 배우면서 생활 속으로 자연스럽게 역사를 받아들인다. 오감(五感)으로 배운 역사는 쉽게 잊혀지지 않는다. 초등학교에서 친근해진 역사가 중·고등학교에서는 토론을 통해 비판 정신을 기르는 중요한 자료가 된다. 중·고등학교의 역사 교과서는 암기를 위한 교리 문답서가 아니라 토론을 위한 보조 자료일 뿐이다. 교과서의 집필 또한 자유로워 다양한 역사

---

[18] 최갑수, 「프랑스 역사교육의 특권적 지위」, 『역사비평』 43호, 1998년 여름호, 327~329쪽.

관과 해석이 가능하며, 단위 학교나 지방 교육위원회에서 자유롭게 교과서를 채택한다. 귀찮은 암기 과목이라는 편견이 굳어져 있고 사실상 정치 권력의 역사관과 해석이 강제된 교과서를 사용해야만 하는 한국의 현실과는 대조적이다. 뿐만 아니라 각별히 역사에 흥미 있는 학생들을 대상으로 역사 경시 대회를 열어 입상자들에게 무시험 대학 진학의 특전을 주는 등 역사에 대한 학생들의 관심을 유도하는 다양한 방법들이 시도되고 있다.

역사 교육은 물론 학교라는 공식 채널에만 국한되지 않는다. 각종 시민 단체, 민간 연구소, 대학, 정당 등이 마련한 다양한 성인 교육 프로그램이 학교를 마친 시민들을 기다리고 있다. 영국의 '노동자교육연합'이나 '노동자대학 전국위원회'가 주관한 노동자를 위한 역사 교육 프로젝트, 성인 교육의 오랜 전통에서 출발하여 발전한 '역사 작업장' 운동, '민중대학'(Volkshochschule)이나 '노동자교육연구소'(Institut für Arbeiterbildung) 등 비공식 부문의 민간 교육 기관에서 실시되는 독일의 수준 높은 대중 역사 강좌, '공공의 역사'(Public History)라는 새로운 학문 분야를 탄생시키는 데까지 이른 미국 지방사 학회들의 시민 교육 활동, 개방대학의 전통에 서서 시민들을 위한 교육을 담당하는 콜레주 드 프랑스 등이 그것이다. 뿐만 아니라 모든 주요 정당이나 노동조합은 역사 연구소 혹은 역사위원회를 산하에 두고 있으며, 이 기구를 중심으로 자료를 수집하고 연구서를 편찬해 내면서 당원이나 조합원에게 역사 교육을 실시한다. 심지어 규모가 조금 큰 지역 조직들은 독자적인 문서 보관소와 도서관을 운영할 정도이다.

역사의 대중화라는 관점에서 볼 때 또 한 가지 주목되는 것은, 역사 평론가 혹은 아마추어 역사가들의 존재이다. 영국의 폴 존슨(Paul

Johnson)이나 프랑스의 막스 갈로(Max Gallo), 혹은 독일어권의 츠바이크 (Stefan Zweig) 등이 그 대표적인 인물들이다.19) 외부에 잘 알려져 있지 않지만, 폴란드와 체코 등 동유럽에서도 형식은 가볍지만 성찰의 깊이는 만만치 않은 역사 에세이 저술가들이 활발하게 활동하고 있다.20) 이들 역사 에세이스트들은 전문 역사가 이상의 평판과 명망을 유지하면서 사회 여론을 이끌어 나아가는 중요한 지식인 그룹을 형성하고 있다. 저널리즘과 아카데미즘의 틈새에 뿌리내린 이들의 저작들 중 일부는 세계적 베스트셀러가 되기도 하면서 역사의 대중화에 크게 기여하였다. 그것들은 전문 역사가들에 의해 입증된 역사적 사실에 충실하면서도 아카데미즘의 경직된 형식의 틀에서 벗어나 대중들의 역사적 상상력에 불을 지른다. 1997년 한국의 독서계를 떠들썩하게 했던 시오노 나나미의 『로마인 이야기』 열풍에 비추어 보면, 역사의 대중화에 대한 이들의 기여도를 충분히 짐작할 수 있다.

역사의 대중화를 겨냥한 전문 역사가들의 실험적인 저작들도 눈에 띤다. 현재와 과거를 넘나드는 기법으로 유럽 독서계에서 큰 반향을 얻은 젤딘(Theodore Zeldin)의 『인류의 내밀한 역사』(*An Intimate History of Humanity*), 동유럽의 인민 혁명에 대한 훌륭한 역사적 보고서인 애시 (Timothy Garlton Ash)의 저작들, 오래 전에 출판된 것이기는 하지만 미술사가이자 문화사가인 곰브리치(Gombrich)가 청소년을 위해 쓴 서양 문화사 등이 그러한 예이다.21) 또 미국의 역대 퓰리처 상 수상작 가운

---

19) 이 저작들 가운데 폴 존슨의 『지식인들』(*Intellectuals*), 막스 갈로의 『나폴레옹』(*Napoleon*), 츠바이크의 『어느 정치적 인간의 초상』(*Joseph Fouche-Bildnis eines politischen Menschen*) 등이 한국어로 번역되어 있다.
20) 폴란드의 유력 일간지 *Gazeta Wyborcza*의 편집인이자 역사 에세이스트로 활동하고 있는 아담 미흐니크(Adam Michnik) 같은 경우가 그 대표적 예이다.
21) T. Zeldin, *An Intimate History of Humanity* (London: Minerva, 1995); Timothy G. Ash, *The*

데에는 전문 역사가들이 집필한 전문 역사책들이 적지 않은 비중을 차지하고 있음을 알 수 있다. 이 책들은 전문적이면서도 동시에 일반 지식 대중에게 쉽게 다가갈 수 있는 평이하면서도 유려한 문체로 씌어져 있어, 역사의 대중화가 반드시 전문성의 심화와 모순되는 것만은 아니라는 점을 입증한다. 프랑스의 대표적인 역사 대중지『역사』(l'histoire)의 필진이 해당 분야의 최고 전문가들로 구성된다는 사실에서 이 점을 다시 한 번 확인할 수 있다. 또 사회과학적인 딱딱한 분석에서 벗어나 내러티브로 회귀하고자 하는 최근의 역사 서술 경향도 역사의 대중화를 위해서는 다행스러운 일이다.

역사의 대중화를 위한 전문 역사가들의 노력은 비단 저술과 강연에만 머무는 것이 아니다. '문자 이후 사회'(post-literate society)라는 술어가 함축하듯이 영상 매체에 대한 대중의 관심에 주목하여 다큐멘터리, 영화와 연극 등의 제작에 관심을 기울이는 역사가들도 등장하였다. BBC의 고전적 다큐멘터리『인간의 역사』의 제작을 감수하고 직접 해설까지 맡은 브로노프스키(Bronowski)는 말할 것도 없고, 최근에 와서『마르틴 기어의 귀향』이라는 영화 제작에 참여한 미국의 여성사가 나탈리 데이비스(Natalie Davies)를 들 수 있다. 또 '미국역사가협회'(Society of American Historians)가 주관하고 마이클 그랜트(Michael Grant), 로버트 단튼(Robert Darnton), 피터 게이(Peter Gay) 등 쟁쟁한 역사가들이 참여하여 만든 책, 영화를 통한 역사 보기를 시도한『완벽하지 않은 과거』(Past Imperfect: History According to the Movies)도 같은 맥락에서 주목된다.22) 자신을 "영화적 역사가"(Cinematic Historian)라고 선언한 올리버 스톤(Oliver

---

Polish Revolution (London: Granta Books, 1991); Timothy G. Ash, We The people: The Revolution of 89 (London: Granta Books, 1990).
22) 마크 C. 킨즈 외,『영화로 본 새로운 역사』, 손세호·김지혜 옮김 (소나무, 1998) 참조.

Stone)23)의 말을 액면 그대로 수용할 것인가의 여부와는 상관없이 영상 매체에 대한 역사가들의 능동적 태도는 역사의 대중화를 위해 불가피한 것이 아닌가 한다.

역사의 대중화를 위해 구사되고 있는 전술은 그 밖에도 무수히 많으며, 앞으로도 무궁무진하게 개발될 수 있다. 그것은 중·고교 교사와 학생들 그리고 일반 지식 대중을 위해 전문 연구자들이 중요한 주제들에 대한 최신의 연구 성과를 평이하게 전달하는 식의 전통적인 것에서부터 컴퓨터 역사 게임과 같은 사이버 역사에 이르기까지 무한히 열려 있는 공간이다. 명심해야 할 것은 역사의 대중화는 전문가 집단들의 머리 속에서 고안되는 것이 아니라, 대중과 함께 열려 있는 대화를 통해 이루어진다는 것이다. 역사의 대중화로 나아가는 대문의 빗장을 걸어 잠근 것은 권력의 그물망 속에서 안주했던 한국의 고답적인 역사학계일 뿐 시민 사회가 역사학을 거부한 것은 아니다.

4. 시민 사회의 역사학을 향하여

한국의 역사학은 현재 자태 전환을 요구받고 있다. 권력의 강제에 의해 촉발된 것이기는 하지만, 역사학의 존재 조건이 변화하고 있고 학문의 속성과 그 사회적 기능도 따라서 달라져야 한다. 지금은 역사학의 위기가 아니라 전환기일 뿐이다. 자태를 전화하여 새롭게 태어나는 역사학, 국가 권력의 텍스트로부터 떨어져 나와 권력의 규율을 거부하는 역사학, 권력의 억압적 정체를 파헤치고 신화화된 역사를 부정

---

23) Robert Brent Toplin, *History by Hollywood: the Use and Abuse of American History* (Chicago, 1996), p. viii.

하는 역사학, 정치 권력에 의지하여 일거에 거대한 진보를 이루려 했던 마르크스주의 역사학의 실패를 반성하는 역사학, 아직 완성되지 않은 진보적 프로젝트로서의 시민 사회와 작은 진보를 함께 하며 열린 진보로 나아가는 역사학, 참여 민주주의의 입장에서 좌우 모든 국가 권력으로부터의 해방을 도모하며 신사회 운동과 함께 하는 역사학, 국가 권력의 담론을 시민 사회의 담론으로 대체하는 역사학……

나는 이들을 한데 합쳐 '시민 사회의 역사학'이라 부르고 싶다. 그것은 추상적 민족이나 특정 계급을 넘어서 대중들의 생활 세계에 밀착된 역사학이다. 국가 권력을 페이트런으로 삼았던 권력 지향적 역사학은 이제 건강한 시민 사회를 페이트런으로 하는 시민 사회의 역사학으로 대체되어야 한다. 시민 사회의 역사학은 역사 의식을 갖춘 대중을 전제로 하며, 대중의 역사화는 역사학이 민중의 생활 세계와 인간 관계에 대한 공통의 경험적 현실에 접근해 갈 때 가능하다. 그것은 즉 천상에서 지상으로 내려온 역사학이다. 역사의 대중화는 지상으로 내려온 시민 사회의 역사학이 움직일 수 있는 공간을 넓히기 위한 전술이다. 그것은 대중을 역사화하는 전략으로서의 시민 사회의 역사학을 전제한다. 대중의 역사화가 역사의 대중화와 더불어 혹은 그에 앞서 논의되어야 하는 것은 이러한 이유에서이다.

마르크스주의 역사학의 중심 이동
단단한 역사에서 부드러운 역사로

"인간은 자신의 역사를 만들어 가지만, 자신이 바라는 꼭 그대로 만드는 것은 아니다. 인간은 스스로 선택한 환경 속에서가 아니라 이미 존재하는, 주어진, 물려받은 환경 속에서 역사를 만들어 가는 것이다. 모든 죽은 세대들의 전통은 악몽과도 같이 살아 있는 사람들의 머리를 짓누른다."
—마르크스, 『루이 보나파르트의 브뤼메르 18일』

1. 그 '고귀한 꿈'은 이룰 수 없는 것인가

현실 사회주의의 붕괴는 '그 고귀한 꿈'을 정녕 꿈의 세계에 가두어 버렸다. 역사적 유물론의 코드 아래 사회주의적 합리주의의 묵시록을 현실화하려는 꿈은 1968년 이후 흔들리기 시작하더니, 1989년에는 이룰 수 없는 꿈이었다는 판정을 받았다. 종말의 날에 드러난 실상은 묵시록의 예언과는 정반대의 것이었다. 특권적 노멘클라투라가 지시하는 명령 경제, 프롤레타리아 국제주의의 외투 밑에 자리 잡은 관료적 민족주의, '인민의 적'이라는 딱지를 붙이고 자행되었던 잔인한 정치적 억압, 남녀 평등의 법조문을 비웃은 남성 국수주의와 성 차별주의 등이 사회주의적 정의의 현실화된 모습이었다. 이념적 해방의 이상주의가 정치 권력의 리얼리즘 앞에서 무릎을 꿇은 것이다. 사회주의적 합리주의는 자신이 권력을 위한 도구적 이성임을 드러냈다.

현실 사회주의가 마르크스주의 교리의 적자인가라는 물음, 또는 그것이 마르크스의 사상을 근본적으로 왜곡하고 배반한 것이었다는 비난은 큰 의미가 없는 것처럼 보인다. 사상의 역사는 수많은 변종과 왜곡 그리고 일탈로 가득 차 있다. 그것은 모든 위대한 사상이 맞닥뜨릴 수밖에 없는 운명이기도 하다. 추상의 차원에서 사상의 정통을 추리고, 그것을 근거로 현실의 운동으로 나타난 다양한 사상적 흐름들을 종교 재판처럼 재단하는 것이 사상사가의 임무는 아니라고 믿는다. 우리의 문제 제기는 마르크스주의 사상이 어떻게 현실 사회주의의 정치 권력을 정당화하는 이념적 도구로 쓰여졌는가 하는 것이다. 그것은 인식론의 측면에서 일련의 연쇄적 물음을 던져 준다.

역사적 유물론은 이러한 문제를 제기하고 답하는 데 적절한 이론적 준거틀을 제시해 줄 수 있는가? 혹 해방의 이름 아래 권력을 정당화하는 이념적 도구로 사용된 것은 아닌가? 그렇다면 역사적 유물론은 이러한 과거에 대한 자기 정화적 가능성을 갖고 있는가? 관변의 역사적 유물론은 마르크스의 '역사에 대한 유물론적 파악'과 어떻게 그리고 왜 달랐는가? 정통 마르크스주의 역사 서술의 문제들을 극복하기 위해서 마르크스 본래의 역사 이해 방식으로 되돌아가는 것만으로도 충분한가? 서구 좌파들이 발전시켜 온 '비판적 역사학'(critical history)은 오늘날 마르크스주의 역사 서술이 직면하고 있는 막다른 길에 대한 대안이 될 수 있는가? 사회주의적 합리주의를 부정하는 포스트모더니즘에서 혹시 마르크스주의 역사 서술을 위한 급진적인 가능성을 찾을 수는 없는가? 즉 자본주의적 억압에 대한 마르크스의 문제 의식을 바탕으로 포스트모더니즘의 문제 제기를 전유하는 것은 어떻게 가능한가?

이 글에서는 이러한 문제들에 대해 거칠게나마 답하고자 한다. 이 연구는 크게 두 부분으로 구성된다. 인식론적 틀이 그 하나라면, 주체의 문제가 다른 하나이다. 인식론적 측면에서는 '사회적인 것'으로부터 '문화적인 것'으로의 이동에 초점을 맞출 것이다. 모든 실재는 문화적으로 구성되며, 따라서 문제가 되는 것은 문화라는 인식론적 전환이 그 밑에 깔려 있다. 물론 여기에서의 문화는 좁은 의미에서의 문화가 아니다. 그것은 집단적이든 개인적이든 사람들이 자신의 삶을 재생산하는 생활 양식을 뜻하는 인류학적 문화 개념이다. 역사 서술의 문화적 전환은 마르크스주의와 아날 학파의 취약점에 대한 진지한 반성의 결과물이다. 마르크스주의에 국한시켜 본다면, 권력의 문제를 다루는 데 상대적으로 소홀했다는 비판이 그 반성의 출발점이다. 물론 그것은 역사학이 권력에 종속되었다는 현실 사회주의의 정치적 환경에서 비롯된 바 크지만, 마르크스주의 이론 자체에도 적지 않은 책임이 있다.

추상으로서의 생산 관계에 대한 마르크스주의 역사 서술의 과도한 집착은 권력 관계가 깊이 침투되어 있는 일상 생활의 실재로부터 멀어지는 결과를 낳았다. 사회주의 체제가 가져온 혁명적 변화는 일반적으로 생각하는 것처럼 그리 큰 것은 아니었다. 무엇보다도 사람들의 일상을 지배하고 의식과 실천을 조직하는 '구조화된 구조'로서의 인민들의 아비투스가 과거의 기억에 붙들려 있었던 것이다. 돌이켜 보건대 러시아를 비롯한 동유럽 사회는 사회주의를 건설하기 위한 물적 토대뿐 아니라 문화적 토대를 결여했다. 현실 사회주의의 집권 엘리트들은 물질적 후진성이야 상대적으로 쉽게 만회할 수 있었지만, 대중들 사이에 사회주의의 해방된 생활 양식을 계발하는 데는 실패했던 것으로 보인다.

그 때문에 사회주의적 토대와 낡은 상부 구조 사이에는 심각한 불일치가 있었으며, 그것은 곧 현실 사회주의 붕괴의 한 원인이 되었다. 인민들의 수평적 관계는 관료적 위계 질서 앞에서 무릎을 꿇었으며, 자매애를 배제한 사회주의 형제애는 여성과 이방인을 타자화하는 남성 국수주의적 민족주의의 수식어에 불과했다. 사회주의 사상이 모든 죽은 세대들의 낡은 전통과 문화에 얽매여 있는 한, 그것은 실현될 수 없는 고귀한 꿈에 불과했다. 현실 사회주의는 그렇게 무너져 갔다. 인식론의 관점에서 볼 때, 정작 큰 문제는 마르크스주의의 담론 체계가 인민의 아비투스나 집단 심성 혹은 미시 권력의 네트워크를 분석할 수 있는 여지를 갖고 있지 않다는 점이다. 그 결과 마르크스주의는 생산 관계에 대한 과학적 분석을 강조하는 노멘클라투라의 권력 앞에서 무장 해제당했다. 자본주의를 해부하는 데 매우 효과적인 분석틀을 제공한 마르크스주의가 정작 자신의 교리에 기초한 사회를 적절히 분석할 수 없었다는 것은 역사의 아이러니이다.

주체의 문제는 계급 중심주의에 대한 비판에서 비롯된다. 공식적 마르크스주의 역사 서술은 혁명적 전위로서의 프롤레타리아트를 강조함으로써 노동자 계급을 제외한 '하위 주체'(Subaltern)에 대해서 거의 주의를 기울이지 않았다. '하위 주체'는 계급뿐 아니라 젠더, 인종, 민족, 신분, 언어, 문화 등의 관점에서 종속되어 있는 집단을 의미한다. 그것은 역사에서 지배/피지배 관계의 의미를 강조하기 위해서 그람시가 만들어 낸 용어이다. 마르크스주의 역사학의 관성인 프롤레타리아 유일주의는 계급 지배를 넘어서 역사의 지배/피지배 관계가 갖는 다양한 국면들을 이해하는 데 실패했다. 예컨대 그것은 노동 운동 내부에서의 지배/피지배 관계, 즉 성적 불평등이나 인종적 차별 등의 문제들을 파헤치는 데서 망설이는 모습을 자주 드러냈다. 지배/피지배 관계는 부르주아-프롤레타리아의 관계뿐 아니라 프롤레타리아트 내부에서도 엄연히 존재하는 것이었다.

  정통 마르크스주의 역사학은 이러한 방식으로 여성, 농민, 소수 민족 등의 이해를 노동 운동의 이해에 종속시켰다. 프롤레타리아트가 보편 계급의 이름으로 이들을 타자화하고 전유한 것이다. '하위 주체'의 관점에서 본다면, 노동자 계급의 운동 또한 헤게모니 운동이다. 정통 마르크스주의의 노동사 서술에서 헤게모니를 장악하도록 운명 지워진 것은 지배 민족 혹은 지배 인종의 남성 노동자였다. 요컨대 주변부의 식민화된 '하위 주체'가 중심부의 남성 프롤레타리아트에게 종속된 것이다. 그 결과 이들 소외된 '하위 주체'의 목소리는 마르크스주의 역사 서술에서 억눌리고 침묵을 강요당했으며 결국에는 지워졌다. 물론 스스로 말할 수 있는 주체의 위치를 갖지 못한 '하위 주체'의 목소리를 복원한다는 것은 불가능할지도 모르겠다. 그러나 '하위 주체'의 대변자를 자처하고 해방의 이름으로 그들을 전유하려는 거대 담론의 시도는, 그 이론적 기반이 무엇이든 간에, 반드시 좌절시켜야만 한다.

  인식론과 주체의 이 두 가지 문제 제기는 프롤레타리아트의 추상적이고 헤게모니적인 이해에 봉사해 온 마르크스주의 역사 서술에 대한 비판을 함축한다. 그렇다고 해서 대안적인 또다른 '거대 담론'을 제시하는 것이 이 글의 목적은 아니다. 다양한 형태와 수준의 역사 서술을 새로운 슈퍼 패러다임으로 단일화시키고 종합하려는 시도는 또다른 침묵과 억압을 강제할 뿐이다.[1] 단지 1980년대 이래 급진적 역사의 다양한 가능성을 실험해 온 대안적 좌파 역사 서술의 논의에 한번 같이 생각해 볼 거리를 던져 준다면 다행이겠다. 이 글의 출발점은 지난 몇 년 간 폴란드에서 얻은 생생한 경험에 있다. 사회주의의 잔재로 가득 찬 지구의 한 모퉁이에서 나는 사회의 변혁이라는 문제를 다시금 절실하게 생각할 수밖에 없었다. 그것은 다시 마르크스주의 역사 서술에 대한 반성으로 이어졌으며, 그 반성의 편린들이 이 글에 동력을 제공했다.

2. '사회적인 것'에서 '문화적인 것'으로

"역사학이 사회학적으로 될수록, 그리고 사회학이 역사학적으로 될수록 양측을 위해서 더 좋다"는 카아(E.H. Carr)의 자신만만한 선언이 점차 빛을 잃고 있다. 그 대신 "역사적 연구가 문화적으로 바뀔수록, 문화적 연구가 역사적으로 바뀔수록 양측을 위해 좋다"는 새로운 명제가 적어도 앵글로-색슨 역사가들 사이에서는 힘을 얻고 있는 것처럼 보인다.[2] 역사학의 패러다임이 사회적인 것에서 문화적인 것으로 옮겨가는 추세를 부정하기는 어렵지 않을까 한다. 기본적으로 그것은 사회학적 역사학을 추구하는 마르크스주의나 아날 학파가 더 이상 '전체사'에 대한 지식을 전해 주기 어렵다는 의심에서 비롯되었다. 진보와 근대성, 전향적이며 일직선적인 발전적 변혁으로서의 사회주의 혁명에 대한 마르크스주의적 신념의 정치적 파산 또한 마르크스주의적 역사 방법론을 회의 어린 눈으로 바라보게 만들었다.

---

1) S. Berger, "The rise and fall of 'critical' historiography?", *European Review of History*, vol. 3, no. 2 (1996), p. 231.
2) 린 헌트, 『문화로 보는 새로운 역사』, 조한욱 옮김 (소나무, 1996), 45쪽.

정신적 구조가 물적 토대에 따라 결정되지는 않는다는 샤르티에(Roger Chartier)의 주장도 이러한 반성을 토대로 한다. 샤르티에는 사회 경제적 관계를 문화적 관계보다 우선할 수는 없다고 주장하였다. 영역을 막론하고 이러한 관계들 자체가 이미 문화적 실천과 문화적 생산의 장이라는 것이다. 그의 표현을 빌면 "사회적 세계의 표상들 자체가 사회적 실재를 구성하는 구성물들인 것이다."3) 사실상 다양한 사회 집단들은 세계를 편가르고 사회적 실재를 구축하는 저마다의 독특한 방법과 양식들을 갖고 있다. 계급은 그 다양한 방법 중의 하나일 뿐이다. 문화의 역동적 힘을 인정함으로써 마르크스주의 설명 모델을 재구성하려 했던 부르디외(Pierre Bourdieu)의 시도 역시 같은 맥락에서 읽을 수 있다. 그의 핵심적 개념인 아비투스는 현실 세계에 의해서 결정되는 문화적 형성물(구조화된 구조)이자 동시에 사람들이 현실 세계를 받아들이는 지각 방식을 결정하는 현실의 힘(구조화하는 구조)이기도 한 것이다.4)

문화의 의미에 대한 이 새로운 발견은 마르크스주의를 넘어선 마르크스주의를 위한 출발점이 된다. 여기에서 문화는 단순히 사회의 한 영역에 머무르는 것이 아니라, 한 집단이 삶의 의미를 생산하고 교환하며 실천하는 방식으로 이해된다. 모든 실재가 문화적으로 구성된다는 새로운 문화사의 시각은 문화 개념을 민주화했다는 점에서 급진적 역사 서술과 맥을 같이한다. 일상 생활에 대한 미시사적 서술이 역사 인류학의 영역으로 발전하는 것도 민주화된 문화의 맥락에서이다. 미

---

3) R. Chartier, "Intellectual History or Sociocultural History?", *Modern European Intellectual History: Reappraisals and New Perspectives* eds. by D. LaCapra and S.L. Kaplan (N.Y.: Ithaca, 1982), p. 30.
4) 린 헌트, 『문화로 보는 새로운 역사』, 34쪽.

시사, 녹색의 역사, 피억압자를 '위한'이 아니라 피억압자에 '의한' 아래로부터의 역사 등이 이러한 방향으로 발전할 수 있다. '비판적 역사학'이라는 이름으로 한데 묶이는 이 새로운 조류들은 노동 운동이 프롤레타리아트의 추상적이고 일반적인 이해를 대변해야 한다는 마르크스주의 목적론에 대한 비판을 함축한다. 그것은 대안으로서의 좌파적 역사주의의 출발점이기도 하다.

예컨대 독일의 일상 생활사는 일상 생활에 기초하여 노동자 문화의 사적인 영역을 복원하고, 그것을 운동 조직과 지도부에 의해 공식화된 노동자 문화의 공적 영역으로부터 분리시킨다. 그것은 하버마스(Jürgen Habermas)의 '생활 세계의 내적 식민지화'라는 개념을 빌려, 위에서 부과된 공적인 노동자 문화와 노동자들의 일상 속에서 자연스럽게 형성된 사적 영역간의 모순을 드러내 준다.5) 공식적인 마르크스주의 역사 서술에서 흔히 드러나는 "노동자 계급은 마땅히 이래야 한다"라는 강박 관념이 빚은 신화는 일상 생활사의 집요한 추적 앞에서 여지없이 속내를 드러낸다. 그 신화는 사실상 운동 지도부에 대한 영웅사관이 빚어 낸 작품이다. 이 영웅사관은 다시 일상에서 울고 웃는 평범한 노동자를 강철처럼 단련된 혁명적 노동자로 탈바꿈시켜 현실 사회주의의 노동 동원 정책에 기여한다. 미시사 또한 '정상적 예외'라는 모토 아래 민중 문화의 아래로부터의 자율성을 복원함으로써 거대 담론에 전유된 평범한 민중의 목소리를 되살려 낸다.6)

일상 생활사와 미시사의 신화 파괴적 역할과는 대조적으로, 정통 마

---

5) 김기봉, 「독일 일상 생활사 어디서 와서 어디로 가는가?」, 『서양사론』 50집 (1996년 9월) 참조.
6) 이에 대해서는 곽차섭, 「까를로 진즈부르그와 미시사의 도전」, 『부산사학』 34집 (1998년 6월) 참조.

르크스주의 역사학은 현실 사회주의의 실체를 '과학적'이라는 수식어 아래 가리는 데 급급했다. 마르크스주의 역사학은 '토대'를 강조함으로써 '무한히 복잡한 미시 권력의 네트워크이자 일상 생활의 모든 국면에 스며든' 권력 관계의 메커니즘을 파헤치는 데 실패했다. 권력에 대한 분석이야말로 마르크스주의 패러다임이 놓치고 있는 요소라는 헌트의 지적은 전적으로 옳다.[7] 현실 사회주의에 관한 한, 그것은 마르크스주의 패러다임에 더욱 치명적인 약점이 된다. 정치 권력에 대한 마르크스주의의 '유익한 태만' 정책은 사회주의 사상의 온갖 수사로 가려진 노멘클라투라의 가면을 벗기기를 주저하였다. 대신 사적 소유의 폐지 및 사회주의적 경제 변혁과 더불어 사회주의적 노동 해방이 완성되었다고 간주하였다. 생산 관계의 변화가 다른 모든 사회적 변혁을 담보하리라는 순진한 믿음이 그 밑에는 깔려 있었다. 현실 사회주의의 역사는 그들의 순진한 혹은 가장된 믿음을 배반했다.

볼셰비키 혁명은 구조화된 구조로서의 인민의 아비투스를 결코 변화시키지 못했다. 인민의 아비투스가 모든 죽은 세대들의 낡은 전통에 매여 있는 한, 사회주의 사상은 현실 사회주의로 타락할 수밖에 없었다. 문화적 토대의 변화가 동반되지 않은 사회 경제 체제의 변화나 정치 제도의 변혁은 기대했던 것보다 훨씬 취약한 것이었다. 그람시의 용어를 빌린다면 '기동전'의 승리가 '진지전'의 승리를 보장하지는 못한 것이다. 문화의 관점에서 볼 때 볼셰비키 혁명이 가져온 변화는 별반 근본적이지 못했다. 1918년 소련 헌법은 "일하지 않는 자 먹지도 말라"는 신약 성서에 나온 사도 바울의 경구를 그대로 옮겨 적었다. 사

---

[7] Lynn Hunt, "French History in the Last Twenty Years," *Journal of Contemporary History* vol. 21 (1986), p. 221.

회주의가 노동 해방의 이데올로기라는 끊임없는 강조에도 불구하고, 볼셰비키의 노동관은 칼뱅주의의 구원으로서의 노동관과 같은 것이었다. 사회주의 혁명의 문화가 부르주아 문화와 상징을 공유한 것이다. 사회의 각 집단이 다양한 표상을 통해 특수한 사회 관계를 구성·유지·강화·전유한다는 점을 인정한다면, 볼셰비키가 칼뱅의 노동 담론을 공유했다는 사실은 사뭇 충격적이다.

이 상징 체계 내에서 사회주의의 목표는 노동 해방에서 자본주의 세계 체제 중심부의 부와 권력을 따라잡는다는 국가주의적 발전 전략으로 손쉽게 뒤바뀌었다. 칼뱅주의 노동관은 선진국을 따라잡기 위해 노동을 동원하는 '생산성의 정치'를 정당화하는 유용한 개념적 도구였다. 10월 혁명 이후 물적 토대가 전무한 가난한 후진국에서 사회주의를 건설해야 했던 볼셰비키는 급속한 산업화를 최우선적 목표로 삼았다. 강압적 지배와 급속한 산업화는 정통의 새로운 교리였다.8) 칼뱅주의 표상의 도움으로 사회주의는 노동 해방의 역사적 프로젝트에서 저개발국의 대중 동원 이데올로기로 재빨리 탈바꿈했다. 이렇게 해서 노동 해방을 표방한 사회주의 국가 권력은 노동을 전유했다.9)

러시아인들에게 깊이 뿌리박은 반서구적 집단 심성 또한 큰 몫을 담당했다. 그것은 노동 대중의 희생을 대가로 선진 자본주의를 따라잡고 추월하겠다는 급속한 산업화 전략으로서의 사회주의를 밑으로부터 정당화하였다. 볼셰비즘은 체르니셰프스키(Chernyshevskii)가 제기한 "무엇을 할 것인가?"에 대한 러시아 급진 인텔리겐치아의 대답이었다. "레

---

8) G. Arrighi, "Marxist Century, American Century," R. Blackburn ed., *After the Fall* (London, 1991), pp. 155~156.
9) 이에 대해서는 임지현 엮음, 『노동의 세기: 실패한 프로젝트?』(삼인, 2000)에 실린 임지현과 차문석의 글을 참조.

닌은 러시아 인민주의의 이론적 정치적 전통과 결코 단절된 바 없으며, 단지 마르크스주의를 전혀 다른 이론적 틀에 동화시킴으로써 플레하노프(G. Plekhanov)의 프로젝트를 완성했다"10)는 평가도 같은 맥락에서 이해된다. 제3세계의 사회주의자들도 같은 방식으로 노동 해방의 짐을 재빨리 벗어 버리고 사회주의를 민족 해방의 수단이자 근대화를 위한 사회 정치적 공학으로 변질시켰다. '마르크스-레닌주의의 창조적 적용'이라는 수사는 말의 영역에만 머물렀을 뿐이다. 사회주의의 변질은 어느 정도 인민 대중의 자발적 동의가 전제된 것이기도 했다.

적군 병사들은 러시아가 서구로부터 소외되고 추방되었다는 느낌을 진하게 나누었다. 러시아 인민주의에 뿌리 깊은 반서구주의는 곧 공산주의적 메시아주의와 러시아 메시아주의의 기묘한 결합으로 발전하였다. 1919년 부닌(Bunin)이 기록한 적군 병사들과의 인터뷰는 그들의 흥미로운 집단 심성을 보여 준다. "사악한 모든 것은 유대인들로부터 온다. 유대 도당은 모두 공산주의자들이다. 그러나 우리 자랑스러운 러시아인들은 공산주의자가 아니라 볼셰비키이다"라고 주장한 적군 병사들의 당당한 가슴 앞에서 사회주의 거대 담론은 설 땅이 없다.11) 일부 독일 공산주의자들이 주창한 '민족 볼셰비즘', 즉 공산당이 군부 및 극우파와 연합하여 루르 지방을 점령한 프랑스에 대항해야 한다는 주장도 같은 맥락에서 이해된다. 독일의 극우 민족주의자들은 사실상 그 정서에서 볼셰비키와 유사하였으며, 서유럽 국가들로부터 도편추방(陶片追放)을 당했다는 동병상련이 양자를 묶어 주었다. 실제로 1919년 가을 독일의 우파들은 러시아 볼셰비키의 도움을 받아 서유럽에 복수하

---

10) S. Clarke, "Was Lenin a Marxist? The Populist Roots of Marxism-Leninism," *Historical Materialism*, no. 3 (Winter, 1998), p. 3.
11) S.K. Carter, *Russian Nationalism: Yesterday, Today, Tomorrow* (New York, 1990), pp. 45~46.

겠다는 꿈을 꾸었다.12) 리벤트로프-몰로토프 조약이 날벼락처럼 하늘에서 떨어진 것은 아니었다.

사회주의와 노동 운동의 역사에서 사회적 실재를 구성하는 문화가 이념과 충돌한 예들은 이외에도 수없이 많다. 사회주의 이상과 민족주의/인종주의적 아비투스 사이의 모순은 가장 흔히 목격되는 바이다. 1930년대 미국의 흑인 공산당원은 당에서 운영하는 식당에서 검둥이라는 이유만으로 쫓겨나야 했다. 계급뿐 아니라 피부색이 이들 미국 공산당원의 정체성을 규정했다. 프롤레타리아 국제주의는 위로부터 부과된 이념일 뿐, 백인 공산당원의 일상 생활을 지배하는 '삶의 철학'은 아니었다. 실제로 미국 남부의 많은 사회주의자들은 사회주의와 인종적 분리 사이에 아무런 모순을 느끼지 못했다. 미국 사회당의 루이지애나 지부는 아예 흑인들의 입당을 거부했다. 뿐만 아니라 흑백 인종 분리를 강령으로 못박았다.

사회주의는 인종적 평등이 아니라 경제적 평등을 지향한다는 경제주의적 해석이 이들의 인종 차별을 정당화했다. 물적 토대가 중요하다는 것이었다. 흑인들은 이렇게 해서 백인들이 주도하는 노동조합에서 배제되었다. 만약 프롤레타리아 국제주의가 존재했다면, 기본적으로 그것은 백인 노동자들의 인종주의적 국제주의였다. 대영 제국과 미국의 백인 노동자들이 연대한 것은 유색인 노동자들에 대한 경쟁 의식과 증오 때문이었다.13) 남아프리카공화국의 경우도 사정은 비슷했으나

---

12) J. Reich, "The First Years of the Communist International," *Revolutionary History*, vol. 5, no. 2 (1994), p. 14.
13) P. van Duin, "Proletarian Prejudices: the impact of ethnic and racial antagonism on working class organization 1830~1930," *ITH: Labour Movement and National Identity* (Vienna, 1994), pp. 84, 91 외 여기저기.

실은 더 나빴다. 사회주의가 아닌 흑인 민족주의가 미국이나 남아프리카의 흑인 노동자들에게 호소력을 지녔던 것도 이러한 사정과 관계가 있다. 에녹 포웰(Enoch Powell)을 지지하며 웨스트민스터로 행진했던 런던의 전투적 부두 노동자들이나 르펜(Lepain)의 국민전선을 지지하는 프랑스 노동자들의 일상에 녹아 있는 의식도 별반 큰 차이는 없다.

'인민 폴란드'의 당사 서술에서도 프롤레타리아 국제주의는 신성 불가침의 교리였다. 그러나 당은 사회주의의 대의에 등을 돌린 노동 대중을 사로잡기 위해 저급한 민족주의를 선전·선동하는 데 결코 주저함이 없었다. 폴란드의 정치 포스터들은 당의 선전 기관이 만들어 낸 민족주의적 슬로건들을 생생하게 보여 준다. "당은 민족과 함께, 민족은 당과 함께", "우리의 노동은 민족의 가장 큰 자산이다", "젊은이여, 우리 민족의 미래는 당과 함께", "조국의 수호자이자 건설자" 등등.[14] 민족주의 담론은 이런 식으로 당의 선전 작업에서 사회주의 담론을 압도했다. 당의 강령이나 헌법에 비추어 볼 때 정치 포스터들은 부드러운 사료들이다. 운동의 강령이나 지도부의 거대 담론과 비교하면, 노동자들의 일상 세계를 지배한 인종주의나 민족주의적 정서 또한 소홀히 되거나 무시될 수 있는 자료들이다. 그러나 어느 쪽이 더 실재에 가까울까? 강령이나 헌법, 지도자의 사상같이 잘 형식화된 단단한 사실들인가? 아니면 포스터와 일상 세계가 드러내는, 형체가 없어 놓치기 쉬운 부드러운 사실들인가?

구체적 일상 속에서 전개되는 집단적·개체적 삶의 실재와 구조화된 구조로서의 인민의 아비투스를 드러내는 데는 부드러운 사실들이 단단한 사실들보다 더 유용한 경우가 많다. 사회 경제 체제나 정치적

---

14) *Polski plakat polityczny* (폴란드의 정치 포스터) (Warszawa, 1980).

이슈에 초점을 맞추는 단단한 역사는 실재를 구성하는 문화를 드러내는 데 있어 한계를 지닐 수밖에 없다. 기존의 단단한 역사는, 예컨대 정치적 이슈는 남성의 영역으로, 일상의 역사는 여성의 영역으로 가르려는 경향이 있다. 여성과 가족의 삶에 직접적인 영향을 미치는 부드러운 이슈들이 단단한 역사에서 배제되는 것도 이러한 맥락에서이다.15) 이것은 단단한 역사가 포섭과 배제의 메커니즘에 의존하고 있다는 것을 보여 준다. 즉 공적 영역과는 다른 실상을 드러내는 사적 영역의 부드러운 사실들은 공적 영역의 역사가 일관된 구도를 지닌 단일한 이야기로 만들어지는 과정에서 배제되거나 무시된다. 단일한 민족적 정체성 혹은 계급적 정체성에 대한 강박 관념에 빠진 역사 서술일수록 더욱 그러하다. 부드러운 역사는 민족이든 계급이든 위에서 부과된 인위적 단일성을 거부한다. 그것은 개인의 기억 속에 각인된 다양한 정체성을 인정하고, 그에 따른 다양한 층위의 상이한 경험들을 존중한다.

사실상 단단한 역사의 거대 담론 뒤에는 헤게모니의 충동이 숨어 있다. 단단한 역사 서술이 자신을 부정하거나 거부하는 부드러운 사실들을 침묵시키고 지우려는 이유도 바로 거기에 있다. 민족 해방이든 사회 해방이든 해방의 수사를 해체하여 그 밑에 자리 잡은 권력의 헤게모니 담론을 폭로하는 작업이 역사학에 요구되는 것도 바로 이 때문이다. 철의 필연성으로 관철되는 인과 관계에 대한 마르크스주의의 전통적 주장이 권력을 정당화하는 기제로 작동하는 메커니즘이 드러나는 것도 이 대목에서이다. 당에 종속된 원시적 마르크스주의의 역사 해석이 그 대표적인 예이다. 당사에 따르면, 노동 운동의 모든 실패는 기회

---

15) Z.A. Mangaliso, "Gender and Nation-Building in South Africa," L.A. West ed., *Feminist Nationalism* (New York, 1997), p. 136.

주의와 분파적 지도부의 배반 탓인 반면, 운동이 성공하는 비결은 위대한 지도자들의 교시에 있다. 말하자면 현재의 지도부는 옳은 노선과 정당한 태도를 취했기 때문에 운동을 성공으로 이끌고 권력을 잡았다는 것이다. 결국 철의 인과 법칙과 그에 대한 역사적 유물론의 과학적 이해는 자주 사회주의 영웅사관으로 귀착되고는 했다.16)

영웅사관이야 권력에 봉사하는 사회주의 '궁정 역사학'의 문제라고 차치한다 해도, 인과 법칙에 대한 강조는 여전히 톰슨(E.P. Thompson)이 '천로역정'적 정통파라 이름을 붙인 승리사관의 문제를 안고 있다. 복지 국가나 사회주의의 선구자들을 위해서 과거의 시대를 '약탈'하는 이 시각은 후대에 미친 영향이라는 관점에서 역사를 바라본다. 이 시각에서는 바람직한 발전을 위해서 기여한 성공한 자들만이 기억된다. 패자의 대의나 패배자들 자신은 바람직한 발전과 성공의 신화에 가려 잊혀지고 만다. 나중의 발전에 비추어 특정 개인이나 집단의 행위를 판단하는 것이 역사적 판단의 유일한 기준이어서는 곤란하다는 톰슨의 지적은 타당하다.17) 톰슨의 지적은 사회주의적 발전이라는 거대 담론에 파묻혀 희생된 민중들의 일상적 삶을 복원하려는 노력이기도 하지만, 동시에 승리사관에 잠재된 영웅사관의 위험성에 대한 준엄한 경고이기도 하다. 그것은 "노동자들은 마땅히 이래야 한다"는 식으로 추상화된 노동자 운동의 신화를 해체하여, 이념이 강제한 기준에서 벗어났던 노동자들을 명예 회복시키려는 '좌파 역사주의'와도 맥을 같이한다.

단단한 역사에서 부드러운 역사로, 그리고 인과적 설명 도식에서 벗

---

16) 현실 사회주의 역사학의 영웅 사관에 대해서는 Jie-Hyun Lim, "The 'Good Old Cause' in the New Polish Left Historiography," *Science & Society*, vol. 61, no. 4 (1997), pp. 545~546을 보라.

17) E.P. Thompson, *The Making of the English Working Class* (New York, 1966), pp. 12~13.

어나 의미를 해독하는 방식으로 마르크스주의 역사학의 폭을 넓히라는 주문은 곧 자신의 서술 관행 속에 내재된 권력과 헤게모니 담론을 해체하라는 요구이다. 사회적인 것으로부터 문화적인 것으로의 이동을 강조한 것도 결국은 문화적 설명 방식이 해방 담론 밑에 웅크리고 있는 권력과 억압의 논리를 파헤치는 데 큰 장점이 있기 때문이다. 현실 사회주의의 '합의 독재'(consensus dictatorship) 체제를 이해하기 위해서는, 국가가 어떻게 의미 체계를 만들어 내고 또 실재가 어떻게 문화적으로 구성되는가를 점검하는 문화적 접근이 요구된다는 한 동독사 연구자의 지적이 절실한 울림으로 다가오는 것도 같은 이유에서이다.[18] 문화적 전환의 문제 의식이 주체의 문제와 연결될 때, 계급적 정체성에 대한 일관된 해석의 밑에 숨어 있는 헤게모니 담론은 슬며시 드러난다. 그것은 침묵을 강요당하고 또 아예 지워진 피억압자의 다양한 정체성과 목소리를 재발견하여 그들을 역사의 주체로 당당하게 자리 잡도록 하는 작업과 자연스레 연결된다. '하위 주체' 연구가 주목되는 것도 이러한 맥락에서이다.

3. 프롤레타리아트에서 '하위 주체'로

1990년대 들어 반(反)오리엔탈리즘과 포스트모더니즘이 결합된 패러다임이 마르크스주의를 포함한 근대적 합리주의의 대안으로 발전하기 시작했다. 포스트모던 철학은 거대 담론으로서의 착취적 자본주의와 관료적 사회주의를 동시에 비판했다. 그것은 페미니즘과 반식민주

---

18) M. Sabrow, "Dictatorship as Discourse: Cultural Perspectives on SED Legitimacy," K.H. Jarausch ed., *Dictatorship as Experience* (New York, 1999), p. 208.

의에서 강력한 동맹자를 구했다.19) 포스트모더니즘은 서구 모더니즘의 가부장적 합리주의와 위계 구조를 비판함으로써 페미니즘과 동맹을 맺을 수 있었다. 반식민주의의 연합 전선에서도 포스트모더니즘이 마르크스주의를 대체하는 경향이 뚜렷하게 나타났다. 반식민주의와 포스트모더니즘은 포스트콜로니얼리즘의 이름 아래 동맹을 결성했다. 마르크스주의는 마르크스와 엥겔스에게 내재된 오리엔탈리즘적 전망과 결별하는 데 실패함으로써 포스트모더니즘에게 밀려난 것이다. 마르크스/엥겔스의 오리엔탈리즘적 유산은 제3세계의 좌파 모두에게 곤혹스러운 것이었지만, 그것이 주로 인도를 겨냥하고 있다는 점에서 인도 좌파들의 입장은 더욱 난처한 것이었다.20)

'하위 주체' 연구가 인도 마르크스주의자들로부터 시작된 것은 이 점에서 우연이 아니었다. 그것은 식민주의, 민족주의, 마르크스주의 역사학이 모두 목적론적으로 인도사를 서술했다는 비판적 인식에서 출발하였다. 원래 '하위 주체' 연구는 보다 나은 마르크스주의 역사 서술을 지향했으나, 마르크스주의가 유럽 중심주의의 세포핵을 갖고 있다는 사실이 분명해지면서 마르크스주의 자체를 극복하는 방향으로 발전했다.21) 물론 마르크스주의는 식민주의나 민족주의 역사 서술에 대해 날카로운 비판적 자세를 취했다. 식민주의나 민족주의는 구조적으로 식민지의 근대화라는 과제를 수행할 수 없다는 것이 마르크스주의의 기본 입장이었다.

그것은 먼저 인도가 분할될 수 없는 실재이며 단일한 주체라는 민족

---

19) B.S. Turner, *Orinetalism, postmodernism and globalism* (London, 1994), pp. 3, 11.
20) 임지현, 『마르크스・엥겔스와 민족문제』 (탐구당, 1990), 3장 참조.
21) D. Chakrabarty, "Marx after Marxism: history, subalternity, and difference," *Meanjin*, vol. 52 (Spring, 1993), p. 56.

주의의 전제를 비판했다. 단일한 인도에 대한 민족주의자들의 주장은 피억압자의 역사를 억압한다는 것이었다. 이에 반해서 마르크스주의는 계급과 생산 양식의 '진정한' 세계에 충실하자는 것이었다. 마르크스주의 역사 서술이 단일한 인도라는 역사상을 계급과 계급 갈등으로 분할된 역사상으로 대체한 것은 분명하다. 하지만 민족주의에 대한 비판에도 불구하고 마르크스 역시 근대와 진보에 대한 민족 국가의 이데올로기에서 결코 자유롭지 못했다.

생산 양식의 이행에 대한 마르크스주의의 과도한 집착이 인도의 계급 투쟁을 봉건제로부터 자본주의로의 이행이라는 맥락에 가두어 놓았던 것이다. 그 결과 마르크스주의 역사 서술은 인도의 근대사를 실패한 자본주의 근대화의 역사라고 규정할 수밖에 없었다. 그 기준은 물론 유럽의 성공한 자본주의 근대화였다. 결국 마르크스주의 역사 서술은 유럽사의 경험을 보편적인 생산 양식 담론으로 신성시한 것이다.[22] 인도의 좌파들은 마르크스 자신의 근대화론이 이미 서구화의 의미를 함축하고 있었으며, 따라서 마르크스의 세계사라는 것도 결국은 서구의 역사를 일반화했다는 의심을 좀처럼 떨치기 어려웠다. 사실상 자본주의의 기원에 관한 한 마르크스가 특히 오리엔탈리즘적 시각을 견지했다는 것은 부인할 수 없는 사실이다.[23] 인도 자본주의의 역사를 보편사가 된 유럽사의 틀 속에 끼워 맞춤으로써 인도사는 이제 세계사의 일부가 되었다.

물론 인도 자본주의와 유럽 자본주의의 차이가 부정된 것은 아니었다. 그러나 차이에 대한 강조조차 유럽 중심주의의 틀에서 크게 벗어

---

[22] G. Prakash, "Can the 'Subaltern' Ride? A Reply to O'hanlon and Washbrook," *Comparative Study of Society and History*, vol. 34 (1992), p. 168.
[23] B.S. Turner, *op. cit.*, p. 140.

난 것은 아니었다. 그 차이는 유럽사와 인도사를 자본주의라는 보편적 틀 속에 통합함으로써 드러나는 차이에 불과했다. 요컨대 인도 자본주의의 역사는 19세기 영국사의 틀 속에 편입될 수 있는 것이었다. 그것은 결국 식민화된 '하위 주체'들이 갖는 역사들의 이질성을 지워 버리고, 각각 다른 이 이질성을 유럽 중심적 보편성의 틀로 묶는 것이었다. 절대적인 대문자 타자는 이런 식으로 '길들여진 타자'로 길들여졌다.[24] 이 점에서 마르크스주의 담론 역시 주체와 지식의 유럽 중심적 위계 질서를 오리엔탈리즘 담론과 공유했다는 비판에서 자유롭지 못하다.

심지어는 식민주의적 착취에 대한 마르크스주의의 비판조차 사실상 유럽의 역사적 경험을 보편화한 역사주의적 도식에 입각한 것이었다. 그것은 유럽의 역사를 대문자 역사, 즉 지구상의 다른 지역의 역사를 설명하고 비교하며 이론화하는 마스터 코드(master code)로 간주한 식민주의자들의 보편 담론과 유사한 것이었다. 그 결과 유럽사의 경험에 기초한 마스터 코드로서의 대문자 역사가 유럽과는 다른 제3세계 인민의 독특한 의식과 행위를 해석하는 기준으로 작용했다. 이 역사 해석에서 '하위 주체'의 고유한 목소리들이 설 땅은 없었다. 식민화된 '하위 주체'의 목소리를 재발견하는 첫걸음은 대문자 역사의 해체와 지역화이다. 주변도 역시 중심이라는 발상의 전환이 요구되는 것이다. 서양과 동양을 서로 다른 역사의 주체로서 동등하게 취급하자는 것이다. 그것은 곧 역사의 존재 이유로 자리 잡아 온 유럽 중심적 근대화 도식과 이데올로기에 대한 심각한 도전이기도 하다.[25]

---

24) G. Prakash, *op. cit.*, p. 179.
25) G. Prakash, "Writing Post-Orientalist Histories of the Third World," *Comparative Study of Society and History* vol. 34, no. 2 (1990), p. 404.

유럽 중심주의에 대한 단호한 비판이 반사적으로 옥시덴탈리즘(occidentalism)을 정당화하는 것은 아니다. 많은 경우 옥시덴탈리즘은 "진보적 반서구주의로 가장한 토착적 보수주의의 특수한 형태"[26]일 뿐이다. 현상적 차원에서 전통에 근거한 옥시덴탈리즘의 이론적·실천적 주장들은 반근대적이며 반서구적이다. 그러나 전통 자체가 이미 모더니스트의 담론 구조 속에서 재구성된 이미지이며, 따라서 근대성이 배제된 전통은 성립할 수 없다.[27] 이 점에서 옥시덴탈리즘은 반서구적 전통으로 가장한 채, 다원적 탈근대에 대항하여 근대를 고수하려는 문화적 방어 기제이다. 그것은 옥시덴탈리즘 또한 다른 근대 사조와 마찬가지로 서양과 동양의 이분법에 기초한 본질론적 개념을 공유하고 있다는 의미이다.[28] 요컨대 현상적 차원을 넘어서 인식론적·도덕적 원칙 차원에서, 오리엔탈리즘과 옥시덴탈리즘은 한 동전의 양면이다. 옥시덴탈리즘은 물론 식민주의의 지배에 대항해서 정신적 영역에서나마 민족 주권을 지키려는 민족주의 엘리트들의 고육책이었다. 그것은 바꾸어 말해서 민족 엘리트들이 위로는 식민주의자들에 대항하고 아래로는 식민지 민중에게 자신들의 헤게모니를 행사하려는 시도였다.[29]

마르크스주의 역사학의 유럽 중심주의를 비판한다고 해서, 그것이 피지배 계급의 역사에 애정을 갖고 또 근대적 진보를 통해 그들의 해방을 도모하려 했다는 사실을 부정하기는 어렵다. 그러나 마르크스주

---

[26] B.S. Turner, *op. cit.*, p. 103.
[27] P. Duara, "Knowledge & Power in the Discourse of Modernity," *Journal of Asian Studies*, vol. 50 (Feb., 1991), p. 68.
[28] P. Chatterjee, *Nationalist Thought and the Colonial World* (London, 1986), p. 38.
[29] P. Chatterjee, *The Nation and Its Fragments* (Princeton, 1993), 1~3장.

의의 계급 중심적 패러다임은 또다른 억압을 잉태했다. 계급의 분석틀을 넘어서는 피억압 민중의 종교적 경험이나 사회적 관습에 대한 살아 있는 감정을 복고적인 것 혹은 반동적인 것으로 억압했던 것이다.[30] 자본주의로의 이행이 곧 진보라는 생산 양식 담론도 여기에 일조한 것은 물론이다. 그 결과 젠더, 민족적 정체성, 종족, 인종, 언어, 문화 등의 문제는 마르크스주의 역사 서술의 맹점으로 남게 되었다. 물적 토대와 과학적 역사에 대한 집착은 물적 진보에 우선권을 두었으며, 그 논리적 함축은 역사적 행위자로서의 민중은 진보를 위해 얼마든지 희생될 수도 있다는 것이었다.

마르크스주의 역사학은 계급, 근대, 진보라는 유럽사의 범주 아래 식민지의 '하위 주체'를 종속시켰다. 마르크스주의 연구가 농민, 여성, 카스트 등을 전유했다는 비판은 이 점에서 타당하다. 헤게모니 담론으로서 마르크스주의 역사 서술은 사실상 분석 범주로서의 계급을 주변화하려는 다른 모든 가치와 범주를 의도적으로 배제하였다. '하위 주체' 연구의 문제 의식이 레닌의 전위당 이론에 대한 그람시의 비판과 조우하는 것도 이 지점에서이다. 레닌의 전위당 이론은 전위 노동자와 지식인으로 구성된 당원들의 헤게모니를 사실상 인정하는 것이었다. 전위적 프롤레타리아트와 지식 분자가 하위 주체를 전유하고 민중들의 문화 정치 운동에서 헤게모니를 행사하게 될 위험성을 그람시는 어느 정도 인식했던 것 같다.[31] 프롤레타리아트가 대자적 계급으로 충분히 성장하지 못한 남부 이탈리아나 제3세계에서 레닌의 전위당 이론은 결국

---

30) G. Prakash, "Subaltern Studies as Postcolonial Criticism," *American Historical Review*, vol. 99 (Dec., 1994), p. 1477.

31) G.C. Spivak, "Can the Subaltern Speak?", C. Nelson and L. Grossberg eds., *Marxism and Interpretation of Culture* (Chicago, 1988), p. 283.

혁명 엘리트들의 헤게모니를 정당화하는 이론적 열쇠였을 뿐이다. 그것은 마르크스주의가 '하위 주체'를 전유하는 또다른 비결이었다.

'하위 주체' 연구의 문제 의식은 물론 결코 새로운 것만은 아니었다. 그것은 서유럽의 '비판적 역사학'에서 나온 아래로부터의 역사 또는 포스트모더니즘의 연장선에 있다. 예컨대 구하(Ranajit Guha)의 하위 주체 연구는 그것을 권력 관계의 그물망 속에서 보는 데서 시작한다. 그것은 본질론적 해석이 제시한 단일한 인도의 역사상을 권력 관계의 파동에 따라 변화하는 다층적 표상으로 대체한다.[32] 또한 이 연구는 식민지 엘리트 및 민족주의 엘리트의 의지에 종속된 역사 서술을 해방시키고, 더 나아가서는 전위 프롤레타리아 엘리트들이 전유한 '하위 주체'를 복원하려는 시도이다. 권력으로부터 역사의 해방이 가능한 것은, '하위 주체' 연구가 생산 양식이나 근대화의 모델 대신 지배/피지배 관계에 초점을 맞추고 있기 때문이다. 전반적인 해방은 생산 투쟁의 영역을 넘어 사회 관계와 일상 생활에서 어떻게 권력의 지배와 착취가 이루어지는가를 검토할 때 비로소 가능한 것이다. 오리엔탈리즘, 민족주의, 마르크스주의를 포함한 다양한 근대화 이데올로기들과의 단절이 요구되는 것도 이 때문이다.

기존의 '비판적 역사학'을 극복하고자 했던 영국 '역사 작업장'(History Workshop) 그룹의 비판도 같은 맥락에서 주목된다. 이들은 기존의 좌파 역사학이 근대화 이론과 진보 모델에 대해 순진한 신뢰를 보냈다고 비판하고, 과학적 역사학에 대한 집착을 버릴 것을 주장하였다. 그것은 결국 역사 행위자로서의 인민을 당대의 맥락에서 읽는 데 실패했다는 것이다. 일상 생활사, 구술사, 역사적 인류학, 미시사 등이

---

32) G. Prakash, "Writing Post-Orientalist Histories of the Third World," p. 400.

제기한 도전도 주목할 만하다. 이들은 역사가 더 높은 경제 성장과 번영, 더 많은 평등과 정치적 자유를 향한 일직선적 진보 과정이라는 근대화론의 전제를 부정했다는 점에서 인도의 '하위 주체' 연구와 문제의식을 공유한다. 포스트모던 역사 서술 또한 정체성에 대한 본질주의적 정의를 해체하고 다중적 정체성을 주장한다는 점에서 볼 때, 민족주의 역사학과 마르크스주의 역사학에 대한 하위 주체 그룹의 비판과 공동 전선을 형성한다.33)

많은 점에서 서구의 비판적 역사학 및 신문화사와 동양의 '하위 주체' 연구는 역사를 독해하는 코드를 공유한다. 그 코드는 다음과 같은 몇 가지로 요약된다. 1) 마르크스주의 거대 담론이 제시하는 보편적인 해방 담론의 해체. 2) 포스트모던적 방법론을 이용한 급진적 문제 제기. 3) 본질주의적 역사관의 거부와 상대주의적 역사관의 채택. 4) 사회적인 것에서 문화적인 것으로, 혹은 단단한 역사에서 부드러운 역사로의 이동. 5) 추상적인 것에서 구체적인 것으로의 하강. 6) 인과적 설명에서 의미의 독해로의 중심 이동. 7) 또다른 침묵과 억압을 만들어 낼 수 있는 새로운 종합화에 대한 거부.

4. 또 하나의 고귀한 꿈?

노년의 엥겔스는 로마 제국 내에서 기독교가 승리한 방식을 바람직한 변혁 모델로 제시한 바 있다. 그는 마르크스의 『프랑스의 계급투쟁』 1895년판 서문에서 그 점을 분명히 했다. 소수의 전위적 혁명가들이 혁명을 주도하는 시대는 갔으며, 사회주의 혁명은 고대 로마에서

---

33) 서유럽의 '비판적 역사학'의 최근 동향에 대해서는 S. Berger, *op. cit.*, pp. 220~231.

기독교가 승리한 방식을 따라야 한다는 것이었다. 과거의 역사 속에서 '희망의 불꽃'을 발견하고 대안적 사상을 구하는 것이 허용된다면, 나는 바로 이 점에 주목하고 싶다. 그것은 혁명 전술에 대한 단편적 언급이 아니다. 그보다는 오히려 정치 또는 사회 경제적 영역에 국한된 변혁의 근원적 한계를 비유적으로 지적한 것이 아닌가 한다. 엥겔스가 볼 때 기독교의 승리는 제국 체제를 부정하지 않는 듯하면서 국가의 모든 기반과 기존의 가치 체계를 와해시킨 근본적인 혁명이었다.

말단 병사들이 군대의 상명하복 체제를 거부하고 기존의 사회적 가치를 경멸하도록 만든 기독교의 승리는 곧 정치적·사회적 헤게모니에 대한 문화적 헤게모니의 승리를 의미하는 것이었다. 기독교의 승리는 '진실'의 담론으로 포장한 로마 황제의 역사관을 파괴했다는 점에서 궁극적인 승리였다. 콘스탄티누스가 기독교를 공인하기에 앞서, 이미 기독교는 문화적 영역에서 기존의 지배/피지배 질서를 전복시켰다. 후기 로마 제국에서 도덕적·문화적 헤게모니를 행사한 것은 기독교를 탄압한 국가 권력이 아니라 기독교의 순교자들이었다. 제국의 질서가 정치 사회적 헤게모니를 대변했다면, 기독교는 문화적 헤게모니를 장악했다. 그것은 결국 정치 사회적 헤게모니에 대한 문화적 헤게모니, 즉 단단한 헤게모니에 대한 부드러운 헤게모니의 승리를 의미하는 것은 아닐까? 기독교의 승리에 대한 엥겔스의 이 진술에서 마르크스주의 역사학과 '새로운 문화사'의 접점을 찾는다면 그것은 지나친 과장일까?

다른 한편으로 마르크스주의 패러다임과 새로운 급진적 역사학을 종합하여 새로운 슈퍼 패러다임 또는 거대 담론을 구축한다면 그것은 역사 서술에서 또다른 권력 담론을 낳을 것이다. 그것은 새로운 형태의 또다른 보편주의를 낳을 것이며, 다시 그 패러다임을 거부하는 차이들을 배제함으로써 다른 형태의 침묵과 억압을 강제할 것이다. 포스트 마르크스주의 역사학이 본질론적이고 단일한 정체성의 신화를 거부하고 상대주의적 시각에서 인민의 다중적 정체성을 개별적으로 중시하는 한, 어떠한 종류의 전일(全一)한 보편주의도 불가능할 것이다. 지금 우리에게 요구되는 것은 다양한 급진적 역사 서술들을 수직적으로 한데 묶어 통일된 위계 질서를 확립하는 것이 아니다. 필요한 것은 이들이 교호할 수 있는 수평적인 대화 통로를 마련하는 것이다. 대문자 역사는 다양한 소문자의 역사들로 대체되어야 하기에……

근대의 담 밖에서 역사 읽기
20세기 한국 역사학과 '근대'의 신화

1. 세 개의 신화

한반도에서 21세기의 역사학 혹은 역사 서술이 당면하게 될 문제는 무엇일까? 과거를 어떻게 객관적으로 이해하고 사실을 정확하게 묘사할 것인가 하는 랑케 사학의 문제 제기는 여전히 유효한 것일까? 실증사학이라는 이름 아래 수용된 랑케 사학은 영원히 부정할 수 없는 역사학의 화두일까? 실증은 21세기에도 피할 도리 없는 역사학의 숙명일까? 개별적인 사건 내지 사실을 정밀하게 탐구하여 역사적 사실을 명백하게 한다는 랑케 사학의 명제는 과연 '실증'될 수 있는 것일까? 역사학에서 객관적 사실을 밝힌다는 것은 과연 가능한가? 그렇다면 그것의 의미는 무엇일까? 역사는 정말 과학적인가? 도대체 역사의 과학성은 어떻게 입증되며 또 그때의 과학성이 갖는 의미는 무엇인가?

식민주의 사관의 정체성론과 타율성론을 치고 나온 민족주의 사학의 과제 또한 21세기의 한국 역사학이 여전히 씨름해야 할 화두일까? 식민주의 사관에 대항하여 민족사의 독자성과 그 내재적 발전 과정을 추적하여 확립한다는 민족주의 사학의 명제는 어떻게 자리매김할 수 있을까? 자본주의의 내재적 발전론은 5·16 주도 세력이 추구했던 자본주의 근대화론과 어느 만큼의 거리가 있었던 것일까? 민족주의 사학이 강조한 민족적 독자성이 결과적으로 한국적 민주주의를 표방했던 유신 체제를 정당화시켜 준 측면은 없을까? 그럼에도 통일된 민족 국가가 근대의 완성이며, 민족 통일이 이루어지는 그날까지 민족주의 사학의 존재 이유는 부정할 수 없는 것일까? 민족을 역사의 주체로 설정하는 것은 여전히 당위이며 또 해방의 의미를 지니는 것일까? 21세기에도 민족주의 사학은 여전히 저항 민족주의의 적자일까?

실증사학과 민족주의 사학을 동시에 비판하고 나온 유물사관 혹은 마르크스주의 사학의 문제 제기가 21세기의 한국 역사학에 주는 의미는 무엇일까? 한국사의 특수성을 부정하고 인류 사회의 보편적 발전 법칙에 따라 한국사의 전개 과정을 재단하는 것이 21세기에도 실천적으로 유의미한 것일까? 세계사의 보편적 발전 법칙은 서구 중심적 마르크스주의의 또다른 표현은 아닐까? 사회주의의 발전과 성공이라는 기준에 따라 민중을 규범화하고 그들의 평범한 희망과 절망을 거대 담론의 해방 구도에 종속시킨 것은 어떻게 평가해야 할까? 그 결과 정작 민중들의 일상적 삶이 마르크스주의 역사 서술에서 배제되었다면, 그래도 그것은 여전히 해방의 역사학일까? 철의 필연성으로 관철되는 인과 관계에 대한 마르크스주의의 전통적 주장이 혹 성공한 운동과 그 지도부를 정당화하는 기제로 작용하지는 않았는가? 결국 그것은 현실 사회주의의 권력을 옹호하는 사회주의 영웅사관으로 귀착된 것이 아닐까? 그렇다면 20세기의 마르크스주의 역사학이 지녔던 상대적 진보성이 21세기의 역사학에 주는 의미는 무엇일까?

이 글은 20세기 한국 역사학의 주류를 이루었던 실증사학, 민족주의 사학, 마르크스주의 사학에 대한 이상과 같은 의문에서 출발한다. 이들 각자가 제시하는 역사 담론은 각각의 이데올로기적 입장에 따라 다를 수밖에 없다. 인식론과 방법론 등이 다른 것도 물론이다. 케이스 젠킨스의 표현을 빌면 역사의 "의미는 원래부터 과거에 내재해 있던 것이 아니라 외부에 의해 과거에 부여된 것이다."[1] 역사는 과거 그 자체가 아니라 과거에 대한 담론이다. 그것은 역사 자체가 이데올로기적 구성물이라는 것을 의미한다. 즉 역사란 다양한 권력 관계에 따라 끊임없이 재구성·재정리된다는 것이다. 결국 역사는 스스로 존재하는 것이 아니라 결국 누군가를 위해서 존재하는 것이다. "역사란 무엇인가?"라는 근대적 물음을 "누구를 위한 역사인가?"라는 탈근대적 물음으로 대체해야 한다는 젠킨스의 주장은 이러한 맥락에서 이해된다. 이 글에서 시도하는 20세기 한국 역사학에 대한 메타 역사는 바로 이러한 탈근대적 물음에서 출발한다.

이 글에서는 한국사의 해석과 연구 방법을 둘러싼 20세기의 다양한 역사 조류간의 갈등과 투쟁을 사회적 구성주의의 관점에서 해석하고자 한다. 즉 20세기 한국 사학사는 과거를 장악하고 그것의 재현을 통해 현재와 미래를 규정하려는 다양한 인식 주체들의 담론적 투쟁의 장이었던 것이다. 물론 이들의 대립과 갈등은 결코 단선적이지 않다. 마르크스주의 사학이 실증사학의 연구 성과들을 비판적으로 수용하는가 하면, 민족주의 사학은 실증사학의 식민지성을 비판한다. 실천과 현재성을 강조하는 민족주의 사학과 마르크스주의 사학이 민중 사학의 틀 속에서 만나기도 한다. 그런가 하면 마르크스주의 사학은 민족주의 사

---

[1] 케이스 젠킨스, 『누구를 위한 역사인가』, 최용찬 옮김 (혜안, 1999), 57쪽.

학의 관념성을 비판하고, 민족주의 사학은 마르크스주의 사학의 계급 중심주의를 거부한다. 또 실증사학의 탈현재성에 대해서는 마르크스주의 사학과 민족주의 사학이 비판의 목소리를 공유하기도 한다. 이들의 대립 구도는 이처럼 다양한 층위에서 팽팽하게 대치하고 또 서로 접목되기도 하는 불연속 전선으로 나타난다.

그럼에도 20세기 한반도의 역사학을 특징지었던 이들 모두를 한데 묶는 공통점은 있다. '근대'의 신화가 그것이다. 그 신화는 물론 입장에 따라 다양한 형태로 나타난다. 역사학의 과학성에 대한 랑케의 믿음, 자본주의적 근대화와 통일된 민족 국가에 대한 민족주의 사학의 목적론적 해석, 세계사에 관철되는 보편적 발전 법칙에 대한 마르크스주의의 신념 등은 각각 다른 이론적 층위에서 서로 다른 의견을 개진하는 것처럼 보인다. 그러나 '근대'의 담 밖에서 보면, 이들 모두는 서구적 근대의 자식들이었다. 20세기의 한국 역사학을 이끌어 온 '사실', '민족', '민중'이라는 세 개의 신화는 계몽적 이성의 근대적 기획을 떠받치는 주요한 기제들이었다. 이것은 서구적 근대의 관념이 20세기 한국의 역사학에서 보편적인 관념으로 자리 잡았다는 것을 의미한다. 민족주의 사학이나 일부 민중 사학이 반서구적 편향의 '역'근대를 지향한 것은 물론 사실이지만, 실은 이조차도 서구를 '대문자 역사'-보편적 역사로 투사하는 서구 중심적 근대의 담론틀에서 크게 벗어난 것은 아니었다.[2] '근대'의 담 밖에서 역사를 읽는 작업이 요구되는 것도 이 때문이다.

이 글의 의도가 '근대'와 고투해 온 20세기 한국 역사학의 의의를

---

2) G. Prakash, "AHR Forum: Subaltern Studies as Postcolonial Criticism," *American Historical Review*, vol. 99 (December, 1994), p. 1475.

부정하자는 것은 물론 아니다. 시선이 근대의 중심에 갇혀 있을 때, 오히려 근대와 고투해 온 20세기 한국 사학사의 흔적을 제대로 볼 수 없다는 반성이 이 글의 출발점이다. 의도적으로 '근대'의 담 밖에 서서 20세기 한국 사학사를 바라보겠다는 것도 그러한 이유에서이다. 더 궁극적으로는 20세기 한국의 역사학을 가두었던 근대의 신화를 드러내고 해체하겠다는 의도도 있다. 그것이야말로 21세기 역사학의 발전을 위한 정지 작업이 된다고 믿기 때문이다. 그렇다고 해서 20세기의 역사학이 견지해 온 '사실', '민족', '민중'의 세 가지 중심을 대체할 새로운 중심을 만들겠다는 것은 아니다. 그럴 능력도 없고 또 그래서도 안 된다는 것이 내 생각이다. '근대'의 신화에 종속되어 억눌려 있던 목소리들을 복원함으로써 다양한 복수의 주변들을 만들어 내는 역사가 이 글의 지향점이다. 그것은 삶의 특정한 한 부분만을 올곧고 진실한 관점에서 부각시켜 묘사하려는 태도를 기각한다. 자연 환경이나 역사적 조건에 대한 인간의 반응이 어느 하나의 문제로 환원될 만큼 그렇게 단순할 수 없다는 당연한 상식이 그 전제이다. 단 하나의 올바른 시각이란 곧 특정한 지식 권력의 헤게모니를 정당화하는 것이 아닌가 하는 '의심' 또한 이 글을 관통하는 또다른 전제이다. 이 글의 초점은 그러므로 '평가'가 아니라 '의심'이다. 20세기 한국 사학사의 성과를 평가하자는 것이 아니라 성찰적 회의주의의 관점에서 의심해 보자는 것이다.

2. 사실

실증사학이 중시한 것은 '과학으로서의 역사'였다. 실증사학자들의 학문적 목표는 개별적 사건이나 사실을 정밀하게 탐구하여 역사적 사실을 명백히 하는 것이었다. 그리고 그것은 실증적인 방법으로 가능하다고 믿었다. 실증이란 확실한 증거를 통해 역사적 사실을 증명한다는 것을 의미했다. 이 경우 그 증거란 사료 내지 문헌이었다. 사료에 대한 철저한 고증과 검토, 사료 비판의 중요성과 그 방법론이 강조된 것도 이 때문이다. 물론 역사학의 현재성이나 역사가의 주관이라는 문제를 완전히 몰각한 것은 아니었지만, 그것들을 진지하게 따져 나아가기에는 사실의 객관성을 확보해야 한다는 명제가 너무도 절체절명의 것이었다. 실증사학자들은 사실상 꼼꼼한 고증과 비판 작업을 통해 얻은 객관적 사료에 집착했고,3) 그 결과 사실 혹은 객관적 사료에 대한 계몽적 이성의 물신주의라는 혐의에서 자유롭지 못했다.

실증사학은 여러 면에서 "사실에 대한 순수한 사랑"이야말로 역사가의 기본적인 자질이며 "사실로 하여금 스스로 이야기하게" 하기 위하여 역사가의 자아를 지워 버려야 한다는 랑케 사학의 자식이었다. 랑케 사학이 강조한 사실과 실증 사학이 중시한 실증의 미세한 차이를 인정해야 한다는 주장을 인정한다 해도,4) 사료에 대한 깊은 신뢰와 사료 비판 방법론의 유용성에 대한 낙관적인 믿음이라는 점에서 랑케 사학과 실증사학의 거리는 무시해도 좋을 듯싶다. 사실상 엄격한 사료 비판이나 역사 해석 및 서술의 객관성을 추구하였던 랑케의 사관은 일본의 실증사학을 거쳐 한국의 실증사학에 지대한 영향을 미쳤던 것이 아닌가 한다. 과학적인 근대 역사학의 아버지라는 랑케의 명성은 거의 부동의 것이었다.

그러나 역사 사실의 객관적인 확립과 재생을 궁극적인 목적으로 삼

---

3) 홍승기, 「실증사학론」, 노태돈 외 지음, 『현대 한국사학과 사관』(일조각, 1991), 39~53쪽.
4) 김영한, 「실증주의사관」, 차하순 편저, 『사관의 현대적 조명』(청람, 1978) 참조.

앉다는 사실주의적 랑케관은 이미 랑케 자신에 의해 부정된다. 사실주의적 랑케관의 이면에는 독일 관념론의 전통을 계승한 철학적·주관적 성격의 랑케가 자리 잡고 있는 것이다. 역사에 대한 랑케의 사실주의적 이해는 이미 신의 비밀 문자로서의 역사를 해독한다는 그의 종교관과 신의 사상이 구현된 제도로서 국가를 보는 국가관에 의해 규정받았던 것이다.5) 따라서 엄밀하게 따지면, 랑케의 과학성은 사료의 선택과 비판의 엄격한 기준이라는 측면에서만 말할 수 있는 것이었다. 그것은 "사료 비판의 단계에만 국한되는 초보적 의미의 과학성"6)에 불과한 것이었다. 실증주의가 표방한 과학성의 한계는 비단 랑케뿐만 아니라 『국사와 지도 이념』 등을 통해 흥망사관을 제시한 실증 사학의 대표자 이병도에게도 해당되는 것이 아닌가 한다.7)

역사 연구의 과학성과 사실의 객관성을 강조하면서도 프로이센 국가 윤리의 틀을 벗어나지 못했던 랑케의 역설은 과연 역사적 사실이란 무엇인가 하는 질문을 다시 한 번 제기한다.8) 그것은 랑케가 견지했던 사실의 객관성도 실은 역사 인식의 주체인 랑케의 주관성이 개입한 것임을 시사한다. 사실의 객관성 속에는 이미 역사적으로 형성된 인식 주체인 역사가의 주관과 입장이 녹아 있는 것이다. "처음에는 객관성이 역사의 과학적 지향을 의미했지만, 오늘날에는 역사가가 갖고 있는 건강한 주관성과 조악한 주관성 사이의 차이를 의미한다. 객관성이라는 말의 정의는 논리적인 정의에서 윤리적인 정의로 변형되었다"9)는 폴

---

5) 이에 대해서는 길현모, 「랑케의 사관」, 전해종 외 지음, 『역사의 이론과 서술』 (서강대 인문과학연구소, 1975) 참조.
6) 길현모, 「랑케의 사관」, 48쪽.
7) 이에 대해서는 홍승기, 「실증사학론」, 57~61쪽.
8) 조지 이거스, 『20세기 사학사』, 임상우·김기봉 옮김 (푸른역사, 1999), 45~48쪽.
9) Paul Ricoeur, *Histoire et Verite* (Paris, 1955), p. 34. 아담 샤프, 『역사와 진실』, 김택현 옮김

리쾨르(Paul Ricoeur)의 지적은 이 점에서 시사적이다. 순수한 객관성이란 결국 허구에 불과한 것이다. 어떠한 이해 관계에도 얽매이지 않고 편견 없이 객관적으로 선택하고 판단한다는 중립적 입장 역시 허구이기는 마찬가지이다. 중립적 입장 자체가 이미 또 하나의 입장인 것이다.

'실증'에 대한 강조가 특정한 정치적 입장을 대변한다는 것은 정신대 할머니들의 역사적 증언을 둘러싼 일본 학계의 논쟁에서도 다시 한번 드러났다. 정신대의 존재를 부정하려는 일본의 우익들은 공식적인 역사 기록에 기록되지 않은 사실을 정신대 할머니들의 자의적인 기억에 따라 인정할 수는 없다며 확실한 역사적 증거를 요구한 바 있다. 강제 연행을 명령한 군의 공문서가 없다는 이유로 피해자의 증언을 말소해 버리려는 전략이 그 밑에는 깔려 있었다.10) 그것은 마치 나치의 수동적 옹호자들이 증거의 틈을 이용하여 그 비판자들에게 적실한 증거를 제시하라고 요구하였던 것과 같은 논리이다. 역설적인 것이지만, 그들의 망각 전략을 정당화한 것은 실증사학의 인식틀이었다. 종군 위안부의 사실 여부를 둘러싼 이 논쟁은 결국 실증주의에 대한 회의를 불러일으켰다.

그 결과 실증사학이 의존하고 있는 공식적인 기록이나 사료 자체가 이미 지배 권력 혹은 지식 권력에 의해서 만들어진 것이라는, 실증에 대한 심각한 비판이 제기되었다. 즉 실증사학이 금과옥조처럼 여기는 사료 자체가 이미 권력 관계의 표현이며, 따라서 철저하게 억압당하고 있는 자의 목소리가 드러나지 않는다는 것이었다. 사실상 이 논쟁은 실증사학이 표방한 객관성에 대한 결정적인 타격이었다. 그러나 다른

(청사, 1982), 303쪽에서 재인용.
10) 다카하시 데츠야, 『일본의 전후책임을 묻는다』, 이규수 옮김 (역사비평사, 2000), 147쪽.

한편으로, 랑케의 역사주의는 각 시대의 개성을 존중하는 개체 사상에 입각한 역사 해석으로 이미 상대주의의 싹을 품고 있었다. "모든 시대는 신과 직결되어 있다"는 랑케의 주장만큼 상대주의의 입장을 간결하게 표현한 말도 드물다.

역사의 과학성이라는 명제를 더 분명하게 밀고 나아간 것은 오히려 마르크스였다. 마르크스는 자신의 이론이 완벽한 사회 제도에 대한 선험적 구상이나 그에 대한 과학적 이론 체계가 아니라 자본주의에 이르기까지의 역사 과정에 대한 경험적 고찰이라는 점에서 과학적이라고 주장했다. 그러나 그가 『자본론』에서 "경제적 사회 구성체의 발전을 일종의 자연사적 과정으로 파악한다"고 했을 때, 그것은 사회 현상의 자연법적 객관성을 염두에 둔 것이었다. 엥겔스는 가치 법칙의 발견을 라부아지에(Lavoisier)의 산소 발견에 필적하는 과학적 발견이라고 평함으로써 그것의 객관성을 강조했다.

마르크스주의는 이로써 "자연과 사회에 대한 법칙적인 이론적 지식 체계"로서의 과학으로 탈바꿈하였다. 가치 법칙은 이제 "철의 필연성으로 자신을 관철해 가는 경향을 지닌" 사회 운동의 자연 법칙으로 규정되기에 이르렀다. 이것을 논리적 결론으로까지 밀고 나아가면, 마르크스주의는 이론적 예측과 현상의 일치라는 실증주의적 과학론으로 귀착된다. 제2인터내셔널을 풍미했던 실증주의적 마르크스주의의 자연 결정론이 바로 그러한 예이다. 정작 마르크스 자신은 이러한 법칙의 실현에 대해 많은 유보 조항을 두었지만, 마르크스주의의 역사는 마르크스 사상의 역사성을 초역사적인 것으로, 또 그 역사적 상대성을 자연법적 절대성으로 전환시켰다. 이로써 마르크스주의는 진화 결정론적 과학주의의 형식을 갖는 과학적 사회주의로 변형되었다. 콜레티

(L. Coletti)의 표현을 빌면, 마르크스의 '역사적 경향'이 카우츠키(Karl Kautsky)에 이르러 '자연적 필연성'으로 전화되었던 것이다. 스탈린에 이르러 마르크스주의는 다시 자연과 역사를 동일시하는 존재론적 도식론으로 속화되었다.11)

역사 인식의 관점에서 본다면, 실증주의적 마르크스주의는 당파성을 인식의 객관성과 동일시하는 오류를 낳았다. 그러나 마르크스주의의 당파성은, 레닌이 스트루베(Struve)의 객관주의를 비판하면서 적절히 논했듯이, 절대적으로 옳은 객관적 진리를 추구하는 객관주의를 담보하지 않는다. 마르크스주의의 당파성을 견지한다고 해서 그 입장에서 획득한 인식이 절대적 진실이자 완전무결하다는 의미는 아니다. 그것은 노동자 계급의 입장을 취하겠다는 자기 의사의 표명이며, 따라서 노동자 계급의 이해 관계에 의해서 자신의 역사 인식이 제약을 받는다는 사실을 인정하는 것이다.12) 마르크스주의의 역사학이 기존의 보수주의 역사학과 다른 점은, 그것이 객관적으로 더 옳기 때문이 아니라 부르주아지의 이해 관계에서 벗어나 프롤레타리아트의 이해를 입지점으로 삼는다는 점에 있었다. 즉 마르크스주의 역사학은 객관적 진리를 독점하는 것이 아니라 프롤레타리아트의 이해 관계에 따라 역사 인식의 제약을 받았던 것이다.

그럼에도 이러한 인식론적 상대주의는 민중 사학 또는 과학적·실천적 역사학을 표방하였던 1980년대 한국의 진보 사학에서 찾아보기 힘든 덕목이 아니었나 한다. 한국의 진보 사학이 지향했던 것은 무엇보다도 "올바른 역사학"이었고, 또 "올바른 역사학을 통해서만이 현실

---

11) 이에 대해서는 임지현, 「마르크스주의에 대한 몇 가지 인문적 단상: 실증주의적 마르크스주의에서 인문적 마르크스주의로」, 『세계의 문학』 72호, 1994년 여름호, 81~87쪽 참조.
12) 아담 샤프, 『역사와 진실』, 319~322쪽.

에 대한 정확한 진단과 미래에 대한 과학적 전망을 내릴 수 있다"는 확신이 그 지향을 정당화했다.13) 물론 "압제자와 지배 권력의 허상만을 좇아다녔던" 기존의 역사 연구에 대한 통렬한 비판을 제기했다는 점만으로도 그것의 의의는 충분히 인정된다. 이들은 학문적 객관성이라는 이름 아래 절대 중심으로 자리했던 실증적 역사학이 지배 계급의 입장에 제약을 받는 편벽된 인식이라는 점을 드러내는 데는 성공했다. 그러나 올바른 역사학과 과학적 전망에 집착한 결과, 민중적 당파성을 인식의 객관성과 동일시했다는 혐의가 짙은 것도 사실이다. 즉 상대적 객관성에 불과한 자신의 역사 인식을 '과학'의 이름 아래 절대적 객관성으로 확신함으로써 새로운 절대 중심으로 자리 잡고자 했던 것이다.

부르주아지와 프롤레타리아트로 추상화된 자본주의의 대립 구도나 지배 계급과 기층 민중으로 재현된 한반도 근·현대사의 대립 구도 속에서 프롤레타리아트나 민중의 이해를 대변한다는 것은 물론 진보적 역사 인식을 끌어내는 힘이었다. 그러나 메타 역사의 차원에서 역사의 구체적 현장으로 내려올 때, 이들의 계급 중심적 패러다임은 또다른 억압을 잉태할 위험성을 안고 있었다. 특히 프롤레타리아적 당파성을 객관적 진리로 절대화시킬 때 그러한 위험성은 더 커진다. 그것은 프롤레타리아트라는 범주로 포착되지 않는 피억압 민중의 종교적 경험이나 사회적 관습에 대한 살아 있는 감정을 복고적인 것 혹은 반동적인 것으로 간주했던 마르크스주의 역사학의 관행에서도 잘 드러난다.14) 그 때문에 젠더, 민족적 정체성, 종족, 인종, 언어, 문화 등의 문제는 마르크스주의 역사 서술의 맹점으로 남게 되었다. 마르크스주의

---

13) 안병욱,「창간사: 과학적·실천적 역사학의 수립을 위하여」,『역사와 현실』창간호 (1989), 9쪽.
14) G. Prakash, "AHR Forum: Subaltern Studies as Postcolonial Criticism," p. 1477.

역사학이 주도한 19세기 유럽의 노동 운동사가 유색인, 여성, 이민 노동자에 대한 백인 남성 본국 노동자의 헤게모니를 사실상 추인하는 결과를 빚은 것도 같은 맥락에서 이해된다.15)

중립적 입장에서 사실의 객관성을 강조한 실증사학이 공식 기록이나 사료를 만든 기존의 권력 관계를 은폐하였듯이, 자신의 당파적 인식을 과학적 역사학의 이름으로 절대화시킨 마르크스주의의 역사학은 계급의 패러다임으로 포섭되지 않는 다양한 하위 주체들에 대한 역사 담론적 억압을 추인하였던 것이다. 로티(Richard Rorty)에 의하면 유럽인들은 진리란 결코 발견되는 것이 아니라 만들어진다는 사실을 200여 년 전에 이미 깨닫고 있었다.16) 단지 이성의 계몽적 기획에 대한 근대의 환상이 객관적 진실에 대한 집착을 떨치지 못했던 것이다. 이에 대한 반성은 역사 자체가 이데올로기적 구성물이며 권력 관계에 따라 끊임없이 재구성된다는 사회적 구성주의의 인식에서 출발한다. 21세기의 역사학은 따라서 역사가 '무엇'을 이야기하고 있을 때 그 '무엇'은 이미 특정한 권력 관계 속에 있다는 구성주의적 시각을 요구한다. 사회적 구성주의의 시각에서 중요한 것은 '누가' '누구에게' 이야기를 하는가라는, 즉 문제 제기의 주체와 위치에 대한 자각이다.

마르크스주의 역사학 역시 자신이 절대 진리의 구현자가 아니라 프롤레타리아트의 계급적 입장에서 역사를 재구성하는 하나의 입장에 불과하다는 점을 인정해야 한다. 그럴 때라야 비로소 젠더, 민족, 종족, 언어, 문화 등의 여러 측면에서 노동 해방의 이름 아래 억압받고 침묵을 강요당한 여타의 사회적 소수자 문제를 포용할 수 있는 가능성을

---

15) 이에 대해서는 임지현, 「마르크스주의 역사학의 중심 이동」, 이 책 320~344쪽 참조.
16) R. Rorty, Contingency, *Irony and Solidarity* (Cambridge, 1989), p. 3.

갖게 될 것이다. 뿐만 아니라 구성주의의 시각에서 누가 프롤레타리아트의 입장을 어떻게 대변했는가를 자문할 때에야 비로소 현실 사회주의의 권력 엘리트에게 전유된 노동자 계급을 '이야기하는 주체'로 복원할 수 있을 것이다. 민중사학의 경우에도 그것은 마찬가지이다. 민중사학의 역사에서 소수의 전위가 민중을 대변하는 한, 그것은 현실 사회주의의 마르크스주의 역사학이 그랬듯이 엘리트주의로 흐를 수밖에 없다. 사회적 구성주의의 시각은 이처럼 마르크스주의 사학이나 민중사학이 지닌 실천적·인식론적 절대성에 끊임없이 의문을 제기하여 그 해방의 거대 담론이 지닌 또다른 억압성을 드러내 준다.

  객관적 사실과 과학에 대한 물신주의는 사실상 근대가 만들어 낸 신화에 불과하다. 아우슈비츠와 굴락(Gulag)을 통해 이성에 근거한 계몽의 기획이 사실은 광기의 신화였다는 것이 드러났을 때, 과학에 대한 물신주의의 신화는 이미 흔들리기 시작했다. 역사 인식의 관점에서 볼 때, 그것은 특정한 해석을 절대 진리로 못박고 그 입장에 담긴 권력 관계를 절대화함으로써 자신의 광기와 억압을 숨기는 역할을 했을 뿐이다. 사실에 대한 실증사학의 물신화가 부르주아지의 지배 권력이 만들어 낸 신화라면, 과학성에 대한 실증적 마르크스주의 사학의 물신화는 프롤레타리아트의 대항 권력이 만든 신화였다. 사실에 대한 근대의 신화는 사실상 객관성의 이름 아래 각각의 주관적 입장을 은폐할 뿐이다. 역설적인 이야기지만, 서로 다른 역사 서술들이 절대적 진리에 대한 독점욕을 포기하고 그 차이를 분명히 드러낼 때 오히려 상호 의사 소통을 향한 '간주관성'(intersubjectivity)의 공간이 가능한 것이다. 근대가 낳은 두 중심 계급인 부르주아지와 프롤레타리아트를 넘어선 소수자와 주변인들을 위한 역사학이 가능한 것도 바로 이 공간에서이다. 그것은 양대 계급이 독점한 절대적 진리의 폐허 위에서만 싹틀 수 있는 것이다.

3. 민족

민족주의 사학은 제국주의의 침략에 대한 민족적 저항과 민족의 독립에 대한 확고한 신념에서 출발하였다. 민족은 역사 서술의 자명한 주체로 설정되었으며, 곧 역사 해석의 중심에 놓이게 되었다. 일본 제국주의에 대한 저항에서 출발한 민족주의 사학의 큰 특징은 관념론적 역사 해석, 즉 정신사관이었다. 그것은 '국혼론'(國魂論), '국수보전론'(國粹保全論)을 주창한 문화적 민족주의와 맥을 같이하는 것이었다. 대한 정신을 2천만 형제의 머리 속에 불어넣어 주는 것이 가장 중요하다는 박은식은 『한국통사』(韓國痛史)의 서문에서 이렇게 썼다. "옛사람이 이르기를 나라는 멸할 수가 있으나 역사는 멸할 수 없다고 했으니, 그 것은 나라는 형(形, 형체)이고 역사는 신(神, 정신)이기 때문이다. 이제 한국의 형체는 허물어졌으니 정신만은 독존할 수 없는 것인가? 이것이 통사를 저작하는 까닭이다."17) 이어서 그는 국학, 국어, 국문과 더불어 국사가 혼에 속하는 것임을 지적함으로써 역사를 나라의 정신으로 간주한다는 점을 분명히 했다.

비단 박은식뿐 아니라 정인보, 최남선, 문일평 등 민족주의 역사학의 선구자들도 한국사의 발전 원리를 정신적인 것에서 찾고자 하였다. 조선 얼, 조선 정신 혹은 조선심 등이 그들의 역사 서술에서 핵심어였

---

17) 박은식, 「서언」, 『한국통사』. 박찬승, 「일제 지배하 한국 민족주의의 형성과 분화」, 제14회 독립운동사 학술심포지엄 자료집 (2000), 49쪽에서 재인용.

다는 사실은 민족주의 역사학에 내재된 관념적 성격을 무엇보다도 잘 드러낸다. 민족주의 사학의 관념성은 정인보의 '얼' 사관에서 특히 잘 드러난다. '얼'은 민족 정신을 말하는 것으로서, 정인보에게 역사의 본질은 바로 이 '얼'에 있었다. '얼'은 역사의 대 척추였으며, 역사의 구체적인 사실들은 역사의 대 척추인 '얼'의 반영에 불과했다. 만일 역사가가 '얼'을 무시하고 구체적인 사실들만을 구명한다면, 사실의 구명조차 제대로 되지 않을 뿐 아니라 설사 사실을 구명했다고 해도 '무위(無爲)의 구명'에 불과하다는 것이 정인보의 주장이었다.18) 민족주의 사학의 목표는 곧 민족 정신의 발전 과정을 추적하는 데 있었다.

식민지 조선의 민족주의 역사학이 갖는 관념론적 특징은 물론 식민지 조선만의 특수한 현상은 아니다. 그것은 주변부의 비서구적 민족주의에서 일반적으로 발견되는 현상이 아닌가 한다. 주변부의 민족들이 우월한 물질 문명을 앞세운 서양 제국주의에 대항하여 자신의 정체성을 지키기 위해 정신 세계로 회귀하는 것은 어느 정도 불가피한 것이기도 했다. 러시아의 슬라브주의자들은 진리를 '내면적 진리'와 '외면적 진리'로 나누고, 종교와 전통 그리고 도덕적 확신에 바탕을 둔 내면적 진리가 법과 국가로 표현되는 외면적 진리보다 중요하다고 주장하였다. 그것은 서구의 우월한 물질 문명에 대항하여 러시아의 정신 문명을 강조함으로써 그 독자성을 지키려는 노력의 일환이었다. 슬라브주의의 요체는 서구 물질 문명의 합리주의를 인간 정신의 유기적 총합이라는 정신적 힘으로 대체한다는 것이었다.19)

인도의 민족주의자들도 정신 세계와 물질 세계를 안과 밖으로 구분

---

18) 김용섭, 「우리나라 근대역사학의 발달」, 이우성·강만길 편, 『한국의 역사인식』 하권 (창작과비평사, 1976), 477~478쪽.
19) A. Walicki, *A History of Russian Thought* (Oxford, 1979), pp. 93~106.

하고, 서양의 우세한 물질 세계에 대하여 동양의 우세한 정신 세계를 내세우기는 마찬가지였다. 밖의 물질 세계가 경제·국가 기구·과학·기술 등 서구 문명이 우월한 영역이라면, 인도인의 문화적 정체성을 규정하는 안의 정신 세계는 서구 문명이 침투할 수 없는 독자적인 영역이었다. 그런데 바로 이 안의 정신 세계야말로 진정하고 본질적인 영역이므로, 독자적인 정신을 지키는 한 민족의 주권은 손상되지 않을 것이었다. 그것은 세속적인 국가 권력을 식민주의가 장악한 상황에서 정신 세계에 대한 식민주의의 개입을 거부함으로써 민족적 정체성을 지키려는 필사의 노력이었다.20) 독자적인 국가가 없는 식민지라는 특수한 역사 상황 속에서 민족은 사실상 국가의 공백을 채워 주는 관념적 실체이자 신화였다. 해방 이후 민족주의 사학을 계승·발전시켰다고 평가되는 손진태의 신민족주의 사학이 관념적 역사 해석과 정신 사관의 성격을 많이 탈각한 것도 같은 맥락에서 이해된다. 불완전하나마 독자적인 민족 국가가 수립됨으로써 민족주의 사학의 강조점이 추상적인 민족 정신에서 민주주의 또는 모든 민족 성원의 "정치적·경제적·교육적 균등"으로 넘어간 것이다.21)

그러나 식민지 시대의 민족주의 사학이나 해방 이후의 신민족주의 사학이나 민족을 역사 발전의 주체로 상정하기는 마찬가지였다. 이때 민족은 한 사람의 개인과 같이 단일한 것으로 생각되었다. 민족의 모든 구성원은 한결같이 한 가지 근본에 의해 움직인다는 것이었다. 이론적으로 그것은 유기체적 민족 이론으로 결정(結晶)되었다. 민족은 단순한 개인의 집합이 아니라 독자적인 실체로서 영속하여 흐르는 생명

---

20) P. Chatterjee, *The Nation and Its Fragments: Colonial and Postcolonial Histories* (Princeton, 1993), p. 6.
21) 정창렬, 「1940년대 손진태의 신민족주의사관」, 『한국학논총』 21·22 합집 (1992), 131쪽.

이라는 것이다.[22] 유기체적 민족 개념은 "민족은 영원한 실재"이며 "운명"이라고 보았던 이광수 등의 문화적 민족주의자, "역사적으로 문화적으로 동일한 정신적 존재인 것을 심화·인식하는 총체"로서 민족을 내세운 민족주의 좌파 안재홍, "유사 이래로 동일 문화를 가진 단일 민족이라는 것을 명백하게 하는 것은 민족 사학의 당연의 의무"라고 주장한 신민족주의자 손진태 등이 모두 공유하는 것이기도 했다.

유기체적 민족 개념 또한 식민지 조선의 고유한 현상만은 아니었다. 그것은 동유럽의 낭만주의적 민족 이론이 이미 선창한 바 있었다. 뿐만 아니라 민족의 집단적 생존이 문제가 되는 주변부 지역에서는 비교적 널리 받아들여진 개념이었다. 이 이론에 따르면 민족적 정체성이나 소속감은 개인의 자율적 의지에 따른 선택의 결과가 아니라, 이미 선재하는 공동체에 의해 비인격적으로 결정된다는 것이다. 말하자면 민족은 구체적인 인간들의 존재에 앞서 이미 선재하고 있는 공동체로서 개개인의 집단적 정체성을 미리 규정해 버린다는 것이다. 개개의 사회 구성원은 유기적 공동체로서의 민족과 분리되어서는 존재할 수 없는 개개의 세포로 상정된다. 이것은 전체에 대한 개인의 예속 관계를 전제한다. 19세기의 낭만적 보수주의가 '사회'(Gesellschaft)에 대한 '공동체'(Gemeinschaft)의 이데올로기적 자기 방어였다는 만하임의 평가는 바로 이 점을 지적한 것이었다.[23]

이광수의 문화적 민족주의가 집단주의·전체주의의 기초 위에 서 있으며, 따라서 민족 지상주의·국가주의에 접근할 가능성이 농후하였고, 결국에는 일제의 파시즘적 동원 체제에 대한 동조로 이어졌다는 박

---

[22] 윤해동, 「한국 민족주의의 근대성 비판」, 『역사문제연구』 4호 (2000), 58쪽.
[23] K. Mannheim, "Conservative Thought," *Essays on Sociology and Social Psychology* (London, 1953), p. 89.

찬승의 지적이 큰 울림으로 다가오는 것도 같은 맥락에서이다.[24] 그러나 박찬승의 지적이 이광수에게만 해당되는 것일까? 이광수처럼 유기체적 민족 개념을 공유한 민족주의 좌파 안재홍이나 신민족주의 사학의 제창자 손진태는 이러한 혐의에서 자유로운 것일까? 한일 회담과 대외 의존적 경제 발전에 대한 비판적 시각에도 불구하고, 민족주의 역사학은 결국 박정희의 주체적 민족사관과 권위주의적 근대화론을 뒷받침한 것은 아닐까? 자본주의의 내재적 발전론이 자본주의적 근대화를 결과적으로 추인했다면, 조국과 민족을 위해 개인의 희생을 정당화하는 유기체적 민족 개념은 국가주의적 동원 체제를 추인한 것은 아닐까?

사실상 민족 해방 운동의 전통 위에서 제2차 세계대전 후 갓 독립한 제3세계 국가들의 민족주의는 이처럼 국가주의적 권력 담론 속으로 흡수되는 양상을 보였다. 주변부 민족주의에 지배적인 유기체적 민족 이론은 국가주의를 더더욱 강화하는 이론적 기제였다. 자율적 개인에 대해 민족이라는 전체를 앞세우는 유기체적 민족 이론은 식민주의에 저항하는 민족 투쟁에서는 효과적이었지만, 내부적으로는 영속적인 민족과 국가의 고유 정신을 강조함으로써 무한한 힘을 가진 국가 권력 아래 개개인을 종속시키는 결과를 낳았다. 국가 권력을 견제할 수 있는 시민 사회가 결여됨으로써, 민족주의 담론으로 무장한 국가주의는 거칠 것이 없었다. 나라 없는 민족의 서러움을 다시 겪지 않기 위해서는 국가의 힘을 키워야 한다는 논리 앞에서 민중적 삶의 질이나 자율적 개인의 존재 이유는 부차적 고려의 대상이었을 뿐이다. 해방 후의 한반도도 이러한 상황에서 크게 예외는 아닐 듯하다.[25]

---

24) 박찬승, 「일제 지배하 한국 민족주의의 형성과 분화」, 64쪽.
25) 이에 대해서는 임지현, 「한반도 민족주의와 권력 담론」, 이 책 111∼140쪽 참조.

한편 역사 인식의 관점에서 본다면, 민족주의 사학은 식민지 시기를 '제국과 민족'의 이분법으로 파악한다는 문제를 안고 있다. 제국이 모든 악의 상징으로 표상되면, 민족은 모든 선의 상징으로 표상된다. '근대'가 좋은 것 혹은 발전의 불가피한 단계라면, 악을 상징하는 제국이 좋은 '근대'를 식민지에 이식했을 리는 만무하다. 민족주의 사학의 수탈론이 성립하는 것도 바로 이 지점에서이다. 민족을 역사의 주체로 삼고 '제국과 민족'의 이항 대립을 도덕적 선과 악의 규범으로 이해하는 한, 수탈론은 불가피한 결과이기도 하다. 제국주의가 자본주의적 근대를 식민지에 이식했다는 식민지 근대화론은 사실 여부를 떠나 매도의 대상이 된다. 제국은 악의 상징으로 남아 있어야 하기 때문이다. 그러므로 제국이 도입한 그 '근대'는 발전의 맥락이 아니라 식민지 주민에 대한 근대 규율 권력의 통제력이 확대되는 과정으로 읽을 수 있다는 탈근대의 문제 의식은 설 땅이 없다.[26] '탈'근대는 차치하고, 근대를 반성적으로 수용하는 '성찰적 근대'의 고민조차 좀처럼 발견되지 않는다. 민족주의 사학이 표방하는 '역'근대 자체가 근대의 신화에 그만큼 깊이 매몰되었다는 좋은 증거이다.

"누구를 위한 역사인가?"라는 관점에서 볼 때 문제는 더 심각하다. 민족주의 사학은 식민지 조선의 피식민지인들이 가졌던 다양한 집단적 정체성을 민족적 정체성으로 환원시킨다. 계급, 젠더, 신분 등의 다양한 정체성들은 간단히 무시되거나 민족적 정체성에 종속된다. 예컨대 백정들의 인권 운동인 형평사 운동이나 자유주의 혹은 사회주의 여성 운동은 고민 없이 민족 운동으로 환원된다. 이들에 대한 역사적 평

---

[26] 이러한 문제 의식을 잘 반영하고 있는 것으로는 Chulwoo Lee, "Modernity, Legality, and Power in Korea Under Japanese Rule," Gi-wook Shin and Michael Robinson eds, *Colonial Modernity in Korea* (Cambridge, Mass., 1999), pp. 21~51.

가 또한 민족 운동에 기여했는가의 여부가 기준이 된다. 식민지 시기 민중들의 삶이 '제국과 민족' 혹은 '종속과 저항'이라는 이분법으로 재단될 만큼 그렇게 단순하고 정태적인지도 의문이지만, 그것은 역사 서술에서 민족이 민중을 전유한다는 것을 의미한다. 예컨대 민중의 단합조차 민중의 이름이 아닌 민족의 이름으로 제기되고, 그래서 여성에 대한 가부장적 억압이 민족의 이름으로 은폐되고 기층 민중을 지배하려는 민족주의 엘리트의 헤게모니가 민족의 이름으로 정당화된다.[27] 그러므로 문제는 민족주의 사학이 다양한 정체성들을 억압하는 데 그치는 것이 아니라, 민족주의 엘리트를 위한 역사학으로 전락할 위험성을 안고 있다는 점이다.

시야를 고·중세사를 포함한 역사 일반으로 확대한다면, 민족주의 사학은 민족을 초역사적인 자연적 실재로 부당 전제하는 시대 착오주의의 문제점을 드러낸다. 고구려·백제·신라를 이미 하나의 동일한 민족적 실체라고 간주하여 '외세'와 '민족'의 관점에서 삼국 시대와 통일신라를 논하거나, 우리 민족은 유구한 전통을 지닌 '단일 민족'이기 때문에 늘 외적의 침입에 맞서 대동단결하여 싸웠다는 식의 민족 항쟁에 대한 관념적 해석 등이 그 대표적인 예이다.[28] 이때 민족은 역사적으로 증명되어야 할 대상이 아니라 역사적 상상을 통해 사상적으로 일깨워야 할 대상이었다. 민족이 역사적 변화에 열려 있는 사회적 실재임을 부정하고 처음부터 주어진 고정불변의 것으로 전제한다면, 그것

---

[27] R. Radhakrishan, "Nationalism, Gender and the Narrative of Identity," A. Parker et. al., *Nationalism and Sexualities* (New York, 1992), pp. 78~82, 89; P. Chatterjee, *The Nation and Its Fragments* (Princeton, 1993), 3장 참조.
[28] 이에 대해서는 임지현, 「한국사학계의 '민족' 이해에 대한 비판적 검토」, 『민족주의는 반역이다』 (소나무, 1999) 참조.

은 비역사적 사고임에 틀림없다. 뿐만 아니라 '민족'을 역사의 상수로 보는 이러한 관점은 근대 민족 국가의 잣대로 고대와 중세의 역사를 해석함으로써 시대 착오주의를 낳게 마련이었다. '민족'이라는 용어가 이 땅에 도입된 것이 '세기말'을 전후한 시기였다는 사실 자체가 이미 민족주의 사학의 시대 착오주의를 잘 드러내 준다. 요컨대 민족주의 사학은 민족 국가라는 근대의 역사상을 과거의 역사에 투사함으로써 근대의 신화에 매몰되었던 것이다.

민족주의 사학이 강조한 민족 전통은 역사에서 객관적 실재로 존재하는 것이 아니라 선택적인 해석 작업의 결과였다. 앤소니 기든스의 표현을 빌면, "전통은 여러 세대에 걸쳐 지속된다는 단순한 사실에서가 아니라, 현재를 과거에 얽어매는 끈을 확인하기 위해 수행되는 끊임없는 해석 작업으로부터 도출된다."[29] 근대성과 전통이 제휴하는 것은 바로 이 해석 작업 안에서이다. 이 점에서 근대화는 전통을 해소하는 동시에 전통 형식들을 재창조하는 기제이다. 사실상 전근대 사회의 중앙과 지역, 지배 신분과 피지배 신분의 문화적 균열을 감안하면, 지역 공동체 수준에서 지속되어 온 전통은 결코 민족 전통이라 할 만한 것은 아니었다. 지역적 격차와 신분적 차이를 넘어서 민족 국가가 요구하는 '민족 전통'은 새로운 전통의 창조에 의해서만 가능한 것이었다. 그것은 요컨대 근대 국가 권력이 고대의 원료를 자신을 정당화하기 위한 근대적 목적으로 재구성한 것이었다.[30]

19세기 말 이래 주변부·식민지에서 정비된 전통 양식의 음악이나 무용, 가극은 서양과의 접촉이 없었다면 사실상 확립되지 않았을 발명

---

[29] 앤소니 기든스 외, 『성찰적 근대성』, 임현진·정일준 옮김 (한울, 1998), 101쪽.
[30] 앤소니 기든스 외, 『성찰적 근대성』, 140~142쪽.

된 전통이었다. 서양의 충격에 대한 대응으로 나온 민족주의적 역사 서술 또한 자국민 못지않게 역사의 독자성과 고유성을 서양인에게 보여 주기 위해 촉발된 측면이 적지 않다. 말하자면 민족주의적 역사 서술조차 서양에 대해 반발하면서도 서양의 논리를 모방하는 데서 크게 벗어나지 못했다. 서양의 담론이 참조되고, 모방과 반발의 묘한 역학 속에서 고유한 역사상과 전통 문화가 창출된 것이다.31) 전통은 모더니스트의 담론 구조 속에서 재구성된 이미지이며, 그래서 근대성이 배제된 전통은 있을 수 없다는 역설이 성립되는 것도 바로 이 지점에서이다.32) 전통은 어디까지나 근대적 사고의 산물이었던 것이다. 그러므로 민족주의 사학은 조선 혼과 민족 전통을 강조하면 할수록 더 깊이 근대의 신화에 빠져드는 역설을 안고 있었다.

민족적 전통과 독자성을 강조하는 민족주의 사학이 지닌 이 역설적 근대성은 자본주의의 내재적 발전론에서 잘 드러난다. 논의의 핵심은 조선 후기에 봉건 사회를 무너뜨리고 자본주의적 근대 사회로 나아가는 동력이 민족 내부에서 준비되고 있었다는 것이다. 정체성론과 타율성론이 일본 제국주의가 조선을 타자화하는 일본식 오리엔탈리즘 담론이라는 점을 감안한다면, 내재적 발전론은 그러한 오리엔탈리즘의 사고를 역전시키겠다는 지향을 담은 것이었다. 그러나 자본주의적 맹아를 찾고자 했던 내재적 발전론은 기본적으로 식민주의가 이식한 근대적 이성과 진보의 담론틀에 갇힌 것이었다. 즉 그것은 민족주의적 지향에도 불구하고 자본주의적 근대를 따라가야 할 준거로 설정함으로써 식민주의의 인식틀을 벗어나지 못한 것이었다. 인도의 민족주의

---

31) 이에 대해서는 P. Chatterjee, *The Nation and Its Fragments* (Princeton, 1993), 3~4장을 보라.
32) P. Duara, "Knowledge & Power in the Discourse of Modernity," *Journal of Asian Studies*, vol. 50 (Feb., 1991), p. 68.

사학이 고대로부터 현대에 이르기까지 인도사의 발전 과정을 근대 민족 국가로 나아가는 기획으로 간주함으로써 결과적으로 오리엔탈리즘의 시각을 공유한다는 프라카시의 지적은 이 점에서 타당하다.[33]

민족주의 사학은 피식민자의 전통과 기원을 활용하여 식민주의가 강요하는 근대적 가치에 저항했지만, 자본주의의 내재적 발전론에서 보듯이 결국 유럽의 역사적 경험을 보편으로 삼는 서구 중심주의에서 벗어나지 못한 것이었다. 민족주의 사학이 근대를 모방하려는 욕망을 버리지 못하는 한, 서구 중심주의는 불가피한 결과이기도 했다. 근대의 담 밖에서 근대를 바라보는 근대 비판의 시각을 갖지 못한 것은 민족 통일을 '장기 근대'의 종점으로 삼는 '신근대사론'의 경우도 마찬가지이다. 그것은 근대를 독자적 민족 국가의 수립으로 환원시킬 뿐 아니라, 근대의 극복은 근대의 완성 이후에나 가능하다는 단계론적 시각을 드러낸다.[34] 그것이 한국사에 특수한 근대의 존재 증명을 위해 거대 담론으로서의 근대를 다시 도입하는 이중성을 낳았다는 김기봉의 비판은 이 점에서 시사적이다.[35] 민족주의 사학의 문제 의식을 계승한 통일 사학이나 분단 극복 사학의 경우에도 그것은 마찬가지가 아닌가 한다. 통일된 민족 국가로 표상되는 근대성을 역사적 선험성으로 전제한다는 점에서 이들도 예외는 아닌 것이다. 독자적 민족 전통과 고유성을 강조했음에도 불구하고, 민족주의 사학이 '근대'의 신화에서 벗어나지 못했다고 보는 것도 바로 이러한 이유에서이다.

---

33) G. Prakash, "Writing Post-Oriental Histories of the Third World," *Comparative Study of Society and History*, vol. 32 (April, 1990), p. 391.
34) 정연태, 「식민지 근대화론 논쟁의 비판과 신근대사론의 모색」, 『창작과비평』 103호, 1999년 봄호 참조.
35) 김기봉, 「'단단한' 근대와 '부드러운' 근대」, 『역사와 문화』 창간호 (2000), 151쪽.

4. 민중

1973년 미국에서 결성된 '전국 흑인 여성 페미니스트 조직'(NBFO)의 대변인은 자신을 규정하는 이중적 정체성의 곤혹스러움을 이렇게 말했다. "우리는 자주 바보 같은 질문을 받습니다. 당신의 소속감은 어디에 있는가? 흑인 운동인가, 페미니스트 운동인가 하는 식의…… 글쎄요, 월요일부터 목요일까지는 여성으로서 억압을 받고, 나머지 다른 날들은 흑인으로서 억압을 받는다고 답하면 좋겠지요. 하지만 우리는 매일 두 가지 억압에 모두 대항해서 싸워야 합니다."[36] 이 대변인 여성에게 인종적 억압과 성적 억압 중 어느 것이 주요 모순이고 또 어느 것이 부차적 모순이냐고 묻는다면, 그것은 또다른 우문이 될 것이다. 한 걸음 더 나아가 그녀의 주장이 계급적 모순에 대한 감수성 부족과 성숙하지 못한 계급 의식을 드러낼 뿐이라고 평가한다면, 그것은 편협한 계급 환원론에 불과할 것이다. 이 여성에게서 보듯이, 개인의 정체성은 어떤 단일한 기준으로 결정되는 것은 아니다. 그것은 계급뿐 아니라 젠더, 인종, 민족, 신분, 종교 등등의 다양한 층위에서 복합적으로 결정된다. 이 점에서 20세기의 마르크스주의 사학은 계급 정체성이라는 단일한 층위에서 역사 해석을 시도했다는 혐의에서 벗어나기 어렵다. 정작 큰 문제는 계급 정체성을 강조했다는 점이 아니라 '과학'의 이름 아래 그것을 하나의 시각이 아닌 절대적 시각으로 못박았다는 데 있다.

마르크스주의 사학은 조건에 따라 상충하기도 하고 접합되기도 하는 개인의 다중적 정체성을 계급적 정체성에 종속시킴으로써, 결국 역

---

[36] R. Dunayevskaya, *Rosa Luxemburg, Women's Liberation, and Marx's Philosophy of Revolution* (Chicago, 1991), p. 103.

사의 지배·피지배 관계가 갖는 다양한 국면들을 이해하는 데 실패하였다. 그 결과 그것은 노동 운동 내부에서의 지배·피지배 관계, 예컨대 성적 억압이나 인종적 차별 등의 문제를 파헤치는 데 망설이는 모습을 자주 보였다. 정통 마르크스주의 역사학은 이러한 방식으로 여성, 유색 인종, 농민, 소수 민족 등의 이해를 노동 운동의 이해에 종속시켰다. 프롤레타리아트가 보편 계급의 이름으로 이들을 타자화하고 전유한 것이다. 사실상 정통 마르크스주의의 노동사 서술에서 헤게모니를 장악하도록 운명 지어진 것은 지배 민족 혹은 지배 인종의 남성 노동자였다. 요컨대 주변부의 식민화된 '하위 주체'가 중심부의 남성 프롤레타리아트에게 종속된 것이었다. 마르크스주의의 역사 서술이 지향해 온 노동 해방의 이념이 프롤레타리아트의 추상적이고 헤게모니적 이해에 봉사해 왔다는 비판은 이러한 맥락에서 이해된다.

20세기 한국의 마르크스주의 사학도 이 점에서 크게 예외는 아니었다. 마르크스주의 사학은 조선 문화사를 '독자적인 소우주'로 특수화시킨 민족주의 사학과 '조선 특수 사정'을 강조한 식민주의 사관을 비판하면서 나왔다. 실증사학도 그 비판의 사정권에서 벗어나지는 못했지만, 민족주의 사학에 대한 비판과 견주어 보면 대체로 완곡한 것이 아니었나 한다.[37] 마르크스주의 사학이 '근대성'과 '과학성'이라는 코드를 실증사학과 공유했다는 점을 감안하면 그것은 자연스러운 현상이었다. 관념론과 유물론의 이항 대립이라는 관점에서 볼 때, 실증주의의 세계관은 엄연히 유물론적이며 이 점에서 마르크스주의와의 사상적 친화성을 잠재적으로 갖고 있는 것이다. 마르크스주의 사학과 민족주의 사학의 친화성을 강조하는 기존의 견해를 비판하고, 마르크스주

---

[37] 이기백, 「유물사관적 한국사상」, 노태돈 외, 『현대 한국사학과 사관』, 124쪽.

의 사학의 비판이 실증사학보다는 민족주의 사학에 더 날카롭게 겨누어졌다는 이기백의 지적이 설득력 있게 다가오는 것도 같은 이유에서이다.38) 그럼에도 마르크스주의 사학과 민족주의 사학을 한데 묶은 것은 기존의 사학사 이해가 식민주의 진영인가 반식민주의 진영인가 하는, 민족을 기준으로 한 진영론의 접근 방식을 취했기 때문이 아닌가 한다. 제국 대 민족이라는 진영론의 관점에서 보면, 마르크스주의 사학과 민족주의 사학은 역사 인식과 방법론에서 현격한 차이가 있는데도 반식민주의 진영으로 한데 묶일 수 있었던 것이다.39)

민족주의 사학의 관념성에 대한 마르크스주의 사학의 비판은 또 한편으로 특수에 대한 보편의 비판이기도 했다. "세계사의 일환으로서의 조선 역사는 반드시 계급 투쟁사"인가라는 물음을 던지고, 계급 투쟁사라는 결론을 얻었다는 백남운의 회고나 조선의 역사가 "세계사적인 일원론적 역사 법칙에 의하여 다른 여러 민족과 거의 동궤적인 발전 과정을 거쳐 왔다"는 주장에서 세계사적 보편성에 대한 마르크스주의 사학의 집착은 잘 드러난다.40) 또 논자에 따라 세부적 차이는 있지만, 한국 마르크스주의 사학의 선구자들은 결국 원시 공동체 사회→노예제 사회→봉건 사회→자본주의 사회라는 단선론적 발전 단계론을 공유하였다. 그것은 유럽사의 경험을 보편적인 생산 양식 담론으로 신성

---

38) 이기백,「유물사관적 한국사상」, 124쪽, 128~129쪽, 157쪽. 이데올로기적 대립에도 불구하고 부르주아 실증주의에서 마르크스주의가 움튼 폴란드의 역사적 경험은 이 점에서 시사적이다. N.A. Naimark, *The History of the 'Proletariat': The Emergence of Marxism in the Kingdom of Poland, 1870~1887* (New York, 1979), pp. 33~45.
39) 예컨대 이기백이 지적하고 있는 홍이섭의 글 이외에도 강만길의 다음과 같은 글을 보라. 홍이섭,『한국사의 방법』(탐구당, 1968), 310~311쪽; 강만길,「통일사관 수립을 위하여」,『역사비평』14호 (1991, 가을), 56쪽.
40) 백남운,「백남운 원사의 토론요지」,『삼국시기의 사회경제구성에 대한 토론집』(일송정, 1989), 346~347쪽; 백남운,『조선사회경제사』, 박광순 옮김 (1989), 24쪽. 이기백,「유물사관적 한국사상」, 125쪽, 137쪽에서 재인용.

시한 결과이다. 마르크스 자신이 우선 자본주의의 기원에 관한 한 서구 중심적 시각을 견지했으며, 따라서 마르크스를 좇는 한 유럽 중심주의는 불가피한 것이기도 했다.[41] 유럽사의 특수한 경험을 마스터 코드로서의 대문자 역사로 만든다는 것은 곧 유럽이 낳은 마르크스주의적 '근대'의 신화에 동참한다는 의미였다.

한편 민족주의 사학에 대한 비판이 있었음에도 한국의 마르크스주의 사학은 근대적 기획의 정치적 완성태인 민족 국가의 이데올로기에서 자유롭지 못했다. 식민주의 지배의 긴 터널을 벗어나자마자 맞이한 분단이라는 특수한 경험은 민족 문제에 대한 감수성을 날카롭게 만들었다. 마르크스주의 사학의 계급 중심주의는 어떠한 형태로든 수정이 불가피했다. 그 결과로 마르크스주의 사학과 민족주의 사학을 접목시키려는 시도들이 나타났고, 그것은 민중사학으로 결정되었다. 민족 모순과 계급 모순을 주요 모순과 기본 모순으로 설정하고, 그에 입각해서 한국 근·현대사에 접근하는 민중사학의 문제 의식은 민족이 곧 민중이고, 민중이 곧 민족이라는 것이었다.

그것은 백남운 등의 마르크스주의 사학이 단순 비교를 통해 선진 자본주의 사회와 조선의 역사 발전 과정을 동일시했다는 비판에서 출발하였다. 즉 민중의 형성이 계급 모순으로만 매개됨으로써 민족 모순의 행방이 묘연해졌다는 것이다.[42] 물론 마르크스주의 사학에 대한 비판의 톤이 같은 것은 아니었다. 논자에 따라 계급 모순과 민족 모순이 같은 추상 수준에서 이야기되기도 하고, 또 경우에 따라 계급을 강조하거나 민족을 강조하는 등 강조점이 다르기도 하다. 그러나 기본적으로

---

41) B.S. Turner, *Orientalism, Postmodernism and Globalism* (London, 1994), p. 140.
42) 정창렬, 「한국에서 민중사학의 성립·전개 과정」, 정창렬 외 지음, 『한국민중론의 현단계』(돌베개, 1989), 29~30쪽.

그것은 마르크스주의 사학에 민족주의 사학의 문제 의식을 접합시킨 것이라 할 수 있다. '민중'이라는 새로운 근대의 신화는 결국 마르크스주의와 민족주의가 공모한 결과였다. 민중이 민족 이야기의 주체로 만들어진 것이다.

민중을 역사 발전의 주체로 파악하는 관점은 사실상 좌우를 막론하고 20세기 한국 역사학의 대세였다. 그러나 이에 기초하여 "민중이 주인 되는 사회를 건설하기 위한 변혁의 전망을 모색하는 실천적 학문 경향"으로서의 '민중사학'이 본격적으로 등장한 것은 1980년대에 이르러서였다. 물론 민중사학은 명확한 사관이나 통일적 역사 이론에 근거한 것은 아니었다. 어느 면에서 그것은 실천적이고 과학적인 인식을 지향하는 진보적 중진·소장 연구자들의 일반적인 경향이었을 뿐이다. 실제로 민중사학은 민족적 연대를 강조하는 계급 연합론, 노동자 계급의 헤게모니에 기초한 통일 전선론, 구조 결정론을 벗어나 독자적인 한국 민중의 발전 과정을 추적하고자 했던 흐름 등으로 나누어지기도 한다.43) 또 민중에 대한 개념 정의도 다양해서, "신식민지하에서 민족해방의 주체로, 노동자 계급을 중심으로 하여 농민, 도시 빈민, 진보적 지식인 등을 포괄"하는 단단한 개념으로 제시되기도 하고, 계급 연합에 토대를 두되 그것으로 환원되지 않는 복합적이고 유동적이며 살아움직이는 '운동체'라는 부드러운 개념으로 파악되기도 한다.44)

이러한 차이에도 불구하고 1980년대의 민중사학은 마르크스주의 사학의 한국적 변용이라 할 수 있다. 공개적으로 마르크스주의를 표방할 수 없었던 반공주의 체제의 학문 외적 제약이 그 일차적인 이유겠다.

---

43) 김성보, 「'민중사학' 아직도 유효한가」, 『역사비평』 14호, 1991년 가을호, 49~53쪽.
44) 한국민중사연구회 편, 『한국 민중사 1』(풀빛, 1986), 33쪽; 정창렬, 「한국사(학)에서의 민중인식」, 백낙청·정창렬 편, 『한국민족민중운동연구』(두레, 1989), 142~143쪽.

『한국민중사』 재판에서 보듯이, 마르크스주의 사학은 고사하고 민중사학이라는 용어 자체도 불온시되었던 것이다. 그러나 또다른 한편에서는 민족 문제에 대한 예민한 감수성이 마르크스주의 사학에서 민중사학이 갈라져 나오는 이론적·실천적 계기를 마련한 것이었다. 적어도 사론적 측면에서 이것은 정통 마르크스주의 사학의 계급 환원론 혹은 프롤레타리아 유일주의에 대한 비판이라는 점에서 일정한 의미를 갖는다. 민족 문제의 특수성에 대한 고려가 계급 환원주의를 넘어서게 하고, 또 민족적 연대를 위한 계급 연합론이 프롤레타리아 유일주의를 극복하는 이론적 단초를 제공한 것이다. 물론 실제 서술에서는 계급 환원론으로 회귀하는 경향을 보인 것도 사실이고, 또 그에 대한 자체 비판도 적지 않았다. 계급 모순을 기본 모순으로 설정하는 한, 계급 환원론의 위험성은 늘 상존하는 것이었다. 그것은 무엇보다도 민중 사학이 선언적 차원을 넘어서 독자적인 방법론을 체계화하지 못한 데서 비롯된 것이었다.

그러나 민중사학의 선언적 문제 제기를 액면 그대로 수용한다고 해도 여전히 문제는 남는다. 이용기가 적절히 지적했듯이, 민중사학은 민족 모순과 계급 모순의 변증법적 틀에 갇혀 있었던 것이다.[45] 민중사학의 관건적 문제가 "민족 모순과 계급 모순을 어떻게 변증법적으로 통일시켜서 한국의 근대사·현대사를 파악·인식할 것인가 하는 문제로 귀결된다"는 선언적 명제가 그 점을 잘 입증해 준다.[46] 바꾸어 말하면 민중의 정체성은 여전히 민족적 정체성과 계급적 정체성으로 환원되어 고정화된 분석 범주로만 남아 있을 뿐이다. 물론 민중사학이 지배

---

45) 이용기, 「미군정기의 새로운 이해와 '사회사'적 접근의 모색」, 『역사와 현실』 35호 (2000), 18쪽.
46) 정창렬, 「한국에서 민중사학의 성립·전개 과정」, 40쪽.

계급을 위한 역사 서술에 반기를 들었으며, 적어도 담론적 차원에서 민중을 해방시킨 것은 부인할 수 없는 사실이다. 그러나 동시에 그 추상적 해방 담론이 또다른 억압의 기제들을 잉태했다는 것도 사실이다. 민중사학은 민족적 정체성과 계급적 정체성을 정점으로 하는 정체성의 위계 질서를 구축함으로써, 민족주의 사학의 담론적 억압과 마르크스주의 사학의 담론적 억압이 접합되어 나타날 뿐이었다. 해방의 그늘에 가려져 왔던 이 억압의 기제들을 찾아내서 해체하는 작업이야말로 21세기 한국의 역사학에 던져진 주요 과제라는 것이 내 생각이다.

민중사학이 민족 모순과 계급 모순의 올바른 결합이야말로 한국 근·현대사를 이해하는 관건적 문제라고 파악하는 한, 그래서 민중의 내적 역동성을 민족 모순과 계급 모순의 변증법이라는 추상적 담론 속에 가두어 두는 한, 그것은 민중 없는 민중사학으로 남을 위험성이 컸다. 근대화와 진보에 대한 맹목적 믿음, 민족 모순과 계급 모순의 변증법에 대한 과학적 이해의 추구, 해방의 거대 담론에 대한 집착 등은 사실상 역사적 행위자로서의 민중을 배제하는 결과를 낳았던 것이다.[47] 이용기의 표현을 다시 빌면, 민족과 계급이라는 프리즘을 통해 구조적 조건이 분석되고 이를 통해 역사적 과제가 설정되고 나면 "민중은 그러한 과제를 수행하는 혹은 수행해야 할 규범적인 행위자"로 파악되곤 했다는 것이다. 즉 민중은 역사 발전의 합법칙성을 증명하거나 '옳은 노선'을 검증하는 차원에서만 분석될 뿐, 정작 민중 자신의 삶과 목소리는 지워졌던 것이다.[48] 엄격히 말하면, '민중을 위한 역사'는 있었지

---

[47] 유럽의 진보 사학에 대한 유사한 비판으로는 S. Berger, "The rise and fall of 'critical' historiography," *European Review of History*, vol. 3, no. 2 (1996), 214~221쪽 참조.
[48] 이용기, 「미군정기의 새로운 이해와 '사회사'적 접근의 모색」, 14쪽, 17쪽. 한편 인간의 얼굴을 잃어버린 마르크스주의 역사학에 대한 1950년대 영국 공산당 그룹 역사가들의 반

만 '민중의 역사'는 없었던 것이다. 이때 무엇이 민중을 위한 역사인가를 결정하고 보장해 주는 것은 민족 모순과 계급 모순의 변증법에 대한 과학적 이해였다. 과학의 절대적 객관성을 추구하는 입장에서는 인식론적 상대주의와 사회적 구성주의가 설 땅이 없다. 때때로 선험적 도식성과 경직된 획일주의가 논의와 해석의 다양성을 덮어 버린 느낌이 드는 것도 이러한 이유에서이다.

그러므로 민중사학이 내놓은 민족 이야기의 주체는 엄밀히 말하면 민중이 아니었다. 이론적으로 민중은 민족 모순과 계급 모순이 결합된 역사적 문제를 해결하는 주체로 상정되었지만, 실제 서술에서 민중은 과학적 이론이 규정한 추상적 과제를 해결하도록 운명 지워진 수동적 주체로 그려질 위험성이 높았다. 톰슨(E.P. Thompson)이 '천로역정'적 정통파라 이름 붙인 승리사관 혹은 사회주의 영웅사관의 위험성이 잠재되었던 것이다. 구체적으로 그것은 '지도' 중심의 운동사 서술로 나타날 것이었다. 즉 "운동사는 '지도-대중'의 구도 속에서 상층 지도부의 이념·노선과 그것의 '관철' 방식을 중심으로 서술되며, '대중'을 고려한다고 해도…… 운동의 저변 정도로 취급"되었던 것이다.[49]

민중사학이 마르크스주의 사학의 계급 환원론을 극복하는 문제 의식과 이론적 단서를 지니고 있었음에도 현실 사회주의 역사학과 얼마나 떨어져 있었는지는 의심스럽다. 지도부의 옳은 노선과 과학적 이론이야말로 운동의 궁극적인 성공을 담보하는 열쇠이며, 모든 운동의 패배는 수정주의나 트로츠키주의 같은 파당적 지도부의 기회주의와 배

성이나, 지배 엘리트들에 의해 전유된 '하위 주체'의 목소리를 복원하려는 인도의 하위 주체 연구 그룹의 문제 제기, 또는 하층민을 위한 역사가 아닌 하층민의 역사를 강조한 독일 일상 생활사의 연구 동향은 이 점에서 시사하는 바가 적지 않다.
49) 이용기, 「미군정기의 새로운 이해와 '사회사'적 접근의 모색」, 15쪽.

반의 탓으로 돌리는 현실 사회주의 역사학의 문제가 재생산된 측면도 적지 않았다. 정작 '아래로부터의 역사'를 경원하고, 사회주의 영웅사관으로 흐른 현실 사회주의의 당 역사학과 민중사학의 거리는 생각만큼 먼 것은 아니었다. 그것은 결국 노동 운동사, 사회주의 운동사, 민중 운동사를 역사적 맥락에서 분리시켜, 권력 투쟁에서 승리한 당파의 권력을 정당화하는 논리로 이어지기도 했다.50)

또다른 한편에서는 민족과 계급의 프리즘에 민중을 가두어 버린 결과로 여성 운동이나 천민 운동 등 민족과 계급을 넘어 다양한 정체성을 갖는 민중 운동에 대한 평가 또한 제한적일 수밖에 없었다. 제도적으로는 폐지되었지만 사회적 관습으로는 강하게 남아 있는 신분제에 반기를 들고 백정의 인간적 권리를 찾고자 했던 형평사 운동을 민족 운동사의 일부로 전유한 것도 그 좋은 예이지만, 식민지 시기의 여성 운동에 대한 평가에서 그것은 더욱 두드러진다. 당대에도 그러했지만, 여성 운동을 하나의 부문 운동으로 여기기는 민족주의적 시각이나 사회주의적 시각이나 마찬가지였다. 여성 운동은 민족 운동에 복무하는 부문 운동이거나 여성 해방은 노동 해방이라는 선차적 과제에 종속되어야 할 것이었다. '대한애국부인회' 같은 민족주의적 여성 단체 또는 '조선여성동우회'나 '근우회' 같은 사회주의 계열의 여성 운동에 전통적으로 후한 점수가 매겨진 것도 같은 맥락에서였다. 민족 운동이나 사회주의 운동의 부문 운동이 아닌 여성 운동 그 자체는 별 관심의 대상이 아니었다. 또 관심의 대상이 된다고 해도, 그것을 평가하는 잣대는 여성이 아니라 민족과 계급이었다. 민족적 정체성이나 계급적 정체

---

50) Jie-Hyun Lim, "'The Good Old Cause' in the New Polish Left Historiography," *Science and Society*, vol. 61, no. 4 (1997/98), p. 545.

성을 중심에 놓고 사고하는 한, 그것은 이미 예견된 결론이었다.

그러나 여성의 정체성을 사고의 중심에 놓는 순간, 역사적 평가나 해석은 급격히 달라진다. 예컨대 1923년 발표된 사회주의 계열 '조선 청년당'의 여성 강령을 분석해 보면, 남성 폭력 근절, 여성의 경제적 독립 등 여성 문제를 중심에 놓고 남성의 태도 변화를 촉구하는 제안은 거부당하고 민족주의의 함의를 지닌 4개 조항만 강령화된 것을 알 수 있다. 사회주의자 남성들이 받아들일 수 있는 여성 해방론은 최소한 그들의 민족주의 기획과 일치하는 한계 내에서였던 것이다. 그것은 여성에 대한 그들의 시각이 사회주의 운동 혹은 민족 운동을 위한 동원의 대상에 머물러 있었다는 것을 의미한다. 또 여성 해방의 이론과 실천에 관한 한, 정치적으로 자유주의적이고 보수적인 여성 운동가들이 사회주의적 여성 운동가보다 뒤떨어지지 않았다는 것을 알 수 있다. 오히려 전통적으로 남성의 영역으로 간주된 직업에 도전하거나 복식과 머리 모양을 파괴하는 등의 일상적 실천에서는 더 앞서가는 면도 있었던 것이다.[51] 그것은 마치 여성의 절대적 평등을 지지한 서구의 자유주의 페미니스트들이 여성 해방의 관점에서는 콜론타이 등 소비에트의 여성 해방론자들보다 더 앞서간 것과 마찬가지이다. 클라라 제트킨의 프롤레타리아트 모성론도 마찬가지지만, 혁명과 사회주의 건설에 대한 여성의 기여 여부를 기준으로 여성 해방의 문제에 접근한 사회주의 여성 해방론은 결국 여성 해방에 대한 도구적 시각을 벗어나지 못했던 것이다.[52]

물론 여성의 정체성이 식민지 시기 여성 운동을 평가하고 해석하는

---

51) K.M. Wells, "Women and the Kunuhoe Movement," Ki-Wook Shin and Michael Robinson eds, *op. cit.*, pp. 206, 209, 210.
52) E. Naiman, *Sex in Public: The Incarnation of Early Soviet Ideology* (Princeton, 1999), p. 83.

유일한 잣대가 되어야 한다고 주장하는 것은 아니다. 민족과 계급의 프리즘을 통해 여성 운동을 분석할 수도 있는 것이다. 여성 운동이라고 해서 식민-피식민의 지배 관계에서 자유로운 것도 아니며, 또 계급적 규정성에서 벗어나는 것도 아니다. 그러나 문제는 민족 모순과 계급 모순이라는 선험적 규범으로 여성 운동을 재단할 경우, 저항 민족주의와 사회주의의 해방 담론에 담긴 가부장적 억압 구도를 파악할 수 없다는 점이다. 그것은 결국 민족 해방과 사회 해방의 대의에 여성 해방을 종속시키는 결과를 낳을 뿐이다. 또 그것은 다시 가부장적 억압에서 해방되고자 하는 식민지 여성들의 절박한 소망을 간단하게 무시하고, 민족 해방과 노동 해방의 이름으로 가부장적 억압을 정당화하는 논리를 내포하게 된다. 식민지 시기라고 해서 민족적 억압이, 계급 사회라고 해서 계급적 억압이, 또 식민지 반봉건 혹은 신식민지 자본주의 사회라고 해서 민족 모순과 계급 모순의 결합이 민중의 일상적 삶에서 늘 가장 첨예한 문제로 남아 있는 것은 아니다.

그렇다고 주장한다면, 그것은 인식론적으로 우선 민중의 일상적 실천과 사고가 갖는 역동성과 다양성을 지나치게 단순화시키는 것이다. 거대 해방 담론이 요구하는 객관적 행위 규범과 민중 개개인이 구체적 삶의 현장에서 주체적으로 전개해 나아가는 일상적 실천 사이에는 긴장과 모순이 있게 마련이다. 그럼에도 과학적으로 이해된 역사의 객관적 행위 요구가 민중의 일상적 실천을 재단하는 기준이 된다면, 과거의 재현은 아래로부터의 전망을 상실하고 위의 전망을 일방적으로 관철시키는 억압적 방식으로 진행될 뿐이다. 민중의 역사를 재현하는 데 중요한 것은 이름 없는 민중들이 일상의 삶에서 고투한 삶의 흔적이며, 저항과 복종, 투쟁과 타협 등을 통해 일구어 낸 그들의 구체적 삶과 생존인 것이다. 그럼에도 불구하고 민중이 일상에서 갖는 크고 작은 다양한 소망들을 소시민적인 것이라 하여 차치하는 경향이 없지 않았다. 민족과 계급의 거대 담론이 설정한 규범적 행위 요구들을 만족시키지 못할 때, 역사 속의 민중은 종종 '전근대적'·'반봉건적'·'소시민적'·'미성숙한' 등등의 오명을 뒤집어써야만 했다. 그것은 민족 해방과 노동 해방의 이름으로 운동 지도부가 민중을 담론적으로 전유하는 길을 열어 놓을 뿐이었다. 민족과 계급의 변증법에 갇혀 있는 역사학의 시선을 해방시켜, 인간의 삶이 제기하는 다양한 모순과 일상적 삶의 경험에서 터져 나오는 민중의 절실한 요구들에 주목해야 하는 이유도 여기에 있다.

이 외에도 민중사학론이 갖는 문제들은 적지 않다. 먼저 두드러진 것은 '아래로부터의 역사'를 강조한 나머지 지배 계급과의 관계에서 단절시켜 피지배 계급의 역사만을 고찰하는 소재주의의 문제이다. 지배 계급을 이해하지 못하면 피지배 계급에 대한 이해도 피상적일 수밖에 없다는 점을 지적하지 않을 수 없다. 또 민중은 마땅히 권력에 대해 저항하고 투쟁해야 한다는 규범적 당위에 구속받았다는 것도 어느 정도 부인할 수 없는 사실이다. 민중사학은 저항과 투쟁의 주체라는 민중 신화에 안주하여 지배 권력의 헤게모니에 포섭된 민중의 자발적 복종과 전체주의적 억압의 이면에 숨어 있는 자발적 동원 체제의 메커니즘에 눈을 감은 측면이 없지 않았다. 헤게모니에 대한 그람시의 문제 제기조차 받아들이기 힘든 분위기가 존재한 것도 사실이다. 또 민중 운동사 서술에서는, 거대 담론적 해방의 슬로건에 눈이 가려 민족이나 계급의 프리즘으로는 포착되지 않는 민중 운동 내부의 억압적 위계 질서, 즉 성적·신분적·세대적 지배-피지배 관계를 간과하는 등의 문제가 나타나기도 했다. 더 근본적으로는 문화에 대한 이해가 단선적인 데 머물렀다는 것이다. 문화는 간단히 상부 구조의 영역으로 차치되고, 한 집단이 삶의 의미를 생산하고 교환하며 실천하는 방식으로서의 문화에 대한 이해는 사실상 전무했다. 그것은 결국 사회 분석에서 구조화된 구조로서의 아비투스 문제를 배제함으로써 변혁에 대한 기계론적 전망을 낳았고, 그것은 다시 역사에 대한 기계론적 해석을 낳았다.

  물론 이러한 문제점들이 1980년대 한반도의 현실과 치열하게 대결한 민중사학의 역사적 의의를 폄하하는 이유가 될 수는 없다. 1980년대의 절박한 시대 상황에서는 원시적 억압에 의존하는 국가 권력과 정면 대결이 불가피했고, 따라서 국가 권력의 문제가 가장 우선되는 고민이 아닐 수 없었다. 변혁 논리 또한 국가 권력을 전복하여 사회 체제를 바꾸면 해방이 이루어질 것이라는 단순 논리에서 크게 벗어나지 못하였다. 민중사학도 기본적으로는 이러한 시대 논리에서 자유로울 수 없었다. 현실과의 치열한 대결 자세를 견지했기에 그만큼 더 시대의 포로가 된 측면도 있었다. 그러나 오늘의 관점에서 민중사학의 문제를 제기하는 것이 그것을 폄하하는 이유가 될 수 없듯이, 발생론적으로 민중사학의 정당성을 인정한다고 해서 오늘날에도 그것이 자동적으로 정당화되는 것은 아니다. 1990년대 이후의 변화하는 현실이 1980년대의 문제 의식에 대한 반성적 고찰을 요구하기 때문이다. 특히 베를린 장벽 붕괴 이후 드러난 현실 사회주의의 실체는 민족 해방과 노동 해방의 거대 담론이 해방의 이념일 뿐만 아니라 국가주의적 억압의 또다른 기제라는 것을 여실히 보여 주었다. 민중사학이 마르크스주의가 표방한 근대적 해방의 신화에 갇혀 있는 한, 그것은 포착하기 힘든 마르크스주의적 근대의 이면이었다. 근대의 담 밖에서 보면 민중사학 또한

'근대'의 포로였던 것이다. 단지 그 근대는 마르크스주의적 근대와 민족주의적 근대가 혼합된 기묘한 것이었을 뿐이다.

5. 근대의 지평을 넘어서

1980년대의 희망을 좌절로 바꾸어 놓은 1990년대의 한국 역사학, 특히 이른바 진보적 역사학의 동향에 대해서는 이미 몇몇 논자들이 비판적 성찰의 목소리를 제기한 바 있다. 그 표현이나 진단은 다양했지만, 큰 논지는 당위적 규범에서 나온 기존의 인식틀을 고수하고 새로운 문제 제기를 적극적으로 수용하지 않는다는 것이었다. 심지어는 관성에 안주하여 기존의 인식틀을 단지 실증적으로 정교하게 만들려는 노력이 대부분이며, 결국에는 보수 사학으로 전락할 것이라는 우려마저 나왔다.[53]

그러나 '민중사학'으로 대변되는 진보사학의 문제는 자세의 문제만은 아닐 것이다. 기본적으로 그 한계는 민중사학이 '근대'의 신화에 갇혀 있는 데서 비롯된 것이라 여겨진다. 근대의 자식인 민족 해방과 계급 해방의 틀 자체가 이미 젠더, 신분, 종교, 세대 등 민중의 다중적 정체성을 억압하는 논리를 내재하는 한, 역사 서술의 민주화는 아직도 요원할 수밖에 없는 것이다. 역사 서술의 민주화는 곧 민족과 계급의 정체성에 대한 일관된 해석 밑에 숨어 있는 헤게모니 담론을 폭로하여, 지금까지 침묵을 강요받고 또 아예 지워져 버린 피억압자의 다양한 정체성과 목소리를 재발견하여 다양한 층위에서 그들을 역사의 주체로

---

53) 박찬승, 「역사의 '진보'와 '진보'의 역사학」, 학술단체협의회 편, 『한국 인문사회과학의 현재와 미래』(푸른숲, 1998), 43쪽.

새롭게 자리 매김하는 작업을 요구한다.

국가 권력을 쟁취하여 시스템을 바꾸면 변혁이 이루어진다는 근대의 변혁 논리가 민중사학의 출발점이었다는 사실 또한 1990년대에 이르러 이미 민중사학의 다양한 가능성을 가로막는 요인이 되었다. 물론 20세기 한반도의 역사에서 근대에 대한 고민은 절실한 것일 수밖에 없었으며, 근대와의 처절한 대결은 불가피한 것이기도 했다. 서구적 근대를 따라잡고 자생적 근대를 확립해야겠다는 문제 의식이 치열하고 첨예한 만큼, 역사학은 '근대'의 신화에 더 깊숙이 빠져들 수밖에 없었다. 20세기 한국 사학사의 이론적 굽이마다 또 실천적 걸음마다 드러나는 근대에 대한 절절한 고민은 그 역사적 맥락에서 떼어 놓고 간단히 차치될 수 있는 문제가 아니다.

20세기 한국 역사학의 실천적 지평이 근대의 변혁 논리에 갇혀 있었다고 해서 탈근대의 문제 의식으로 근대의 문제 의식을 일방적으로 재단하는 것은 곤란하다. 그것은 클리오의 사고 방식이 아닌 것이다. 반면 한국의 역사학이 씨름해 온 근대의 고민을 역사적으로 맥락을 짓고 그것의 발생론적 정당성을 인정한다고 해서 '근대'의 신화에 안주하기를 고집한다면, 그 또한 역사적 사고 방식은 아니다. 근대가 완성된 후에나 탈근대의 문제 의식을 고민해 보겠다는 단계론적 발상 또한 순진하다. 탈근대의 문제 의식 자체가 이미 근대가 제기한 역사적 과제를 수행해 나아가는 경로에 영향을 미치기 때문이다. 성찰적 근대의 논의에서 보듯이, 탈근대의 문제 의식은 단순히 근대를 부정하는 것이 아니라 근대에 대한 성찰의 계기를 마련해 주기 때문이다. 미완의 근대에 대한 문제 의식에 충분히 공감하면서도 근대의 담 밖에서 역사 읽기를 시도한 것도 바로 이러한 이유에서였다.

20세기의 역사적 경험에 대한 단단한 성찰을 바탕으로 해방의 문제를 다시 생각하면, 근대의 변혁 논리는 상당히 제한적이었다는 것을 알 수 있다. 우선 그것은 토대를 일방적으로 강조함으로써 무한히 복잡한 미시 권력의 네트워크이자 일상 생활의 모든 국면에 침투한 권력 관계의 메커니즘을 파헤치는 데 실패했다. 그 결과 그것은 사회주의 노동 해방이 완성되었다고 선언한 현실 사회주의 노멘클라투라의 권력 메커니즘에 눈을 감아 버렸다. 또 역사 인식의 지평 자체가 생산 관계와 제도의 영역에 고정되어 포괄적인 사회적 관계망과 일상 생활에서 어떻게 권력의 지배와 착취가 이루어지는가에 대한 문제 의식을 결여하였다. 그것은 문화를 상부 구조에 간단히 편입시켜 상징적 문화 구성체와 그 안에서 표명되는 아비투스가 사회·경제 체제보다 더 오래 지속되고, 따라서 더 큰 역사적 규정력을 갖기도 한다는 점을 이해하지 못했던 것이다.[54]

 어느 면에서는 사회적 관계나 경제적 관계 자체가 이미 문화적 실천과 문화적 생산의 장인 것이다.[55] 근대의 담 밖에서 민중 사학이 제기한 해방과 변혁의 문제를 바라보아야 하는 이유도 여기에 있다. 그것은 근대의 변혁 논리 자체를 부정하자는 것이 아니라 그 한계를 지적하자는 것이다. 그것은 하나의 중심에서 다른 중심으로 옮겨가는 중심축의 이동에 고정된 해방의 시선을 해방시키자는 것이다. 즉 하나의 중심에서 다양한 중심들로 그리고 다시 주변으로 해방의 외연을 넓히자는 것이다.

---

54) 이에 대해서는 알프 뤼트케 편, 『일상사』, 나종석 외 옮김 (청년사, 2001 발간 예정) 참조. 미발표된 번역 원고를 읽을 수 있는 편의를 제공해 준 나종석, 이유재 등 번역자들에게 감사한다.
55) 이에 대해서는 임지현, 「마르크스주의 역사학의 중심 이동」, 이 책 320~344쪽.

실증사학에서 나타나는 '근대'의 한계도 뚜렷하다. 실증사학이 실증을 방패막이로 기존의 지배 권력을 정당화하는 결과를 낳았다는 민중사학의 비판은 여전히 유효하다. 그러나 바로 그 민중사학이 비판적 성찰을 요구하는 목소리들에 대해 다시 실증을 앞세워 자신의 관성을 정당화하고 새로운 문제 제기를 봉쇄하려는 경향이 있는 것 또한 부인할 수 없는 사실이다. 종군 위안부의 존재를 역사의 기억에서 지워 버리려는 일본의 우익 역사가들이 채택한 전략도 실증이라는 보수의 우산을 최대한 활용하겠다는 것이었다.

사료와 사실 그 자체가 이미 지배 권력 혹은 지식 권력에 의해서 만들어진 것이라는 탈근대적 구성주의의 시각이 요구되는 것도 이러한 맥락에서이다. 즉 "역사란 무엇인가?"라는 근대적 물음을 "누구를 위한 역사인가?"라는 탈근대적 물음으로 대체할 때, 사료와 사실에 대한 실증사학의 물신주의는 극복될 수 있는 것이다. 그렇다고 해서 역사적 사실의 탐구를 포기하자고 주장하는 것은 아니다. 서로 다른 역사 서술들이 절대적 진리에 대한 독점욕을 포기하고 입장의 차이를 분명히 드러낼 때라야 비로소 상호 의사 소통을 위한 '간주관성'(intersubjectivity)의 공간이 가능하다는 것이다. 그것은 인식론적 상대주의가 인식론적 허무주의와 갈라지는 분기점이 된다.

민족주의 사학도 '근대'에 입지를 두고 있다는 점에서 예외는 아니다. 독자적 전통을 강조함으로써 근대에 저항하는 포즈를 취했지만, 근대적 기획의 완성형으로서 통일된 민족 국가에 집착한다는 점에서 그 역시 근대의 코드를 공유했던 것이다. 통일된 민족 국가를 지향하는 목적론적 사관 자체가 이미 식민주의가 이식한 근대적 이성과 진보의 담론틀에 갇힌 것이었다. 또 "누구를 위한 역사인가?"라는 탈근대의 관점에서 볼 때, 민족주의 사학의 문제는 더 분명히 드러난다. 그것은 계급, 젠더, 신분 등의 다양한 정체성들을 민족적 정체성에 종속시켜 계급적 억압이나 가부장적 억압 등을 민족적 저항의 이름으로 은폐한다. 구체적인 역사 서술에서 그것은 민족이 민중을 전유하는 형태로 나타난다. 그 결과 제국주의에 대한 저항에서 그 동력을 얻은 민족주의 사학이 해방 이후에는 '국민의 전기'를 만들어 내는 역할을 담당한다. 민족주의 사학은 곧 민족 국가의 목표를 달성하기 위해 국민을 동원하는 국가 권력의 이데올로기로 전락할 위험성을 안고 있는 것이었다. 저항 민족주의의 신화에서 벗어나, 민족주의 사학을 근대의 담 밖에서 한 번쯤 바라볼 필요가 있는 것도 이 때문이다.

20세기 한국 역사학의 지형도를 그리는 작업은 이미 선학들에 의해 여러 번 시도된 바 있다. 그러나 그 시선들은 모두 근대에서 출발하여 근대로 회귀하는 것들이 아니었나 한다. 근대의 담 밖에서 바라보면 그 지형도가 어떻게 나타날까 하는 호기심이 이 글의 출발점이었다. 20세기 한반도의 현실과 나름대로 치열하게 대결해 온 선학들의 업적을 평가하는 것이 이 글의 의도는 아니다. 그들의 고민을 역사적 맥락에서 고찰하는 것이 오히려 이 글의 의도였다. 그들의 고민을 역사화한다는 것은 곧 그것에 안주하는 것이 아니라 그것을 딛고 넘어선다는 의지를 담은 것이다. 이 글에서 근대를 비판하거나 넘어서는 시선에서 의심을 던져 본 것도 그러한 의지의 표현이었다. 때로는 그 의심이 지나쳤을 수도 있겠다. 단지 의심으로만 남는 경우도 많을 것이다. 그래도 한번 같이 의심해 보는 계기가 된다면 더 이상 바랄 나위가 없겠다.

남성, 그 발명의 역사

"(신음하듯 내뱉으며) 발레? 발레라구? 사내녀석은 축구나 권투, 아니면 레슬링을 하는 거야. 그런데 발레라구?" 최근 국내에도 개봉된 영국 영화「빌리 엘리어트」에 나오는 대사의 한 토막이다. 발레를 배우겠다는 열 살짜리 어린 아들 빌리의 어처구니없는 생각에 머리끝까지 화가 난 아버지가 분노에 차서 던진 말이다. 영화의 무대는 대처의 신보수주의에 맞서 광부들의 파업이 한창인 1980년대 초 잉글랜드 북부 더햄의 탄광촌. 노조의 파업 기금은 이미 바닥난 지 오래고 하루하루를 버티기 힘든 상황에서 어렵게 마련해 건네 준 50펜스를 권투 대신 발레 레슨에 써 버린 빌리의 행위는 할아버지와 아버지가 걸었던 사나이의 길을 포기하는 행위이다.

평생을 사나이답게 살아온 머리끝부터 발끝까지 탄광 노동자인 아버지에게 빌리의 발레는 배신일 뿐이다. 할아버지부터 대물림한 권투 글로브를 던지고 발레 슈즈를 고른 빌리의 선택에 성인이 된 빌리의 형이 던지는 시선 또한 경멸 그 자체이다. 할아버지와 아버지를 좇아 역시 광부의 길로 들어서 파업을 주도하는 전투적 노동자 빌리의 형에게 발레는 부잣집 여자아이들이 배우는 우스꽝스러운 사치일 뿐이다.

제도권 교육을 적당히 무시하고 권투를 통해 사나이다운 힘과 용기, 배짱을 길러 한 사람의 씩씩한 탄광 노동자로 성장하기를 바라는 아버지와 형의 바람을 빌리의 발레 슈즈가 무참히 짓밟은 것이다. 아버지와 형에게 권투가 상징하는 사나이다움은 저항의 동력이자 씩씩한 탄광 노동자로 성장하기 위한 인격적 전제인 것이다.

그러나 빌리의 절실함 앞에서 완강한 반대는 결국 무너진다. 아버지와 형은 춤을 출 때마다 몸 속에 전기가 이는 것 같은 짜릿함을 느낀다는 빌리를 받아들이고, 왕립발레학교에서 오디션을 받을 수 있도록 적극 성원한다. 결국 빌리는 왕립발레학교에 합격하고 그 사이 노조 지도부의 투항으로 더햄 탄광의 파업은 노동자들의 패배로 막을 내린다. 탄광 노동자의 아들이 부르주아 냄새가 물씬 풍기는 왕립발레학교의 학생이 되고, 전투적 노동자인 아버지와 형은 그것을 적극적으로 후원하고 파업은 실패로 끝나는 영화의 결말은 노동의 패배를 암시하는 듯이 보인다. 그러나 나는 거꾸로 이 노동의 패배에서 어렴풋하지만 궁극적인 승리의 희망을 읽는다. 그것은 탄광촌의 음울한 이미지와 뚜렷이 대비되는 빌리의 생동감 넘치는 춤 때문이 아니다. 이 음울한 패배에서 승리의 희망을 예감하는 뒤집어 읽기의 단서들은 바로 『남성의 역사』라는 책 곳곳에 숨어 있다.

남성은 태어나는가? 순수하고 본질적이며 영원한 남성성이라는 널리 퍼진 신화적 사고에 의하면 그렇다. 남성적 존재와 여성적 존재, 남성과 여성의 성적 차이를 '자연 현상'으로 간주하는 사회 생물학적 환원론을 따라도 역시 그렇다. 이들의 주장에 의하면 남성성은 여성성과 마찬가지로 초역사적 상수이다. 독립성, 공격성, 의지력, 지성, 창조성, 대담성 등의 남성적 특징은 바뀌지 않는 생득적 본질이라는 것이다.

남성의 특징과 대조되는 종속성, 부드러움, 도덕성, 수동성 등의 여성적 특징 또한 타고난다는 점에서 마찬가지이다. 자연적인 성별에 대한 이와 같이 본질론적인 이해는 이 땅의 사람들 대다수가 공유하는 관념이 아닌가 한다.

그러나 성의 역사는 성에 대한 본질론적 이해 자체가 근대의 시대적 산물이라는 점을 여실히 보여 준다. 18세기 후반에 이르기까지 지배적인 성 담론은 남녀 동형설이었다. 몸의 안과 밖에 있다는 안팎의 차이를 제외하면 남녀는 똑같은 생식기를 가지고 있다는 것이다. 그것은 여성의 난소와 남성의 고환을 동시에 지칭하는 'orcheis'라는 단어의 용례에서도 잘 나타난다. 'orcheis'가 남녀 중 어느 쪽을 가리키는지는 문장의 전후 맥락을 따져 보아야 확인할 수 있을 정도였다. 18세기 초까지 여성의 자궁을 지칭하는 전문 용어는 라틴어와 그리스어 또는 유럽의 어떤 언어에도 존재하지 않았다.

버지니아 울프의 표현을 빌면, 인간의 성적 본성이 변화한 것은 18세기 후반에 들어서의 일이었다. 생물학의 발전과 더불어 남녀간의 성에는 근본적인 차이가 있다는 주장이 대두하였으며, 그것은 곧 신체적인 차이를 넘어 문화적인 차이를 강조하는 수사학으로 발전하였다. 예컨대 세포 생리학은 남성이 "능동적이고 활동적이며 열정적이고 변화무쌍한" 데 비해 여성은 "수동적이며 보수적이고 느리고 안정적이다"는 '사실'을 설명하는 과학적 근거로 둔갑하였다. 결국 해부학과 생리학이 남성과 여성의 재현에서 위계 질서의 형이상학을 정당화하는 이론적 도구로 전락한 것이다. 남성이 발명되는 첫 단계였다.

그 결과 남성은 대문자 인간의 보편적 존재로 상승하고, 여성은 손쉽게 타자화되었다. 영어에서 남성을 뜻하는 'he', 'man' 등의 단어가 그대로 보편적 '인간'을 지칭하고, 'chairman', 'foreman'은 있지만 'chairwoman', 'forewoman'은 없다든지, 독일어나 슬라브어 등 명사의 성이 있는 언어권에서 높은 지위를 가리키는 단어들에 여성형 명사가 없는 등의 일상의 언어적 용례에서 그것은 잘 드러난다. 페미니스트 언어학자들이 날카롭게 지적했듯이, 그것은 우리가 무의식적으로 일상에서 사용하는 언어 체계가 이미 남근 중심적으로 편성되어 있음을 의미한다. 이 남근 중심적 언어 체계는 다시 남성을 보편화하고 여성을 타자화함으로써 그에 상응하는 사회적 실재를 구축한다. 발명된 남성은 이로써 일상 세계에서 확실한 시민권을 획득한다.

자연적 성(sex)의 수평적 차이에 대한 생물학의 담론이 이처럼 문화적 성(gender)의 수직적 차이에 대한 지배의 담론으로 탈바꿈한 변화의 이면에는 민족 국가의 발전 전략이 도사리고 있다. 그것은 특히 민족 국가를 떠받치고 있는 제도의 한 축인 징병제, 즉 국민 개병주의에 그 발생론적 기원을 갖는다. 징병 제도를 문명으로부터 야만으로의 타락이라고 비판한 상층 계급과 교양 시민층, 자신들이 왜 몇 년씩이나 군대에 복무하고 전쟁터에 나가 목숨을 바쳐야 하는지를 몰랐던 하층 계급을 설득하여 동원한다는 것은 국가 권력의 강제력만으로는 불가능한 것이었다. 설사 강제로 동원했다고 해도, 효율적인 군대 체제를 갖추기 위해서는 단순히 위로부터의 강제뿐만 아니라 밑으로부터의 자발적인 복종이 요구되었던 것이다.

상층으로부터 하층에 이르기까지 징병제에 대한 광범위한 사회적 저항을 극복하고 동원된 병사들에게 애국적 헌신을 요구하기 위해서는 '북 치는 소년'의 전설이 필요했다. 조국 프랑스와 나폴레옹 황제를 위해 벌벌 떨며「군대 행진곡」을 치다가 알프스 산정에서 얼어 죽은

'북치는 소년'의 이야기나 나폴레옹에 대항하는 '해방 전쟁'에 동원된 독일 남성들의 영웅 서사는 군사화된 남성 영웅이 민족 담론과 결합된 전형적인 민중/영웅적 민족주의의 서사 구조를 보여 준다. 국난 극복을 위해 단호하고 용감하게 떨쳐 일어난 이순신과 을지문덕 또는 의병장들의 이야기 또한 마찬가지이다. 이 서사 구조에서 사랑과 충성으로 자신의 신성한 조국에 복무하는 남성은 자유롭고 대담하며 전투적인 이미지로 나타난다. 이민족의 침입에 맞서 조국의 여성과 어린이를 보호하는 전투적인 남성성은 곧잘 조국과 민족을 위한 영웅적인 죽음이라는 이미지와 겹쳐진다. 남성 영웅에 대한 민족 서사는 억압과 해방을 막론하고 거의 모든 민족주의적 담론이 공유하는 바가 아닌가 한다. 민족 국가의 국가 권력은 이렇게 해서 발명된 남성에 대한 특허권을 획득한다. 더 중요하게는 발명된 남성의 이미지가 시민 사회에 깊이 뿌리박는다는 점이다.

다시 그것은 민중의 자발적 동원을 확보하기 위한 문화적·이데올로기적 기제로 작동한다. 남성주의적 성 담론은 따라서 젠더의 차원을 넘어 전사회적 차원에서 은폐된 억압 기제로 작동하는 것이다. 국가 권력이 자신의 헤게모니를 행사하기 위해 시민 사회에서 전개하는 진지전의 일환으로 성 담론에 접근해야 하는 것도 이 때문이다. 이 과정에서 국가는 남성적이고 전투적인 공간으로 정의되며, 국토 방위의 의무를 짊어진 남성들에게는 계급과 지위의 고하를 막론하고 참정권이 약속되었다. 그 이면에는 국방의 의무를 질 수 없는 여성들의 정치적 권리는 부정하겠다는 논리가 숨어 있었다. 군사화된 영웅을 요구하는 민족 국가의 성 담론이 이분법적이고 위계적인 질서를 구축하는 비밀은 바로 이 지점에 있다. 참정권을 가진 남성은 공적 영역으로, 참정권을 갖지 못한 여성은 사적 영역으로 배치되는 것이다. 또 남성들이 사회적 생산을 담당하는 반면, 여성들은 가정 내의 개인적 재생산 속에 갇히게 되는 것이다. 남성은 적의 대오를 쑤시고 관통하는 조국 방어의 전선과 하늘을 향해 솟구친 건설의 주체로서 남근을 상징하는 문학적 수사로 장식되기도 한다. 공적 영역을 찌르고 들어가는 공격적인 '민족 페니스'에 반해 여성은 아이들을 생산하고 가정을 지키는 아늑한 '민족 자궁'의 이미지로 끊임없이 재생산된다.

한편 근대적인 민족 국가의 발전 과정에서 국가 권력의 요구가 만들어 낸 군사화된 남성성의 이미지는 유럽의 경우 시민 사회의 차원에서 19세기 내내 강화되고 또 개개인들에게 내면화되었다. 그 결과 거의 모든 남성들에게 병역은 정치적 성년 의식이었으며, '진짜 사나이'가 되기 위한 통과 의례였다. 남성들만 그렇게 생각한 것은 아니었다. 여성들 또한 군대를 다녀온 남자들만이 자신과 아이들을 보호해 줄 수 있는 바람직한 남편감이라고 여겼다. 국가 권력의 입장에서 군대는 가정과 지역 공동체의 작은 생활 공간을 벗어나 거대한 조국을 체감케 하는 훌륭한 정치 학교였으며, 군대에 복무하려는 자발적 동원 메커니즘이 유지되는 한 교육 효과는 더 큰 것이었다. 일상의 의식과 실천을 지배함으로써 자발적 동원을 가능케 한 근대의 성 담론이 지배 계급이 행사하는 헤게모니의 주요한 작동 기제라는 이해는 바로 이 지점에서 가능하다.

대항적 사회 체제를 지향한 마르크스주의조차 국가 권력이 만들어 낸 시대의 성 담론에서 자유롭지 못했다. 엥겔스는 보통 선거에 대한 반대 급부로 병역 의무를 지지했는가 하면, 여성론의 저자인 베벨 또한 남성은 국가의 자유와 자립을 위한 군 복무에 힘을 쏟고 군인이 되어야 한다고 역설했다. 사회주의 건설에 헌신적인 콤소몰 청소년들의 자위 행위가 월등히 적다는 1920년대 소련 지도부의 주장과, 국민 체조가 남자애의 원기와 정력을 낭비하는 자위 행위라는 전염병으로부터 독일의 청소년을 보호할 것이라는 19세기 독일의 국민 체조 운동가들 사이의 이론적 간격은 생각보다 훨씬 좁다. 청소년들의 성적 충동을 억제하여 자칫 낭비될 수 있는 성적 에너지를 조국 방위와 국가 건설로 돌려야 한다는 국가주의적 동원 논리를 양자는 사이좋게 공유하였던 것이다. 그 밑에 깔려 있는 성 담론은 사랑이 남성의 원기와 정력을 소진시켜 국가 발전을 저해한다는 '정액의 경제'(spermatic economy) 논리였다. '정액의 경제'론이 19세기의 보수적 성 담론을 반영하는 것은 물론이다.

성 담론에 초점을 맞출 때, 문제는 기존의 이념적 지형도가 생각만큼 선명하지 못하다는 점이다. 억압적 성 담론을 공유하고 있다는 점에서 해방과 억압의 경계는 흐려진다. 그것은 기존의 해방 이념 속에 내장된 성적 억압의 기제들을 드러낸다. 더 중요하게는 성 담론의 영역에서 권력이 펼치는 진지전에 대한 감수성의 결여가 해방의 전망을 기동전의 승리라는 좁은 전망 속에 가두어 둔다는 점이다. 사나이답게 술을 퍼먹여야만 직성이 풀리는 대학의 신입생 환영회와 일사불란한 강철대오를 자랑하는 학생 운동 문화에도 군사화된 남성성의 규격화된 이미지는 녹아 있지만 그에 대한 문제 제기는 미약하다. 더 나아가 위계적이며 이분법적인 성 담론은 통일을 지향하는 진보적 방북 인사들의 북한 방문기에도 어김없이 녹아 있다. 북한 여성들에게서 "원(原)조선 여인상"을 발견하고 "겨레의 근원에 싹터 있는 이름 없는 여심"을 찾아낸 그들의 성 담론에서 북한의 여성은 "발랑 까지지 않고 깊숙하고 넉넉한", 그러니까 남성에 순종하는 주체로서 재현된다. 그러나 북에 대한 남의 오리엔탈리즘을 함축하는 이 성 담론도 통일이라는 역사적 과제 앞에서는 손쉽게 면죄부를 부여받는다.

논의의 지평을 성 담론의 헤게모니적 기능으로 넓힐 때, 군사화된 남성성의 이미지는 개발 독재를 정당화하고 위로부터의 산업화가 요구하는 노동의 동원 논리에도 어김없이 스며들어 있다. 그것은 '산업 전사'로 호명된 노동자들을 국가 경제의 패러다임 속에 자연스럽게 흡수하는 기능을 담당하기도 했다. 즉 대한민국의 사나이들은 "총 들고 건설하는 보람에 산다"는 것이다. 불철주야 '근로자'와 고락을 같이하며 불도저와 같은 추진력과 박력으로 목표를 밀어붙이는 기업가의 이미지는 얼마 전 작고한 정주영 회장의 일대기에서 잘 드러난다. 그가 작고한 후 모든 신문과 방송에서 일제히 특집으로 다룬 기업가 정주영의 생애는 한결같이 산업계에서 구현된 군사화된 남성성의 이미지로 뒤덮여 있다. 추진력과 박력, 대담성과 용기, 근면과 절약으로 국가/공적 영역의 발전에 이바지한 그의 이미지는 지아비에 대한 순종과 복종, 수줍음과 다소곳함, 자애와 부드러움으로 자식을 키우고 가정/사적 영역을 지킨 부인 변 여사의 이미지와 완벽하게 균형 잡힌 대칭을 이룬다.

지배 담론으로서의 성 담론은 비단 자본가 집단뿐만 아니라 소시민들이나 노동자 계급의 일상에도 깊이 침투해 있다. 단지 차이가 있다면 '영웅 서사'로 일관된 것이 아니라 '수난 서사' 혹은 멜랑콜리가 뒤섞여 있다는 것이다. 김정현의 베스트셀러 소설 『아버지』의 주인공 한정수는 영웅 서사에서 엿보이는 군사적 영웅의 이미지와는 동떨어진 인물이다. 지방대를 졸업하고 뒤늦게 행정 고시에 합격하여 한직을 전전하며 아내와 자식들에게 소외된 가장이지만, 가족을 지키고 보호하려는 그의 필사적인 노력은 그래서 더 눈물겹다. 시한부 삶을 선고받고 술집 여인에게서 구원의 여성상을 발견하는 그의 멜랑콜리조차도 눈물겹다. 그런데 『아버지』의 수난 서사는 독자에게 연결되는 사회화 과정에서 상실된 부권의 회복을 촉구하는 메시지로 읽히면서 다시 영웅 서사와 연결된다. 엄하고 단호하며 권위적인 가부장의 이미지가 역으로 복원되는 것이다. 통속적인 멜랑콜리가 영웅 서사로의 의지를 낳는 역설이 성립되는 것도 바로 이 지점에서이다.

이념과 지향은 전적으로 다르지만, 노동자 계급의 이야기도 지배 담론으로서의 성 담론이 규정하는 영웅 서사의 틀에서 크게 벗어나지 않는 경우가 많았다. 『강철은 어떻게 단련되는가』에서 전형적으로 드러나듯이, 노동자 계급의 서사에서 제시된 바람직한 노동자 상은 사적 욕망을 버리고 운동과 조직, 당과 조국, 계급의 대의를 위해 공적 영역에서 헌신하는 강철 같은 전투적 노동자였다. 그것은 사실상 사회주의적 '산업 전사'였다. 박정희 체제나 스탈린 체제나 노동자들을 '산업 전사'로 호명하여 동원하기는 마찬가지였다. 그 옆에는 전투적 노동자를 돕기 위해 가정이라는 사적 영역에서 헌신하는 자애로운 어머니나 이해심 많은 아내가 항상 배치되게 마련이었다. 더 근원적으로는 프롤레트쿨트의 문예 이론 자체가 남성의 집합적 신체를 서사의 주체로 삼는다는 점이다. 겉으로 드러나는 남근 중심의 메타포뿐만 아니라, 여성성의 상징인 자연을 프롤레타리아 남성이 집단적으로 정복한다는 사회주의 건설의 주제에서 남근 중심의 성 담론은 잘 드러난다. 한국의 노동 문학이 프롤레트쿨트의 남근 중심적 성 담론에서 얼마나 벗어나 있는지는 한 번쯤 검토해 볼 만한 가치가 있다. 계급 해방의 메시지가 억압적 성 담론에 갇혀 있다면, 그 해방의 의미는 퇴색될 수밖에 없는 것이다.

여성은 건강한 프롤레타리아의 자식을 낳아서 사회주의 건설과 운동에 이바지할 수 있는 사람으로 키워야 한다는 '사회주의 모성론' 또한 남근 중심적 성 담론의 다른 한 축을 구성한다. 그래서 성적 욕망은 없지만 건강한 아이를 낳아 사회에 기여하고자 하는 여성이 계급적으로 결점이 없고 건강한 육체의 파트너를 선택해 엄마가 되는 과정을 그린 『나는 아이를 원해』라는 소설이 정치적으로 올바른 관점이라고 평가된다. 또 낙태는 미래의 건강한 프롤레타리아트를 죽이는 반당 분자들의 정치적 범죄 행위라고 비판된다. 이것은 낙태가 태어나지도 않은 어린 폴란드 애국자들을 죽이려는 좌파의 음모라는 폴란드 가톨릭 교회의 담론과 놀라울 정도로 유사하다. 현실 사회주의의 성 담론이 여성을 출산과 양육이라는 사적 영역의 좁은 틀에 가두고자 얼마나 노력했는지를 잘 보여 주는 예들이다. 설혹 여성을 공적 영역에 불러들인다 해도, 그것이 이분법적이고 수직적인 성 담론의 체계를 부정하는 것은 아니다. 여성은 자신의 성적 특징에 걸 맞는 영양사나 보육원의 보모, 산파 등의 일에 배치되어 혁명의 건설에 기여해야 한다는 콜론타이(Aleksandra Kollontai)의 주장에서 보듯이, 사회주의 여성 해방론 역시 19세기의 지배 담론에서 크게 벗어나지 못한다.

이원론적이고 수직적인 성 담론이 지배적인 한, 사회주의의 승리가 성적 억압을 해소해 주리라는 마르크스주의의 믿음은 '말'의 영역에만 머물 뿐이다. 19세기 서구의 부르주아 국가 권력이 만들어 놓은 성 담론에 발목 잡혀 있는 한, 러시아의 볼셰비키는 성 담론을 둘러싼 진지전에서 구체제의 지배 계급에게 패배할 수밖에 없었다. 어느 면에서는 성 담론을 둘러싼 진지전의 의미에 대해서 별반 고민하지 않았다는 것이 더 정확한 표현일 수도 있겠다. 국가 권력을 장악한 기동전의 승리에 고취되어, 그들은 억압의 성 담론을 낳은 보수주의의 상징적 문화 구성체가 갖는 역사적 규정력을 무시했던 것이다. 은밀하게 고무된 담론이야말로 그 어떤 검열 제도보다 더 효과적인 통제 수단이라는 점을 강조하지 않을 수 없다. 그럼에도 불구하고 볼셰비키는 시민 사회의 담론 영역에서 부르주아 국가 권력이 행사해 온 헤게모니를 해체하는 데 실패했다. 오히려 그것에 포섭됨으로써, 결국 기동전의 승리를 진지전의 패배와 맞바꾸었던 것이다. 기동전의 승리와 진지전의 패배를 맞바꾼 볼셰비키의 근시안에 대해 20세기의 역사는 현실 사회주의의 파국이라는 잔인한 결과로 응답했다.

빌리가 귀족적인 왕립발레학교에 입학하고 전투적 탄광 노동자들의 파업이 실패로 끝난 「빌리 엘리어트」의 결말에서 승리의 희망을 읽어 내는 것도 바로 이러한 맥락에서이다. 더햄의 노동자들이 파업이라는 전투에서 패배한 것은 의심의 여지가 없다. 그러나 권투 글로브 대신 발레 슈즈를 고집한 빌리와, 끝내는 빌리의 결정을 적극적으로 끌어안은 아버지, 평생을 광부로 살아온 이 탄광 노동자 부자의 선택은 부르주아 국가 권력이 은밀하게 고취해 온 씩씩한 남성과 다소곳한 여성의 이원론적 성 담론을 거부하는 것이었다. 청년 발레리노가 되어 무대를 나는 빌리의 아름다운 춤 동작 자체가 이미 거부의 몸짓이다. 그러나 빌리의 춤이 더 아름다운 것은 군사화된 남성의 이미지를 던져 버림으로써 아버지의 파업을 깨뜨린 바로 그 지배 계급의 헤게모니에 균열을 가져오는 동작이기 때문이다. 빌리 부자의 선택이 빛나는 것은 부르주아가 발명하여 시민 사회에 덧씌운 남성의 멍에를 벗어 던지는 선택이기 때문이다. 그것을 성 담론의 진지전에서 승리를 향한 첫걸음으로 읽는다면 너무 지나친 독해일까?

『남성의 역사』라는 책이 우리에게 던지는 메시지는 간단하다. 남성이라고 해서 모두 가부장 제도의 집단적 수익자가 아니라는 점이다. 부르주아 국가 권력의 억압적이고 이중적인 성 담론에 포섭되어 자발적으로 군대에 동원되는 '씩씩한' 남성들 또한 가부장적 성 담론의 피해자일 수 있다는 점이다. 우선 실존의 차원에서 본다면, 눈물을 감추고 진솔한 감정을 억제하도록 길들여진 '씩씩한' 남성에게서 전인격적인 자아의 발전을 기대하기 힘든 것이다. 물론 눈물을 강요받고 이성을 감추도록 길들여진 '순종적' 여성에게서도 그것은 마찬가지이다. 사회적 관계의 차원에서 본다면, 그것은 남성과 여성을 막론하고 피지배 계급 모두를 지배 계급의 남성적 헤게모니에 자발적으로 종속게 하는 은밀한 문화적 코드이기도 하다. 페미니즘의 시선이 여성 해방을 넘어서 남성의 해방까지도 포괄하는 더 넓은 해방의 지평을 겨냥해야 하는 이유도 여기에 있다. 페미니즘은 여성만의 화두가 아니라 억압으로부터의 해방을 지향하는 모든 남성의 화두이기도 한 것이다.

한국 사회에서 서로 복잡하게 얽혀 있는 젠더, 계급, 민족 등의 범주들이 생산해 내는 삶의 무늬는 무엇인가? 그 텍스트를 읽어 내는 올바른 독법은 무엇인가? 성 담론의 영역에서 지배 계급의 헤게모니에 대한 진지전은 어떻게 수행되어야 하는가? 피지배 계급의 남성과 여성 모두를 피해자로 만들어 온 억압적 성 담론의 가족 로망스를 해방의 가족 로망스로 전복시키는 것은 어떻게 가능한가? 지배와 피지배의 성 담론에서 해방된 남성과 여성의 진정한 정체성은 어떻게 구축할 수 있는가? 그러나 이와 같은 문제에 대한 해답까지 이 책에서 구하려 한다면 그것은 지나친 욕심이다. 독일 남성사가 보여 주는 역사의 작은 편린들을 이 땅의 현실에 맞게 전유하는 것은 오로지 우리의 몫이다. 우선은 한국 사회의 성 담론이 지닌 그 은밀한 억압과 지배의 문화적 코드를 정확하게 드러내고 읽는 작업이 필요하다. 역사가로서의 개인적인 생각을 밝힌다면, 토대 환원론에서 벗어나 '신문화사'의 시각으로 접근할 때 그것은 더 잘 드러나지 않을까 한다. 그것은 역사 방법론에 대한 학문적 논쟁을 넘어, 20세기적 해방의 외연을 넓히기 위한 또다른 사상적 고투를 요구하는 것이다. 이 점에서 『남성의 역사』는 정치적·사회적·경제적 해방을 넘어 일상적 삶의 해방까지 포함하는 총체적 해방을 지향하는 21세기적 실천의 작은 걸음마가 아닐까?

국가, 민족, 여성

일본인 친구들 몇이 다녀갔다. 대학에서 역사를 전공하고 또 역사를 가르치는 친구들이다. 한국에 오기 전에 이들은 일본 보수파가 주도한 일장기와 기미가요에 관한 법률 제정에 반대하는 지식인 모임을 결성하고 인터넷을 통한 서명 운동과 여러 차례의 집회를 개최했다. 이들은 글과 정치적 실천을 통해 제2차 세계대전의 기억을 역사에서 지우려는 수정주의 사관을 단호하게 비판하고, 일본 민족주의의 부활을 우려하는 진보적 탈민족주의의 입장을 분명하게 밝힌 바 있다.

우리는 일본과 한국의 민족주의에 대해 늦은 밤까지 비교적 허심탄회한 대화를 나누었다. 일본 제국주의의 조선과 대만에 대한 식민지 교육사를 전공하는 한 친구는 순배가 꽤 돌자 한국에 대한 솔직한 자기 심정을 피력했다. 일본에서 일장기에 반대하는 운동을 열심히 펼치다가 한국에 와 보니, 도처에 태극기 물결이라 무척 당혹스러웠다는 것이다. 국기로 상징되는 일본의 국가주의에 대해서는 그토록 민감하고 비판적인 한국 지식인들이 유독 자기 나라의 국가주의에 대해서는 눈을 감고 있다는 사실이 그로서는 이해가 가지 않았던 모양이다.

제국주의와 식민지라는 역사적 경험을 근거로 일본과 한국의 국가주의에 대한 한국 지식인들의 이중적 잣대를 설명하기에는 무언가 석연치 않다는 것이었다. 덧붙여 그는 일제 시기 한국의 민족주의자들이 중국 대륙에 대해서는 강한 연대감을 표하면서도 정작 같은 식민지인 대만의 민족주의자들은 무시해 버리는 일종의 우월 의식이 존재한 것 같다고 말했다. 제국주의 국가의 좌파 지식인이라는 굴레 때문에 그는 몹시 신중한 표현을 사용했지만, 나는 그의 지적이 옳다고 동의했다. 식민지라는 역사적 경험이 한국의 국가주의를 자동적으로 정당화해서는 곤란하다고 생각하기 때문이다.

또다른 친구는 정신대 할머니의 증언이 일본의 역사학계에 미친 엄청난 파장에 대해서 이야기했다. 문서화된 사료가 없다는 이유로 정신대의 존재 자체를 부정하는 우파 역사학에 대하여 할머니의 증언 자체가 바로 사료라는 것이 이들의 입장이었다. 문서로 된 사료들은 지배자의 입장이 기록으로 남은 것이며, 정신대 할머니의 증언이야말로 피억압자의 입장에서 생생하게 구술된 더 중요한 사료라는 것이었다. 그것은 곧 실증주의와 역사 인식에 대한 논쟁으로까지 이어졌다.

나는 일본 지식인들의 이러한 진지함에 크게 부끄러움을 느꼈다. 정신대 할머니의 증언에 대한 한국 사회의 주된 반응은 일본 제국주의의 만행에 대한 분노에서 멈추어 버린 것이 아닌가 한다. 일본에서는 제2차 세계대전에 참전했던 노병들의 양심 선언이 나온 데 비해, 한국에서는 정작 동이나 마을 단위에서 정신대를 모집했던 한국인들의 양심 선언을 찾아 볼 수 없는 것이다. 한국측 모집책들의 철저한 침묵은 정신대의 역사를 복원하는 데 큰 공백이 아닐 수 없고, 일본의 우파들이 정신대의 존재 자체를 부정하거나 정당한 계약에 의한 것이었다고 합리화하는 근거이기도 하다.

더 중요하게는 정신대 문제가 일본 제국주의의 식민지 조선 여성에 대한 성적 억압과 착취를 의미할 뿐 아니라, 같은 식민지 조선 남성의 조선 여성에 대한 억압과 착취를 의미하기도 한다는 점이다. 더욱이 그것은 과거의 기억으로만 그치는 것이 아니다. 그것은 제국주의 역사의 가장 큰 피해자 중 하나라 할 수 있는 이 할머니들에게 무려 50여 년 동안이나 침묵을 강요했던 한국 사회의 성적 억압 구조를 함축적으로 드러낸다. 반성해야 할 주체는 일본 제국주의 세력뿐만 아니라 식민지 조선의 남성과 대한민국의 남성들인 것이다.

민족 문제의 프리즘으로 정신대의 역사를 바라볼 때 문제가 되는 것은, 또다른 반성의 주체로서 식민지 조선과 대한민국의 남성들이 생략된다는 점이다. 정신대 문제에 대한 우리 사회의 논의가 민족주의적 관점에서 일본 제국주의를 규탄하는 데 그치지 않고, 한국인 정신대 모집책을 설득하여 그들의 증언을 받아 내고 아직까지 우리 사회에 깊이 뿌리박고 있는 남성 국수주의에 대한 비판으로 발전해야 한다는 것이 내 생각이다. 자신에 대한 점검과 반성은 생략한 채, 상대방에 대한 반성만 촉구한다는 것은 어쩐지 내키지 않는다.

기억과 망각

2000년 1월 21일자 『인터내셔널 헤럴드 트리뷴』은 아주 짧지만 흥미로운 기사를 하나 싣고 있다. 「스웨덴이 전쟁 당시의 잘못을 인정하다」라는 제목의 이 기사가 전하는 바는 간단하다. 스웨덴 수상인 고란 페르손이 지난 19일 스웨덴 거주 유대인 연합 대표단을 만난 자리에서 제2차 세계대전 당시 스웨덴의 잘못을 인정했다는 것이다.

지난 60여 년 동안 스웨덴 사회민주당의 공식 입장은 제2차 세계대전 동안 스웨덴은 중립적 입장을 취했을 뿐이라는 자기 변호적인 것이었다. 그러나 스웨덴은 전쟁 기간 동안 중립을 지킴으로써 전화를 피했을 뿐 아니라 나치의 군수 공장에 철광석을 팔아서 막대한 이득을 챙겼다. 사실상 일부 현대사가들은 다른 나라에는 엄청난 비극이었던 세계대전이 스웨덴에게는 부국으로 발돋움하는 계기가 되었다는 평가를 내리기도 한다.

그런데 이 기사가 전하는 바에 따르면, 스웨덴 정부는 그뿐만 아니라 나치 군대가 핀란드와 노르웨이를 침공하기 위해 스웨덴 영토를 가로지르는 데 동의했다는 것이다. 그러니까 스위스의 엄정 중립과는 달리, 자의든 타의든 나치에 호의적인 중립을 지켰다고 볼 수 있다. 페르손 수상은 홀로코스트에 대한 국제 학술 대회를 앞두고 스웨덴의 고위 정치인으로서는 처음으로 자국의 이러한 잘못을 시인한 것이다.

유럽의 많은 사회민주당들이 국제 문제에 지극히 자국 중심적인 입장을 취하는 데 반해, 스웨덴의 사회민주당은 비교적 도덕적이고 양심적인 원칙을 고수해 왔다고 할 수 있다. 그럼에도 전쟁 당시의 잘못을 시인하는 데는 인색했던 모양이다. 따라서 페르손 수상의 발언은 국제 관계를 지배하는 현실 정치에 대한 양심 정치의 작은 승리라고도 하겠다. 그것은 망각에 대한 기억의 승리이기도 하다.

이 작은 기사가 유독 내 눈길을 끈 것은 바로 그 직전의 일본 방문에서 받은 인상 때문인지도 모르겠다. 일본의 진보적 잡지 편집자들과 역사가들을 몇 만났는데, 최근 일본의 우익 단체에서 낸 『국민의 역사』라는 책이 자주 화제에 올랐다. 지하철 전동차에 붙은 광고는 발매한 달 만에 벌써 62만 부를 돌파했다고 자랑이다. 일본 친구들이 전하는 바에 따르면, 『아사히신문』조차 호의적인 서평을 실었으며, 우익 단체의 집회에 가면 책을 무료로 나누어 주기도 한다는 것이다.

스웨덴 정부가 쓰라린 기억들을 다시 끄집어내어 미래를 지향하는 반성의 기회로 삼는 것과는 대조적으로, 『국민의 역사』는 일본의 전쟁 책임과 침략 사실을 부정하는 데 초점을 맞춘 것으로 보인다. 1월 23일 오사카에서는 극우 단체의 지지자들과 역사가들이 '남경 학살'이라는 역사적 사건을 부정하는 집회를 열어 중국의 반발을 사기도 했다. 기미가요와 히노마루를 부활시킨 조치와 호흡을 같이하는 움직임들이다. 아시아의 민중들에게 그것이 얼마나 끔찍한 의미를 주는 것인지 일본은 이미 망각하고 있는 것이 아닌가 한다.

일본 사회의 역사 의식은 이렇게 기억보다는 망각을 택했다. 개인이든 집단이든 기억보다는 망각이 편할 때가 많다. 과거의 악몽으로부터 자유롭고 싶은 욕망은 자연스러운 것일 수도 있다. 그러나 일본 사회는 쓰라린 기억보다는 편한 망각을 택함으로써 스스로 용서받을 수 있는 기회를 박차고 있는 셈이다. 용서는 망각을 전제로 하는 것이 아니라 기억을 전제로 하기 때문이다.

스웨덴과 일본의 이런 차이는 유럽연합과 동아시아 민중 연대 사이의 메울 수 없는 간격을 드러내 준다. 지성사적 관점에서 볼 때, 유럽연합이 가능했던 중요한 이유 중의 하나는 민주 독일이 나치즘과 홀로코스트에 대한 기억의 끈을 놓지 않고 집요하게 과거와 미래의 대화를 시도했다는 데 있다. 동방 정책을 추진할 당시 폴란드를 방문한 브란트 수상이 바르샤바의 게토 봉기 기념탑 앞에서 무릎을 꿇고 참회했을 때, 독일과 폴란드 양국간의 아픈 과거는 미래의 연대를 단단하게 만드는 끈이 된 것이다.

한·중·일의 양심적 지식인들이 주창하는 동아시아 민중 연대 역시 망각이 아니라 기억을 딛고 설 때 어렵게나마 첫걸음을 뗄 수 있을 것이다. 실천적 연대에 앞서 공동의 역사적 기억을 되살리는 작업이 선행되어야 하는 이유도 여기에 있다.

사이드의 오리엔탈리즘: 서양이라는 우상의 파괴

1978년 출간된 사이드(Edward W. Said)의 『오리엔탈리즘』은 담론의 영역에서 서양이 행사해 온 지배 구조를 전복하려는 시도이다. 팔레스타인 출신의 이 지식인에 의하면, 동양에 대한 서양의 지적 축적물인 오리엔탈리즘은 '공인된 착각'일 뿐이다. 그것은 동양을 지배하고 억압하기 위해 서양이 가공해 낸 담론적 구성물인 것이다.

사이드가 열거하는, 버젓이 진리로 행사해 온 공인된 착각의 목록은 지리할 정도로 길다. "유럽인이 타고난 논리학자라면, 동양인은 정확성을 결여하고 있다. 둔감하고 의심이 많으며 상습적 거짓말쟁이인 동양인의 심성은 앵글로-색슨 인종의 명석함, 솔직함, 고귀함과 대조된다. 비합리적이고 열등하며 유치한 동양인은 합리적이고 도덕적이며 성숙한 정상적 유럽인에 비하면 비정상이다" 등등.

그러나 동양에 대한 서양의 상투적 편견을 단순히 재생하는 데 그쳤다면, 사이드의 오리엔탈리즘은 그저 야트막한 구릉에 불과했을 것이다. 그것이 근대 학문의 거장들과 어깨를 나란히 하는 거봉으로 우뚝 설 수 있었던 것은 그의 인식론적이며 실천적인 문제 의식 덕분이다. 왜 그리고 어떻게 동양에 대한 서양의 편견과 착각이 공인된 진리로 자리 잡았으며, 또 그것이 갖는 정치적·실천적 함의는 무엇인가라는 근원적 질문이 그것이다.

이 질문을 던짐으로써 사이드가 꾀하는 것은 일차적으로 근대 서양이 구축한 진리에 대한 반란이다. 학문적 진리라고 주장해 온 오리엔탈리즘이 실은 편견과 착각의 산물임을 드러내자는 것이다. 그것은 서양이 독점한 학문적 헤게모니를 거부하려는 몸짓이며, 서양이 주도한 근대 문명에 대한 거역이다. 버나드 루이스나 로버트 캅 같은 서양의 동양학 연구자들이 서양의 동양학 연구를 왜곡하고 오염시키는 선동적인 책이라고 반발한 것도 어찌 보면 당연하다. 자신들의 학문적 기반을 송두리째 부정하는 논리로 읽혀지기 때문이다.

그렇다면 어떻게 이러한 편견과 착각이 진리로 공인받을 수 있었는가? 이 마술을 가능케 해 준 것은 무엇보다도 제국의 권력이다. 제국은 군대의 무력 사용이나 억압적인 행정 기구와 조세 제도만으로 유지되기 어렵다. 유지 비용이 너무 많이 들기 때문이다. 문화적 헤게모니를 행사하는 제국은 식민지인들이 흔히 생각하는 것보다 훨씬 더 현명하다. 식민지인들이 문화적 헤게모니에 종속될 때, 그것은 제국에 대한 자발적 복종으로 이어지며 통치 비용을 절감한다.

식민지 동양에 대한 제국의 담론을 구성하는 오리엔탈리즘은 제국의 문화적 헤게모니를 구성하는 주요한 축이다. 제국의 지배 체제는 물리적 억압 기제뿐만 아니라 자신을 유연하게 재생산하는 문화적 기제를 갖는다. 사이드의 오리엔탈리즘은 제국의 헤게모니 시스템의 후자에 주목한다. 이것은 그람시의 헤게모니론, 푸코의 지식 권력, 레이몬드 윌리엄즈의 문화적 마르크스주의에서 사이드가 이끌어 낸 통찰이다.

이렇게 볼 때 동양에 대한 서양의 편견은 제국주의자들만이 공유하는 것은 아니다. 그것은 지식 권력의 메커니즘을 통해 식민지 피지배자들에게도 자연스럽게 침투하여 제국의 지배를 매끄럽게 해 준다. 알제리 식민지 민중의 심성에 대한 프란츠 파농의 정교한 정신 분석과 포스트콜로니얼리즘에서 이야기하는 '의식의 식민화' 과정이 사이드의 오리엔탈리즘과 만나는 것도 바로 이 지점에서이다.

서양의 지배를 벗어나고자 하면서도 서양을 따라야 할 모델로 간주하는 식민지인들의 이중성이 배태되는 지점이기도 하다. 정치적으로는 서양을 철저하게 배격하면서도 인식론적으로는 유럽 중심주의에서 벗어나지 못하는 식민지 민족주의의 이중성도 같은 맥락에서 이해된다. 유럽 중심주의에 대한 투쟁이 정치 권력의 차원을 넘어서 문화 권력과 지식 권력의 차원에서 동시에 전개되어야 하는 이유도 여기에 있다.

그러나 식민지인들만이 오리엔탈리즘의 피해자라고 간주한다면 오산이다. 서양의 근대 문명에서 배제된 서양의 민중들 또한 숨겨진 피해자이다. '상상의 지리'로서의 동양에 대한 부정적 이미지 다발은 서양의 근대 권력이 배제하고자 했던 요소들이었다. '동양적 정체성'은 자본주의에 적응하지 못하여 근대 권력에 버림받은 서양의 주변인들이 갖고 있는 속성이기도 했다. 오리엔탈리즘은 요컨대 근대 서양의 권력 담론인 것이다.

오리엔탈리즘이 학문적 진리 체계가 아니라 권력 담론임이 폭로되는 순간, 은폐된 서양의 우상은 설 땅을 잃는다. 다양한 비판에도 불구하고 사이드의 문제 제기가 포스트콜로니얼리즘이나 섭얼턴 연구 집단에게 계승되는 것도 이 점에 있다. 그것은 기본적으로 과대 포장된 서양 문명에 제 몫을 찾아주려는 주변부 지식인들의 학술 운동인 것이다.

문화의 날에 느끼는 비애

 문화의 날을 하루 앞둔 1998년 10월 19일 김대중 정부는 무려 90여 개의 문화 정책 보따리를 풀었다. 전자 도서관, 대중 공연장, 1도(道) 1 조각 공원, 1도 1 미술관, 공공 도서관 신설 및 자료 확충 등등 듣기만 해도 신나는 얘기가 아닐 수 없다. 하지만 한국 현대사를 몸으로 겪은 사람들이 모두 그렇듯이 나도 우선은 의심의 눈초리를 보낸다. 내가 우려하는 것은 신문의 해설 기사처럼 정책을 시행할 예산 문제가 아니다. 정책의 담당자와 수혜자인 국민, 그리고 양자를 매개하는 문화 산업 종사자들이 과연 이러한 청사진을 실현할 문화적 마인드를 갖고 있는지 극히 걱정스럽기 때문이다. 내 경험으로 미루어 보건대, 이러한 우려는 결코 기우가 아니다.
 폴란드의 문학 잡지 『세계의 문학』은 1994년에 한국 문학을 특집으로 다루었다. 바르샤바 대학의 한국학과에서 강의하는 요안나 루라시는 다소 겸연쩍은 표정으로 내게 그 책을 건넨다. 책 목차를 보니, 그녀가 왜 겸연쩍어하는지 쉽게 이해할 수 있다. 잡지는 1950년대의 고리타분한 한국 소설들로 도배를 했다. 과거 '예총' 선거가 있을 때마다 신문에 오르내리던 문단 정치의 주역들이 현대 한국 문학의 대표 작가들로 버젓이 소개되고 있는 것이다. 번역에 참가한 젊은 폴란드 여성에게 왜 이런 작품을 골랐냐고 물었더니, 번역료를 지원한 문예진흥원에서 작가를 고른 것이지 자신들은 선택의 권리가 없었다는 것이다. 그러면서 그녀는 진짜 번역해 보고 싶은 여류 작가를 한 사람 든다. 그나마 한 가지 건질 수 있었던 것은 40대의 평론가 K의 글이다. 다른 작품들과 결을 달리하는 그의 평론이 번역된 연유를 물었더니, 바르샤바 대학의 영문학 전공자가 유네스코 한국위원회에서 발간하는 영문 잡지에서 그 글을 발견하고 영문을 폴란드어로 번역했다는 것이다. 만약 문예진흥원의 활약으로 문예가 진흥된다면, 그것은 내가 생각하고 있는 문예의 개념은 아니다.

지난 1998년 5월 나는 어느 직할시의 시립 도서관으로부터 뜻밖의 편지를 한 통 받았다. 기관으로부터 편지를 받는 경우는 거의 없는지라 궁금할 수밖에 없었다. 내용인즉 내가 쓴 책 한 권을 기증해 달라는 것이었다. 당시 나는 어줍잖은 책을 막 낸 상태였다. 처음에는 기꺼이 한 권 보내 주어야겠다는 생각이 들었으나, 다시 생각하니 슬며시 화가 났다. 공공 도서관은 주민들에게 문화 공간을 제공해야 할 의무만이 아니라 좋다고 판단되는 책들을 구입하여 출판 문화를 진흥시킬 의무가 있는 것이 아닌가? 나는 이 직할시 시립 도서관의 전체 예산 중 인건비와 도서 구입비 중 어느 쪽의 비중이 높은지 매우 궁금하다. 시내 서점에서 직접 구입한 책들을 끙끙대며 서고로 나르던 바르샤바 대학 역사학부 도서관의 깐깐한 할머니 사서 할리나의 비웃는 얼굴이 촌스러운 관공서 서체가 선명한 그 시립 도서관의 편지 위에 자꾸 어른거려서 나도 같이 부끄러웠다.

오랜만에 찾은 신촌의 한 서점. 환락의 대학 거리 신촌 로터리에 이런 서점이 살아 남았다는 사실에 나는 기쁘다. 비교적 큰 축에 속하는 이 서점 일층의 매장 입구에는 이런 안내문이 붙어 있다. "실내는 만남의 장소가 아닙니다. 만나는 장소는 실외로." 하나로는 모자라서인지 같은 내용의 더 기다란 안내문도 덩달아 옆에 붙어 있다. 좁은 공간을 감안하면 서점측의 입장을 영 이해하지 못할 바는 아니다. 나를 화나게 하는 것은 아크릴 안내판 자체가 아니라 그 밑에 깔린 반문화적 발상이다. 서점이란 그저 책을 사고 파는 장소일 뿐 문화를 가꾸어 가는 공간이라는 생각은 일체 배제되어 있다. 이 서점은 자신이 팔고 있는 책의 저자인 나를 아직도 그 기막힌 발상으로 손가락질하고 있는지 궁금하다.

서울시립미술관의 공예전. 병아리처럼 노란색 유니폼을 입은 유치원 꼬마 손님들이 썰렁한 미술관의 정경을 따사롭게 한다. 인솔 교사와 꼬마들이 나눈 교육적 대화의 한 토막. 선생님이 시계 모양의 금속 공예품을 가리키며 묻는다. "여러분, 이게 뭐지요?" 꼬마들이 합창한다. "시계요." 잘했다는 칭찬을 하면서 선생님이 다시 묻는다. "여러분, 이걸 어려운 말로 뭐라고 하는지 알아요?" 잠시 침묵. "여러분, 따라해 봐요. 금속 공예!" 재잘대는 아이들. "금속 공예……" 금속 공예라는 어려운 말을 배운 이 아이들이 미술관 현장 교육에서 느낀 것은 무엇일까? 서양 미술관들과 서울시립미술관의 차이는 외관에 있는 것이 아니다. 견학을 온 학생들의 눈높이에 따라 예술을 설명할 수 있는 교육 담당관이 있느냐 없느냐이다.

생산-유통-소비의 장(場)을 관통하고 있는 우리 문화의 아비투스를 근본적으로 바꾸지 않는 한, 일 년 365일을 문화의 날로 지정한다고 해서 문화적 기풍이 진작되는 것은 아니다. 문화 정책의 기본 방향은 문화의 날을 따로 제정할 필요가 없는 그런 문화의 아비투스를 겨냥해야 한다.

예술의 고정 관념
소정에게 드리는 고해서

지난 주말 공예가 한 분을 집으로 초대했다. 25년 전에 스칸디나비아로 건너간 그는 현재 핀란드에 작업장을 두고 유럽을 주무대로 활발하게 활동하고 있다. 아내가 일하는 공예 화랑에서 본, 스칸디나비아풍의 단순하고 정갈한 형상에 은은하고 투명한 파스텔 톤의 색조를 띤 그의 도예 작품들은 상당히 인상적이었다. 잇몸을 드러내고 씩 웃는, 사람 좋은 그의 웃음도 따뜻한 인상으로 남아 있었다. 엄밀히 말하면 그는 아내의 손님이지만, 나는 아내의 '술 상무'를 자청하여 대화의 한 자락을 잡을 수 있었다.

해서 겨울에는 영하 50도까지 내려가고, 그래서 100미터 정도를 걸으면 아무 집이나 들어가 눈썹과 수염에 달라붙은 얼음을 떼고 가야만 한다는, 그의 공방이 있는 시골 이야기를 들을 수 있었다. 또 택시를 임대하여 거리가 먼 학생들을 통학시키는 중·고등학교, 영어는 물론 독일어와 프랑스어 등으로 거침없이 강의가 진행되는 대학, 박사 과정까지 학비가 들지 않고 생활까지 보장하는, 그래서 어떤 한국 유학생은 부러 논문을 늦추고 있을 정도라는 학문적 인프라에 대한 이야기들은 핀란드와 한국의 지리적 거리만큼이나 먼 사회적 거리를 느끼게 했다.

외국인 학생들도 무료로 대학원을 다닐 수 있느냐는 딸아이의 질문에 그는 물론이라고 했다. 그것은 단순히 인도적인 고려에서가 아니라는 것이었다. 많은 유학생을 받아들임으로써 자국 학생들에게 다양한 문화와 사고 방식을 접할 수 있는 기회를 제공하고 또 그것이 핀란드 학생들을 외국에 유학 보내는 것보다 싸게 먹히기 때문이라고 그는 부연하여 설명했다. 우리 가족 모두는 핀란드인들이 가진 그 사고의 신선함과 유연성에 모두 입을 다물지 못했다.

사고의 독창성과 유연성이라는 데에 이야기가 다다르자 미술 교육의 문제가 나왔다. 그는 유럽 유학을 온 한국 학생들 이야기를 했다. 미술을 공부하러 유럽에 온 한국 학생들이 가장 애를 먹는 것은 미술에 대한 고정 관념을 지우는 것인데, 거기에만 최소한 2년이 걸린다는 것이다. 나는 대학 입학 시험에서 미술 실기 감독을 했던 한 친구의 말을 떠올렸다. 석고 데생 시간이었는데, 한두 명을 제외하면 교실에 앉은 60여 명의 아이들 모두가 한결같이 똑같은 그림을 그리더라는 것이다. 앉은 자리에 따라 대상을 보는 각도가 다를 것은 뻔한 이치인데, 그것과 상관없이 똑같은 그림을 그리는 일이 어떻게 가능하냐는 것이 그의 의문이었다. 내 대답은 간단했다. 외웠을 테니까.

심지어는 자신이 외운 그림을 그린 다음 그 그림의 각도에 맞는 자리에 그림을 두고 가기도 한다고, 아내와 함께 화랑에서 일하는 누군가가 거들었다. 갓 중학교에 들어간 딸아이는 자기 반 아이들이 미술 학원을 다녀서 모두들 그림을 아주 잘 그린다고 했지만, 우리의 공예가 선생은 그런 기술은 미술 공부에 아무 도움이 안 된다고 아이를 타일렀다. 그러면서 그는 아이가 미술을 전공하고 싶어하면, 절대 미술 학원을 보내지 말라고 했다. 그러면 어떻게 미술 대학을 갈 수 있느냐는 아이의 반문에는 그도 잠깐 말이 막힌 듯, 핀란드로 유학을 오라며 빙긋 웃었다. 그의 눈은 미술 지망생에게 중요한 것은 기술이 아니라 사물을 보는 눈이라고 말하는 듯했다. 판에 박은 그림을 가르쳐 간판장이로 만드는 것이 부가 가치를 생산하는 신지식인의 이상에 맞는다고 국민의 정부 교육 당국자들은 반박할지도 모르겠다. 그러나 나는 그 사람들이 자기 자식이나 그렇게 가르치지 남의 자식들한테는 그런 방식을 강요하지 않았으면 한다.

아이가 미술에 취미가 없다는 사실에 우리 부부는 크게 안도했지만, 그게 어디 미술 교육만의 문제이겠는가? 미술을 보는 사회의 눈도 미술 전공을 지망하는 학생들과 별반 다를 바 없다. 같은 시기에 개최된 「이중섭 전」은 장사진을 이루어 주최측이 세무 조사를 받았다는 소문까지 있었는가 하면, 「변관식 전」은 파리만 날렸다는 미술계 소식을 들으면서 나는 다시 한 번 사회 저변에까지 침투한 고정 관념의 몰상식을 읽는다. 나는 두 화가의 차이가 그처럼 외양적으로 명암을 달리할 만큼 크다고는 결코 생각하지 않는다. 그것은 우리가 자신의 눈으로 그림을 보는 것이 아니라, 언론 혹은 평론가들이 재단한 눈으로 그림을 보고 있다는 증거일 뿐이다. 미술품을 재산 증식의 대상으로 보는 속물주의 또한 이러한 경향을 부추겼을 것이다. 비쌀수록 좋은 그림이라는…… 아마도 생전의 이중섭이 가장 혐오했을 그런 태도가 아닌가 싶다.

이중섭이 이중섭일 수 있는 것은 그가 자기 식으로 사물과 인간을 보는 눈을 가졌기 때문인데, 대중의 관심은 정형화된 고정 관념의 통로를 따라 그에게 닿고 있다는 역설이야말로 우리 문화의 현주소를 생생하게 드러내는 것이 아닌가 한다. 피카소는 생전에 직접 작성한 자신의 유언장에서 이렇게 밝힌 바 있다. "나는 내게 떠오른 수많은 익살과 기지로 평론가들을 만족시켰다. 나의 익살과 기지에 경탄을 보내면 보낼수록 그들은 점점 더 나의 익살과 기지를 이해하지 못했다.…… 나는 단지 나의 동시대를 이해하고 동시대인들이 지닌 허영과 어리석음, 욕망으로부터 모든 것을 끄집어낸 한낱 어릿광대일 뿐이다."

저 위에서 이중섭이 시니컬하게 웃는 소리가 들리지 않는가?

찾아보기

ㄱ

가부장주의 29, 35, 78, 87, 97
가브라스, 코스타 17
가스체프(Aleksei Gastev) 52
가이(Ljudevit Gaj) 185
가족주의 31
가타리 74, 78
간디, 마하트마(Mahatma Gandhi) 121, 171, 241
갈로, 막스(Max Gallo) 316
개인주의 113
게르첸(Aleksander Herzen) 240
게바라, 체(Che Guevara) 222
게이, 피터(Peter Gay) 317
계몽의 프로젝트 8
고무우카 (Władysław Gomułka) 271
고은 96
곰브리치(Gombrich) 316
공동체주의 113, 172
관리된 동질성(Gleichschaltung) 47
괴벨스 58
구하(Ranajit Guha) 341
국가주의 53, 63, 73, 124, 135, 162, 195, 220, 253, 261, 329, 361, 380, 392, 399

궁정 역사학(Court Historiography) 301
귀족 민족(gentry-nation) 159
규율 권력 25, 80, 100, 129, 231, 258
'그들의 파시즘'론 89
그람시, 안토니오(Antonio Gramsci) 44, 59, 323, 328, 340, 379, 406
그랜트, 마이클(Michael Grant) 317
그로이스(Borys Grois) 226
근대
  기술로서의 근대 36, 50, 131, 160, 172, 264
  해방으로서의 근대 34, 132, 264
근대성 40, 128, 142, 159, 168, 211
  시민적 근대성 144, 155, 175
  전근대적 근대성 142, 219, 246
  전지구적 근대성(global modernity) 141, 156
  전통적 근대성 142, 156, 167, 171
근대화론
  사회주의 근대화론 230
  식민지 근대화론 176, 363
기동전·진지전 7, 45, 55, 328, 392
기든스, 앤소니(Anthony Giddens) 120, 365
김규식 252
김기봉 367

김대중 42
김수영 83
김일성 34, 127, 130, 170, 196, 218, 255, 260
김정일 133, 176, 221

동도서기(東道西器) 160, 241
동원 이데올로기 35, 98, 212, 221, 231, 265, 329
두치케, 루디(Rudy Dutschke) 216
뒤비(Georges Duby) 311
디오니소스적 해방 209

ㄴ

나치(즘) 40, 78, 85, 107, 403
남성 국수주의 32, 62, 77, 97, 134, 280, 281, 320, 401
내재적 발전론 366
내적 식민지 84, 89, 107, 125
네루(Jawaharal Nehru) 126, 170, 255
노동의 군대화 221
니예레레(Julius Nyerere) 127, 170, 255

ㄹ

라데크(Karl Radek) 47, 263
라뒤리(E. Le Roy Ladurie) 311
라부아지에(A.L. Lavoisier) 228
라이히, 빌헬름(Wilhelm Reich) 41, 56
라파르그(Paul Lafargue) 229
랑케(Leopold van Ranke) 301, 345
랭보(Rimbaud) 23
레닌(V.I. Lenin) 61, 76, 95, 168, 243, 254, 267, 282, 290, 340, 354
레닌주의 45, 60, 216, 221, 234
레비, 파울(Paul Levi) 217, 264
레싱(Gotthold E. Lessing) 229
로렌스(D.H. Lawrence) 209
로베스피에르(Maximilien Robespierre) 151, 283, 291
로티, 리차드(Richard Rorty) 356
루스라노프(Ruslanov) 62
루이스, 버나드 406
룩셈부르크, 로자(Rosa Luxemburg) 37, 72, 217, 279, 285
르 크뢰소(Le Creusot) 309

ㄷ

다젤리오(Massimo d'Azeglio) 186
다중적 주체 137
단튼, 로버트(Robert Darnton) 317
당코스(Helene d'Encausse) 245
당통(G.J. Danton) 151, 292
데 펠리체(Renzo De Felice) 41
데이비스, 나탈리(Natalie Davies) 317
도데, 알퐁스(Alphonse Daudet) 186
도르티코스(Oswaldo Dorticos) 221
도스토예프스키 18

르낭(Ernst Renan) 146
르페브르, 앙리(Henri Lefehvre) 23
르펜(Lepain) 38, 332
리다자오(李大釗) 248
리리산(李立三) 248
리비에레(Georges Henri Riviere) 309
리쾨르, 폴(Paul Ricoeur) 351

ㅁ

마누일스키(Dmitry Manuilsky) 248
마르쿠제, 헤르베르트(Herbert Marcuse) 212, 229
마르크스, 카를(Karl Marx) 23, 59, 93, 99, 152, 212, 223, 226, 228, 231, 243, 256, 260, 274, 282, 321, 336, 342, 353, 371
마르크스주의 57, 76, 164, 173, 209, 213, 223, 244, 321, 339, 346
  주변부 마르크스주의 253, 264
마르토프(Martov) 257
마야코프스키 92
마오주의 235, 251
마오쩌둥(毛澤東) 173, 220, 248, 249, 255, 259, 274
마초이즘 102
만하임(Karl Mannheim) 361
모리스, 윌리엄(William Morris) 64, 225, 229
모스(George L. Mosse) 41, 78, 85

모어, 토머스(Thomas More) 224
모젤레프스키(Karol Modzelewski) 227
몸젠(Teodor Mommsen) 187
몽테스키외 289
무솔리니, 베니토(Benito Mussolini) 38, 41, 55
문일평 358
문화사 302
뮌처(Thomas Münzer) 58
미노그(K.R. Minogue) 115, 148
미래파 운동 50, 211
미야모토 유리코 279
미워시(Czesław Miłosz) 178
미츠키에비츠(Adam Mickiewicz) 157
민족주의 6, 37, 47, 56, 77, 107, 111, 142, 195, 220, 237, 260, 332, 362
  문화적 민족주의 120, 160, 361
  민중적 민족주의 123, 134
  시민적 민족주의 136, 144
  저항 민족주의 6, 112, 188, 195, 378
  주변부 민족주의 118, 141, 362
민족체 117
민중주의 83
밀로셰비치 189

ㅂ

바그너 58
바레스(Maurice Barres) 123, 173

바린느(Hughes de Varine) 308
바이다, 안제이(Andrzej Wajda) 215, 291
바쿠닌(Mikhail Bakunin) 211
박노해 20
박완서 102
박은식 358
박정희 34, 42, 45, 49, 66, 83, 135, 196, 214, 232, 270, 362, 394
박찬승 361
반문화(counterculture) 30
반식민주의 335
반유대주의 38, 49, 58, 61, 93, 164, 197
반킴 찬드라(Bankimchandra Chattopadhyay) 240
백남운 370
베른슈타인(E. Bernstein) 280
벤야민, 발터(Walter Benjamin) 78, 228
벨라미(Edward Bellamy) 64, 225
벨린스키(Vissarion Belinsky) 162
부닌(Bunin) 330
부르디외, 피에르(Pierre Bourdieu) 326
부하린 91
브로노프스키(Bronowski) 317
브루니(Leonardo Bruni) 149
브르통, 앙드레 23
브조조프스키(Stanisław Brzozowski) 178
비동시적인 것의 동시성 132, 235
비베카난다(Swami Vivekananda) 128, 245
비서구적 서구화 219, 253
비셔 78
비판적 역사학(critical history) 321, 327, 341

ㅅ

사르트르, 장, 폴(Jean Paul Sartre) 18, 222, 290
사무엘, 라파엘(Raphael Samuel) 308
사이드, 에드워드(Edward W. Said) 405
사하로프(Andrei Sakharov) 51, 107, 227, 258
사회적 구성주의 223, 347, 356, 375
사회주의
　과학적 사회주의 211, 223
　국가 사회주의 169
　기계적 사회주의 64
　낭만적 사회주의 225
　농업 사회주의 220, 255
　민족 사회주의 220, 237
　불교 사회주의 220, 260
　사회 애국주의 124
　수호전 사회주의 220
　주변부 사회주의 234, 236, 252
새마을운동 55, 114, 133, 176
생디칼리즘 37, 48
생시몽(Saint-Simon) 224
생활 세계로서의 역사 306

생활 세계의 식민지화　84, 89, 91, 99,
　　304, 327
생활사　302
샤르티에(Roger Chartier)　326
샬리앙(Gerard Chaliand)　235
서중석　130
서태지　25, 28
섭얼턴(Subaltern)·하위 주체　8, 121,
　　175, 264, 323, 335, 356, 369, 407
세계 체제론　143, 156
셰이퍼(Boyd C. Shafer)　147
소렐(George Sorel)　56
손진태　360
쉴러　78
슈람(Stuart Schram)　245
스메들리(Agnes Smedly)　250
스미스(Anthony D. Smith)　246
스타하노프(Aleksei Stakhanov)　212,
　　215, 227, 256
스탈린　44, 51, 65, 76, 91, 107, 169,
　　214, 234, 253, 274, 290, 354, 394
스탈린주의　41, 53, 135, 215, 225,
　　230, 253
　　민족 스탈린주의　261
　　부르주아 스탈린주의　214
　　시장 스탈린주의　214
스톤, 올리버(Oliver Stone)　317
스트루베(Struve)　354
시민 사회의 역사학　301
시엔키에비치, 헨리크
　　(Henryk Sienkiewicz)　177

시예즈(E.J. Sieyes)　150
시오노 나나미　316
식민주의　6, 120, 142
　　다층적 식민주의(multiple colonialism)
　　141
　　신식민주의　127, 262
식민지 수탈론　363
신고전주의　115, 148, 156
신사회 운동(new social movement)　302,
　　310, 319
신자유주의　43, 72, 199, 232
신좌파　223

ㅇ

아날 학파　322, 325
아도르노(Theodor Adorno)　228
아동사　302
아렌트, 한나(Hannah Arendt)　194
아른트(Ernst M. Arndt)　153
아비투스(habitus)　29, 35, 76, 91, 101,
　　305, 322, 332, 380, 383, 410
아스시바이, 무스타파(Mustafa as-Sibai)
　　240
안재홍　361
애국주의　115, 124, 130, 145
애시(Timothy Garlton Ash)　316
야블론스키, 조셉(Joseph Jablonski)　209
에렌부르크(Ilya Ehrenburg)　53
에이젠슈타인(Sergei Eisenstein)　61

에코, 움베르토(Umberto Eco) 23
엥겔스, 프리드리히(Fridrich Engels) 39, 228, 336, 342, 353, 391
여성사, 302
역사 수정주의 138
'역사 작업장' 운동 307, 315, 341
역사의 대중화 299, 310, 315
연고주의 33, 95, 97
옐친 93
오니시 히로시 219
오리엔탈리즘 143, 175, 336, 366, 393, 405
오웬, 로버트(Robert Owen) 224
오트, 조르주 272
옥시덴탈리즘(occidentalism) 143, 339
와일드, 오스카 293
왕밍(王明) 248
울프, 버지니아(Virginia Woolf) 137, 388
웨이유안(魏源) 242
윌리엄즈, 레이몬드 406
유기체적 민족 이론 116, 119, 128, 132, 153, 260, 360, 362
유기체적 민족주의 131
유럽 중심주의 337, 407
'68' 29, 90, 59, 77, 94, 216, 308, 320
이광수 69, 361
이기백 370
이마무라 히토시 211
이병도 351
이상재 252

이승만 129, 130, 133
이회성 92, 95
인민 독재 54
인민 주권론 41, 85, 116, 148
인민주의 157, 216, 220, 240, 330

ㅈ

자발적 동원 체제 44, 86, 379, 391
자발적 동의 107, 134
자발적 복종 73, 83, 86, 379, 389
자수리치(Vera Zasulich) 243
자유주의 42, 50, 232
자유주의사관연구회 19, 36
자율적 복종 28
장준하 135
전시 동원 체제 48
전유된 민중 80, 115, 135, 175, 385
전체주의 43, 123
정인보 358
제트킨, 콘스탄틴(Konstantin Zetkin) 279
제트킨, 클라라(Clara Zetkin) 217, 279, 285
젠킨스, 케이스 347
젤너(Gellner) 152
젤딘(Theodore Zeldin) 316
조효제 85
존슨, 폴(Paul Johnson) 315
주의주의(Voluntarism) 221, 234, 259

주체사상 34, 114, 133, 176, 220, 234, 260
중체서용(中體西用) 160, 241
지역주의 106
진영론 370
진지전 ☞ 기동전
집단주의 113
쭌이(遵義) 대회 248

ㅊ

창발성 이론 72
채터지(Chatterjy) 121
천두슈(陳獨秀) 248
체르니셰프스키(Nikolai Chernyshevski) 141, 240, 329
총력전 체제 86, 257
최남선 120, 358
최장집 131
츠바이크, 스테판(Stefan Zweig) 316
치체린, 보리스(Boris Chicherin) 162

ㅋ

카라지치(Vuk S. Karadzic) 185
카베(Etienne Cabet) 224
카벨린(Konstantin Kavelin) 162
카스트로 289
카아(Edward. H. Carr) 325

카우츠키 280, 281
카우츠키, 카를(Karl Kautsky) 37, 223, 257, 280, 354
카운다, 케네스(Kenneth Kaunda) 126, 133, 195, 261
칸트, 임마누엘(Immanuel Kant) 153
칼뱅 329
칼뱅주의 329
캅, 로버트 406
캉유웨이(康有爲) 242
케렌스키(A.F. Kerensky) 60
코와코프스키, 레세크
    (Leszek Kołakowski) 209
코카(Jürgen Kocka) 309
콘, 한스 144
콜레티(Lucio Colleti) 223, 353
콜론타이(Aleksandra Kollontai) 395
콩트(Auguste Comte) 223
쿠론(Jacek Kuroń) 227
쿤데라 80
클리오 382
키레프스키(Ivan Kireevskii) 153, 239

ㅌ

탄자니아 32, 127, 170, 220, 234, 247
탈근대성 175
탈식민주의 196, 220
탤몬(J.L. Talmon) 148
토크빌 72

톨스토이(Tolstoi) 18
톰슨(E.P. Thompson) 334, 375
투레(Sekou Toure) 126, 133, 195, 262
트라이치케(Heinrich von Treitschke) 187
트로츠키 91, 216, 283
트바르도프스키(Alexander Tvardovsky) 52, 227
티리옹, 앙드레(André Thirion) 212

푸슈킨 94
푸코, 미셸(Michel Foucault) 99, 258, 299, 304, 406
프라카시 175, 367
프레오브라젠스키(E.A. Preobrazhensky) 169, 214, 254
플레하노프(G. Plekhanov) 168, 244, 330
피우수드스키(Józef Piłsudski) 124
피히테(Johann G. Fichte) 153
핑켈크로트 123, 173

ㅍ

파농, 프란츠(Frantz Fanon) 123, 173, 193, 220, 253, 407
파농주의(Fanonism) 220
파시즘 44, 86, 211, 225
  거대 파시즘 85
  미시 파시즘 85
  일상적 파시즘 15, 24, 37, 64, 70
  정치 경제적 파시즘 76
팬옵티콘(panopticon) 41
페리(Enrico Ferri) 223
페미니즘 8, 335
포스트 마르크스주의 344
포스트모더니즘 300, 321, 335, 341
포스트콜로니얼리즘 8, 336, 407
포웰, 에녹(Enoch Powell) 38, 59, 332
포콕(J.G.A. Pocock) 148
포포프(Popov) 62
푸리에 229

ㅎ

하디, 토머스(Thomas Hardy) 209
하버마스, 위르겐(Juergen Habermas) 91, 99, 304, 306, 327
하벨(Vaclav Havel) 211
하위 문화 31
하위 주체(Subaltern) ☞ 섭얼턴
합의 독재(consensus dictatorship) 40, 54, 106, 107, 335
헤도니즘 210
헤이즈 144
혈통주의, 32, 97
호메이니 196
호모 소비에티쿠스 63
호미아코프(Aleksei Khomiakov) 153, 239
호주제 104

홉스봄, 에릭(Eric J. Hobsbawm) 158,
　　218, 244
환경 박물관 308
환경사, 302
횔더린, 프리드리히(Friedrich Hölderlin)
　　153, 156
후쿠야마, 프란시스 33
휴머니즘 8
흐루시초프 266
히틀러, 아돌프 46, 50, 57, 78, 85
히틀러 유겐트 50